首批上海高等教育精品教材

上海市优秀教材
一等奖

上海市教学成果
二等奖

中国大学出版社图书奖首届优秀教材
一等奖

华东地区大学出版社第八届优秀教材学术专著
一等奖

第八届全国高校出版社优秀畅销书
二等奖

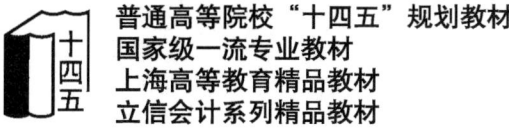

普通高等院校"十四五"规划教材
国家级一流专业教材
上海高等教育精品教材
立信会计系列精品教材

会计学原理

KUAIJIXUE YUANLI

（第七版）

主　编　邵瑞庆
副主编　袁国红

立信会计出版社
LIXIN ACCOUNTING PUBLISHING HOUSE

图书在版编目(CIP)数据

会计学原理 / 邵瑞庆主编. -- 7 版. --上海：立信会计出版社，2025.7. --(国家级特色专业教材).

ISBN 978-7-5429-7970-4

Ⅰ. F230

中国国家版本馆 CIP 数据核字第 2025D3Z499 号

责任编辑　　陈　旻
美术编辑　　吴博闻

会计学原理(第七版)

KUAIJIXUE YUANLI

出版发行	立信会计出版社			
地　　址	上海市中山西路 2230 号		邮政编码	200235
电　　话	(021)64411389		传　　真	(021)64411325
网　　址	www.lixinaph.com		电子邮箱	lixinaph2019@126.com
网上书店	http://lixin.jd.com		http://lxkjcbs.tmall.com	
经　　销	各地新华书店			

印　　刷	上海万卷印刷股份有限公司
开　　本	787 毫米×1092 毫米　　　　1/16
印　　张	22.25
字　　数	490 千字
版　　次	2025 年 7 月第 7 版
印　　次	2025 年 7 月第 1 次
书　　号	ISBN 978-7-5429-7970-4/F
定　　价	52.00 元

如有印订差错，请与本社联系调换

序

  上海立信会计金融学院是中国现代会计教育的发源地之一。立信会计这一品牌是由我国现代会计之父、会计学家及会计教育家潘序伦博士所创立。立信会计因其会计教育、会计师事务所与会计出版社"三位一体"模式而使其教材在国内独树一帜。在我国会计国际趋同及其企业会计准则体系已经形成与不断完善、资本市场的发展对会计信息不断提出新的要求、会计诚信受到普遍关注的背景下,高等院校会计学专业无论是教学的理念,还是教学的内容与手段都在发生变化,为适应这一变化,我们组织编写并不断更新这套"立信会计系列精品教材"。这套系列教材以高等院校会计学本科专业的学生为使用对象,由《会计学原理》《中级财务会计学》《高级财务会计学》《成本会计学》《管理会计学》《财务管理学》与《审计学》七本教材构成,涵盖了高等院校本科会计学专业的七门核心课程,也适用于财务管理、审计学以及工商管理等财经类专业的教学。

  之所以将这套系列教材列为精品教材,是因为本套教材的编写将努力传承潘老校长开创的立信会计教材编写的良好传统,吸收潘老校长以及各位立信会计前辈编写的立信会计教材的精华,吸收国内外同类教材的精华,吸收当前会计理论与会计教育研究成果的精华,采用教授领衔、任课老师参与的原则,将教材编写与精品课程建设、教师的教学以及学生的学习紧密地结合起来,在内容上将会计理论与会计实务有机地结合起来。

  尽管我们将这套会计系列教材定格为精品教材,也为编写与更新好这套教材作出了努力,但限于水平,仍存在着种种不足。会计学科是与社会经济环境密切相关的,新的会计业务与新的会计问题总是在不断地出现,也需要对教材进行及时更新。为此,真诚地期待着各位专家、学者及广大的使用者对这套教材的任何方面提出意见和建议,以便再版时进行改进,使其成为名副其实的精品教材。

第七版前言

上海立信会计金融学院会计学专业是国家级特色专业,也是国家级一流专业建设点和上海市重点建设的会计学专业教育高地。列入立信会计系列精品教材的《会计学原理》,自 2006 年 9 月出版第一版以来,先后获得上海市优秀教材一等奖、上海市优秀教学成果二等奖、中国大学出版社优秀教材一等奖等多项荣誉,2021 年入选首批上海高等教育精品教材,发行量在国内同类教材中居于前列,在国内会计教育界具有广泛的影响力。

作为高等院校会计学专业的专业基础课和非会计经管类专业的公共基础课,会计学原理课程的教学目标是使学生掌握会计的基本理论、基本方法和基本规范,为下一阶段的专业课学习和从事专业工作奠定基础。编者从会计学原理课程的教学目标出发,吸收国内同类教材的优点,根据多年来的教学经验,确定教材的结构体系与内容安排。本教材体现以下三个方面的编写思想:

(1) 以会计的基本理论、基本方法和基本知识为阐述主线。根据教学的需要,分总论、会计核算基础、会计要素与会计等式、会计记账方法——原理、会计记账方法——应用、会计凭证、会计账簿、财产清查、财务报表、会计规范十章依次进行阐述。

(2) 将会计学原理与当前的会计实务有机地结合起来。对于会计学原理的阐述能够体现会计研究的最新成果与发展趋势;对于会计实务以《中华人民共和国会计法》与《企业会计准则》等会计法规为依据,按照我国企业会计的相关核算规定来设置会计科目进行会计业务处理。

(3) 将教学法寓于教材之中。在编写体例上注重学生对会计基本理论、基本方法和基本知识的掌握与巩固。为引导学生的学习,在每章阐述之前编写了"学习目的与要求""课前预习题";为便于学生把握每章的重点与巩固所学的内容,在每章阐述之后编写了"本章要点概览""主要术语""复习思考题"与"练习题";为扩大学生的知识面与帮助其更深入地学习,还列出了每章的"阅读文献"。

为促进本教材的教与学,我们同步编写了与本教材配套的《〈会计学原理〉学习指导书》,内容包括"概要解析""背景资料""复习思考题与练习题及参考答案""案例分析"和"模拟试卷及参考答案"。

本教材第七版是在第六版的基础上,根据会计理论、实务与会计教学的发展以及本教材在使用中的信息反馈,由邵瑞庆教授负责内容修改与完善。本教材由邵瑞庆教授担任主编,袁国红副教授担任副主编;第一章、第二章、第十章由邵瑞庆编写,第三章由叶婷婷讲师编写,第四章由邵瑞庆、袁国红编写,第五章由刘睿洁讲师编写,第六章由付君副教授编写,第七章由周陈莲讲师编写,第八章由章立军副教授编写,第九章由邵瑞庆、袁国红编写。

在第七版的修订中,汇付天下有限公司CFO金源正高级会计师与李成智财务分析师提出了一些富有见地的建议,在这里致以衷心的感谢!

尽管本教材已几经修订再版,但限于我们的水平,必定还存在着一些不足,恳请使用者批评指正,以便我们不断提高本教材的质量。

邵瑞庆

2025 年 7 月

目　　录

第一章　总　　论

——学习目的与要求——

　　本章阐述会计的一些基本概念,内容包括会计的含义、会计的产生与发展、会计的职能与目标、会计的学科体系以及会计职业。通过本章的学习,应当全面理解会计的含义,认识会计的特点,领悟会计的观念;掌握会计的产生与发展情况及其动因;明确会计的职能、会计信息的使用者与会计的目标;了解会计学科的主要分支、会计学专业的课程体系以及会计职业概况。

 **课前预习题**

1. 如何理解会计?
2. 会计是怎样产生与发展的?
3. 会计有哪些职能? 会计的目标是什么?
4. 大学会计学专业核心课程体系是如何构成的?
5. 会计是怎样一种职业? 未来发展趋势如何?
6. 人工智能、大数据、大模型等信息技术对会计职能、会计学科、会计职业产生了哪些影响?

第一节 什么是会计

会计在现代经济生活中是不可或缺的,是在现代经济生活中被普遍使用和频繁出现的一个词语,泛指会计工作、会计人员、会计信息以及会计学科等。

一、会计的含义

会计一词在我国起源于西周,有计算财富、考察官吏功过之意。《说文解字》对其的注释为:会意为汇集,计意为计算,都有计量和汇总计算之义,互为通用。清代学者焦循在其所编著的《孟子正义》中将会计解释为:零星算之为计,总和算之为会,即会计是计算和汇总的工作。随着会计实务与会计理论的发展,人们对会计的认识也在发生变化。目前对于会计的含义,基于不同的视角而形成不同的认识。

（1）会计是一种经济活动的管理工具。在现实经济社会中,可供利用的经济资源是有限的,为此需要对经济活动进行管理,以达到对经济资源进行合理配置的目的,而会计就是对经济活动进行管理的一种专门工具。

（2）会计是一种处理与提供经济活动信息的技艺。经济活动是多种多样的,会计人员采用一定的方法对大量的、繁杂的经济活动信息进行判别、记录、分类、汇总与解释,使其成为层次清晰、作用明确的信息,以达到反映经济活动现状、揭示未来趋势的目的。这种既要遵循规则,又要运用判断的处理与提供经济活动信息的方法,也就被认为是一种会计技艺。

（3）会计是一个服务于会计信息使用者作出决策的信息系统。无论是一个单位的内部有关方面,还是这个单位的外部有关方面,对于这个单位的决策在一定程度上依赖于与这个单位相关的经济活动信息,而会计的主要目标是提供有助于有关方面作出决策的会计信息。

（4）会计是一种经济管理活动。在实际工作中,会计不仅为会计信息使用者的决策提供信息,而且在处理与提供信息的过程中,对经济活动作出预测、参与决策、实行监督,这表明会计本身就是一种经济管理活动。

二、会计的特点

会计具有四个方面的显著特点,通过对会计特点的认识,可以进一步理解会计的含义。

（1）以货币为主要计量尺度。计量尺度包括货币量度、实物量度与劳动量度等。经济活动千差万别,若缺乏统一的计量尺度,就无法综合反映,这在客观上提出了采用统一计量尺度的需求。货币是商品的一般等价物,是衡量其他一切有价物价值的共同尺度,会计也就采用货币量度作为统一的计量尺度对经济活动进行全面、系统、连续反映。会计对于一些经济活动也按实物量度或劳动量度进行计量和记录,但实物量度和劳动量度通常是会计货币量度的辅助量度。为此,通常认为会计管理活动是一种价值管理活动,会计信息系统是一个以货币为主要计量尺度的经济信息系统。

（2）以会计凭证为基本依据。会计凭证是用以记载所发生的经济活动具体内容的书面证明。为了反映经济活动的真实情况,对于发生的所有经济活动,都必须取得或填制合法合规的会计凭证。会计核算严格地以合法合规的凭证为依据,也就使其提供的会计信息具有可靠性与可验证性。

（3）以一套完整的专门方法为手段。会计在发展过程中形成了一套完整的专门方法,包括会计核算、会计监督等方法,其中会计核算又包括设置账户、复式记账、填制与审核会计凭证、登记账簿、成本计算、编制财务报表等方法。无论是会计信息系统的建立还是会计作为一种经济管理活动,都是以这套完整的专门方法为手段。

（4）对经济活动的管理具有全面性、连续性和系统性。全面性表现在会计对所发生的经济活动无一遗漏地予以反映;连续性表现在会计按照经济活动发生的时间顺序不间断地由始至终地予以反映;系统性表现在会计对发生的各式各样的经济活动进行科学的分类别分层次地予以反映。正是会计对经济活动管理的全面性、连续性和系统性特点,使其在现代经济管理中具有突出的地位。

三、会计的观念

正确理解会计的含义,还需要领悟会计的三个观念,即会计的用户观念、会计的经济后果观念与会计的规范观念。

（1）会计的用户观念。会计的目标是为会计信息的使用者提供进行决策所需的会计信息,会计提供怎么样的信息也就取决于会计信息使用者的需求。会计信息具有不同的使用者群体,不同的使用者群体对会计信息的需求存在着差别。为此,会计提供的,特别是对外提供的会计信息应当能够满足所有使用者群体的共同需求。从这一意义上说,会计信息具有公共产品的特征。

（2）会计的经济后果观念。由于会计信息的使用者依据会计信息作出决策,会计提供的会计信息也就必然地产生经济后果。虚假的会计信息会导致会计信息使用者的决策失误,会计对提供的会计信息,特别是对外提供的会计信息也就负有法律责任,为此,必须保证提供的会计信息的真实、准确、完整。但需要注意的是,会计是一个依据会计准则等规范生成的人工信息系统,会计准则等规范规定的一些核算规则具有可选择性,会计提供的信息在一定程度上依赖会计人员的职业判断,在会计核算规则的选择与判断中,可能因受到利益的驱动而使提供的会计信息不再真实、公允,从而导致会计信息使用者的决策失误。会计的经济后果观念表明,会计对于提供的会计信息负有法律责任,提供会计信息应该受到道德的约束。

（3）会计的规范观念。会计提供的，特别是对外提供的是一种能够满足所有使用者群体共同需求的会计信息，并且提供的会计信息具有经济后果，因此，会计必须建立与遵循统一的、法定的或公认的规范来提供会计信息。例如，上市公司通过财务报表提供的会计信息，不仅需要管理层按规定声明是否遵守了有关会计准则，还需要经注册会计师审计鉴证表明是否遵循了有关会计准则。如果不遵循会计规范提供会计信息，会计信息的使用者甚至有权利因会计信息的误导造成损失而追究会计信息提供者的法律责任。

第二节　会计的产生与发展

无论是作为一项工作还是作为一门学科，会计都是基于人类社会生产的发展与管理的需要而产生，并随着经济关系和经济管理活动的日趋复杂以及信息技术的进步而得以不断发展。

一、会计的产生

会计起源于社会生产实践。人们通过长期的生产实践，逐渐认识到在进行生产的同时，有必要记录与计算生产活动的内容。马克思在《资本论》中曾引述了这样一个故事："……这位从破船上抢救出表、账簿、墨水和笔的鲁滨逊，马上就作为一个地道的英国人开始记起账来。他的账本记载着他所有的各种使用物品，生产这些物品所必需的各种活动，最后还记载着他制造这种一定量的产品平均耗费的劳动时间。"孤独一人生活在荒岛上的鲁滨逊进行记账，原因在于分配他生产各种生活资料的劳动时间，以生产出所需的生活资料。

据考证，距今二三十万年前，旧石器时代的中、晚期就出现了"结绳记事"等原始的计量、记录行为。会计开始时仅是生产职能的附属部分，人们在从事生产活动的同时，附带记录生产的成果和耗费。随着社会生产的发展、生产规模的扩大与生产过程的复杂，会计也就逐渐从生产职能中分离出来，成为一种独立的职能。据有关史籍记载，我国古代王朝，为保护王朝财产与计算财政收支，就委任专职官员从事会计工作。例如，西周就已经建立起初步的会计工作组织系统，设立"司书""司会"等官职专门从事会计工作。"司书"是记账的，主要对财物收支进行登记；"司会"是掌管财政经济的，主要对财物收支进行核算和管理。早期的会计是比较简单的，只是对财物收支进行实物数量的记录和计算。

二、会计的发展

随着生产的社会化与商品货币经济的产生和发展，货币成为衡量和计算一切商品数量的价值尺度，会计也从实物计量发展到货币计量，出现了专门的会计核算方法。在我国的唐宋时期,随着生产力的发展,逐步形成了一套记账、算账的会计结算法,即"四柱结算法"。"四柱结算法"把一定时期内的财物收支记录,通过"旧管＋新收＝开除＋实在"(相当于现代会计中的"上期结存＋本期收入＝本期支出＋本期结存")这一平衡公式加以归纳,起到了既可检查日常记账的正确性,又可系统、全面反映经济活动全貌的作用。在明末清初时期,随着商业和手工业的兴起,出现了以"四柱"为基础的"龙门账"。"龙门账"把全部账目分为"进""缴""存""该"四大类("进"相当于各类收入,"缴"相当于各种费用,"存"相当于各种资产,"该"相当于负债和资本),运用"进一缴"与"存一该"公式计算盈亏,分别编制"进缴表"和"存该表"。通过这两张表计算出来的盈亏数应当相等,即"进一缴＝存一该",被称为合"龙门",以此勾稽全部账目的正误。

在国外,12～13世纪的地中海沿岸国家的经济迅速发展,银行业随之兴盛并促进了记账方法的变革,借贷记账法开始从银行出现并逐渐普及。由意大利数学家卢卡·帕乔利(Luca Pacioli)所著,1494年问世的《算术、几何、比及比例概要》一书,系统论述了热那亚、那不勒斯等地商业交易中的复式簿记方法,为复式簿记方法在全世界的广泛应用奠定了基础,成为会计发展史上的一个里程碑。此后,通过18世纪末和19世纪初的产业革命,当时的资本主义国家的生产力迅猛发展,由此引起了生产组织和经营方式的变革,经营者与所有者逐渐分离,产生了查核经营者履职情况的需求,经营者向所有者报送的财务报表由此而形成。信贷业务的开展,又促使审核债务人偿债能力成为不可缺少的一环,于是以审核为职业的特许会计师或注册会计师逐渐出现。随着大规模公司的出现,以及日趋激烈的市场竞争,会计逐渐成为一种对生产经营活动进行核算与控制、以价值管理为主要特征的经济管理活动。

随着市场竞争的加剧、数学的发展以及企业经营管理的需要,数学方法逐渐被应用到会计中来,形成旨在加强企业内部管理的成本会计和管理会计。随着税收杠杆作用的强化、税收法规的完善与缴纳税款的需要,税务会计也逐渐从财务会计的羽翼下丰满并独立出来,成为会计的重要分支。随着国际资本市场的发展与全球经济一体化,会计作为一种通用的商业语言,各国的会计出现了趋同趋势,会计逐步向规范化发展,抑制会计主观随意性的会计准则逐步建立并不断完善,会计职业道德规范也日益受到重视。随着电子计算机计算技术与网络信息技术的发展,会计信息的处理与传递手段发生了根本性的变化,特别是新一代数字技术的更新迭代,大数据、人工智能、移动互联网、云计算、物联网、区块链和大模型等新一代信息技术推动人类社会由传统的工业时代向数智时代快速转型,同时也深刻地影响着会计的演化。未来会计将呈现出标准国际化、网络电算化、高度智能化以及由核算型转型为价值创造型的发展趋势。

尽管到20世纪初会计有了长足的发展,但会计的记账方法充其量仅是一种经济应用数学方法。而在20世纪,尤其是1929—1933年的经济危机后,美国的会计学家率先研究有关的会计理论,经过世界各国会计学者的潜心研究,会计框架结构理论体系初步形成,会计不再是一种纯粹的计算方法,而是已经成为经济管理科学中的一门重要学科。

我国现代会计伴随着社会经济环境的变化发生了相应的变革。19世纪中叶,随着我国经济的门户开放与资本主义经济的发展,"西式会计"逐渐传入我国。进入20世纪,蔡锡勇引入西方借贷簿记思想撰著的《连环账谱》的问世,潘序伦等留学归国学者致力于引进并传授西方先进的会计理论与方法,推动了我国传统收付簿记方式向现代借贷簿记方式的变革。中华人民共和国成立后,我国实施高度集中的计划经济体制,全面引进当时苏联的会计管理模式,建立了与计划经济体制相适应的会计核算制度。1978年后,我国实行改革开放政策,计划经济体制逐渐向市场经济体制转化,带来了会计管理模式的再一次变革。1981年我国重建了注册会计师制度,1985年颁布了《中华人民共和国会计法》(以下简称《会计法》),我国会计工作从此进入法治阶段。与此同时,我国对会计核算制度进行了相应的改革,吸收经济发达国家的经验,开始制定并实施会计准则形式的会计核算制度,于1992年颁布了《企业会计准则》,随后陆续颁布了一系列的企业具体会计准则。随着我国加入世界贸易组织(World Trade Organization,简称WTO)后融入国际经济的需要以及全球经济一体化与资本市场国际化,我国对企业会计准则与会计制度进行了全面修订与完善,于2006年颁布了由基本准则、具体准则、应用指南和解释构成的完整的企业会计准则体系,形成了既与国际会计准则趋同,又具有中国特色的企业会计核算新体系。这一变革极大地促进了我国会计事业的迅速发展,会计理论研究与会计教育空前高涨,我国会计进入了一个崭新的发展时期。

第三节 会计的职能与目标

从会计的含义以及会计的产生与发展过程可以看出,会计具有特定的职能与目标。

一、会计的职能

会计的职能,是指会计所具有的功能或应起的作用,体现了会计在经济管理中的地位。

1. 会计的基本职能

会计具有核算和监督两项基本职能。

会计的核算职能,是指会计从价值量方面反映特定主体已经发生的经济活动情况,为会计信息使用者提供决策所需信息的功能。会计核算是会计的首要职能,也是整个会计管理工作的基础。会计的产生源于记录和计量经济活动情况,虽然随着社会的进步与经济的发展,生产过程日趋复杂,经济活动日益丰富,会计的核算内容不断拓展,但会计的核算职能依旧未变。

会计的监督职能,是指会计对特定主体经济活动和相关会计核算的真实性、完整性、合法性和合理性进行审查并实施控制,使之达到预期目标的功能。真实性要求根据实际发生的经济业务进行会计核算;完整性要求对发生的经济业务无一遗漏地进行会计核算;合法性要求发生的经济业务必须符合国家的有关法律法规与财经纪律;合理性要求发生的经济业务应该符合客观经济规律以及财务收支计划与预算目标。

会计核算与会计监督是相辅相成、辩证统一的。会计核算是会计监督的基础,没有会计核算所提供的各种信息,就不可能进行会计监督;会计监督又是会计核算质量的保证,只有核算没有监督,就不可能提供真实、完整的会计信息。

2. 会计的其他职能

随着经济环境的变化与会计的发展,会计的职能也在相应地拓展。企业经营权与所有权的分离、市场竞争的加剧、资本市场的发展、经济管理的加强以及新一代信息技术的快速迭代,会计预测、会计决策、会计预算、会计分析和会计考核等职能逐渐形成并强化。

会计预测是以会计信息为主要依据,运用一定的预测方法,对未来价值运动的发展趋势进行推测与估计,如对收入的预测、对成本的预测、对利润的预测、对资金的预测等;会计决策是以预测的结果为基础建立目标,拟定几种可以达到目标的方案,根据经济效果的评价从中选出最优的方案;会计预算是根据确定的目标,对预计发生的经济活动通过核算预计,制订具体的执行计划;会计分析是采用一定的方法,通过会计信息揭示经济活动的质量及其成因;会计考核是结合预算或计划,比较、评价经济活动及其结果的绩效,实行奖惩,促进高质量发展。

3. 新一代信息技术对会计职能的影响

以大数据、人工智能、移动互联网、云计算、物联网、区块链、大模型等为代表的新一代信息技术已经全面融入社会生产生活,在对社会经济发展、商业模式和组织管理等方面产生重大影响的同时,也对会计职能产生了重大的影响。

新一代信息技术显著提升了会计履行基本职能的效率。例如,机器人流程自动化(Robotic Process Automation,简称 RPA)技术可以自动执行规则明确、标准化程度高、业务量大的会计任务,如会计验真、查重、标准核对等,把会计人员从大量繁重的基础工作中解放出来,以从事更高附加值的工作;又如,通过电子会计档案,可以实现对会计凭证、账簿和报表的无纸化管理,便于数据的存储、检索和分析,提高了会计工作的效率和准确性。

新一代信息技术进一步强化了会计预测、会计决策等其他职能,使会计可以为提高生产效率、提升市场竞争力以及监控运营风险等提供有效的支持。当下正经历着从信息技术(Information Technology,简称 IT)时代到数据技术(Data Technology,简称 DT)时代的转变,数据成为发展的新引擎,会计的角色与职能随之发生变化。例如,会计通过大数据分析与处理技术,以数据治理、数据采集、数据清洗、数据分析和数据可视化等为核心,高效、高质地从会计大数据中挖掘出有效信息和潜藏价值,并且配合数据挖掘算法、大模型等人工智能技术,使会计的预测、决策、预算、分析和考核职能变得更加精细、实时、智能。

二、会计的目标

会计的目标,是指会计工作应该达到的目的和要求。会计的目标主要取决于会计信息使用者对会计信息的需求。

1. 会计信息的使用者

会计信息的使用者,是指在社会经济活动中,需要根据会计信息进行经济决策的群体。会计信息具有广泛的使用者,遍布社会的各个阶层和经济生活的各个领域,不同的会计信息使用者对会计信息具有不同的需求。按与提供会计信息企业的利益关系,会计信息使用者可分为外部使用者与内部使用者。

会计信息的外部使用者,是指那些处于企业外部,不能直接参与或接触企业内部经济活动运作,但与企业有经济利益关系的群体。一个企业在进行各项经济活动时,必然要与外界发生各种经济往来,从而在企业外部形成各种利益群体,如不直接参与企业管理的现实投资者与潜在投资者、债权人与债务人、物资供应商与产品经销商、各级政府的有关部门、中介机构以及咨询或分析机构等。这些群体需要利用会计信息来了解、分析和判断一个企业的过去、现在与将来状况,以作出各种决策。由于企业外部的会计信息使用者身份复杂、目标各异、需求不同,企业一般根据统一的、法定的或公认的会计准则对外提供会计信息,通常以资产负债表、利润表与现金流量表等报表及其附注等基本形式与规定内容来满足其共同的需要,并保证所提供会计信息的真实、准确、完整。

会计信息的内部使用者,是指直接参与或接触企业的内部经济活动的群体。企业作为营利组织,具有一定的权利、责任与义务。为提高经济效益,企业必须加强对经济活动的管理。企业的管理当局或责任部门、工会组织以及员工等会计信息的内部使用者,需要利用会计信息来了解、分析和判断企业过去、现在与将来的状况,以此来规划企业的未来发展,进行投资决策、筹资决策与经营决策,加强企业内部各部门、生产经营各环节的管理,维护企业职工的利益等。与向会计信息的外部使用者提供的会计信息相比较,企业向会计信息的内部使用者提供的会计信息可以不受统一的、法定的或公认的会计准则的约束,具有较多的个性。

2. 会计的目标

会计的目标是向会计信息的使用者提供与一个企业的财务状况、经营成果和现金流量等有关的会计信息,反映管理层受托责任履行情况,有助于会计信息的使用者作出经济决策。这一对会计目标的描述反映了对会计目标的受托责任观与决策有用观两种认识。

受托责任观认为,会计的目标是以有效的方式反映资源受托者的受托责任及其履行情况,在提供会计信息时强调信息的客观性和可靠性;决策有用观认为,会计的目标是向会计信息使用者提供有助于作出正确决策的信息,在提供会计信息时强调信息的相关性和有用性。受托责任观与决策有用观实质上是相互联系、相互补充的,相互融合更有利于全面科学地认识会计的目标。

第四节　会计学科与会计职业

经过长期的发展,会计已经形成了内容完整的学科体系与范围广泛的职业体系。

一、会计学科

会计学科也称会计学,是人们对会计实践进行科学总结而形成的知识体系,属于研究会计理论与方法,以有效地管理经济活动的一门管理科学。会计在发展过程中,形成了由不同学科分支构成的相对完整的学科体系。对于会计的学科分支,可以从不同的角度进行划分,每一学科分支既有其共性,又有其特性。

(一)按会计主体的性质划分

按会计主体的性质,会计可以分为企业会计与非营利组织会计。

1. 企业会计

企业是以营利为目的的经济组织。

根据组织形式,企业可分为独资企业、合伙企业与公司制企业。独资企业是由个人主体出资经营、归个人所有和控制、由个人承担经营风险和享有全部经营收益的企业。独资企业设立容易且成本较低,但资源有限、运营能力受限,小餐馆、维修铺、小卖店等一般采用独资企业形式。合伙企业是由两个或两个以上个人主体按照协议共同投资、共同经营、共负盈亏,全体合伙人共有企业财产并对企业债务承担连带无限清偿责任的企业。当独资企业规模扩大、需要更多资源,吸收他人加入时就可能成为合伙企业。公司制企业是依照法定的条件和程序设立的独立法人企业,主要特点是具有法人资格和实行有限责任制度,具有一定的治理结构,并可聚集资本、扩大经营规模与分散风险,通用汽车公司、中国电信公司、中国工商银行等大中型企业通常采用公司制企业形式。我国《公司法》规定了有限责任公司和股份有限公司两类公司制企业形式。

根据经营的业务性质,企业可分为制造企业、商品流通企业与服务企业等类别。制造企业是将原材料加工成可以销售给消费者产品的企业,如可口可乐公司、华为公司等;商品流通企业是通过向其他企业购买产品再销售给消费者的企业,如沃尔玛公司、阿里巴巴公司等;服务企业是向消费者即用户提供服务的企业,如中国电信公司、中国东方航空公司等。

企业会计也称营利组织会计,是以企业作为会计主体,以资产、负债、所有者权益、收入、费用、利润作为会计要素,通过核算提供与企业财务状况、经营成果与现金流量等有关的会计信息。

本教材主要从公司制企业的角度论述会计学原理。

2. 非营利组织会计

非营利组织是不以营利为目的的组织,包括政府机关、学校、医院、科研机构、社会团体、基金会和慈善机构等。在我国,政府机关被称为行政单位,学校、医院和科研机构等被称为事业单位。

非营利组织会计也称行政、事业单位以及民间非营利组织会计,是以非营利组织作为会计主体,以资产、负债、净资产、收入、费用作为会计要素,通过核算提供与非营利组织财务状况、运行情况与现金流量等有关的会计信息。

(二) 按会计业务的内容划分

按会计业务的内容,会计可以分为财务会计、管理会计、成本会计与税务会计等。

1. 财务会计

财务会计是随着商品经济的发展,在企业的经营权与所有权相分离的过程中逐步形成并从传统会计中分离出来的。经营权与所有权的分离,企业资源的所有者不再直接参与企业的经营管理,而是委托企业的管理层经营管理企业,但需要通过定期提供或公布的财务报表了解企业的财务状况、经营成果与现金流量,反映企业管理层的受托责任履行情况。作为受托方的企业管理层在提供会计信息的过程中,可能由于选择不同的会计政策而造成所提供的信息存在着差异,也可能出于自身利益的考虑而有意歪曲或者不愿意披露足够翔实的信息。并且会计信息的外部使用者基于不同的需求,对企业提供的会计信息的要求也不一样。例如,投资者需要的是反映与企业获利能力相关的信息,债权人需要的是反映与企业偿债能力相关的信息,税务部门需要的是反映与企业纳税相关的信息,等等。这就提出了会计信息的规范问题,要求制定统一的、法定的或公认的会计准则,企业按会计准则提供会计信息,由此而使财务会计从传统会计中分离出来并成为现代会计的一个主要学科分支。

财务会计的基本特征是:以会计信息的外部使用者为主要服务对象,以统一的复式簿记系统为信息生成基础,以通用的财务报表方式提供会计信息,依据法定的或公认的会计准则对企业已经发生的经济活动进行核算。

本教材主要从公司制企业财务会计的角度论述会计学原理。

2. 管理会计

管理会计是随着市场竞争的加剧,企业在加强内部管理的过程中逐渐形成并从传统会计中分离出来的。在现代市场经济环境下,企业要在激烈的市场竞争中求生存、谋发展,就必须强化生产经营管理,提高运营效率,降低产品成本,节约费用支出,以高质量的产品和服务占有市场,这些方面能否取得预期效果主要取决于企业管理层决策的正确与否,而准确及时的会计信息正是企业管理层作出正确决策的主要依据,由此而使管理会计从传统会计中分离出来并成为现代会计的另一个学科分支。

管理会计的基本特征是:以会计信息的内部使用者为主要服务对象,采用灵活多样的方式方法生成与提供多种形式的会计信息,不受公认或法定会计准则的约束,对企业将要进行的经济活动作出预测、决策与规划。

3. 成本会计

成本是一个价值范畴,是为了比较生产中的所得和所费并对所费进行补偿而产生的一个用价值表现的生产耗费的概念。生产耗费都是为一定的目的而发生的,有所得必然有所费,一切耗费都必须对象化于所得,并从所得中得到补偿,这是社会再生产得以连续不断进行的前提条件。传统的成本会计是基于这一补偿的观念建立起来的,主要内容是对生产经营过程中发生的费用进行归集与分配,计算有关核算对象的成本,并加以分析与控制。

在现代市场经济环境下,成本会计已不再局限于生产耗费的补偿。企业之间竞争的加剧,促使企业不仅要在生产经营过程中降低产品成本与节约费用支出,而且要在生产经营过程之前,对产品的设计以及生产工艺的组织安排等进行周密的考虑,制定各种不同的方案,选取成本费用最佳方案。为此,在传统成本会计的基础上形成了以管理为主的现代成本会计。现代成本会计的内容不仅包括生产经营过程中的成本控制以及事后的成本核算和分析,还包括成本预测、成本决策、目标成本或责任成本制定等事先的成本核算和控制,以成本的最优化方案来进行生产经营活动,以取得最佳的经济效益。

在内容上,成本会计与财务会计、管理会计之间存在着一定的交叉。如果把财务会计和管理会计视为现代会计的两个主要的分支,则可以认为成本会计的内容主要是由财务会计的成本部分与管理会计的成本部分内容组合而成的。

4. 税务会计

税务会计是以国家的税收法规为依据,运用会计的原理与方法,提供与一个企业的应纳税款的形成、申报与缴纳等有关的会计信息,反映纳税的义务及其缴纳情况。税务会计也是社会经济发展到一定阶段,从财务会计中分离出来的一个会计学科分支。

应纳税款的形成、申报与缴纳工作以会计工作为基础,应纳税款的计算通常模拟会计的程序与方法,计税的依据一般来源于会计记录。同时,国家的税收法规也对会计产生了重要影响,它使会计处理更加规范,限制了会计对某些计量方法的选择。

税务会计的基本特征是:采用收付实现制与权责发生制相结合的会计核算基础,按税收法规计算应纳税额,核算和监督的对象只是与计税有关的经济活动事项,应税收益不同于会计收益即账面利润。

(三) 按会计的内容层次划分

按会计(主要是财务会计)的内容层次,会计学可以分为会计学原理、中级财务会计学和高级财务会计学。

1. 会计学原理

会计学原理是会计学专业的入门课程,主要阐述会计的目标、职能、原则、会计要素以及会计确认、计量、记录、报告的基本理论、基本方法与基本规范,包括会计的基本概念、会计要素与会计等式、会计记账方法、凭证填制、账簿登记、财产清查、报表编制以及会计工作的组织与管理等内容。为此,会计学原理也称基础会计学或会计学基础。

会计学原理在整个财务会计内容体系中起着基础性的作用,中级财务会计学与高级财务会计学都遵循会计学原理,分别阐述企业的共性会计业务与特殊会计业务问题。

2. 中级财务会计学

中级财务会计学应用会计学原理阐明的基本概念、原则与方法,主要阐述在持续经营条件下,企业在生产经营过程中发生的共性经济业务的会计确认、计量和报告问题。中级财务会计学的着重点在于论述各类企业均发生的共性经济业务会计处理的原则与方法,为此,中级财务会计学也称通用业务财务会计学。

在财务会计内容体系中,中级财务会计学不仅担负着承前启后的任务,而且承担着对财务会计内容体系中的主体部分进行阐述的任务,主要包括财务会计概念框架,资产、负债、所有者权益、收入、费用、利润等会计要素项目的具体确认、计量与报告等内容。

3. 高级财务会计学

高级财务会计学应用会计学原理阐明的基本概念、原则与方法,主要阐述一般行业的特殊业务或者特殊行业的特定业务的会计确认、计量和报告问题。一般行业的特殊业务,是指一般行业的企业不经常发生的或偶尔发生的经济业务,如租赁、外币折算、企业合并等;特殊行业的特定业务,是指具有显著特征的行业有别于一般行业的经济业务,如生物资产、石油天然气开采等。为此,高级财务会计学也称特殊业务财务会计学。

高级财务会计学一般包括三部分的内容:一是一般行业特殊业务的会计问题,如租赁业务、债务重组业务、外币业务、衍生金融工具、破产清算等会计问题;二是特殊行业的会计问题,如石油天然气企业、农业企业、金融保险企业等会计问题;三是特殊报告的会计问题,如合并财务报表、分部报告、中期财务报告以及关联方披露、物价变动等会计问题。

显然,会计学原理所阐述的是基本会计问题,中级财务会计学所阐述的是各类企业都会发生的共同会计问题,高级财务会计学所阐述的是并不是各类企业都会发生的特殊会计问题。

会计的学科分支除上述划分外,还可以进行其他的划分。例如,按与会计实务的关系,可以把会计划分为理论会计学与应用会计学,前者包括会计理论(规范会计理论、实证会计理论),后者包括财务会计、管理会计、成本会计和税务会计等;按会计应用的行业,会计可以划分为农业会计、工业会计、商业会计、交通运输业会计和金融业会计等。

二、会计学专业的课程体系

大学会计学专业的目标是培养高级会计专门人才,高级会计专门人才所需的知识体系决定了大学会计学专业的课程体系。大学会计学专业的课程体系一般由公共基础课程、专业基础课程与专业课程所构成,目前较为普遍的会计学专业核心课程体系构成,如图1-1所示。

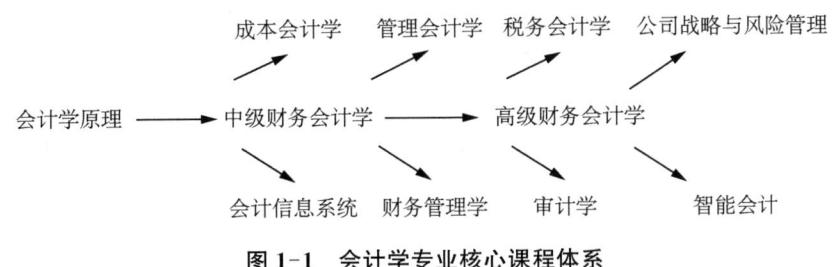

图 1-1 会计学专业核心课程体系

从图 1-1 中可以看出,大学会计学专业核心课程体系围绕会计学原理→中级财务会计学→高级财务会计学这一主线,配以其他的会计学分支课程构成。之所以在会计学专业核心课程体系中包括了财务管理学、审计学、会计信息系统、智能会计、公司战略与风险管理等课程,原因在于财务管理与审计也是会计工作的重要组成部分,会计信息系统则是在信息技术持续迭代背景下成为进行会计工作必须掌握的信息处理原理与技术方法,智能会计是未来会计发展的趋势,公司战略与风险管理是进行会计管理也需掌握的知识。

财务管理是在一定的目标下,对于资金筹集、资金运用以及收益分配等财务活动的管理。财务管理学主要阐述如何对企业的财务活动作出决策,包括筹资决策、投资决策和收益分配决策等。筹资决策主要是对筹资渠道、筹资方式、筹资规模以及筹资结构等作出选择;投资决策主要是对投资方向、投资方式、投资规模以及投资结构等作出选择;收益分配决策主要是对收益分配方式、分配数额以及分配结构等作出选择。

审计是按照法规和一定的标准与程序,对有关经济活动的真实性、合法性、合规性、效益性进行审核检查,通过审计报告对其作出客观公正评价的一项具有独立性的经济监督活动。审计学主要阐述审计的理论、方法以及实务应用,内容包括审计的基本概念、审计方法、审计证据和底稿、审计中的风险评估与应对、业务循环审计、审计报告等。审计与会计存在着一定的区别又直接相关,会计提供的资料是审计的主要对象,也是进行审计工作所依据的一种重要资料,而审计则是会计工作的延伸和必要补充。

会计信息系统主要阐述在全面信息化背景下如何进行会计工作的原理与技术方法,内容包括会计信息系统的基本概念、会计业务处理流程和信息报告、会计信息系统应用软件的开发与使用、会计信息系统的内部控制与审计等。随着电子计算机在会计上的运用以及互联网信息技术的发展,会计信息的收集、处理、加工、传递、利用等操作技术手段发生了根本性的变革,会计作为一种经济管理活动,无论是深度还是广度以及效率,同样发生了根本性的变革。

智能会计主要阐述如何将 RPA、人工智能、大数据、云计算等信息技术应用于会计,实现会计核算与监督的自动化,会计预测、会计决策、会计分析等的智能化,全面提高会计工作的效率和准确性以及管理决策的能力。智能会计的内容涉及智能会计的理论框架、技术工具、数据处理与分析方法,以及智能会计在实务场景的应用等方面。

公司战略与风险管理主要阐述在复杂多变的外部环境下,企业如何制定长期发展目标、资源配置方案和竞争策略,识别、评估、控制和监测在目标、方案和策略实施过程中可能面临的风险,以实现企业的愿景和使命,保证企业的可持续发展。公司战略与风险管理的内容涉及战略分析、战略选择、战略实施、公司治理、风险管理原则、风险管理方法、主要风险及应对等。

三、会计职业

会计职业,是指会计的专业工作领域。会计职业随着经济社会的发展而发展,经济社会发展的水平越高,会计工作的内容越丰富,会计工作的领域也就越宽广。

会计的专业工作领域主要包括五个方面。一是在企业、行政事业单位等从事会计工作,主要是对企业或单位发生的经济业务进行凭证填制与审核、登记账簿、定期盘点、分期结账、编制财务报表等一般会计核算工作以及成本控制、税务筹划、预算编制及执行分析等会计管理工作。二是在会计师事务所从事注册会计师审计工作,包括财务报表审计、内部控制审计、企业资本验证以及企业合并、分立或清算事宜中的审计等,属于一种独立的外部审计工作。注册会计师执业需要加入会计师事务所,国际上著名的有"普华永道"(Price Waterhouse Coopers,简称 PWC)"安永"(Ernst&Young,简称 E&Y)"毕马威"(Klynveld Peat Marwick Goerdeler,简称 KPMG)"德勤"(Deloitte Touche Tohmatsu,简称 DTT)等会计师事务所,我国本土著名的有"立信""天健""容诚""信永中和"等会计师事务所。三是在各级政府或者监管部门从事会计管理工作,主要是进行会计法规与会计准则或会计制度的制定与组织实施、对各地区各行业的会计工作质量实施监督等会计行业管理工作。四是在相关院校和研究机构从事会计教学或研究工作,包括各类会计人才的培养与会计理论及应用的研究。五是在相关咨询机构从事会计咨询工作。通常,注册会计师也提供包括会计在内的管理咨询服务,但在法规上规定注册会计师提供的审计业务与管理咨询业务必须分开进行,以保证审计鉴证业务的独立性。

经济社会与信息技术的飞速发展,促进了会计发展模式的不断创新与会计职能的持续拓展,上述五个方面的会计职业也将实现转型升级。例如,随着业财融合的推进,部分企业开始设立财务业务伙伴(Finance Business Partner,简称 BP)岗,财务 BP 通过融入业务运作,提供财务洞察和战略建议,帮助业务决策和提升业务绩效;又如,随着会计数字化、智能化的转型升级,对企业的信息系统、网络架构、数据安全以及与之相关的技术流程进行全面审查和评价的 IT 审计应运而生,IT 审计已成为财务报表审计的重要补充,为财务报表的真实性、准确性、完整性提供了技术层面的保障。除此之外,环境、社会和公司治理(Environmental, Social and Governance,简称 ESG)咨询与鉴证、财务数据分析师、财务数字化工程师等更多新兴会计职业也正在不断涌现。显然,会计这一历史悠久的职业,正历久弥新,焕发新的生机,前景无限。

本章要点概览

1. 对会计的含义可以从不同的角度来进行认识:可以把会计认为是一种管理的工具,是一种提供信息的技艺,是一个经济信息系统,或者是一种管理活动。

2. 会计具有四个方面的显著特点:以货币为主要计量尺度,以会计凭证为基本依据,以一套完整的专门方法为手段,对经济活动的管理具有全面性、连续性和系统性。

3. 正确地理解会计的含义,还需要领悟会计的三个观念:会计的用户观念、会计的经济后果观念和会计的规范观念。

4. 会计是基于人类管理生产的需要而产生,并随着经济关系和经济管理活动的日趋复杂以及信息技术的进步而得以不断发展。

5. 会计核算与会计监督是会计的基本职能,在会计的发展过程中,会计的职能也在拓展,如会计预测、会计决策、会计预算、会计分析、会计考核等职能。

6. 会计的目标主要取决于会计信息使用者对会计信息的需求。会计的目标是向会计信息使用者提供与一个企业的财务状况、经营成果和现金流量等有关的会计信息,反映管理层受托责任履行情况,有助于会计信息使用者作出经济决策。

7. 会计学科已经发展成为一门结构严谨、理论系统、方法完整的学科,并形成了不同的学科分支。大学会计学专业核心课程体系围绕会计学原理→中级财务会计学→高级财务会计学这一主线,配以成本会计学、管理会计学、税务会计学、会计信息系统、智能会计、财务管理学、审计学、公司战略与风险管理等课程而构成。

8. 会计职业主要包括五个方面:企业、行政事业单位的会计工作,会计师事务所的注册会计师审计工作,各级政府或者监管部门的会计管理工作,相关院校和研究机构的会计教学或研究工作,相关咨询机构的会计咨询工作。随着业财融合与会计数字化、智能化的转型升级,财务BP、IT审计、财务数据分析师等新兴会计职业正在不断涌现。

 主要术语

1. 会计
2. 会计观念
3. 会计核算
4. 会计监督
5. 会计信息使用者
6. 会计目标
7. 会计学
8. 财务会计
9. 管理会计
10. 成本会计
11. 税务会计
12. 财务管理
13. 审计
14. 会计信息系统
15. 智能会计
16. 会计职业

阅　读　文　献

1. 中华人民共和国财政部.企业会计准则(基本准则)[M].上海:立信会计出版社,2024.

2. 葛家澍,刘峰.会计学导论(第一章什么是会计、第二章会计信息系统的基本概念、第三章会计的历史与未来)[M].上海:立信会计出版社,1999.

3. 张捷,刘英明.基础会计(第一章会计发展与会计目标)[M].北京:中国人民大学出版社,2021.

4. 陈国辉,迟旭升.基础会计(第一章总论)[M].大连:东北财经大学出版社,2024.

5. 唐国平.会计学原理(第一章会计概述)[M].北京:中国财政经济出版社,2020.

复 习 思 考 题

1. 会计具有哪些特征? 明确会计的观念具有什么意义?

2. 从会计的发展历史来看,哪些因素引发了会计的重大变革?

3. 会计有哪两种基本职能? 它们之间的关系如何?

4. 关于会计的目标有哪两种观点? 它们之间的关系如何?

5. 会计学科有哪些重要的分支? 各分支包括哪些主要内容?

6. 会计职业的工作领域主要包括哪些方面? 会出现哪些新兴会计职业?

练 习 题

一、单项选择题(在每小题的备选答案中,选出一个最为切合题意的答案)

1. 下列各项中,属于会计主要特点之一的是( )。

　　A. 以账簿为基本依据　　　　　　　　B. 以会计凭证为基本依据

　　C. 以报表为基本依据　　　　　　　　D. 以发票为基本依据

2. 会计的经济后果观念表明( )。

　　A. 经过会计核算形成的会计信息都是真实、完整的

　　B. 经注册会计师审计后的会计信息都是真实、完整的

　　C. 会计主体披露的会计信息都是真实、完整的

　　D. 会计主体对外提供的会计信息负有法律责任

3. 1494 年意大利数学家卢卡·帕乔利创立( ),成了会计发展史上的一个里程碑。

　　A. 四柱结算法　　　　　　　　　　　B. 复式记账法

　　C. 货币计量法　　　　　　　　　　　D. 价值管理法

4. 下列各项中,属于会计基本职能的是( )。

　　A. 预测和决策　　　　　　　　　　　B. 核算和监督

　　C. 管理生产经营活动　　　　　　　　D. 分析和考核

5. 下列各项中,属于会计信息使用者的是( )。

    A. 不能直接参与或接触企业内部经济活动运作,但与企业有经济利益关系的群体

    B. 直接参与或接触企业的内部经济活动的群体

    C. 企业或单位的管理群体

    D. 需要根据会计信息进行经济决策的群体

6. 下列各项中,属于会计目标的是( )。

    A. 向信息使用者提供决策所需的会计信息

    B. 对经济活动进行核算和控制

    C. 管理生产经营活动

    D. 评价企业的绩效

7. 下列各项中,属于企业根据组织形式分类的是( )。

    A. 制造企业、商品流通企业与服务企业等

    B. 独资企业、合伙企业与公司制企业

    C. 国有企业与民营企业

    D. 盈利企业与非盈利企业

8. 下列各项中,属于财务会计特征之一的是( )。

    A. 主要服务于企业的内部会计信息使用者

    B. 不受公认或法定会计准则的约束

    C. 以通用的财务报表为主要方式来传递与披露会计信息

    D. 根据管理与决策的需要来确定会计程序与报告形式

9. 下列各项中,属于会计学原理主要阐述内容的是( )。

    A. 各类企业都会发生的共同会计问题

    B. 会计的基本概念、原则与方法问题

    C. 一般行业的特殊业务会计问题

    D. 特殊行业的特定业务会计问题

10. 下列有关注册会计师业务的论述中,正确的是( )。

    A. 注册会计师按规定可以自行执业

    B. 注册会计师接受委托从事审计鉴证业务必须保证其独立性

    C. 注册会计师可以同时接受委托提供审计鉴证服务与管理咨询服务

    D. 注册会计师由政府部门或者监管机构委派或者指定进行审计鉴证或者管理咨询工作

二、多项选择题(在每小题的备选答案中,选出两个或两个以上切合题意的答案)

1. 下列各项中,属于不同视角下会计含义表述的有( )。

    A. 会计是一种管理的工具　　　　B. 会计是一个经济信息系统

    C. 会计是一种监督体系　　　　　D. 会计是一种提供信息的技艺

    E. 会计是一种管理活动

2. 下列各项中,属于会计特点的有( )。

    A. 以货币为主要计量尺度

    B. 提供有助于会计信息的使用者作出经济决策的会计信息

    C. 以凭证为基本依据

    D. 以一套完整的专门方法为手段

    E. 对经济活动的管理具有全面性、连续性和系统性

3. 下列各项中,属于会计基本职能外的其他职能有(　　)。

    A. 会计决策　　　　　　　　　　　B. 会计考核

    C. 会计分析　　　　　　　　　　　D. 会计预测

    E. 会计预算

4. 下列各项中,属于会计信息外部使用者的有(　　)。

    A. 企业的投资者　　　　　　　　　B. 企业的管理人员

    C. 企业的债权人　　　　　　　　　D. 企业的债务人

    E. 企业的员工

5. 下列各项中,属于会计目标的有(　　)。

    A. 反映管理层受托责任履行情况　　B. 反映企业经营情况

    C. 有助于会计信息的使用者作出经济决策　D. 有助于管理层进行管理

    E. 反映企业生产情况

6. 下列各项中,属于根据经营的业务性质分类的企业类别有(　　)。

    A. 制造　　　　　　　　　　　　　B. 合伙

    C. 商品流通　　　　　　　　　　　D. 公司制

    E. 服务

7. 下列各项中,属于按会计主体的性质划分的会计分支有(　　)。

    A. 企业会计　　　　　　　　　　　B. 财务会计

    C. 管理会计　　　　　　　　　　　D. 非营利组织会计

    E. 税务会计

8. 下列各项中,属于财务会计基本特征的有(　　)。

    A. 侧重以会计信息的外部使用者为主要服务对象

    B. 侧重以会计信息的内部使用者为主要服务对象

    C. 采用灵活多样的方式方法生成与提供多种形式的会计信息

    D. 遵循法定的或公认的会计准则,以统一的复式簿记系统为信息生成基础,以通用的财务报表
为主要方式来提供会计信息

    E. 着重反映过去并对企业已经发生的经济活动进行核算与控制

9. 下列各项中,属于管理会计基本特征的有(　　)。

    A. 侧重以会计信息的外部使用者为主要服务对象

    B. 侧重以会计信息的内部使用者为主要服务对象

    C. 采用灵活多样的方式方法生成与提供多种形式的会计信息

    D. 核算和控制的对象只是与计税有关的经济事项

    E. 着重反映未来并直接对企业将要进行的经济活动作出预测、决策与规划

10. 下列各项中,属于未来会计将呈现的发展趋势有(　　)。

A. 标准国际化　　　　　　　　B. 网络电算化

C. 高度智能化　　　　　　　　D. 无纸化与无人化

E. 由核算型转型为价值创造型

三、判断题（认为正确的在题目前面括号内打"√"，认为错误的在题目前面括号内打"×"）

1. （　　）会计是一种将预计发生的经济活动加工为会计信息的技艺。

2. （　　）由一个企业提供的会计信息，不具有公共产品的属性。

3. （　　）会计信息的提供者对于提供的会计信息，特别是对外提供的会计信息负有法律责任。

4. （　　）会计应根据不同的用户群体对会计信息的不同需求，提供不同的会计信息。

5. （　　）会计核算与会计监督是会计的两项基本职能，会计监督是在完成了会计核算后进行的。

6. （　　）随着大数据、人工智能、移动互联网、云计算、区块链、大模型等为代表的信息技术全面融入社会生产生活，会计的决策支持职能将被强化。

7. （　　）成本会计与财务会计、管理会计之间在内容上存在着交叉。

8. （　　）会计学原理主要阐述会计的基本概念、原则与方法，也即生成与提供会计信息的基本理论、基本方法与基本规范。

9. （　　）管理会计是一种决策会计，以会计信息的外部使用者为主要服务对象。

10. （　　）智能会计将全面提高会计工作的效率和准确性以及管理决策的能力。

第二章 会计核算基础

——学习目的与要求——

本章阐述会计核算的基础,内容包括会计基本假设、会计基础、会计信息质量要求、会计核算的程序与方法。通过本章的学习,应当理解会计的四项基本假设;掌握收付实现制与权责发生制两种会计基础;明确会计信息的八项质量要求;熟悉会计核算的基本程序、方法与工作循环。

 **课前预习题**

1. 在其他一些学科中,进行分析研究之前,通常需要明确分析研究的假设条件,会计核算为什么也需要明确一些假设条件?

2. 在人们的日常生活中,对于收入与费用,习惯于根据款项的收到或者支付作为基准进行核算,但在企业会计中却以收款权利的取得或者付款责任的发生为基准进行核算,原因何在?

3. 为了实现会计目标,会计所提供的信息必须符合一定的质量要求,为什么?

4. 从经济活动的发生到会计信息的生成与提供,会计需要采用哪些专门的方法?经过哪些基本程序与具体工作步骤?

第一节 会计基本假设

会计基本假设是对会计核算的范围与计量方式等作出的设定,是进行会计核算必须予以明确的前提条件。会计的基本假设包括会计主体、持续经营、会计分期与货币计量。

一、会计主体

会计主体也称会计实体,是指会计工作服务的特定对象。在会计主体假设下,企业应当对本身发生的交易或者事项进行会计确认、计量和报告,反映企业本身所从事的各项生产经营活动和其他相关活动。

明确会计主体是进行会计核算工作的重要前提。首先,明确会计主体才能划定会计所要处理的各项交易或者事项的范围。会计核算中对于资产与负债的确认,收入的实现与费用的发生等,都是针对特定会计主体而言的。只有那些影响会计主体本身经济利益的交易或者事项才能进行确认、计量和报告。其次,明确会计主体才能将会计主体的交易或者事项与会计主体所有者的交易或者事项以及其他会计主体的交易或者事项区分开来。例如,企业收到所有者投入资本或者向所有者分配利润,属于企业会计主体所发生的交易或者事项,应当纳入企业会计核算的范围;而企业所有者向其他企业投资或者收到所投资企业分配的利润等交易或者事项则属于企业所有者主体所发生的,不应纳入企业会计核算的范围。

会计主体不同于法律主体,这主要反映在两个方面。一是法律主体可以成为会计主体,但会计主体不一定能成为法律主体。例如,独资企业或者合伙企业不具有法人资格,不是法律主体,其所拥有或者控制的财产和对外所负有的债务,在法律上仍属于业主或者合伙人的财产与债务,但在会计核算中则作为独立的会计主体来处理。二是会计主体可以由一个法律主体构成,也可以由几个法律主体构成。例如,在企业集团的情况下,一个母公司拥有若干个子公司,虽然母、子公司属于不同的法律主体,但母公司对于子公司拥有控制权,为了全面反映企业集团的财务状况、经营成果与现金流量,就将企业集团作为一个会计主体,编制合并财务报表。

二、持续经营

持续经营,是指在可以预见的将来,会计主体将会按当前的规模和状态继续运行下去,不会停业,也不会大规模削减业务。在持续经营假设下,会计确认、计量和报告应当以企业持续、正常的生产经营活动为前提。

持续经营假设是会计主体假设的引申,因为明确了会计主体,必然要进一步明确会计主体会存在多久。如果说会计主体假设为会计核算规定了空间范围,持续经营假设则为会计核算作出了时间规定。

依据持续经营假设,企业持有的资产将按照既定目的在正常的生产经营活动过程中被耗用、出售或转让,固定资产的投资成本不必一次全部计入产品的生产成本,而是可以采用折旧的方法在使用期间分次计入产品的生产成本;企业承担的债务将按照既定的债务合约条件进行清偿;对于发生的跨期收入和支出,可以按照权责发生制基础确定归属期,以便正确计算各期的经营成果。

需要指出的是,市场经济条件下的企业必然是优胜劣汰,每个企业都存在着经营失败的风险,企业的改组、停业或破产是时常发生的。当有证据证明一个企业已无法履行所承担的义务时,持续经营这一假设就不再成立,建立在持续经营假设之上的有关会计处理方法也就不再适用,这时则要采用破产清算假设下的会计处理方法。

三、会计分期

会计分期,是指将会计主体持续不断的经济活动划分为一个个连续的、长短相同的期间。在会计分期假设下,企业应当划分会计期间,分期结算账目和编制财务报告。

会计分期假设是持续经营假设的一个必要补充,以使会计能够及时地满足会计信息使用者在时间上对会计信息的需求,为促进会计主体持续有效经营和定期考核提供必要的前提条件。

会计期间通常分为年度和中期。会计期间为年度的被称为会计年度,我国《会计法》规定以日历年度,即从公历 1 月 1 日起到 12 月 31 日止作为企业会计年度。中期,是指短于一个完整会计年度的报告期间,如月度、季度和半年度。

会计分期假设对于会计程序和方法的确定具有极大的影响。由于会计分期,产生了企业的收入和费用归属于哪个会计期间的问题。对于受益期超过一个会计期间的资本性支出需要在受益的各个会计期间进行分配。企业在各个会计期间需要采用一致的会计处理方法,以便正确比较和分析企业在各会计期间的财务状况、经营成果与现金流量。

四、货币计量

货币计量,是指会计主体在进行会计确认、计量和报告时以货币计量,反映会计主体的经济活动。

会计主体的经济活动是多种多样、错综复杂的,要求有一个统一的计量尺度来进行综合反映。尽管可供选择的计量尺度有货币、实物和时间等,但货币是商品的一般等价物,是衡量一切有价物价值的共同尺度,具有价值尺度、流通手段、贮藏手段和支付手段等特点,会计也就选择货币作为统一的计量尺度。在实际工作中,会计根据需要也采用实物量度和时间量度等作为辅助的计量尺度。

通常,在会计核算中除应当明确以货币作为主要计量尺度外,还需要具体确定记账本位币,即按某种统一的货币来反映会计主体的经济活动。在我国,以人民币作为记账本位币进行会计核算。

货币计量隐含着币值稳定假设。

第二节 会 计 基 础

在实务中,会计主体的经济活动即交易或者事项的发生时间与相关款项的收支时间并不完全一致。例如,企业已经收到款项,但销售收入并未实现;或者企业尚未收到款项,但销售收入却已经实现。又如,企业已经支付款项,但并不属于本期的生产经营所发生的费用;或者企业尚未支付款项,但却属于本期的生产经营所发生的费用。为此,在会计核算中必须明确会计基础,即会计以什么为标志作为核算的基准。在会计核算中,可以以本期款项的收到或者支付作为基准来确认本期的收入或者费用,也可以以本期收款权利的取得或者付款责任的发生作为基准来确认本期的收入或者费用,为此形成了收付实现制与权责发生制两种会计基础。

一、收付实现制

收付实现制也称现收现付制,是指以款项的实际收到或者支付为基准来确认本期的收入或者费用。按照收付实现制,凡在本期收到或者支付的款项,不论是否属于本期,均作为本期的收入或者费用进行确认;凡在本期未曾收到或者支付的款项,即使属于本期,也不作为本期的收入或者费用进行确认。

在收付实现制会计基础下,在进行会计核算时不必考虑预收收入、预付费用和应计收入、应计费用问题,会计期末也不需要进行账项调整,因为实际收到或者付出的款项均已登记入账,所以可以根据账簿记录直接确定本期的收入、费用与盈亏。

二、权责发生制

权责发生制也称应收应付制,是指以收款权利的取得或者付款责任的发生为基准来确认本期的收入或者费用。按照权责发生制,凡是本期已经实现的收入或者已经发生的费用,无论款项是否收到或者支付,都应当确认为本期的收入或者费用;凡是不属于本期的收入或者费用,即使款项已在本期收到或者支付,也不应确认为本期的收入或者费用。

会计分期假设是产生权责发生制会计基础的直接原因。有了会计分期,就产生了本期与非本期的区别;有了本期与非本期的区别,就产生了收付实现制与权责发生制两种会计基础。采用权责发生制基础,就需要在会计期末对一些预收、应收的收入项目和预付、应付的费用项目进行调整,正确划分归属期,以真实、准确、完整地反映一定会计期间的财务状况与经营成果。例如,企业本期售出一批产品,期末款项尚未收到,但已经取得收取这笔销售款项的权利,应当作为本期收入进行核算;而企业对本期按合同规定收到的下期货款,由于尚未提供产品,也就尚未取得收取这笔销售款项的权利,不能作为本期收入核算,只能作为本期的预收账款核算。又如,固定资产尽管在本期尚未报废,不必更新,但部分价值已在本期消耗掉,应承担补偿的责任,因而要将这部分价值以折旧的形式计入本期费用。

权责发生制与收付实现制的应用举例及其比较,如表 2-1 所示。

表 2-1　　　　　　　　　权责发生制与收付实现制的应用举例及其比较

单位:元

本月发生的交易或者事项 (不考虑增值税)	收付实现制		权责实现制	
	本月收入	本月费用	本月收入	本月费用
(1) 上月销售商品计 5 000 元,本月收到该项售出商品货款	5 000			
(2) 上月预收货款 10 000 元,本月交付该项货款商品			10 000	
(3) 本月销售商品计 120 000 元,本月收到该项售出商品货款	120 000		120 000	
(4) 本月销售商品计 30 000 元,本月尚未收到该项售出商品货款			30 000	
(5) 本月预收货款 2 000 元,下月交付该项货款商品	2 000			
(6) 上月发生水电费 1 000 元,本月予以支付		1 000		
(7) 上月支付本季度广告费 6 000 元,本月摊销应由本月负担部分				2 000
(8) 本月购入商品支付 85 000 元,购入商品已在本月售出		85 000		85 000
(9) 本月支付本月员工薪酬 52 000 元		52 000		52 000
(10) 本月预付从本月起应付的半年办公用房租金 12 000 元		12 000		2 000
合计	127 000	150 000	160 000	141 000
本月盈亏核算	127 000−150 000＝−23 000		160 000−141 000＝19 000	

表 2-1 所示的权责发生制与收付实现制的应用举例反映出,依据收付实现制基础核算本月亏损 23 000 元,而依据权责发生制基础核算则本月盈利 19 000 元,存在着较大差异。权责发生制是从收付实现制发展而来的。收付实现制的核算程序比较简单,是与商品经济

初期业务简单、信用不发达的会计环境相适应的。随着商品经济的发展与信用制度的健全,由于收付实现制不能正确计算当期的收入与费用而逐渐被权责发生制所取代。我国企业会计准则规定,企业以权责发生制为会计基础。但企业会计核算以权责发生制为基础,并不意味着完全不采用收付实现制。例如,反映企业现金流量情况的现金流量表,采用收付实现制进行编制。

第三节　会计信息质量要求

会计信息质量要求是使财务报告所提供的会计信息对信息使用者决策有用性应当具备的基本特征。我国企业会计准则规定了可靠性、相关性、可理解性、可比性、实质重于形式、重要性、谨慎性和及时性八项会计信息质量要求。

一、可靠性

可靠性要求企业应当以实际发生的交易或者事项为依据进行会计确认、计量和报告,如实反映符合确认和计量要求的各项会计要素及其他相关信息,保证会计信息真实可靠、内容完整。

可靠性是高质量会计信息的基础。可靠性要求包含了对会计信息真实性、可验证性和中立性要求三层含义,即一切会计记录要有凭证来证明,会计反映应当与实际发生的交易或者事项相一致;一切会计信息可以由有资质的人员,依据会计准则进行处理能够得出同样的结果;一切会计处理不倾向于一部分会计信息使用者而损害其他使用者的利益,也不企图为达到某种预定的目的或者采用某种特定的行为方式而使会计信息受个人的偏向和主观意志的影响。

需要指出的是,企业提供的会计信息难以做到绝对可靠,因为在会计核算中对于一些会计事项的处理是根据一定的判断估计的,或者是建立在对未来的预计之上的。例如,固定资产的原始价值可以可靠地确定,但每年应计提的折旧费并非可以完全可靠地确定,因为折旧费的确定与固定资产使用年限、残值等的预计有关,具有判断估计性质。由于带有判断估计的成分,会对会计信息带来一定的影响。为此,在会计上对于一些必要的判断估计应尽可能做到客观些,以使产生的偏差控制在尽可能小的范围之内。

二、相关性

相关性要求企业提供的会计信息应当与会计信息使用者的经济决策需要相关,有助于会计信息使用者对企业过去、现在或者未来的情况作出评价或者预测。

会计信息的相关性,取决于信息的预测价值、反馈价值与及时性。相关的会计信息应当有助于信息使用者根据会计信息能够预测企业未来的财务状况、经营成果和现金流量，因而具有预测价值；相关的会计信息应当能够有助于信息使用者评价过去的决策，证实或者修正过去的有关预测，因而具有反馈价值；会计信息的及时提供才能对决策产生积极的影响，信息提供的不及时必然会使相关的信息失去价值而变得与决策不相关。

需要注意的是，相关性是以可靠性为基础的，两者之间并不矛盾，不应将两者对立起来。企业所提供的会计信息应在可靠性前提下，尽可能地保持相关性，以满足会计信息使用者的决策需要。

三、可理解性

可理解性要求企业提供的会计信息应当清晰明了，便于会计信息使用者理解和使用。

会计信息能否对使用者的决策产生作用，其中的一个关键因素是使用者能够理解会计信息，这就要求企业所提供的会计信息清晰明了，易于理解。只有这样才能提高会计信息的有用性，实现会计的目标。

会计信息具有较强的专业性，在强调会计信息可理解性要求的同时，还应当假定会计信息使用者具有一定的有关企业经济管理和会计方面的知识，并且愿意付出努力去研究会计信息。对于某些复杂的信息，如果交易本身较为复杂或者会计处理较为复杂，若对使用者的决策产生影响的，企业就应当在财务报告中予以充分披露，以便于使用者的理解。

四、可比性

可比性要求企业提供的会计信息应当相互可比。可比性包含了同一企业不同时期的会计信息可比与不同企业相同会计期间的会计信息可比两个方面的含义。

同一企业不同时期的会计信息可比，是指同一企业不同时期发生的相同或者相似的交易或者事项，应当采用一致的会计政策，不得随意变更。同一企业不同时期的会计信息具有了可比性，才能便于会计信息使用者正确比较企业在不同时期的会计信息，掌握企业财务状况、经营成果和现金流量变化的真实趋势，全面、客观地评价企业的过去、预测未来，从而作出合理的决策。需要注意的是，对会计信息提出可比性要求，并非表明企业不得变更会计政策，如果按照规定或者在会计政策变更后可以提供更可靠、更相关的会计信息，可以变更会计政策。但有关会计政策变更的情况，应当在附注中予以说明。

不同企业相同会计期间的会计信息可比，是指不同企业同一会计期间发生的相同或者相似的交易或者事项，应当采用同一会计政策，确保会计信息口径一致、相互可比。不同企业相同会计期间的会计信息具有了可比性，才能便于会计信息使用者正确评价不同企业的财务状况、经营成果和现金流量及其未来变化趋势，从而作出合理的决策。

五、实质重于形式

实质重于形式要求企业应当按照交易或者事项的经济实质进行会计确认、计量和报告,不应仅以交易或者事项的法律形式为依据。

企业发生的交易或者事项在多数情况下经济实质和法律形式是一致的,但在某些特定情况下会出现不一致。例如,企业以融资租赁方式租入的固定资产,虽然从法律形式看企业并不拥有其所有权,但是租赁合同中规定的租赁期相当长,往往接近于该固定资产的使用寿命,租赁期结束时承租企业有优先购买该固定资产的选择权,在租赁期内承租企业拥有该固定资产的使用权并从中受益,所以,从经济实质来看承租企业能够控制租入固定资产所创造的未来经济利益,在会计核算中就应当将以融资租赁方式租入的固定资产视为企业的资产。

六、重要性

重要性要求企业提供的会计信息应当反映与企业财务状况、经营成果和现金流量等有关的所有重要交易或者事项。

如果会计信息的省略或者错报会影响会计信息的使用者作出决策的,该信息就具有重要性。重要性是相对而言的,在一定程度上取决于会计人员的职业判断。一般来说,应当根据企业所处的环境和实际情况,从事项的性质、金额等方面进行判断。从性质来看,当某一事项有可能对决策产生影响时,就属于重要项目;从金额来看,当某一事项的金额达到一定的比例,可能对决策产生影响,就属于重要项目。

在实务中,对于重要的会计信息,必须按照规定的要求进行会计处理,并在财务报告中予以充分、完整地披露;对于非重要的会计信息,在不影响会计信息真实性和会计信息使用者决策的前提下,可以适当简化处理。例如,企业发生的某些金额较小的支出,从支出受益期来看,需要在若干会计期间进行分摊,但根据重要性要求,可以一次计入当期损益。

七、谨慎性

谨慎性要求企业对交易或者事项进行会计确认、计量和报告应当保持应有的谨慎,不应高估资产或者收益、低估负债或者费用。

在市场经济条件下,企业的生产经营活动充满着风险和不确定性,如应收款项的可收回性、固定资产与无形资产的预期使用寿命、售出产品可能发生的退货或者返修等。依据会计信息质量的谨慎性要求,在面临不确定因素情况下作出职业判断时,应当保持应有的谨慎,充分估计到各种风险和损失,既不高估资产或者收益,也不低估负债或者费用。例如,定期对存在可能发生减值迹象的资产计提减值准备、对固定资产采用加速折旧法计提折旧、对售出产品可能发生的保修义务确认预计负债等,就体现了会计信息质量的谨慎性要求。

必须注意的是,提出会计信息的谨慎性要求并不允许企业设置秘密准备。如果企业故意低估资产或者收益,或者故意高估负债或者费用,就属于滥用谨慎性,不符合会计信息的可靠性和相关性要求,扭曲了企业的实际财务状况和经营成果,会对会计信息使用者的决策产生误导。

八、及时性

及时性要求企业对于已经发生的交易或者事项,应当及时进行会计确认、计量和报告,不得提前或者延后。

会计信息的使用者根据会计信息作出相关决策,会计信息具有时效性。如果会计信息不能及时提供,失去了时效性,即使是可靠的会计信息,对于使用者的价值也就降低了。

为了保证会计信息的及时性,一是要及时收集会计信息,即在交易或者事项发生后,及时收集整理各种原始单据或者凭证;二是要及时处理会计信息,即按照会计准则的规定,及时对发生的交易或者事项进行确认、计量与编制财务报告;三是要及时传递会计信息,即在规定的时限内将编制的财务报告传递给使用者,便于及时使用和决策。

第四节　会计核算的基本程序、方法与工作循环

为了发挥会计职能和实现会计目标,会计应根据会计基本假设与会计基础,遵循会计信息的质量要求,按照一定的程序、方法与步骤处理与提供信息。

一、会计核算的基本程序

会计核算通常按照确认、计量、记录与报告这一基本程序进行。

1. 会计确认

会计确认,是指根据一定的标准与基础,识别和确定发生的交易或者事项是否可以作为会计要素记入会计簿记系统,以及记入会计簿记系统的信息如何列入财务报表的过程。

会计确认所要解决的是会计核算的定性问题,包括确认标准和确认基础两个方面。

确认标准,是指对发生的交易或者事项以什么标准来确认为某一项会计要素。一般认为会计确认需要遵循四项标准:一是可定义性,应予确认的交易或者事项必须符合某个会计要素的定义;二是可计量性,应予确认的交易或者事项要能够以某种计量属性可靠地进行计量;三是可靠性,应予确认的交易或者事项是真实的、可验证的;四是相关性,应予确认的交易或者事项所生成的信息能够影响会计信息使用者的决策。

确认基础,是指对发生的交易或者事项采用什么基准来确认为某一项会计要素。在会计分期的基本假设下,必然导致一些收入、费用出现跨越不同会计期间的情况,并且商业信用的普遍存在,也使得交易或者事项发生的时间与款项收到或者支付的时间往往不相一致,为此而存在权责发生制和收付实现制两种可供选择的确认基准。权责发生制能更客观

地反映企业的财务状况与经营成果,企业也就采用权责发生制作为会计确认基础。

从对会计信息的处理过程来看,会计确认包括初始确认和再确认两个环节。初始确认是对发生的交易或者事项,判别其是否应作为会计要素以及作为哪一项会计要素分类记入会计簿记系统;再确认是对已记入和贮存在会计簿记系统中的信息如何在财务报表的具体项目中进行列示。

2. 会计计量

会计计量,是指选择合适的会计计量属性,运用确定的计量尺度与计量单位,对于确认的会计要素记入会计簿记系统并列报于财务报表而进行货币量化的过程。

会计计量所要解决的是会计的定量问题,包括计量属性、计量尺度与计量单位的确定。计量属性,是指会计要素的数量特征或者外在表现形式,反映了会计要素金额的确定基础,如历史成本、公允价值等;计量尺度,是指对会计要素进行货币量化时采用的标准,在我国以人民币作为会计计量的标准;计量单位,是指对会计要素进行货币量化时采用的标准量度,有名义货币量度单位与不变购买力货币量度单位,会计一般采用名义货币量度单位。

我国企业会计准则规定了以下五种会计计量属性:

(1)历史成本。历史成本又称实际成本或者原始成本,是指取得或者制造某项资产时所实际支付的现金或者现金等价物。在历史成本计量下,资产按照购置时支付的现金或者现金等价物的金额,或者按照购置资产时所付出的对价的公允价值计量;负债按照因承担现时义务而实际收到的款项或者资产的金额,或者承担现时义务的合同金额,或者按照日常活动中为偿还负债预期需要支付的现金或者现金等价物的金额计量。

(2)重置成本。重置成本又称现行成本,是指按照当前市场条件,重新取得同样一项资产所需支付的现金或者现金等价物。在重置成本计量下,资产按照现在购买相同或者相似资产所需支付的现金或者现金等价物的金额计量;负债按照现在偿付该项债务所需支付的现金或者现金等价物的金额计量。

(3)可变现净值。可变现净值,是指在正常生产经营过程中,以资产预计售价减去进一步加工成本和预计销售费用以及相关税费后的净值。在可变现净值计量下,资产按照其正常对外销售所能收到现金或者现金等价物的金额扣减该资产至完工时估计将要发生的成本、估计的销售费用以及相关税费后的金额计量。

(4)现值。现值,是指对未来现金流量以恰当的折现率进行折现后的价值,是考虑了货币时间价值的一种计量属性。在现值计量下,资产按照预计从其持续使用和最终处置中所产生的未来净现金流入量的折现金额计量;负债按照预计期限内需要偿还的未来净现金流出量的折现金额计量。

(5)公允价值。公允价值,是指市场参与者在计量日发生的有序交易中,出售一项资产所能收到或者转移一项负债所需支付的价格。在公允价值计量下,资产和负债按照市场参与者在计量日发生的有序交易中,出售一项资产所能收到或者转移一项负债所需支付的金额计量。采用公允价值计量,强调独立于企业主体之外,站在市场的角度以交易双方达成的市场价格作为入账价值,是对资产和负债以当前市场情况为依据进行价值计量的结果。

企业对会计要素进行计量时,一般应当采用历史成本,原因在于历史成本具有客观性、可验证性与简便性的优点,即历史成本是实际交易活动的结果,较为客观;历史成本有发票、账单等凭证作为依据,便于验证;历史成本的金额容易取得,相对简便。

采用历史成本计量是以币值稳定的会计假设为前提的。在币值稳定的假设条件下,资产、负债的历史成本与现行成本是一致的,采用历史成本能够准确地对会计要素进行计量,提供企业各个时期真实可比的财务状况和经营成果信息。但在币值不稳定的情况下,采用历史成本就难以反映企业当前的真实财务状况和经营成果信息,需要采用其他计量属性或者采用一定的方法对历史成本会计信息进行调整。需要指出的是,采用重置成本、可变现净值、现值、公允价值对会计要素进行计量并不像采用历史成本进行计量那么客观,容易受人为因素的影响,为此要求在采用这些计量属性时,应当保证所确定的会计要素金额能够取得并可靠计量。

3. 会计记录

会计记录,是指经过会计确认与计量的交易或者事项采用一定方法记入会计簿记系统的过程。

会计记录是通过设置账户、复式记账、填制与审核会计凭证、登记账簿等专门的方法来进行的,会计记录既对发生的交易或者事项进行了分析判别与量化,又对交易或者事项进行了分类、汇总与加工而形成簿记系统信息,为编制财务报表奠定了基础。

会计记录按内容,可以分为序时记录和分类记录;按采用的方式,可以分为手工记录与电子计算机记录。采用序时记录还是分类记录,取决于交易或者事项的特征与编制财务报表的需要。采用手工记录还是电子计算机记录,取决于会计主体的电子计算机应用程度,目前企业一般都采用电子计算机记录方式。

4. 会计报告

会计报告,是指对会计簿记系统生成的信息,按照规定的要求予以进一步加工而形成具有一定层次结构的会计信息,以财务报表的形式传递给信息使用者的过程。会计报告是会计核算的最后一个程序,会计工作的成果通过财务报表反映出来,会计信息使用者通过财务报表获取所需的会计信息。

会计报告所要解决的是揭示何种信息、揭示多少信息以及以何种方式揭示信息的问题。会计报告的作用表现在两个方面:一是通过信息再加工,将会计簿记系统信息转化为具有层次结构的财务报表信息,提高会计信息的有用性;二是通过财务报表的形式,将会计信息传递给信息使用者。

二、会计核算的方法

会计核算的方法贯穿于会计核算的基本程序之中,包括设置账户、复式记账、填制与审核会计凭证、登记账簿、成本计算、财产清查与编制财务报表等专门的技术方法。

1. 设置账户

设置账户,是指对会计对象的具体内容进行分类核算的一种方法。账户依据会计科目设置,会计科目则是对会计要素具体内容进行分类核算的项目。会计对象、会计要素、会计科目是会计对于同一应予以核算的交易或者事项由综合到细化归类的三个层次。设置会计账户首先必须按会计要素对会计对象的内容进行分类,然后对会计要素的内容进行具体的划分而形成会计科目,再根据会计科目在账簿中开立账户,用于分类、连续地记录各项交易或者事项所引起的资金增减变动情况及其结果。

2. 复式记账

复式记账,是指对发生的每一项交易或者事项都要以相等的金额,同时记入两个或者两个以上相互对应账户,系统地反映资金运动变化结果的一种方法。采用复式记账法可以通过对应账户的关系反映出交易或者事项的来龙去脉,同时建立起对应账户间的平衡关系,这种平衡关系成为检查会计记录是否正确的重要依据。

3. 填制与审核会计凭证

填制与审核会计凭证,是指为了保证交易或者事项的合法合规,登记入账的会计记录真实、准确、完整而采用的一种方法。交易或者事项发生时,首先由经办人员取得表明交易或者事项发生及其内容的原始凭证,然后交由会计人员审核无误后填制记账凭证,再据此登记账簿。通过填制与审核会计凭证,不仅使进入会计账簿系统的信息有据可查,保证会计信息的真实、准确、完整,而且也是实行会计监督的一项重要措施。

4. 登记账簿

登记账簿,是指根据审核无误的会计凭证,在账簿中连续、完整与分门别类地记录和循序地汇集计算所发生的交易或者事项的一种方法。进行会计核算必须设置账簿,登记账簿必须有会计凭证作为依据,这样才能可靠、连续、完整与分门别类地记录交易或者事项的发生情况,并通过定期的结账与对账,为编制财务报表提供完整而又系统的会计信息,同时可以为会计监督提供基础资料。

5. 成本计算

成本计算,是指按照一定对象归集和分配在生产经营过程中不同部门、不同阶段所发生的各种费用支出,以确定各该对象的总成本和单位成本的一种方法。通过成本计算,可以确定材料的采购成本、产品的生产成本和销售成本,反映生产经营过程中发生的各项耗费,为控制和考核生产经营过程中的费用支出、确定产品盈亏和制定产品价格提供依据。

6. 财产清查

财产清查,是指通过盘点实物、核对账目来保持账实相符的一种方法。会计簿记系统记录了所发生的各项交易或者事项,但记录的准确与否的检验标准就是账面数与相对应的实有数的相符性。为提高会计记录的准确性与可靠性,保证账实相符,必须定期或者不定期地对各项财产物资、往来款项等进行清查、盘点和核对。财产清查也是实行会计监督的一项重要措施。

7. 编制财务报表

编制财务报表,是指根据会计簿记系统的信息,定期按一定的格式与要求反映会计主体经济活动过程和结果的一种方法。财务报表以会计簿记系统的信息为依据,经过加工整理而形成一套完整呈报会计信息的书面文件。财务报表所提供的信息,是会计信息使用者进行经济决策的主要依据。

从交易或者事项发生,按规定的手续填制和审核凭证,并应用复式记账法在有关账簿中进行登记,到会计期末结算账目、进行成本计算和财产清查,在保证账证、账账、账实相符的基础上,根据账簿记录编制会计报表,会计按照确认→计量→记录→报告这一基本程序而形成会计信息系统。会计核算基本程序和各种会计核算方法之间的关系,在会计实务中是相互联系与互相融合的,它们之间的关系,如图2-1所示。

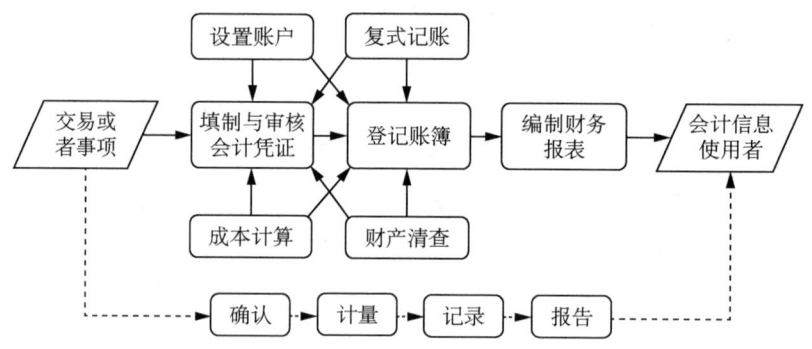

图 2-1 会计核算基本程序与会计核算方法之间的关系

三、会计核算的工作循环

会计核算在具体工作中按照确认、计量、记录与报告这一基本程序,通过相应的步骤周而复始地进行而形成工作循环。

(1)填制和审核原始凭证。对发生的交易或者事项是否符合会计确认条件进行分析,通过填制和审核原始凭证将符合确认条件的交易或者事项纳入会计核算系统。

(2)填制记账凭证。依据原始凭证确定交易或者事项对会计要素的具体影响,编制会计分录记录到记账凭证中。

(3)登记账簿。将记账凭证的相关记录按规则登录到有关日记账、明细分类账和总分类账中,即过账。

(4)编制期末账项调整前试算平衡表。期末根据全部账户记载的本期发生额和期末余额编制试算平衡表,检验全部账户记录的正确性。

(5)编制期末调整分录并过账。期末根据权责发生制要求,按照收入、费用的归属期,对发生的符合确认条件但尚未入账的交易或者事项编制调整分录并过账,以正确计算当期损益和反映期末财务状况。

（6）期末对账。期末根据各种账簿记录和财产清查的结果,进行账证核对、账账核对和账实核对,以确保账簿所反映的会计信息的真实、准确和可靠。

（7）期末结账。期末计算各账户的本期发生额和余额,账户若有余额应结转下期。收入类账户和费用类账户的发生额结转"本年利润"账户,以确定当期损益。

（8）编制期末结账后试算平衡表。根据结账后全部账户记载的本期发生额和期末余额编制试算平衡表,检验期末结账后全部账户记录的正确性。

（9）编制财务报表。根据分类账户中有关账户的本期发生额和期末余额,编制财务报表,反映企业的财务状况、经营成果与现金流量情况。

会计核算的工作循环,如图 2-2 所示。

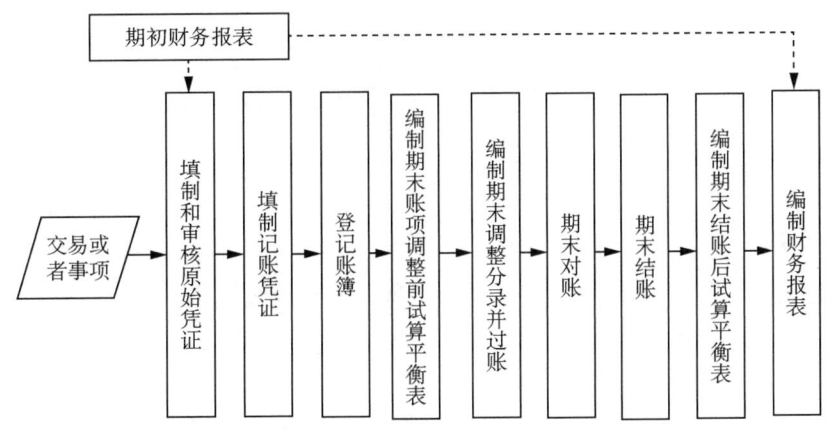

图 2-2　会计核算的工作循环

会计核算的工作循环反映了一定会计期间内的会计核算工作的全部内容。其中,前三个步骤属于日常的会计核算工作内容;后六个步骤属于会计期末的会计核算工作内容。

本章要点概览

1. 进行会计核算首先必须明确会计核算的范围与计量的方式,也就是需要建立会计核算的前提条件即会计假设,包括会计主体、持续经营、会计分期、货币计量四项会计的基本假设。

2. 在会计核算上有收付实现制与权责发生制两种会计基础,进行会计核算必须明确会计基础。企业以权责发生制为基础来进行会计核算,凡是本期已经实现的收入或者已经发生的费用,无论款项是否收到或者支付,都应当确认为本期的收入或者费用;凡是不属于本期的收入或者费用,即使款项已在本期收到或者支付,也不应确认为本期的收入或者费用。

3. 为了保证会计信息使用者依据会计信息能够作出正确的决策,会计所提供的信息必须符合一定的质量要求,包括可靠性、相关性、可理解性、可比性、实质重于形式、重要性、谨慎性和及时性八项会计信息质量要求。

4. 会计是一项技术性很强的工作,按照确认、计量、记录、报告这一基本程序,应用设置账户、复式记账、填制与审核凭证、登记账簿、成本计算、财产清查、编制财务报表等专门方法,经过填制和审核原始凭证、填制记账凭证、登记账簿、编制期末账项调整前试算平衡表、编制期末调整分录并过账、期末对账、期末结账、编制期末结账后试算平衡表、编制财务报表等步骤来加工处理与提供信息。

 主要术语

1. 会计假设
2. 会计主体
3. 持续经营
4. 会计分期
5. 货币计量
6. 会计基础
7. 收付实现制
8. 权责发生制
9. 会计信息质量要求
10. 可靠性
11. 相关性
12. 可理解性
13. 可比性
14. 实质重于形式
15. 重要性
16. 谨慎性
17. 及时性
18. 会计程序
19. 会计确认
20. 会计计量
21. 历史成本
22. 重置成本
23. 可变现净值
24. 现值
25. 公允价值
26. 会计记录
27. 会计报告
28. 会计核算工作循环

阅 读 文 献

1. 中华人民共和国财政部. 企业会计准则(基本准则)[M]. 上海:立信会计出版社,2024.

2. 葛家澍,刘峰. 会计学导论(第二章会计信息系统的基本概念)[M]. 上海:立信会计出版社,1999.

3. 张捷,刘英明. 基础会计(第一章会计发展与会计目标)[M]. 北京:中国人民大学出版社,2021.

4. 陈国辉,迟旭升. 基础会计(第三章会计核算基础)[M]. 大连:东北财经大学出版社,2024.

5. 唐国平. 会计学原理(第四章会计确认与会计计量原理)[M]. 北京:中国财政经济出版社,2020.

复 习 思 考 题

1. 会计核算需要建立哪些基本假设？含义分别是什么？

2. 为什么要确定会计基础？举例说明权责发生制与收付实现制两种会计基础的差异。

3. 会计有哪些信息质量要求？各项会计信息质量要求的具体含义是什么？

4. 根据我国《企业会计准则》的规定，会计有哪几种计量属性？采用的原则是什么？

5. 会计核算的基本程序如何？会计核算的主要方法有哪些？会计核算的工作循环包括哪些步骤？

练 习 题

一、单项选择题(在每小题的备选答案中，选出一个最为切合题意的答案)

1. 会计主体是( )。

    A. 一个企业　　　　　　　　　　B. 企业法人

    C. 会计工作服务的特定对象　　　　D. 法人主体

2. 企业的会计期间是( )。

    A. 自然形成的　　　　　　　　　　B. 生产经营活动的一个周期

    C. 人为划分的　　　　　　　　　　D. 营业年度

3. 企业应当以实际发生的交易或者事项为依据进行会计确认、计量和报告，反映了会计信息质量的( )要求。

    A. 可靠性　　　　　　　　　　　　B. 谨慎性

    C. 可比性　　　　　　　　　　　　D. 实质重于形式

4. 企业提供的会计信息应当清晰明了，反映了会计信息质量的( )要求。

    A. 可靠性　　　　　　　　　　　　B. 可理解性

    C. 可比性　　　　　　　　　　　　D. 实质重于形式

5. 对于同一企业不同时期发生的相同或者相似的交易或者事项，应当采用一致的会计政策，不得随意变更，反映了会计信息质量的( )要求。

    A. 可靠性　　　　　　　　　　　　B. 重要性

    C. 可比性　　　　　　　　　　　　D. 实质重于形式

6. 企业对交易或者事项进行会计确认、计量和报告，不应高估资产或者收益、低估负债或者费用，反映了会计信息质量的( )要求。

    A. 谨慎性　　　　　　　　　　　　B. 重要性

    C. 可比性　　　　　　　　　　　　D. 实质重于形式

7. 企业管理部门领用可以使用数年的计算器、钢尺等工具，其成本应当按受益期在使用的各年中进行摊销，但因金额较小一次计入领用当期的管理费用，这符合会计信息质量的( )要求。

    A. 重要性　　　　　　　　　　　　B. 谨慎性

    C. 相关性　　　　　　　　　　　　D. 实质重于形式

8. 下列计量属性中，由真实交易形成的是( )。

    A. 历史成本　　　　　　　　　　　B. 重置成本

  C. 可变现净值   D. 公允价值

9. 甲材料账面成本为 80 元,对甲材料加工后对外销售价格为 200 元,对甲材料加工使其可供出售估计发生的成本为 60 元,估计的销售费用与相关税费分别为 30 元和 20 元,甲材料的可变现净值为( )元。

  A. 90   B. 80

  C. 10   D. 200

10. 资产和负债按照市场参与者在计量日发生的有序交易中,出售一项资产所能收到或者转移一项负债所需支付的价格计量的会计计量属性是( )。

  A. 现值   B. 公允价值

  C. 历史成本   D. 重置成本

二、多项选择题(在每小题的备选答案中,选出两个或两个以上切合题意的答案)

1. 会计信息的可靠性可以从( )方面进行评价。

  A. 中立性   B. 可验证性

  C. 真实性   D. 预测性

  E. 及时性

2. 会计信息的相关性取决于信息的( )。

  A. 预测价值   B. 反馈价值

  C. 可验证性   D. 及时性

  E. 重要性

3. 下列各项中,属于有助于提高会计信息可比性的有( )。

  A. 同一企业前后各期采用一致的会计政策

  B. 在财务报表中提供以前期间的对比数据

  C. 各企业根据自身的需要灵活选择会计政策

  D. 各企业都遵循会计准则的统一规定

  E. 在财务报表中披露企业所采用的重大会计政策

4. 下列各项中,体现了会计信息质量谨慎性要求的有( )。

  A. 对发生的会计事项在财务报告中予以充分、完整的披露

  B. 对发生的不重要会计事项在财务报告中予以适当简化处理

  C. 对固定资产采用加速折旧方法进行折旧

  D. 对售出产品可能发生的保修义务确认预计负债

  E. 对具有坏账迹象的应收账款计提坏账准备

5. 下列各项中,体现了会计信息质量及时性要求的有( )。

  A. 及时收集整理各种原始单据   B. 及时进行经济交易

  C. 及时编制财务报表   D. 及时编制会计预算

  E. 及时将财务报表传递给会计信息的使用者

6. 下列各项中,属于会计确认需要遵循的标准有( )。

  A. 可定义性   B. 重要性

C. 可计量性

D. 相关性

E. 可靠性

7. 下列各项中,属于会计计量属性的有(　　)。

A. 公允价值

B. 可变现净值

C. 现值

D. 历史成本

E. 重置成本

8. 下列关于对历史成本计量的评价中,正确的有(　　)。

A. 数据容易取得,操作方便

B. 相关性强

C. 能够被核实和验证

D. 不同时期的会计信息可能缺乏可比性

E. 资产的账面价值可能会脱离现时实际价值

9. 下列关于对公允价值计量的评价中,正确的有(　　)。

A. 可以提高会计信息的相关性

B. 可能会提高会计信息的可靠性

C. 容易操纵,可能会被滥用

D. 可能会降低会计信息的可靠性

E. 绝大多数情况下,一个项目的公允价值能够很容易地确定

10. 下列各项中,属于进行会计核算采用的专门方法有(　　)。

A. 设置账户与复式记账

B. 填制与审核会计凭证

C. 登记账簿与成本计算

D. 会计确认与会计计量

E. 财产清查与编制财务报表

三、判断题(认为正确的在题目前面括号内打"√",认为错误的在题目前面括号内打"×")

1. (　　)法律主体可以成为会计主体,但会计主体不一定能成为法律主体。

2. (　　)如果没有持续经营这一假设,固定资产的购建支出就只能一次全部计入购置当期的成本费用。

3. (　　)会计的货币计量假设包含着币值稳定假设。

4. (　　)根据权责发生制会计基础,本期售出一批产品,虽然到期末款项尚未收到,但应当将其确认为本期的收入;而对本期按合同规定收到的下期售出产品货款,则只能作为本期预收账款处理,不能确认为本期的收入。

5. (　　)会计信息质量的可靠性要求企业提供的会计信息应当与财务报表使用者的经济决策需要相关,有助于财务报表使用者对企业过去、现在或者未来的情况作出评价或者预测。

6. (　　)强调会计信息的可比性要求,就意味着企业对会计政策的确定没有选择权,所有的企业采用绝对相同的会计政策。

7. (　　)实质重于形式要求企业应当按照交易或者事项的法律形式进行会计确认、计量和报告。

8. (　　)会计信息质量的谨慎性要求会计人员在会计核算中应尽量低估资产和高估可能发生的损失、费用。

9. (　　)采用重置成本、可变现净值、现值、公允价值对会计要素进行计量时,应当保证所确定的会计要素金额能够取得并可靠计量。

10. (　　)会计的工作循环包括依次进行的填制和审核原始凭证、填制记账凭证、过账、编制期末账项调整前试算平衡表、编制期末调整分录并过账、期末结账、编制期末结账后试算平衡表和编制正式财务报表八个步骤。

四、业务题

目的:练习收付实现制与权责发生制会计基础下的收入、费用确认和盈亏计算。

资料:翔宇公司20×1年11月份发生的有关交易或者事项如下(不考虑增值税):

(1) 通过银行收到上月销售产品的货款 68 000 元。

(2) 销售产品一批,售价 60 000 元,货款尚未收到。

(3) 交付产品一批,货款 8 000 元已于上月通过银行预收。

(4) 销售产品一批,售价 240 000 元,已通过银行收回货款 220 000 元,其余尚未收回。

(5) 通过银行预收销货款 82 000 元。

(6) 银行扣收上月的水电费 12 000 元。

(7) 分摊应由本月承担的财产保险费 20 000 元。

(8) 通过银行支付本月的职工薪酬 68 000 元。

(9) 通过银行支付购入商品价款 216 000 元,购入商品在本月售出部分的购入价款 206 000 元。

(10) 本月发生水电费 13 000 元,下月由银行扣收。

(11) 收到银行扣款通知,扣取包括本月利息在内的本季度短期借款利息 33 000 元。

(12) 通过银行预付明年一季度的房屋租金 18 000 元。

要求:利用表 2-2 分别按收付实现制和权责发生制基础确认该公司 20×1 年 11 月份的收入、费用并核算盈亏。

表 2-2　　　　　　　　收付实现制和权责发生制下的收入、费用及盈亏核算

单位:元

交易或者事项序号	收付实现制		权责发生制	
	收入	费用	收入	费用
(1)				
(2)				
(3)				
(4)				
(5)				
(6)				
(7)				
(8)				
(9)				
(10)				
(11)				
(12)				
合计				
11 月盈亏核算				

第三章 会计要素与会计等式

学习目的与要求

　　本章阐述会计要素与会计等式,内容包括会计对象、会计要素、会计等式及其各类会计事项对会计等式的影响。通过本章的学习,应当了解企业的经济活动及其资金运动;掌握企业会计要素的定义、特征、确认条件和分类或者来源构成;熟悉会计等式的意义与会计要素之间的关系;掌握会计事项的种类及其对会计等式产生的影响。

 **课前预习题**

　　1. 什么是会计对象? 企业的生产经营资金通常是如何循环与周转的?

　　2. 什么是会计要素? 企业会计要素有哪几项? 各项会计要素有何特征? 如何进行确认?

　　3. 什么是会计等式? 有哪几种会计等式?

　　4. 什么是会计事项? 可分为哪些类型? 各类会计事项对会计等式会产生何种影响?

第一节　会计对象

会计对象,是指会计所要核算与监督的内容,反映为企业的经济活动及其资金运动。

一、企业的经济活动

企业是以营利为目的的组织,为获得盈利而进行各种经济活动。企业的经济活动一般可以归为资金筹集、资金运用与资金退出三大类。

企业要进行生产经营活动,首先必须筹集一定数量的资金。企业可以通过吸收投资或者举借债务等方式筹集资金,所筹集的资金可以是现金、银行存款等货币资金,也可以是房屋建筑物、机器设备等固定资产,或者专利权、非专利技术等无形资产等,所筹集的资金将以各种形态存在于企业。

企业筹集资金后为获得盈利就要运用资金开展生产经营活动。制造企业运用资金通过生产产品销售给消费者以获得盈利,商品流通企业运用资金通过向其他企业购买商品再销售给消费者以获得盈利,服务企业运用资金通过向消费者提供服务以获得盈利。企业运用资金开展这些基本的经营活动外,还会进行对外投资活动与其他经营活动以及发生营业外收支活动。

企业随着生产经营活动的进行以及盈利的取得,需要按规定缴纳各种税金,向债权人偿付债务及支付利息,向投资者分配利润或者投资者按规定撤回投资,为此使得部分资金退出企业。

二、企业的资金运动

对于企业的生产经营资金,从静态看,反映为库存现金、银行存款等货币资产,应收款项等结算中资产,原材料、在产品、产成品或者待售商品等流动性实物资产,房屋建筑物、机器设备等固定资产,专利权、非专利技术等无形资产。各类资产的结构或者分布对于企业的盈利水平及其可持续经营具有重大的影响。从动态看,企业的生产经营资金形态总是处于不断的变动之中,从而形成资金的运动。例如,制造企业的生产经营资金,通常通过筹集资金获得货币资金,再通过资金运用相应地经过采购、生产与销售三个阶段的生产经营过程,到资金重新投入生产经营过程与退出企业,形成如图 3-1 所示的资金运动。

制造企业在采购过程中,以银行存款等购置生产经营所需的房屋建筑物、机器设备等固定资产与专利权、非专利技术等无形资产,资金就由货币资金形态转化为长期资金形态;以银行存款等购入原材料等存货物资,资金就由货币资金形态转化为储备资金形态。在生产过程中,随着原材料等存货物资投入生产、职工薪酬及其他费用的支付、固定资产的折旧

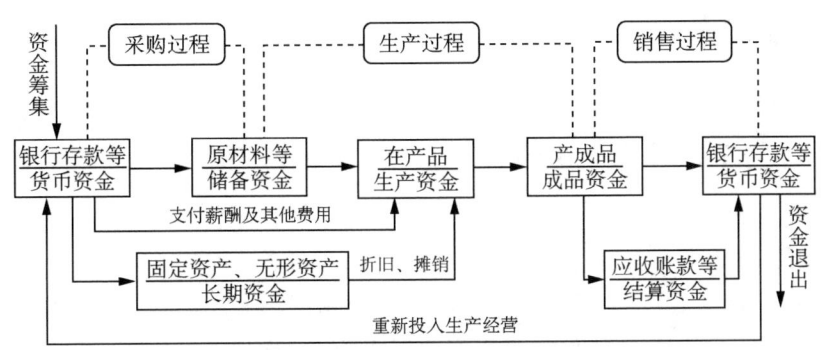

图 3-1　制造企业生产经营资金的运动

与无形资产的摊销,资金形态相应地分别由储备资金形态、货币资金形态与长期资金形态转化为生产资金形态;随着产品制造完工入库,资金形态又由生产资金形态转化为成品资金形态。在销售过程中,企业出售产成品取得产品销售收入,资金形态又由成品资金转化为货币资金形态,或者因赊销先由成品资金形态转化为结算资金形态,再随着应收账款等的收回由结算资金形态转化为货币资金形态。企业实现的收入按规定缴纳各种销售税金,再扣除相应的成本费用后形成利润,并按规定进行分配。企业在生产经营过程中发生的成本费用由所实现的收入进行补偿,将重新投入生产经营过程中;所形成的利润的未分配部分,同样重新投入生产经营过程中而扩大生产经营的规模。随着缴纳税金、借入资金还本付息与分配利润,部分资金就退出了企业。

图 3-1 是对制造企业生产经营资金运动的简要概括描述,伴随着企业生产经营活动的进行,资金从货币资金形态出发,经过采购、生产与销售三个阶段的生产经营过程,依次经历储备资金形态或长期资金形态、生产资金形态、成品资金形态,最终再回到货币资金形态,形成周而复始的循环与周转。显然,投入的货币资金,通过一次循环又形成的货币资金在数量上应该发生了变化。如果企业能够实现取得盈利的预定目标,通过一次循环形成的货币资金必然是增加的,加速生产经营资金的循环与周转,就可以取得占用相同量的资金获得更多的盈利即带来资金的更大增值的效果。

第二节　会计要素

会计要素是根据交易或者事项的经济特征对会计对象所作的基本分类。会计要素的确定为会计核算提供了依据,也为财务报表构筑了基本框架。目前,世界各国以及国际会计组织对会计要素的划分并不完全相同,企业的会计要素与非营利组织的会计要素也有所区别。我国企业会计准则将会计要素划分为资产、负债、所有者权益与收入、费用、利润六项。

一、静态会计要素

资产、负债和所有者权益三项要素用于反映企业的财务状况,财务状况是企业资金运动的静态表现,这三项反映企业财务状况的会计要素也被称为静态会计要素。

(一) 资产

1. 资产的定义与特征

资产,是指企业过去的交易或者事项形成的、由企业拥有或者控制的、预期会给企业带来经济利益的资源。根据定义,资产具有以下三个方面的特征:

(1) 资产应当是企业拥有或者控制的资源。拥有,表明企业对某项资源享有所有权;控制,则表明企业虽然对某项资源不享有所有权,但能够支配这项资源。企业享有某项资源的所有权,也就能够排他性地从这项资源中获取经济利益。通常在判断一项资源是否属于企业资产时,所有权是考虑的首要因素。在有些情况下,虽然并不享有某项资源的所有权,但企业控制了这项资源即对这项资源享有支配权,同样能够从这项资源中获取经济利益,符合会计上对资产的定义。如果企业既不拥有也不控制某项资源所能带来的经济利益,就不能将其作为企业的资产予以确认。

(2) 资产预期会给企业带来经济利益。资产预期会给企业带来经济利益,是指资产直接或者间接导致现金和现金等价物流入企业的潜力。这种潜力可以来自企业日常的生产经营活动,也可以是非日常活动;带来的经济利益可以是现金或者现金等价物形式,也可以是转化为现金或者现金等价物的形式,或者是可以减少现金或者现金等价物流出的形式。预期能否给企业带来经济利益是资产的本质特征。例如,企业购建的固定资产、采购的原材料等可以用于生产产品,对外出售后收回货款,货款即是企业所获得的经济利益。如果一项资源预期不能给企业带来经济利益,也就不能将其确认为企业的资产。前期已经确认为资产的项目,如果不能再为企业带来经济利益,也不能再确认为企业的资产。

(3) 资产是由企业过去的交易或者事项形成的。资产应当由企业过去的交易或者事项所形成,过去的交易或者事项包括购买、生产、建造行为或者其他交易或者事项。换言之,只有过去的交易或者事项才能形成资产,企业预期在未来发生的交易或者事项不形成资产。例如,企业有购买某项设备的意愿或者计划,但是购买行为尚未发生,就不符合资产的定义,不能将这项设备确认为企业的资产。

2. 资产的确认

将一项资源确认为资产,在符合资产定义的前提下,还应当同时满足以下两个条件:

(1) 与该资源有关的经济利益很可能流入企业。能否带来经济利益是资产的一个本质特征,但在现实生活中,由于经济环境的变化,与资源有关的经济利益能否流入企业以及能够流入多少具有不确定性。因此,资产的确认应当与对资源有关的经济利益流入企业的不确定性程度的判断结合起来。如果有证据表明与资源有关的经济利益很可能流入企业,就应将其作为资产予以确认;反之,则不能确认为资产。例如,企业采用赊销方式销售产品而取得一项应收账款,对于这项应收账款最终能否收回以及收回多少,具有一定的不确定性。如果企业在销售时根据合同判断未来能够收到款项或者很可能收到款项,企业就应将该项应收账款确认为一项资产;如果企业在合同收款期内没有收回款项并判断这项应收账款很可能部分或者全部无法收回,则表明该项应收账款部分或者全部已经不符合资产的确认条件,应计提坏账准备,减少应收账款的价值。

(2)该资源的成本或者价值能够可靠地计量。可计量性是会计要素确认的重要前提,只有当有关资源的成本或者价值能够可靠地计量时,才能作为资产予以确认。在实务中,企业取得的许多符合资产定义的资源都需要付出成本。例如,企业购置的厂房与设备、采购的原材料、生产的产品等,对于这些符合资产定义的资源,只有实际发生的成本能够可靠计量,符合了可计量性条件才能作为资产予以确认。

3. 资产的分类

资产按流动性,划分为流动资产和非流动资产两大类。

流动资产,是指预计在一个正常营业周期内变现、出售或耗用,或者主要为交易目的而持有,或者预计在资产负债表日起1年内(含1年)变现的资产以及自资产负债表日起1年内(含1年)交换其他资产或清偿负债的能力不受限制的现金或者现金等价物。流动资产主要包括货币资金、交易性金融资产、应收票据、应收账款、预付款项、其他应收款和存货等。

非流动资产,是指除流动资产以外的资产。非流动资产主要包括债权投资、长期应收款、长期股权投资、固定资产、在建工程、无形资产、开发支出和长期待摊费用等。

(二)负债

1. 负债的定义与特征

负债,是指企业过去的交易或者事项形成的、预期会导致经济利益流出企业的现时义务。根据定义,负债具有以下三个方面的特征:

(1)负债是企业承担的现时义务。现时义务,是指企业在现行条件下已承担的义务。负债必须是企业承担的现时义务,未来发生的交易或者事项形成的义务不属于现时义务,不应确认为负债。这里所指的义务可以是法定义务,也可以是推定义务。法定义务,是指具有约束力的合同或者法律、法规规定的义务,通常必须依法执行。例如,企业购买原材料形成应付账款,向银行借入款项形成借款,按照税法规定应予缴纳的税款等,均属于企业承担的法定义务,需要依法予以偿还或者缴纳,应确认为负债。推定义务,是指根据企业多年来的习惯做法、公开的承诺或者公开宣布的政策而导致企业将承担的责任,这些责任也使有关各方形成了企业将履行义务解脱责任的合理预期。例如,企业多年来制定有一项销售政策,对于售出商品提供一定期限内的售后保修服务,预期将为售出商品提供的保修服务就属于推定义务,应将其确认为一项负债。

(2)负债预期会导致经济利益流出企业。预期会导致经济利益流出企业是负债的一个本质特征,只有在履行义务时会导致经济利益流出企业的,才符合负债的定义。在履行现时义务清偿负债时,导致经济利益流出企业的形式多种多样,如用货币资金或者以实物资产形式偿还,以提供劳务形式偿还,部分转移资产、部分提供劳务形式偿还,将负债转为资本等。

(3)负债是由企业过去的交易或者事项形成的。负债应当由企业过去的交易或者事项所形成。换言之,只有过去的交易或者事项才形成负债,企业将在未来发生的承诺、签订的合同等交易或者事项不形成负债。

2. 负债的确认

将一项现时义务确认为负债,在符合负债定义的前提下,还应当同时满足以下两个条件:

(1)与该义务有关的经济利益很可能流出企业。作为负债,预期会导致经济利益流出企业,但在实务中企业履行义务所需流出的经济利益带有不确定性,尤其是与推定义务相关的经济利益通常需要依赖大量的估计。因此,负债的确认应当与对义务有关的经济利益流出企业的不确定性程度的判断结合起来。如果有确凿证据表明,与现时义务有关的经济利益很可能流出企业,就应当将其作为负债予以确认;反之,如果企业承担了现时义务,但导致经济利益流出企业的可能性若已不复存在,就不应将其作为负债予以确认。

(2)未来流出的经济利益的金额能够可靠地计量。只有当现时义务导致未来流出企业的经济利益的金额能够可靠计量时,才能作为负债予以确认。对于与法定义务有关的经济利益流出金额,通常可以根据合同或者法律规定的金额予以确定。考虑到经济利益流出的金额通常在未来期间,有时未来期间较长,有关金额的计量就需要考虑货币时间价值等因素的影响。对于与推定义务有关的经济利益流出金额,企业应当根据履行相关义务所需支出的最佳估计数进行估计,并综合考虑有关货币时间价值、风险等因素的影响。

3. 负债的分类

负债按偿还期限的长短,划分为流动负债和非流动负债两大类。

流动负债,是指预计在一个正常营业周期中清偿,或者主要为交易目的而持有,或者自资产负债表日后1年内(含1年)到期应予以清偿,或者企业无权自主地将清偿推迟至资产负债表日后1年以上的负债。流动负债主要包括短期借款、交易性金融负债、应付票据、应付账款、预收款项、应付职工薪酬、应交税费和其他应付款等。

非流动负债,是指除流动负债以外的负债。非流动负债主要包括长期借款、应付债券、长期应付款和预计负债等。

(三) 所有者权益

1. 所有者权益的定义与特征

所有者权益,是指企业资产扣除负债后由所有者享有的剩余权益。公司的所有者权益又被称为股东权益。相对于负债,所有者权益具有以下三个方面的特征:

（1）所有者权益是所有者对企业资产的剩余索取权。所有者权益是企业资产中扣除债权人权益后应由所有者享有的部分，即企业资产只有在保证企业全部债务得到清偿后，才归所有者享有。

（2）所有者权益可供企业在经营期内长期、持续使用。除非企业发生清算、减资的情况，所有者权益一般不需要偿还给所有者，这与负债存在本质区别，企业对负债负有到期还本付息的责任。

（3）所有者权益是分享企业利润的主要依据。所有者可以依据在企业所有者权益中所占的份额参与企业的利润分配，而债权人则按规定获取利息收入而不能参与利润分配。

2. 所有者权益的确认

所有者权益体现的是所有者在企业资产中的剩余权益，所有者权益的确认也就主要依赖于资产和负债要素的确认，所有者权益金额的确定也主要取决于资产和负债要素的计量。例如，企业接受投资者投入一项资产，在该项资产符合资产确认条件时，就相应地符合了所有者权益的确认条件；当该项资产的价值能够可靠计量时，所有者权益的金额也就能据此确定。

3. 所有者权益的来源构成

所有者权益来源于所有者投入的资本、直接计入所有者权益的利得和损失、留存收益等，通常由实收资本或股本、资本公积、其他综合收益、盈余公积和未分配利润等构成。

所有者投入的资本，是指所有者投入企业的资本部分，既包括构成企业注册资本或股本的金额，也包括投入资本超过注册资本或股本部分的金额，即资本溢价或股本溢价。企业注册资本或股本这部分投入资本作为实收资本或股本予以反映，投入资本的资本溢价或股本溢价部分作为资本公积予以反映。

直接计入所有者权益的利得和损失，是指不应计入当期损益、会导致所有者权益发生增减变动的、与所有者投入资本或者向所有者分配利润无关的利得或者损失。利得，是指由企业非日常活动所形成的、会导致所有者权益增加的、与所有者投入资本无关的经济利益的流入；损失，是指由企业非日常活动所发生的、会导致所有者权益减少的、与向所有者分配利润无关的经济利益的流出。直接计入所有者权益的利得和损失主要包括以公允价值计量且其变动计入其他综合收益的金融资产的公允价值变动额、现金流量套期中套期工具公允价值变动额（有效套期部分）等，通过其他综合收益予以反映。

留存收益，是指企业从历年实现的净利润中提取或者形成的留存于企业的内部积累，包括盈余公积和未分配利润。盈余公积，是指企业按照规定从净利润中提取的各种积累资金；未分配利润，是指企业实现的净利润经过弥补亏损、提取盈余公积和向投资者分配利润后留存在企业的、历年结存的利润。

二、动态会计要素

收入、费用和利润三项要素用于反映企业的经营成果，经营成果是企业资金运动的动态表现,这三项反映企业经营成果的会计要素也就被称为动态会计要素。

（一）收入

1. 收入的定义与特征

收入,是指企业在日常活动中形成的、会导致所有者权益增加的、与所有者投入资本无关的经济利益的总流入。根据定义,收入具有以下三个方面的特征:

（1）收入是企业在日常活动中形成的。日常活动,是指企业为完成其经营目标所从事的经常性活动以及与之相关的活动。例如,制造企业制造并销售产品、商品流通企业购入并销售商品、服务企业向消费者提供服务等,属于这些企业的日常活动。明确界定日常活动是为了将收入与利得相区分,企业非日常活动所形成的经济利益的流入不应确认为收入,而应确认为利得。

（2）收入是与所有者投入资本无关的经济利益的总流入。收入应当会导致经济利益的流入,从而导致资产的增加。例如,企业销售产品,应当收到现金或者有权在未来收到现金,才表明该交易符合收入的定义。但在实务中,经济利益的流入有时是所有者投入资本的增加所导致的,所有者投入资本的增加不应确认为收入,应将其直接确认为所有者权益。

（3）收入会导致所有者权益的增加。与收入相关的经济利益的流入应当会导致所有者权益的增加,不会导致所有者权益增加的经济利益的流入不符合收入的定义,不应确认为收入。例如,企业向银行借入款项,尽管也导致了企业经济利益的流入,但该流入并不导致所有者权益的增加,而是导致企业的一项现时义务,应将其确认为一项负债。

2. 收入的确认

企业收入的来源渠道多种多样,不同收入来源的特征虽然有所不同,但收入确认的条件却是相同的。收入的确认除应当符合定义外,当企业与客户之间的合同同时满足以下条件时,企业应当在客户取得相关商品或者劳务控制权时确认收入:

（1）合同各方已批准该合同并承诺将履行各自义务。

（2）该合同明确了合同各方与所转让商品或者提供劳务相关的权利和义务。

（3）该合同有明确的与所转让商品或者提供劳务相关的支付条款。

（4）该合同具有商业实质,即履行该合同将改变企业未来现金流量的风险、时间分布或金额。

（5）企业因向客户转让商品或者提供劳务而有权取得的对价很可能收回。

取得相关商品或者劳务控制权,是指能够主导该商品或者劳务的使用并从中获得几乎全部的经济利益。

3. 收入的分类

收入按照业务的性质,可分为销售商品收入、提供劳务收入和让渡资产使用权收入。销售商品收入是对外销售商品所取得的收入,如制造企业销售自产产品取得的收入;提供劳务收入是对外提供各种劳务所取得的收入,如企业提供运输、装卸、安装、修理、广告、咨询等劳务取得的收入；让渡资产使用权收入是将资产使用权让渡给他人所取得的收入，如金融企业对外贷款形成的利息收入，企业转让商标权、专利权、专营权、软件、版权等无形资产的使用权形成的使用费收入、企业出租资产取得的租金收入等。

收入按照企业经营业务的主次，可分为主营业务收入和其他业务收入。主营业务收入是企业的主营业务活动所取得的收入，即企业的基本业务收入，如制造企业生产并销售产品所取得的收入；其他业务收入是企业除主营业务活动以外的其他业务活动所取得的收入，即企业的附营业务收入，如制造企业销售原材料、固定资产出租、包装物出租、无形资产转让、提供运输服务等取得的收入。

（二）费用

1. 费用的定义与特征

费用，是指企业在日常活动中发生的、会导致所有者权益减少的、与向所有者分配利润无关的经济利益的总流出。根据定义，费用具有以下三个方面的特征：

（1）费用是企业在日常活动中形成的。费用必须是企业在日常活动中所形成的，对于日常活动的界定与收入定义中涉及的日常活动的界定相一致。日常活动所产生的费用通常包括营业成本、税金及附加与期间费用等。将费用界定为日常活动所形成的，目的是将其与损失相区分，企业非日常活动所形成的经济利益的流出不能确认为费用，而应确认为损失。

（2）费用是与向所有者分配利润无关的经济利益的总流出。费用的发生应当会导致经济利益的流出，从而导致资产的减少或者负债的增加。其表现形式包括现金或者现金等价物的流出，存货、固定资产与无形资产等的流出或者消耗等。企业向所有者分配利润也会导致经济利益的流出，但该经济利益的流出属于所有者权益的抵减项目，不应确认为费用，应将其排除在费用的定义之外。

（3）费用会导致所有者权益的减少。与费用相关的经济利益的流出应当会导致所有者权益的减少，不会导致所有者权益减少的经济利益的流出不符合费用的定义，不应确认为费用。

2. 费用的确认

费用的确认除了应当符合定义外，还至少应当同时符合以下三个条件：

（1）与费用相关的经济利益应当很可能流出企业。

（2）经济利益流出企业的结果会导致资产的减少或者负债的增加。

（3）经济利益的流出额能够可靠计量。

3. 费用的分类

费用按照经济用途，可分为营业成本、税金及附加和期间费用等。

营业成本，是指企业所销售商品或者提供劳务等的成本。按照企业经营业务的主次，营业成本可分为主营业务成本和其他业务成本。主营业务成本是企业销售商品、提供劳务等主要日常经营活动所发生的成本;其他业务成本是企业除主营业务活动以外的其他日常经营活动所发生的成本。

税金及附加,是指企业经营活动应负担的相关税费,包括消费税、城市维护建设税、教育费附加、资源税、环境保护税、土地增值税、房产税、城镇土地使用税、车船税、印花税、耕地占用税、契税、车辆购置税等。

期间费用,是指企业日常活动发生的不能直接或者间接计入特定核算对象成本,而应直接计入发生当期损益的费用。按照发生的用途,期间费用可分为销售费用、管理费用、研发费用和财务费用。销售费用,是指企业为促进销售商品或者提供劳务而发生的各种费用;管理费用,是指企业行政管理部门为组织和管理生产经营活动而发生的各种费用;研发费用,是指计入管理费用的进行研究与开发过程中的费用化支出,以及计入管理费用的自行开发无形资产的摊销;财务费用,是指企业为筹集生产经营所需资金而发生的各种费用。

(三) 利润

1. 利润的定义与特征

利润,是指企业在一定会计期间的经营成果。利润等于收入减去费用后的净额与直接计入当期利润的利得和损失之和。直接计入当期利润的利得和损失,是指应当计入当期损益、最终会引起所有者权益发生增减变动的、与所有者投入资本或者向所有者分配利润无关的利得或者损失。通常情况下,如果企业实现了利润,表明企业所有者权益的增加;反之,如果企业发生了亏损,表明企业所有者权益的减少。利润具有以下三个方面的特征:

(1) 利润主要是收入和费用两个会计要素配比的结果。利润主要是按照配比原则,将一定期间内获得的各项收入和相应发生的各项费用相抵后的结果。

(2) 利润的变动带来所有者权益的变动。企业在实现利润的情况下,会相应地表现为资产的增加或者负债的减少,最终导致所有者权益的增加;反之,企业在发生亏损的情况下,会相应地表现为资产的减少或者负债的增加,最终导致所有者权益的减少。

(3) 在权责发生制会计基础下,实现利润并不等同于取得增量现金。实现利润表明收入、利得大于费用、损失,在收付实现制会计基础下,表现为取得增量现金,但在权责发生制会计基础下,并不一定表现为取得增量现金。

2. 利润的确认

利润等于收入减去费用后的净额再加上直接计入当期利润的利得和损失,因此,利润的确认主要依赖于收入和费用以及利得和损失的确认,其金额的确定也就取决于收入和费用以及利得和损失金额的计量。

在确认利润与确认所有者权益的过程中都涉及利得与损失问题。尽管利得或者损失的发生会带来所有者权益的增加或者减少,但需要厘清两个问题:一是直接计入当期利润的利得、损失与直接计入所有者权益的利得、损失之间的区别问题。通常把政府补助、公益性捐赠、处置非流动资产、非货币性交易、债务重组等业务发生的利得或者损失以及盘亏损失、非常损失等计入当期利润,并通过"营业外收入""营业外支出"账户进行核算;把以公允价值计量且其变动计入其他综合收益的金融资产的公允价值变动额、现金流量套期中套期工具公允价值变动额(有效套期部分)等产生的利得或者损失计入所有者权益,通过"其他综合性收益"账户核算。二是直接计入当期利润的利得、损失与收入、费用的区别问题。收入、费用是由企业日常活动形成的;而利得、损失是由企业非日常活动形成的,属于不经过经营过程发生的、不曾期望获得或者预期产生的。

3. 利润的来源构成

利润由收入减去费用后的净额、直接计入当期利润的利得和损失构成。其中,收入减去费用后的净额反映的是企业日常活动的业绩,直接计入当期利润的利得和损失反映的是企业非日常活动的业绩。企业应当严格区分收入和利得、费用和损失,以客观地反映企业的经营业绩。

关于利润,在我国企业会计中有营业利润、利润总额与净利润三个层次的概念。通常,营业利润是由经营活动形成的利润(营业收入－营业成本－营业税金及附加－期间费用等)与投资活动形成的利润(投资收益)等构成,反映企业日常活动的业绩;利润总额是营业利润与直接计入当期利润的利得和损失之和,反映企业日常活动与非日常活动的经营成果;净利润是利润总额减去所得税费用后的净额,反映企业经营的最终成果。

第三节　会计等式

会计等式是运用数学方程的方式描述会计要素之间基本关系的表达式。各种会计要素之间存在的关系,不仅体现在交易或者事项发生时会导致相关要素之间产生此增彼减,或者同增同减变化,而且体现在它们在一定时点或者一定会计期间的金额对等关系。会计等式是会计核算的理论依据,也是编制财务报表的理论依据。

一、静态会计等式

企业进行生产经营活动,必须拥有一定数量和质量的能给企业带来经济利益的资源,即资产。这些资产以不同形态分布于企业生产经营活动的各个方面,如货币资金形态的库存现金、银行存款等,结算资金形态的应收账款等,储备资金形态的原材料等,长期资金形态的房屋建筑物、机器设备等固定资产与专利权、非专利技术等无形资产等,生产资金形态的在产品与成品资金形态的产成品等。企业的资产最初来源于企业所有者投入与企业向债权人借入两个方面。企业的所有者和债权人将其拥有的资产提供给企业使用,就相应地对企业的资产享有一种要求权,这种对资产的要求权在会计上被称为权益。

资产及其数量表明企业拥有什么经济资源和拥有多少经济资源,权益及其数量则表明企业经济资源的来源,即由谁提供了这些经济资源和提供了多少经济资源。可见,资产与权益是同一事物的两个不同方面,两者相互依存,既没有无资产的权益,也没有无权益的资产。因此,资产和权益两者在数量上必然相等,在任一时点都必然保持恒等的关系,可用公式表示为:

$$资产＝权益$$

企业的资产来源于企业的所有者和债权人,权益也就可分为所有者权益和债权人权益,前者是通过投资方式形成的权益,后者是通过借贷方式形成的权益。由于按规定债权人对企业资产的要求权优先于所有者,所有者权益是企业的全部资产扣减全部债权人权益以后的剩余部分,为此将资产和债权人权益、所有者权益之间的关系用公式表示为:

$$资产＝债权人权益＋所有者权益$$

在会计上,债权人权益一般被称为负债,为此将资产和负债、所有者权益之间的关系用公式表示为:

$$资产＝负债＋所有者权益$$

这一反映企业在某一特定时点资产、负债和所有者权益三者之间平衡关系的等式被称为静态会计等式。由于资产、负债和所有者权益是反映企业财务状况的会计要素,这一会计等式也被称为反映企业财务状况的会计等式。这一会计等式是基本会计等式,也被称为会计平衡公式或者会计恒等式,它不仅是复式记账法的理论依据,而且是编制资产负债表的理论依据。

例如,腾飞公司 20×1 年 12 月 31 日简化的资产负债表,如表 3-1 所示。

表 3-1　　　　　　　　　　　　　资产负债表(简表)

编制单位:腾飞公司　　　　　　　20×1 年 12 月 31 日　　　　　　　　　　　　单位:元

资产	金额	负债和所有者权益	金额
流动资产:		流动负债:	
货币资金	2 586 000	短期借款	800 000
应收票据	300 000	应付票据	320 000
应收账款	250 000	应付账款	500 000
预付款项	275 000	预收款项	200 000
其他应收款	56 000	应付职工薪酬	450 000
存货	3 153 000	应交税费	80 000
流动资产合计	6 620 000	其他应付款	20 000
非流动资产:		流动负债合计	2 370 000

（续表）

资产	金额	负债和所有者权益	金额
固定资产	4 847 000	非流动负债：	
无形资产	453 000	长期借款	930 000
非流动资产合计	5 300 000	应付债券	1 000 000
		非流动负债合计	1 930 000
		负债合计	4 300 000
		所有者权益：	
		实收资本	3 000 000
		资本公积	2 000 000
		盈余公积	800 000
		未分配利润	1 820 000
		所有者权益合计	7 620 000
资产总计	11 920 000	负债和所有者权益总计	11 920 000

表 3-1 所示的腾飞公司在 20×1 年 12 月 31 日拥有资产 11 920 000 元，与负债和所有者权益 11 920 000 元是相等的，其中来源于负债 4 300 000 元，来源于所有者权益 7 620 000 元。

静态会计等式表明了三方面的含义：

（1）这一会计等式实质上体现了企业资金的两个不同侧面。等式左边的资产要素反映企业资金的存在形态，等式右边的负债和所有者权益要素反映企业资金的来源。资金存在形态与资金来源构成了企业资金相对应的两个不同侧面。

（2）等式两边的会计要素金额必定相等。尽管企业的资金存在形态多种多样，资金来源方式也多种多样，但等式两边的总额必定相等。

（3）资产会随着负债和所有者权益的增减变动而发生相应等量的变动。企业的资产会随着负债或者所有者权益的增加而增加，资产也会随着负债或者所有者权益的减少而减少。

随着生产经营活动的进行，企业要发生各种各样的交易或者事项，必然会引起会计要素数量上的增减变化，但都不会影响基本会计等式所反映的企业资产与来源之间的关系，即在任何时点上企业的资产、负债和所有者权益都保持着恒等关系。

二、动态会计等式

企业以盈利为目的，在生产经营的过程中取得收入，同时也必然要发生相应的费用。通过收入与费用的比较，才能确定企业一定时期实现的利润，反映企业的经营成果。在不考虑直接计入当期利润的利得和损失的情况下，收入、费用与利润这三个会计要素之间的关系用公式表示为：

$$收入-费用＝利润$$

这一反映企业一定会计期间利润的实现过程的等式被称为动态会计等式。由于收入、费用和利润是反映企业经营成果的会计要素,这一会计等式也被称为反映经营成果的会计等式。这一会计等式是编制利润表的理论依据。

例如,腾飞公司20×1年简化的利润表,如表3-2所示。

表 3-2 利润表(简表)

编制单位:腾飞公司   20×1年   单位:元

项目	本期金额
一、营业收入	23 250 000
减:营业成本	14 720 000
税金及附加	250 000
销售费用	950 000
管理费用	4 800 000
财务费用	150 000
二、营业利润	2 380 000
加:营业外收入	150 000
减:营业外支出	130 000
三、利润总额	2 400 000
减:所得税费用	600 000
四、净利润	1 800 000

表3-2所示的腾飞公司在20×1年实现营业利润2 380 000元、利润总额2 400 000元与净利润1 800 000元,分别反映了腾飞公司在20×1年日常活动的业绩、日常活动与非日常活动的经营成果以及经营的最终成果。

动态会计等式表明了三方面的含义:

(1)利润的实质是企业取得的收入与发生的相应费用进行配比的结果。当收入大于费用时为利润,收入小于费用时则为亏损。

(2)利润会随着收入的增减而发生同方向变动。在费用一定的情况下,企业取得的收入越多,利润就越多;反之,取得的收入越少,利润就越少。

(3)利润会随着费用的增减而发生反方向变动。在收入一定的情况下,企业发生的费用越多,利润就越少;反之,发生的费用越少,利润就越多。

三、综合会计等式

企业在一定时期内能否取得经营成果、取得多少经营成果必然对企业的资产、负债和所有者权益产生影响。收入的取得会导致资产的增加或者负债的减少,最终会导致所有者权益的增加;费用的发生会导致资产的减少或者负债的增加,最终会导致所有者权益的减少。因此,企业一定会计期间的经营成果必然会影响一定时点的财务状况。在一定会计期间,将六个会计要素联系起来,就可以得出如下勾稽关系:

期末结账前　　　资产＝负债＋所有者权益＋收入－费用

或者　　　　　　资产＝负债＋所有者权益＋利润

期末结账后　　　资产＝负债＋所有者权益

结账后的会计等式中的所有者权益包括了当期实现的利润。"资产＝负债＋所有者权益＋收入－费用"这一等式反映了企业财务状况和经营成果之间的关系,被称为综合会计等式或者拓展了的会计等式。当收入大于费用,企业取得了利润,使资产增加或者负债减少从而导致所有者权益增加,财务状况趋好;当收入小于费用,企业发生了亏损,使资产减少或者负债增加从而导致所有者权益减少,财务状况趋差。

综合会计等式"资产＝负债＋所有者权益＋收入－费用"可以变形为"资产＋费用＝负债＋所有者权益＋收入",表明了两方面的含义:

(1) 综合会计等式两边的内容是企业资金两个不同侧面的扩展,即等式双方反映的仍然是企业资金的存在形态与资金的来源,但内容比静态会计等式"资产＝负债＋所有者权益"更为丰富。一方面,在等式左边既反映了企业现时存在的资产,又反映了企业在生产经营过程中对资产的消耗,将费用视为资产的一种特殊存在形态;另一方面,在等式右边既反映了企业资金来源中的负债和所有者权益,又反映了企业通过生产经营活动带来的收入这种新的资金来源。

(2) 综合会计等式两边在金额变动的基础上达到了新的平衡。首先,从等式右边看,在收入大于费用的情况下,收入中实质上包括了企业已经实现的利润,这使等式右边在原来的基础上产生了一个增量。根据实现的利润属于所有者的原理,实现利润即带来所有者权益的增加。其次,从等式左边看,资产要素受收入、费用的影响,也会有新的增量,因为企业发生费用会消耗企业的资产,使资产减少,而实现收入则会增加企业的资产。在收入大于费用的情况下,两者之间的净增量与等式右边所有者权益要素的增量在金额上是相等的。因此,在综合会计等式中两边相等的关系仍然得以保持。假定结账前等式中的负债和所有者权益都没有变化,这种期末结账后新的平衡关系正是由等式都同时增加了一个相等的增量而得以保持的。当然,如果发生了亏损,即费用大于收入,等式两边都会有一个净减量,等式两边的数额会同时减少,但等式的平衡关系仍然能够得以保持。

将交易或者事项影响会计要素变化的情况结合综合会计等式进行分析,可以全面认识会计要素之间的相互关系,有助于对交易或者事项影响会计要素变化规律的判断,真正掌握会计等式所反映的各项会计要素之间客观存在的平衡关系。

第四节　会计事项及其对会计等式的影响

掌握各类交易或者事项对会计要素及其会计等式产生的影响对于掌握复式记账原理,正确进行会计核算具有十分重要的意义。

一、会计事项及其类别

会计事项也称经济业务,是指在经济活动中使会计要素发生增减变动的交易或者事项。

会计事项按所涉及会计要素项目的多少,可分为简单会计事项与复杂会计事项。简单会计事项,是指仅涉及两个会计要素项目的事项。例如,从银行提取现金这一事项,仅涉及"库存现金"与"银行存款"这两个资产要素项目;又如,从银行借入短期款项这一事项,仅涉及"银行存款"这一资产要素项目与"短期借款"这一负债要素项目。复杂会计事项,是指涉及三个或三个以上会计要素项目的事项。例如,销售产品,部分款项通过银行收回、部分款项尚待收回这一事项,涉及"银行存款""应收账款"这两个资产要素项目与"主营业务收入"这一收入要素项目;计算与分配产品直接生产人员、产品生产车间管理人员与企业管理人员的薪酬费用这一事项,涉及"生产成本""制造费用""管理费用"这三个费用要素项目与"应付职工薪酬"这一负债要素项目。复杂会计事项可以被视为是简单会计事项的组合会计事项。例如,上述销售产品,部分款项通过银行收回、部分款项尚待收回这一事项,可以被视为涉及"银行存款""主营业务收入"这两个会计要素项目的简单会计事项与涉及"应收账款""主营业务收入"这两个会计要素项目的简单会计事项的组合会计事项。

简单会计事项按其对会计等式的影响,可归类为四大类、九小类。这四大类、九小类会计事项的具体归类及举例,如表 3-3 所示。

表 3-3　　　　　　　　简单会计事项对会计等式影响的类别及举例

四大类型会计事项	九小类会计事项	会计事项举例
1. 一项资产增加,另一项资产等额减少	(1) 一项资产增加,另一项资产等额减少	从银行提取现金、将库存现金存入银行、以银行存款购买原材料或固定资产等
2. 一项权益增加,另一项权益等额减少	(2) 一项负债增加,另一项负债等额减少	以应付票据抵付应付账款、应付票据到期不能偿付转为应付账款等
	(3) 一项所有者权益增加,另一项所有者权益等额减少	将资本公积转增资本、从未分配利润中提取盈余公积等
	(4) 一项负债增加,一项所有者权益等额减少	宣告发放现金股利等
	(5) 一项所有者权益增加,一项负债等额减少	将长期借款转为资本等

（续表）

四大类型会计事项	九小类会计事项	会计事项举例
3. 一项资产增加，一项权益等额增加	（6）一项资产增加，一项负债等额增加	向银行借款、向供应商赊购材料、预收销货款等
	（7）一项资产增加，一项所有者权益等额增加	投资者投入资本、股份有限公司发行股票等
4. 一项资产减少，一项权益等额减少	（8）一项资产减少，一项负债等额减少	以银行存款偿还银行借款、发放应付职工薪酬、缴纳应交税费等
	（9）一项资产减少，一项所有者权益等额减少	向投资者退资等

由于收入的实现最终会导致企业所有者权益的增加，费用的发生最终会导致企业所有者权益的减少，为此，涉及收入与费用会计事项按其对会计等式的影响，通常可归类为两大类、四小类。这两大类、四小类会计事项的具体分类及举例，如表 3-4 所示。

表 3-4 涉及收入与费用会计事项对会计等式影响的类别及举例

两大类会计事项	四小类会计事项	会计事项举例
1. 涉及收入事项	（1）一项收入增加，一项资产等额增加	售出产品通过银行收到款项或者客户暂欠款项等
	（2）一项收入增加，一项负债等额减少	发出预售产品转销预收货款等
2. 涉及费用事项	（3）一项费用增加，一项资产等额减少	通过银行支付管理部门水电费、结转已售商品成本等
	（4）一项费用增加，一项负债等额增加	计算管理部门应付职工薪酬费用、计提应付短期借款利息等

二、会计事项对会计等式的影响

企业随着经济活动的进行而发生各种会计事项，各个会计要素也会随之发生相应的增减变动，但都不会影响会计等式左、右两边的平衡关系。

（一）简单会计事项对会计等式的影响

简单会计事项对会计等式的影响如表 3-3 所列示，四大类、九小类会计事项的发生均不会影响会计等式的平衡关系，具体可分为三种情形：会计事项类别（1）～（5）使会计等式左、右两边的金额保持不变；会计事项类别（6）和（7）使会计等式左、右两边的金额等额增加；会计事项类别（8）和（9）使会计等式左、右两边的金额等额减少。

下面以表 3-1 腾飞公司 20×1 年 12 月 31 日的资产负债表所列示的资产、负债与所有者权益为例，说明 20×2 年 1 月发生的有关会计事项对静态会计等式的影响（本章例题均不考虑增值税）。

【例 3-1】 从银行提取现金 10 000 元。

这一事项属于表 3-3 所列示的第（1）类会计事项，对会计等式的影响，如表 3-5 所示。

表 3-5　　　　　　　　　　　　第（1）类会计事项对会计等式的影响

单位：元

会计等式	资产	=	负债	+	所有者权益
事项发生前	11 920 000	=	4 300 000	+	7 620 000
事项影响	+10 000 −10 000				
事项发生后	11 920 000	=	4 300 000	+	7 620 000
事项分析	这一事项的发生，使得公司的一项资产（库存现金）增加 10 000 元，同时，另一项资产（银行存款）等额减少 10 000 元。会计等式左边资产要素内部项目金额此增彼减，增减金额相等，会计等式的平衡关系保持不变				

【例 3-2】 已到期的应付票据 250 000 元因无力支付转为应付账款。

这一事项属于表 3-3 所列示的第（2）类会计事项，对会计等式的影响，如表 3-6 所示。

表 3-6　　　　　　　　　　　　第（2）类会计事项对会计等式的影响

单位：元

会计等式	资产	=	负债	+	所有者权益
事项发生前	11 920 000	=	4 300 000	+	7 620 000
事项影响			+250 000 −250 000		
事项发生后	11 920 000	=	4 300 000	+	7 620 000
事项分析	这一事项的发生，使得公司的一项负债（应付账款）增加 250 000 元，同时，另一项负债（应付票据）等额减少 250 000 元。会计等式右边负债要素内部项目金额此增彼减，增减金额相等，会计等式的平衡关系保持不变				

【例 3-3】 经股东大会决议，将资本公积 800 000 元转为实收资本。

这一事项属于表 3-3 所列示的第（3）类会计事项，对会计等式的影响，如表 3-7 所示。

表 3-7　　　　　　　　　　　　第（3）类会计事项对会计等式的影响

单位：元

会计等式	资产	=	负债	+	所有者权益
事项发生前	11 920 000	=	4 300 000	+	7 620 000
事项影响					+800 000 −800 000
事项发生后	11 920 000	=	4 300 000	+	7 620 000

（续表）

事项分析	这一事项的发生，使得公司的一项所有者权益(实收资本)增加 800 000 元,同时,另一项所有者权益(资本公积)等额减少 800 000 元。会计等式右边所有者权益要素内部项目金额此彼减,增减金额相等,会计等式的平衡关系保持不变

【例 3-4】 经股东大会决议,宣告向投资者分配利润 1 000 000 元。

这一事项属于表 3-3 所列示的第(4)类会计事项,对会计等式的影响,如表 3-8 所示。

表 3-8　　　　　　　　　第(4)类会计事项对会计等式的影响

单位:元

会计等式	资产	=	负债	+	所有者权益
事项发生前	11 920 000	=	4 300 000	+	7 620 000
事项影响			+1 000 000		1 000 000
事项发生后	11 920 000	=	5 300 000	+	6 620 000
事项分析	这一事项的发生,使得公司的一项负债(应付股利)增加 1 000 000 元,同时,一项所有者权益(利润分配)等额减少 1 000 000 元。会计等式右边负债要素项目的金额增加,所有者权益要素项目的金额减少,增减金额相等,会计等式的平衡关系保持不变				

【例 3-5】 经协商,将已发行的公司债券 1 000 000 元转为实收资本。

这一事项属于表 3-3 所列示的第(5)类会计事项,对会计等式的影响,如表 3-9 所示。

表 3-9　　　　　　　　　第(5)类会计事项对会计等式的影响

单位:元

会计等式	资产	=	负债	+	所有者权益
事项发生前	11 920 000	=	5 300 000	+	6 620 000
事项影响			−1 000 000		+1 000 000
事项发生后	11 920 000	=	4 300 000	+	7 620 000
事项分析	这一事项的发生,使得公司的一项负债(应付债券)减少 1 000 000 元,同时,一项所有者权益(实收资本)等额增加 1 000 000 元。会计等式右边负债要素项目的金额减少,所有者权益要素项目的金额增加,增减金额相等,会计等式的平衡关系保持不变				

【例 3-6】 从银行借入期限为 3 个月的借款 500 000 元。

这一事项属于表 3-3 所列示的第(6)类会计事项,对会计等式的影响,如表 3-10 所示。

表 3-10　　　　　　　　　第(6)类会计事项对会计等式的影响

单位:元

会计等式	资产	=	负债	+	所有者权益
事项发生前	11 920 000	=	4 300 000	+	7 620 000

（续表）

事项影响	＋500 000		＋500 000		
事项发生后	12 420 000	＝	4 800 000	＋	7 620 000
事项分析	这一事项的发生,使得公司的一项资产(银行存款)增加 500 000 元,同时,一项负债(短期借款)等额增加 500 000 元。会计等式左边资产要素项目与右边负债要素项目的金额等额增加,会计等式的平衡关系保持不变				

【例 3-7】　收到投资者作为投资投入的一台不需安装即可使用的机器设备,价值 280 000 元。

这一事项属于表 3-3 所列示的第(7)类会计事项,对会计等式的影响,如表 3-11 所示。

表 3-11　　　　　　　　　　第(7)类会计事项对会计等式的影响

单位:元

会计等式	资产	＝	负债	＋	所有者权益
事项发生前	12 420 000	＝	4 800 000	＋	7 620 000
事项影响	＋280 000				＋280 000
事项发生后	12 700 000	＝	4 800 000	＋	7 900 000
事项分析	这一事项的发生,使得公司的一项资产(固定资产)增加 280 000 元,同时,一项所有者权益(实收资本)等额增加 280 000 元。会计等式左边资产要素项目与右边所有者权益要素项目的金额等额增加,会计等式的平衡关系保持不变				

【例 3-8】　通过银行偿还前欠 250 000 元货款。

这一事项属于表 3-3 所列示的第(8)类会计事项,对会计等式的影响,如表 3-12 所示。

表 3-12　　　　　　　　　　第(8)类会计事项对会计等式的影响

单位:元

会计等式	资产	＝	负债	＋	所有者权益
事项发生前	12 700 000	＝	4 800 000	＋	7 900 000
事项影响	－250 000		－250 000		
事项发生后	12 450 000	＝	4 550 000	＋	7 900 000
事项分析	这一事项的发生,使得公司的一项资产(银行存款)减少 250 000 元,同时,一项负债(应付账款)等额减少 250 000 元。会计等式左边资产要素项目与右边负债要素项目的金额等额减少,会计等式的平衡关系保持不变				

【例 3-9】　经股东大会决议,减少注册资本 2 000 000 元,通过银行向投资者退回其投入的资本。

这一事项属于表 3-3 所列示的第(9)类会计事项,对会计等式的影响,如表 3-13 所示。

表 3-13 第(9)类会计事项对会计等式的影响

单位:元

会计等式	资产	=	负债	+	所有者权益
事项发生前	12 450 000	=	4 550 000	+	7 900 000
事项影响	−2 000 000				−2 000 000
事项发生后	10 450 000	=	4 550 000	+	5 900 000
事项分析	这一事项的发生,使得公司的一项资产(银行存款)减少 2 000 000 元,同时,一项所有者权益(实收资本)等额减少 2 000 000 元。会计等式左边资产要素项目与右边所有者权益要素项目的金额等额减少,会计等式的平衡关系保持不变				

从上述涵盖表 3-3 所列示的九小类简单会计事项的举例说明,每一会计事项的发生,都必然会引起会计等式的一边或两边会计要素有关项目金额相互对应地发生等量变化,即当涉及会计等式的一边时,会计要素有关项目的金额发生此增彼减的等额变动;当涉及会计等式的两边时,会计要素有关项目的金额发生相同方向的等额变动,但都不会影响会计等式的平衡关系。

(二) 涉及收入与费用会计事项对会计等式的影响

涉及收入与费用会计事项对会计等式的影响如表 3-4 所列示,两大类、四小类会计事项的发生均不影响会计等式的平衡关系,具体可分为三种情形:会计事项类别(1)使会计等式左、右两边的金额等额增加;会计事项类别(2)与(4)使会计等式左、右两边的金额保持不变;会计事项类别(3)使会计等式左、右两边的金额等额减少。

下面仍以腾飞公司发生上述会计事项后的资产、负债与所有者权益为例,说明有关收入和费用会计事项的发生对会计等式的影响。

【例 3-10】 销售产品,货款 1 300 000 元通过银行收讫。

这一事项属于表 3-4 所列示的第(1)类会计事项,对会计等式的影响,如表 3-14 所示。

表 3-14 第(1)类会计事项对会计等式的影响

单位:元

会计等式	资产	=	负债	+	所有者权益	+	收入	−	费用
事项发生前	10 450 000	=	4 550 000	+	5 900 000				
事项影响	+1 300 000						+1 300 000		
事项发生后	11 750 000	=	4 550 000	+	7 200 000				
事项分析	这一事项的发生,使得公司的一项资产(银行存款)增加 1 300 000 元,同时,一项收入(主营业务收入)等额增加而最终导致所有者权益等额增加 1 300 000 元。会计等式左边资产要素项目与右边所有者权益要素项目的金额等额增加,会计等式的平衡关系保持不变								

【例 3-11】 销售产品,价款共计 200 000 元,货款根据合同已在上期通过银行预先

收取。

这一事项属于表 3-4 所列示的第(2)类会计事项,对会计等式的影响,如表 3-15 所示。

表 3-15 第(2)类会计事项对会计等式的影响

单位:元

会计等式	资产	=	负债	+	所有者权益	+	收入	−	费用
事项发生前	11 750 000	=	4 550 000	+	7 200 000				
事项影响			−200 000				+200 000		
事项发生后	11 750 000	=	4 350 000	+	7 400 000				
事项分析	这一事项的发生,使得公司的一项负债(预收账款)减少 200 000 元,同时,一项收入(主营业务收入)等额增加而最终导致所有者权益等额增加 200 000 元。会计等式右边负债要素项目的金额减少,所有者权益要素项目的金额增加,增减金额相等,会计等式的平衡关系保持不变								

【例 3-12】 通过银行支付公司行政管理部门的水电费 10 000 元。

这一事项属于表 3-4 所列示的第(3)类会计事项,对会计等式的影响,如表 3-16 所示。

表 3-16 第(3)类会计事项对会计等式的影响

单位:元

会计等式	资产	=	负债	+	所有者权益	+	收入	−	费用
事项发生前	11 750 000	=	4 350 000	+	7 400 000				
事项影响	−10 000								+10 000
事项发生后	11 740 000	=	4 350 000	+	7 390 000				
事项分析	这一事项的发生,使得公司的一项资产(银行存款)减少 10 000 元,同时,一项费用(管理费用)等额增加而最终导致所有者权益等额减少 10 000 元。会计等式左边资产要素项目与右边所有者权益要素项目的金额等额减少,会计等式的平衡关系保持不变								

【例 3-13】 计提本月已发生但尚未支付的银行借款利息 15 000 元。

这一事项属于表 3-4 所列示的第(4)类会计事项,对会计等式的影响,如表 3-17 所示。

表 3-17 第(4)类会计事项对会计等式的影响

单位:元

会计等式	资产	=	负债	+	所有者权益	+	收入	−	费用
事项发生前	11 740 000	=	4 350 000	+	7 390 000				
事项影响			+15 000						+15 000
事项发生后	11 740 000	=	4 365 000	+	7 375 000				

（续表）

事项分析	这一事项的发生,使得公司的一项负债(应付利息)增加 15 000 元,同时,一项费用(财务费用)等额增加而最终导致所有者权益等额减少 15 000 元。会计等式右边负债要素项目的金额增加,所有者权益要素项目的金额减少,增减金额相等,会计等式的平衡关系保持不变

上述举例说明反映财务状况的会计要素与反映经营成果的会计要素之间有着如综合会计等式所表明的关联关系,即取得收入的同时会带来资产的增加或者负债的减少,发生费用的同时会带来资产的减少或者负债的增加。如果收入抵减费用后的净额是利润,利润导致所有者权益的增加与资产的增加或者负债的减少;如果收入抵减费用后的净额是亏损,亏损导致所有者权益的减少与资产的减少或者负债的增加。无论取得收入还是发生费用,也无论实现利润还是发生亏损,都不会影响会计等式的平衡关系。

（三）复杂会计事项对会计等式的影响

上述论述的均是仅涉及两个会计要素项目的简单会计事项对会计等式的影响,在会计实务中,会发生涉及三个或三个以上会计要素项目的复杂会计事项,复杂会计事项的发生仍然不会影响会计等式的平衡关系。

下面仍以腾飞公司发生上述会计事项后的资产、负债与所有者权益为例,说明复杂会计事项的发生对会计等式的影响。

【例 3-14】　购入一台不需安装即可使用的价值为 600 000 元的机器,同时购入已经验收入库价值为 200 000 元的该台机器专用耗材,款项已通过银行付讫。

这一复杂会计事项属于表 3-3 所列示的第(1)类会计事项组合的复杂会计事项,对会计等式的影响,如表 3-18 所示。

表 3-18　　　　　　　　　复杂会计事项对会计等式的影响

单位:元

会计等式	资产	=	负债	+	所有者权益
事项发生前	11 740 000	=	4 365 000	+	7 375 000
事项影响	+600 000 +200 000 -800 000				
事项发生后	11 740 000	=	4 365 000	+	7 375 000
事项分析	这一事项的发生,使得公司的两项资产(固定资产与原材料)分别增加 600 000 元与 200 000 元,同时,另一项资产(银行存款)减少 800 000 元。会计等式左边资产要素项目的金额有增有减,增减金额相等,会计等式的平衡关系保持不变				

【例 3-15】　销售产品,售价计 825 000 元,根据购销合同通过银行收到货款 800 000 元,余款尚未收到。

这一复杂会计事项属于表 3-4 所列示的两项第（1）类会计事项组合的复杂会计事项，对会计等式的影响，如表 3-19 所示。

表 3-19　　　　　　　　　　　　**复杂会计事项对会计等式的影响**

单位：元

会计等式	资产	=	负债	+	所有者权益	+	收入	-	费用
事项发生前	11 775 000	=	4 400 000	+	7 375 000				
事项影响	+800 000 +25 000						+825 000		
事项发生后	12 600 000	=	4 400 000	+	8 200 000				
事项分析	这一事项的发生，使得公司的两项资产（银行存款与应收账款）分别增加 800 000 元与 25 000 元，同时，一项收入（主营业务收入）增加而最终导致所有者权益增加 825 000 元。会计等式左边资产要素项目与右边所有者权益要素项目的金额等额增加，会计等式的平衡关系保持不变								

【例 3-16】　购入原材料并已验收入库，该批原材料价款 135 000 元，其中，按购销合同已通过银行支付货款 100 000 元，其余 35 000 元尚未支付。

这一复杂会计事项属于表 3-3 所列示的第（1）类与第（6）类会计事项组合的复杂会计事项，对会计等式的影响，如表 3-20 所示。

表 3-20　　　　　　　　　　　　**复杂会计事项对会计等式的影响**

单位：元

会计等式	资产	=	负债	+	所有者权益
事项发生前	11 740 000	=	4 365 000	+	7 375 000
事项影响	+135 000 -100 000		+35 000		
事项发生后	11 775 000	=	4 400 000	+	7 375 000
事项分析	这一事项的发生，使得公司的一项资产（原材料）增加 135 000 元，另一项资产（银行存款）减少 100 000 元，同时，一项负债（应付账款）增加 35 000 元。会计等式左边资产要素项目的金额有增有减，其净增加额与会计等式右边负债要素项目的增加额相等，会计等式的平衡关系保持不变				

上述举例说明，一项复杂的会计事项往往属于某一类或某几类简单会计事项的组合，对会计等式的影响结果并不会超出上述类型，任何复杂会计事项的发生也都不会影响会计等式的恒等性。

本章要点概览

1. 会计对象，是指会计所要核算与控制的内容，反映为企业的经济活动及其资金运动。

2. 会计要素是根据交易或者事项的特征对会计对象所作的基本分类。会计要素的确定为会计核算提供了依据,也为财务报表构筑了基本框架。

3. 我国企业会计准则将会计要素划分为资产、负债、所有者权益与收入、费用、利润六项,其中,前三项属于静态会计要素,反映企业的财务状况;后三项属于动态会计要素,反映企业的经营成果。

4. 资产,是指企业过去的交易或者事项形成的、由企业拥有或者控制的、预期会给企业带来经济利益的资源;负债,是指企业过去的交易或者事项形成的、预期会导致经济利益流出企业的现时义务;所有者权益,是指企业资产扣除负债后,由所有者享有的剩余权益;收入,是指企业在日常活动中形成的、会导致所有者权益增加的、与所有者投入资本无关的经济利益的总流入;费用,是指企业在日常活动中发生的、会导致所有者权益减少的、与向所有者分配利润无关的经济利益的总流出;利润,是指企业在一定会计期间的经营成果。

5. 会计等式是表明会计要素之间基本关系的等式。静态会计等式"资产＝负债＋所有者权益"也称基本会计等式,用于反映企业的财务状况,不仅是复式记账法的理论依据,而且是编制资产负债表的理论依据;动态会计等式"收入－费用＝利润",用于反映企业的经营成果,是编制利润表的理论依据。

6. 会计事项也称经济业务,是在经济活动中使会计要素发生增减变动的交易或者事项。会计事项按所涉及的会计要素项目的多少,可分为简单会计事项与复杂会计事项。简单会计事项按对会计等式的影响,可分为四大类、九小类会计事项。涉及收入与费用会计事项按对会计等式的影响,可分为两大类、四小类会计事项。任何会计事项的发生,都不会影响会计等式之间的平衡关系。

 主要术语

1. 会计对象 　　　　　　2. 资金运动
3. 资金循环 　　　　　　4. 资金周转
5. 会计要素 　　　　　　6. 资产
7. 流动资产 　　　　　　8. 非流动资产
9. 负债 　　　　　　　　10. 流动负债
11. 非流动负债 　　　　　12. 所有者权益
13. 收入 　　　　　　　　14. 费用
15. 利润 　　　　　　　　16. 利得
17. 损失 　　　　　　　　18. 留存收益
19. 会计等式 　　　　　　20. 静态会计等式
21. 动态会计等式 　　　　22. 综合会计等式
23. 会计事项 　　　　　　24. 经济业务

阅 读 文 献

1. 中华人民共和国财政部.企业会计准则（基本准则）[M].上海：立信会计出版社，2024.

2. 张捷，刘英明.基础会计（第2章会计要素与会计等式）[M].北京：中国人民大学出版社，2021.

3. 唐国平.会计学原理（第二章企业经济活动与会计要素）[M].北京：中国财政经济出版社，2020.

4. 陈国辉，迟旭升.基础会计（第二章会计要素与会计等式）[M].大连：东北财经大学出版社，2024.

5. 张蕊.会计学原理（第二章账户设置与借贷记账法）[M].北京：中国财政经济出版社，2019.

复 习 思 考 题

1. 制造企业的生产经营过程及其资金运动是如何构成的？商品流通企业、服务企业的生产经营过程及其资金运动又是如何构成的？

2. 什么是资产？什么是负债？什么是所有者权益？负债与所有者权益有何异同？

3. 什么是收入？什么是费用？什么是利润？什么是利得？什么是损失？收入与利得有何异同？费用与损失有何异同？

4. 什么是静态会计等式？什么是动态会计等式？这两个等式之间有何区别与联系？

5. 为什么说任何会计事项的发生都不会影响会计等式的恒等性？

练 习 题

一、单项选择题（在每小题的备选答案中，选出一个最为切合题意的答案）

1. 下列关于资金的论述中，不正确的是（　　）。

A. 资金从静态看，反映为各种形态的资产

B. 资金从动态看，其形态总是处于不断的变动之中，从而形成资金的运动

C. 制造企业在采购原材料过程中，资金通常由货币资金形态转化为储备资金形态

D. 制造企业在产品生产过程中，资金通常由生产资金形态转化为货币资金形态

2. 下列项目中，不属于流动负债的是（　　）。

A. 应付账款　　　　　　　　　　　B. 预付账款

C. 预计在一个营业周期中偿还的债务　　D. 将于1年内到期的长期借款

3. 下列关于费用要素的论述中，不正确的是（　　）。

A. 费用是在企业的日常活动中产生　　B. 费用的发生会引起所有者权益的增加

C. 费用的发生可能导致资产的减少　　D. 费用的发生可能导致负债的增加

4. 下列等式中，属于基本会计等式的是（　　）。

  A. 收入－费用＝利润   B. 资产＝负债＋所有者权益

  C. 资产＝负债＋所有者权益＋利润   D. 资产＋费用＝负债＋所有者权益＋收入

5. 某企业资产总额为 100 万元,负债为 20 万元,所有者权益应为( )万元。

  A. 100   B. 20

  C. 120   D. 80

6. 某公司购入不需安装即可使用的机器设备一台,计 50 000 元,款项尚未支付。这项业务的发生,意味着( )。

  A. 资产增加 50 000 元,负债减少 50 000 元   B. 资产增加 50 000 元,负债增加 50 000 元

  C. 资产减少 50 000 元,负债减少 50 000 元   D. 资产减少 50 000 元,负债增加 50 000 元

7. 某公司的负债总额为 1 500 万元,所有者权益总额为 4 000 万元,以银行存款归还短期借款 40 万元后,该公司的资产总额为( )万元。

  A. 5 540   B. 5 460

  C. 4 040   D. 1 560

8. 下列会计事项中,属于会引起企业所有者权益总额减少的事项是( )。

  A. 提取盈余公积   B. 向其他单位投资

  C. 宣告分派利润   D. 通过银行缴纳应交税金

9. 某公司的资产负债情况为:货币资金 20 万元,机器设备价值 100 万元,办公及生产厂房价值 160 万元,银行借款 20 万元,应付供货方款项 5 万元,预收购货方款项 5 万元。则该公司的净资产为( )万元。

  A. 270   B. 250

   C. 260   D. 280

10. 下列会计事项中,属于使会计等式两边金额不发生变化的是( )。

  A. 用银行存款偿还银行借款

  B. 用银行存款购买原材料

  C. 收到投资者投入的固定资产

  D. 通过银行收到订货商的一笔预付货款

二、多项选择题(在每小题的备选答案中,选出两个或两个以上切合题意的答案)

1. 下列关于企业会计要素的表述中,正确的有( )。

  A. 会计要素是对会计对象的基本分类

  B. 会计要素按其性质分为资产、负债、所有者权益与收入、费用、利润

  C. 资产、负债和所有者权益属于静态会计要素

  D. 收入、费用和利润属于动态会计要素

  E. 有关会计要素金额的变动是由企业发生的会计事项引起的

2. 下列各项中,应确认为企业资产的有( )。

  A. 购入的专利权   B. 融资租入的固定资产

  C. 计划下个月购入的材料   D. 已霉烂变质无使用价值的存货

  E. 客户尚未支付的购货款

3. 下列各项中,属于企业流动资产的有(　　　)。

    A. 预收账款   B. 应收账款

    C. 预付账款   D. 应付账款

    E. 存货

4. 下列关于所有者权益的表述中,正确的有(　　　)。

    A. 所有者权益是指企业资产扣除负债后由所有者享有的剩余权益

    B. 所有者权益的金额等于资产减去负债后的余额

    C. 所有者权益也称净资产

    D. 所有者权益包括实收资本、资本公积、盈余公积和未分配利润

    E. 所有者权益包括实收资本、资本公积、其他综合收益、盈余公积和留存收益

5. 下列各项中,属于反映企业经营成果会计要素的有(　　　)。

    A. 资产   B. 利润

    C. 收入   D. 所有者权益

    E. 费用

6. 下列关于收入的表述中,正确的有(　　　)。

    A. 收入是指导致企业所有者权益增加的、与所有者投入资本无关的经济利益的总流入

    B. 所有者权益增加一定表明企业获得了收入

    C. 狭义的收入不包括企业的营业外收入

    D. 收入按照业务的性质,可分为销售商品收入、提供劳务收入和让渡资产使用权收入

    E. 收入按照企业经营业务的主次,可分为主营业务收入和其他业务收入

7. 下列关于利润的表述中,正确的有(　　　)。

    A. 利润是企业在一定会计期间的经营成果

    B. 企业的营业利润是营业收入减去营业成本后的净额

    C. 企业的利润总额不包括营业外收入

    D. 企业的利润总额为营业利润与直接计入当期利润的利得和损失之和

    E. 净利润等于利润总额减去所得税费用

8. 下列各项中,属于不会发生的会计事项有(　　　)。

    A. 资产增加,负债减少,所有者权益不变

    B. 资产不变,负债增加,所有者权益增加

    C. 资产有增有减,权益不变

    D. 债权人权益增加,所有者权益减少,资产不变

    E. 资产不变,负债有增有减,权益不变

9. 下列各项中,属于能引起资产和所有者权益同时增加的会计事项有(　　　)。

    A. 盈余公积金转增资本   B. 提取盈余公积

    C. 通过银行收到投资人的投资款   D. 收到投资人投入的固定资产

    E. 收到银行借款

10. 下列各项中,属于可能导致一项资产增加的会计事项有(　　　)。

A. 一项资产的减少　　　　　B. 一项负债的增加

C. 一项所有者权益的增加　　D. 一项负债的减少

E. 一项收入的取得

三、判断题(认为正确的在题目前面括号内打"√",认为错误的在题目前面括号内打"×")

1. (　)在制造企业的资金运动中,随着企业销售产品取得销售收入,资金形态直接全部由成品资金转化为货币资金。

2. (　)只有企业拥有某项财产物资的所有权才能将其确认为资产。

3. (　)负债不仅指现时已经存在的债务责任,还包括某些将来可能发生的事项形成的债务责任。

4. (　)所有者权益是指企业投资人对企业资产的所有权。

5. (　)企业的资产与负债之差就是净资产。

6. (　)直接计入当期利润的损失,即企业非日常活动发生的营业外支出,不符合会计要素中的费用定义。

7. (　)利润包括收入减去费用后的净额、直接计入当期利润的利得和损失等。

8. (　)所有者权益和负债都是企业资产的来源。

9. (　)不论发生何种经济业务,都不会改变会计等式的恒等性。

10. (　)随着收入项目金额的增加,负债项目金额也会等量增加。

四、业务题

【业务题一】

目的:熟悉资产、负债和所有者权益要素的项目及内容。

资料:龙威公司有关资产、负债和所有者权益资料,如表3-21所示(不考虑增值税)。

表3-21　　龙威公司有关资产、负债和所有者权益资料及其所属的会计要素项目

资料内容	金额(元)	资产		负债		所有者权益
		项目	属于流动资产	项目	属于流动负债	项目
(1) 库存的现金	20 000					
(2) 中国工商银行的存款	850 000					
(3) 6个月期限的借款	350 000					
(4) 2年后到期的借款	2 200 000					
(5) 库存完工的产品	550 000					
(6) 库存生产用材料	250 000					
(7) 尚未收回的销货款	150 000					
(8) 尚未支付的购料款	120 000					
(9) 尚未销售但已收货款	250 000					
(10) 尚未收料但已付货款	180 000					

（续表）

资料内容	金额（元）	资产		负债		所有者权益
		项目	属于流动资产	项目	属于流动负债	项目
（11）车间厂房	15 600 000					
（12）生产用设备	18 500 000					
（13）专利权	850 000					
（14）应付给职工的薪酬	960 000					
（15）应付给银行的利息	250 000					
（16）应付给投资者的利润	1 200 000					
（17）应上缴国家的税金	840 000					
（18）投资者投入的资本	15 000 000					
（19）投入资本溢价	5 000 000					
（20）累计提取的盈余公积	8 000 000					
（21）尚未分配的利润	2 780 000					

要求：根据表3-21资料，将应当归属的会计要素的具体项目填列在相应的空格中；若属于资产需进一步确定是否属于流动资产，若属于负债需进一步确定是否属于流动负债，并在相应空格中打上"√"标记。

【业务题二】

目的：熟悉收入、费用和利润要素的项目及内容。

资料：龙威公司有关收入、费用和直接计入当期利润的利得和损失资料，如表3-22所示（不考虑增值税）。

表3-22　　龙威公司有关收入、费用、利得和损失资料及其所属的会计要素项目

资料内容	金额（元）	收入	费用	利得	损失
（1）销售产品的收入	22 560 000				
（2）销售多余材料的收入	150 000				
（3）出租固定资产的收入	350 000				
（4）转让无形资产使用权的收入	280 000				
（5）获得政府一次性补助	56 000				
（6）发生的罚款收入	35 000				
（7）销售产品的成本	15 220 000				
（8）销售材料的成本	120 000				

（续表）

资料内容	金额（元）	收入	费用	利得	损失
（9）支付的广告费	560 000				
（10）管理人员报销的差旅费	25 000				
（11）管理部门发生的水电费	12 000				
（12）发生的短期借款利息	250 000				
（13）管理部门固定资产的修理费	120 000				
（14）管理部门固定资产的折旧费	220 000				
（15）发生的捐赠支出	28 000				
（16）发生的罚款支出	22 000				

要求：

（1）根据表 3-22 资料，将应当归属的会计要素的具体项目填列在相应的空格中。

（2）根据资料计算龙威公司当期的营业利润与利润总额。

【业务题三】

目的：掌握会计等式。

资料：鹏程公司 20×1 年 12 月 31 日有关资产、负债和所有者权益具体项目的资料，如表 3-23 所示。

表 3-23　　　鹏程公司 20×1 年 12 月 31 日的资产、负债和所有者权益项目

项目	金额（元）	项目	金额（元）
库存现金	2 000	存货	450 000
应收票据	65 000	应交税费	20 000
应付账款	50 000	实收资本	2 000 000
应收账款	200 000	短期借款	100 000
未分配利润	80 000	应付票据	55 000
银行存款	150 000	预付账款	10 000
预收账款	32 000	无形资产	50 000
其他应收款	16 000	应付利息	6 000
盈余公积	100 000	固定资产	1 500 000

要求：

（1）根据上述资料，参照表 3-1 资产负债表（简表）的格式，分别列示资产类、负债类和所有者权益类的所属具体项目，并分别计算资产、负债和所有者权益的总额。

（2）根据资产、负债和所有者权益各要素的总额，试分析三者之间存在的数量关系，并简要说明理由。

【业务题四】

目的:掌握会计等式。

资料:宏达公司投资设立的宏盛公司 20×1 年年初及年末资产负债表上列示的资产总额和负债总额,如表 3-24 所示。

表 3-24   **宏盛公司 20×1 年资产负债表**

单位:元

项目	年初	年末
资产	618 000	798 000
负债	482 000	532 000

要求:假设宏盛公司在年度内没有分配利润,根据下列各种情况,分别计算本年度宏盛公司的利润。

(1) 宏达公司在年度内既未收回投资,也未增加投资。

(2) 宏达公司在年度内曾经收回投资 20 000 元。

(3) 宏达公司在年度内曾经增加投资 30 000 元。

(4) 宏达公司在年度内曾经收回投资 54 000 元,但又增加投资 80 000 元。

【业务题五】

目的:熟悉会计事项的种类。

资料:飞驰公司 20×1 年 9 月发生下列交易事项(不考虑增值税):

(1) 收到甲投资者交来银行转账支票一张,金额 300 000 元,作为其追加投资额。

(2) 购入不需安装即可使用的设备一台,价款 250 000 元,通过银行付讫。

(3) 向大众公司赊购并入库材料一批,价值 120 000 元。

(4) 通过银行支付管理部门水电费 2 000 元。

(5) 销售产品,价款 17 000 元通过银行收讫。

(6) 签发商业汇票一张,偿付对大众公司的材料欠款 30 000 元。

(7) 甲投资者的银行借款 100 000 元到期,经股东大会批准,现由本公司以银行存款代为偿还,作为其对本公司投资的减少。

(8) 以银行存款偿还到期商业汇票票据款 140 000 元。

(9) 以银行存款支付给甲投资者应得的现金股利 10 000 元。

(10) 甲投资者转让给乙投资者资本 100 000 元。

要求:

(1) 分析上述会计事项,说明其分别属于哪一种类的会计事项。

(2) 按照会计等式,列示资产、负债和所有者权益具体项目,并计算会计事项对资产、负债和所有者权益的影响总额。

【业务题六】

目的:熟悉会计事项对会计等式的影响。

资料:励志公司某一会计期间发生的八笔经济业务列示在如表 3-25 所示的会计等式中。

表 3-25 励志公司发生的八笔经济业务

单位:元

业务序号	资产					负债		所有者权益
	库存现金	银行存款	应收账款	原材料	固定资产	应付票据	应付账款	实收资本
期初	1 700	54 000	4 300	25 900	61 000	7 400	69 500	70 000
业务 1		+4 000	−4 000					
业务 2						+50 000	−50 000	
业务 3		+49 000			+56 000			+105 000
业务 4		−5 000					−5 000	
业务 5		−3 500		+9 500			+6 000	
业务 6						−45 000		+45 000
业务 7							+10 000	−10 000
业务 8		−18 000			+30 000		+12 000	

要求:

(1) 根据上述资料,说明业务 1~8 可能发生的会计事项内容。

(2) 计算并说明每一笔经济业务对资产、负债及所有权益增减变动的影响。

第四章 会计记账方法——原理

━━━学习目的与要求━━━

本章阐述会计记账方法的原理,内容包括会计科目与账户、复式记账、平行登记、账户按用途与结构的分类。通过本章学习,应当明确会计科目的意义与设置原则,了解账户与会计科目之间的关系以及会计科目与账户的分类;掌握复式记账原理以及借贷记账法的记账规则、会计分录的编制与试算平衡的方法;掌握总分类账户与明细分类账户之间的关系以及平行登记方法;理解账户按用途和结构分类的意义,熟悉各类账户的用途和结构。

 课前预习题

1. 什么是会计科目? 与会计要素有何关系?

2. 什么是账户? 与会计科目有何异同? 基本结构如何?

3. 什么是复式记账? 有哪些特点?

4. 什么是借贷记账法? 记账的规则如何?

5. 什么是会计分录? 如何编制会计分录?

6. 什么是总分类账户? 什么是明细分类账户? 两者之间存在何种关系?

7. 按用途和结构分类的各类账户有哪些特点?

第一节　会计科目与账户

　　会计等式体现了会计要素之间的关系,借助会计等式可以反映企业的财务状况和经营成果。为了全面、系统、详细地核算各项会计要素具体内容的增减变动情况,分门别类地提供会计核算信息,需要设置会计科目,并通过根据会计科目开设的账户,记录与反映企业发生的会计事项所引起的会计要素的增减变动情况及其变动结果。

一、会计科目

(一) 会计科目的意义

　　会计科目简称科目,是对会计要素具体内容进行分类核算的项目。例如,为了分类核算货币资金、应收的款项、原材料与其他材料、产成品、房屋建筑物、机器设备、专利权、非专利技术等各类资产的增减变动与结存情况,企业需要设置"库存现金""银行存款""应收账款""其他应收款""原材料""库存商品""固定资产"和"无形资产"等科目;为了分类核算从银行借入的款项、应付的款项、发行的债券等各类负债的增减变动与余额情况,企业需要设置"短期借款""长期借款""应付账款""其他应付款""应付债券"等科目;为了分类核算投资者投入的资本和留成收益等各类所有者权益的增减变动与余额情况,企业需要设置"实收资本""资本公积"和"盈余公积"等科目;为了分类核算收入、费用和利润及其分配情况,企业需要设置"主营业务收入""其他业务收入""主营业务成本""其他业务成本""销售费用""管理费用""财务费用""本年利润"与"利润分配"等科目。会计对象、会计要素和会计科目之间的关系,如图4-1所示。

图4-1　会计对象、会计要素和会计科目的关系

　　设置会计科目是企业设置账户、组织会计核算的前提条件。通过设置会计科目,明确会计要素具体内容中每一项目的名称和核算内容,可以为设置账户、填制会计凭证、登记会计账簿和编制财务报表奠定基础,向会计信息的使用者提供各类信息,满足不同会计信息使用者对相关信息的需求。

(二) 会计科目的设置原则

　　会计科目设置的科学性与合理性决定着企业会计核算的准确性与完整性。目前,我国企业使用的会计科目,是由国家通过《企业会计准则——应用指南》统一规定的,包括会计科目的名称、类别、编号与核算内容,各企业从自身的实际经营特点和管理需要出发可以从中选择并设置本企业所使用的会计科目。设置会计科目,应当遵循如下原则:

（1）完整性与互斥性相结合。完整性要求企业设置的每一个会计科目都能够单独核算一类会计事项，设置的全部会计科目应当能够构成一个囊括企业发生的所有会计事项的完整会计科目体系。互斥性要求企业在设置会计科目时，必须明确界定每一会计科目核算的具体内容，不可相互交叉，即一个会计科目不能核算两项不同类型的会计事项，或者说一项会计事项不能在两个不同的会计科目中进行核算。

（2）统一性与灵活性相结合。统一性要求不同企业之间设置的会计科目应当尽可能一致，以便于不同企业间会计信息的对比、分析和汇总。灵活性要求企业根据自身的生产经营特点，在遵循国家统一规定的会计科目、不影响财务报表编制和会计信息提供的前提下，可以自行增设、减少或合并某些会计科目。

（3）稳定性与适时性相结合。稳定性要求企业所设置的会计科目应当保持相对稳定，不随意改变会计科目的名称和核算内容，以保证同一企业不同时期会计信息的可比性。适时性要求企业随着社会经济的发展以及企业生产经营模式的变化而出现各种新经济业务，或者企业会计准则与核算规定发生变化，企业应当设置与之相适应的会计科目，并取消不适用的会计科目。

（4）能够体现企业的生产经营业务特点。会计科目的设置应当能够满足本企业生产经营业务核算的需要，能够体现本企业的生产经营业务特点。例如，对于制造企业，主要的生产经营业务是生产与销售产品，需要设置"生产成本""制造费用"科目核算产品成本，设置"库存商品"科目核算完工入库待售产品；对于交通运输企业，主要的生产经营业务是提供运输劳务，则需设置"运输成本（劳务成本）""运输间接费用（类似制造费用）"科目核算运输业务成本，由于不存在可以存储的实物产品，也就不设置类似"库存商品"科目。

（三）会计科目的分类

企业设置的会计科目应该能够对所有发生的会计事项进行核算，同时，能够提供符合会计信息使用者信息需求的完整体系，包括科目的内容和科目的级次。科目的内容，是指设置会计科目时所规定的各个科目核算的内容，反映了科目之间的横向联系；科目的级次，是指设置会计科目时所规定的提供会计信息的详细程度，反映了科目内部的纵向联系。为此，会计科目通常按照反映的经济内容和提供会计信息的详细程度进行分类。

1. 按照反映的经济内容分类

尽管会计科目可以按照会计要素划分为资产、负债、所有者权益与收入、费用、利润六大类科目，但从便于科目的核算使用出发，企业通常将会计科目按照反映的经济内容的不同，划分为资产、负债、共同①、所有者权益、成本和损益六大类科目。

资产类科目用于反映企业拥有或者控制的各类资产的状况，其中，按照资产流动性的

---

① 共同类科目用于反映银行间业务往来引起的资金清算款项、金融企业采用分账制核算外币交易所产生的不同币种之间的兑换以及一般企业开展套期保值业务时，套期工具公允价值变动所形成的具有资产或负债性质的内容等状况。这一类科目在一般企业不常用，本教材对这一类科目不作阐述。

强弱,资产类科目又划分为流动资产和非流动资产两类科目。负债类科目用于反映企业承担并应偿还的各类负债的状况,其中,按照负债偿还期限的长短,负债类科目又划分为流动负债和非流动负债两类科目。所有者权益类科目用于反映企业各类所有者权益的状况。成本类科目用于反映企业产品生产成本或者提供劳务成本的状况。损益类科目用于反映企业取得收入和发生费用的状况,其中,按照与利润总额的关系,损益类科目又可以划分为收入和费用两类科目。

2. 按照提供会计信息的详细程度分类

会计科目按照提供会计信息的详细程度不同,划分为总分类和明细分类两大类科目。总分类科目对所属明细分类科目起着统驭作用,明细分类科目对总分类科目起着具体说明的作用。

(1) 总分类科目。总分类科目又称总账科目或一级科目,是对会计事项的具体内容进行综合分类核算的会计科目,用于进行总分类核算与提供综合信息。任何一个总分类科目都可以反映特定的一类事项的总体情况。例如,"银行存款"科目反映了企业储存于开户银行的货币资金的总体情况;"应收账款"科目反映了企业因销售产品而应收客户款项的总体情况;"固定资产"科目反映了企业为生产产品或者经营管理而持有且使用寿命超过一个会计年度的房屋建筑物、机器设备等固定资产原始价值的总体情况。

企业总分类科目的名称和内容通常由企业会计准则作出统一规定,以有利于会计信息的逐级汇总并相互可比。但企业也可以在遵循会计准则确认、计量和报告规定的前提下,根据自身的实际情况自行增设、分拆或合并某些总分类科目。

(2) 明细分类科目。明细分类科目又称明细账科目,是根据核算的需要对总分类科目反映的经济内容进行详细分类核算的会计科目,用于进行明细分类核算与提供明细分类信息。明细分类科目隶属于总分类科目,反映的经济内容受到总分类科目所反映经济内容的统驭,并能对总分类科目的经济内容进行更为详细和具体的反映。按照对总分类科目所反映经济内容的详细程度不同,明细分类科目又可具体划分为二级科目、三级科目等类推的级次科目。例如,企业在"固定资产"总分类科目下可以按固定资产大类设置"房屋建筑物类""机器设备类"等二级科目,在"房屋建筑物类"二级科目下可以再设置"厂房""仓库"等三级科目;在"机器设备类"二级科目下可以再设置"××机器""××设备"等三级科目;根据提供信息的需要,在"××机器""××设备"等三级科目下可以进一步按具体规格、型号等设置四级科目。

对于一些名称和内容已由企业会计准则作出统一规定的总分类科目及其所属明细分类科目,应按统一规定设置与使用,不得随意改变其名称与内容。例如,"应交税费"总分类科目应按统一规定设置"应交税费——应交增值税""应交税费——应交所得税"等明细分类科目;"利润分配"总分类科目应按统一规定设置"利润分配——提取法定盈余公积""利润分配——提取任意盈余公积""利润分配——应付现金股利或利润""利润分配——未分配利润"等明细分类科目。对于一些企业会计准则并未对会计科目具体名称和内容作出统一规定,但对其设置方法进行了引导的总分类科目及其所属明细分类科目,应当按引导设置这些总分类科目及其所属明细分类科目。例如,企业会计准则明确"原材料"总分类科目可按材料的保管地点(仓库)、材料的类别、品种和规格等进行明细核算,某家具制造公司按这一引导在本公司的"原材料"总分类科目下具体设置了"原料及主要材料"和"辅助材料"等二级科目,并在"原料及主要材料"二级科目之下进一步设置了"木材""钢材"和"油漆"等三级科目,在"辅助材料"二级科目之下进一步设置了"电焊条""胶水"等三级科目,等等。

需要注意的是,并非所有的总分类科目都需设置明细分类科目。例如,"本年利润"总分类科目不必再设置明细分类科目。另外,通常采用一定的书写形式来反映总分类科目与其所属明细分类科目之间的关系。例如,以上述某家具制造公司"原材料"总分类科目及其所属明细分类科目为例,采用如下书写形式:

原材料——原料及主要材料——木材

　　　　　　　　——钢材

　　　　　　　　——油漆

　　　　——辅助材料——电焊条

　　　　　　　　——胶水

(四) 会计科目的编号

为了便于填制会计凭证、登记账簿、编制财务报表和实现会计信息化,需要综合考虑各会计科目的类别、内容及其详细程度等相关因素,按一定规则对会计科目进行统一的编号。我国企业会计准则对所设置的会计科目规定了编号,会计人员在填制会计凭证和登记会计账簿时,可以只填写会计科目的名称而不填写编号,也可以既填写会计科目的名称又填写编号,但不得只填写编号而不填写名称。

总分类会计科目采用4位数字编号法。预定千、百、十、个四位数字,自左至右,分别代表大类(千)、小类(百)和科目(十、个);以千位的1,2,3,4,5,6,分别顺序代表资产类、负债类、共同类、所有者权益类、成本类、损益类六类科目;以百位的0,1,2,…顺序代表小类类别,如百位的0代表货币资金小类、4代表存货小类、6代表固定资产小类等;每个小类之下的科目编号,则从01开始,至99为止,代表该会计科目的顺序号。例如,"库存现金"科目的编号为1001,其中,千位的"1"表示该科目属于资产类,百位的"0"表示该科目所属资产大类中的货币资金小类,十位和个位的"01"表示该科目是货币资金小类的第一个会计科目;编号1002的"银行存款"则属于资产大类中的货币资金小类的第2个会计科目。

我国企业会计准则在对会计科目编号时,专门预留了一定的空号,以满足在未来会计业务发生变化时能够及时补充设置新会计科目的需要。

企业应在企业会计准则对总分类科目进行统一编号的基础上,采用相同的方法对所属各明细分类科目进行编号,以便通过编号明确总分类科目与其所属明细分类科目之间的关系，为正确填制会计凭证、登记账簿以及编制财务报表奠定基础。

在实务中，为了便于查阅和使用，企业一般将所设置的会计科目编制成会计科目表，列明会计科目的类别、名称、编号。企业常用的会计科目表，如表 4-1 所示。

表 4-1　　　　　　　　　　　　企业常用的会计科目表

序号	编号	会计科目名称	序号	编号	会计科目名称
一、资产类			二、负债类		
1	1001	库存现金	28	2001	短期借款
2	1002	银行存款	29	2101	交易性金融负债
3	1012	其他货币资金	30	2201	应付票据
4	1101	交易性金融资产	31	2202	应付账款
5	1121	应收票据	32	2203	预收账款
6	1122	应收账款	33	2211	应付职工薪酬
7	1123	预付账款	34	2221	应交税费
8	1131	应收股利	35	2231	应付利息
9	1132	应收利息	36	2232	应付股利
10	1221	其他应收款	37	2241	其他应付款
11	1231	坏账准备	38	2501	长期借款
12	1402	在途物资	39	2502	应付债券
13	1403	原材料	40	2701	长期应付款
14	1405	库存商品	41	2801	预计负债
15	1471	存货跌价准备	三、共同类（略）		
16	1531	长期应收款	四、所有者权益类		
17	1601	固定资产	42	4001	实收资本
18	1602	累计折旧	43	4002	资本公积
19	1603	固定资产减值准备	44	4101	盈余公积
20	1604	在建工程	45	4103	本年利润
21	1605	工程物资	46	4104	利润分配
22	1606	固定资产清理	五、成本类		
23	1701	无形资产	47	5001	生产成本
24	1702	累计摊销	48	5101	制造费用
25	1703	无形资产减值准备	49	5201	劳务成本
26	1801	长期待摊费用	50	5301	研发支出
27	1901	待处理财产损溢	六、损益类		

（续表）

序号	编号	会计科目名称	序号	编号	会计科目名称
51	6001	主营业务收入	60	6403	税金及附加
52	6051	其他业务收入	61	6601	销售费用
53	6101	公允价值变动损益	62	6602	管理费用
54	6111	投资收益	63	6603	财务费用
55	6115	资产处置收益	64	6701	资产减值损失
56	6117	其他收益	65	6702	信用减值损失
57	6301	营业外收入	66	6711	营业外支出
58	6401	主营业务成本	67	6801	所得税费用
59	6402	其他业务成本	68	6901	以前年度损益调整

二、账户

会计科目确定了对会计要素具体内容进行分类核算的项目,但会计科目本身尚不能直接核算会计事项引起的会计要素的增减变动及其结果。为此,需要根据会计科目在账簿中开设账户,序时、连续、系统地记录企业在一定会计期间发生的会计事项,反映所发生的会计事项引起的各项会计要素具体内容的增减变动情况及其结果。

1. 账户的意义

账户是根据会计科目开设,具有一定的格式和结构,用于连续、系统、全面地记录所发生的会计事项,反映会计事项引起的会计要素具体内容的增减变动情况及其结果的一种工具。

账户与会计科目既有联系,又有区别。账户根据会计科目开设,账户的名称就是会计科目。例如,根据"库存现金"科目开设"库存现金"账户,根据"原材料"科目开设"原材料"账户。每设置一个会计科目,就会开设一个相应的账户,账户的名称、数量和分类均与会计科目的名称、数量和分类相同。账户与会计科目的主要区别在于会计科目没有结构而账户具有一定的结构。会计科目仅是对会计要素具体内容进行分类核算的项目,是进行分类核算的依据,而账户作为对会计事项进行分类核算的载体,就需设定格式和结构以记录各项会计事项的发生所引起的会计要素具体项目的增加额、减少额和余额等。显然,会计科目主要为设置账户、填制会计凭证所运用,而账户则主要为建立会计账簿、编制财务报表所运用。在会计实务中,通常将账户和会计科目以同义词对待,相互通用并不严加区别。

2. 账户的基本结构与内容

企业会计事项的发生,必然会引起会计要素具体内容数额上的变动,这种变动包括增加额、减少额和增减变动结果的余额。账户的基本结构,是指账户结构中用来登记"增加额""减少额"与"余额"的这部分结构。账户的结构取决于所采用的记账方法和账户核算的经济内容。记账的方法不同,账户的结构也就不同。即使在同一种记账方法下,不同的账户由于反映的经济内容不同,具体的结构也不相同。但是,无论采用哪种记账方法,也无论账户反映的经济内容是什么,如果从各项会计事项发生后对会计要素的影响金额上进行观察,可以发现任何会计事项的发生对会计要素的影响金额都不外乎是"增加"和"减少"两种情况。因此,所有账户的基本结构均相同。

账户记录除了依据所设置的基本结构登记所发生的会计事项引起会计要素项目数额上的变动,还包括会计事项发生的时间、证明会计事项发生的凭证号码、对会计事项内容的简要说明等内容,这些内容构成了账户的具体格式。账户格式通常包括以下内容:

(1)账户名称,即会计科目。

(2)日期,用于记录会计事项发生的时间。

(3)凭证字号,用于记录记账的依据,即记账所依据的凭证种类及编号。

(4)摘要,用于记录会计事项的简要内容。

(5)金额,用于记录会计事项的发生引起会计要素具体内容的增加额、减少额和余额。

目前国际上通用的借贷记账法下账户的一般格式,如表 4-2 所示。

表 4-2　　　　　　　　　　　账户的一般格式

账户名称(会计科目)

年		凭证		摘要	借方金额	贷方金额	借或贷	余额
月	日	字	号					

注:波纹线表示账页省略。

在教学中,通常根据账户的一般格式提炼出 T 型账户这种简化的账户基本结构。T 型账户分为左、右两方,用于反映增加额、减少额和余额三个栏次的内容。由于余额是会计期间结束时根据增加额、减少额计算的结果,本期的期末余额即下一会计期间的期初余额,余额只在会计期间的期初和期末时使用。T 型账户的基本结构,如图 4-2 所示。

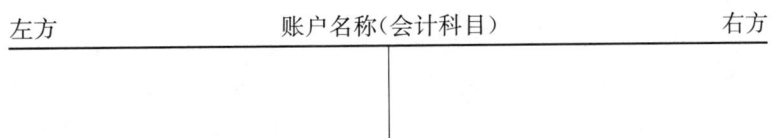

左方　　　　　　　　　　账户名称(会计科目)　　　　　　　　　　右方

图 4-2　T 型账户的基本结构

在 T 型账户的基本结构中,账户的左、右两方按相反方向记录增加额和减少额。如果左方登记增加额,则右方登记减少额,如图 4-3 所示;如果账户的右方登记增加额,则左方登记减少额,如图 4-4 所示。究竟账户的哪一方登记增加额,哪一方登记减少额,取决于记账的方法和账户反映的经济内容。通常,账户若有余额,无论是期初余额,还是期末余额,都与增加额在同一方。

左方	账户名称(会计科目)		右方
期初余额	×××		
本期增加额	×××	本期减少额	×××
	……	……	
本期增加发生额合计	×××	本期减少发生额合计	×××
期末余额	×××		

图 4-3　T 型账户的基本结构(左方登记增加额)

左方	账户名称(会计科目)		右方
		期初余额	×××
本期减少额	×××	本期增加额	×××
	……	……	
本期减少发生额合计	×××	本期增加发生额合计	×××
		期末余额	×××

图 4-4　T 型账户的基本结构(右方登记增加额)

如果账户是在企业设立时初次使用,会计期末将本期增加发生额、减少发生额相抵后的差额即为本期的期末余额,这个期末余额就成为下一个会计期间的期初余额。如果账户是在企业存续的会计期间内使用,从时间的连续性上看,本期的期末余额就是下一期的期初余额。账户的期初余额、本期增加发生额、本期减少发生额、期末余额之间的关系为:

$$期末余额＝期初余额＋本期增加发生额－本期减少发生额$$

3. 账户的分类

对账户进行科学、适当的分类,有利于更好地掌握和运用账户。通常根据不同的目的对账户进行不同的分类,账户在结构与运用上各有其特性。

(1) 按照反映的经济内容分类。账户的经济内容,是指账户核算会计要素的具体内容,体现账户的不同性质。与会计科目按照反映的经济内容分类相对应,账户可分为资产、负债、所有者权益、成本、损益等几类账户。由于财务报表是根据账户记录编制的,账户与财务报表项目之间存在着一定的对应关系,资产类、负债类、所有者权益类及成本类账户是编制资产负债表的依据,这几类账户也就属于资产负债表账户;损益类账户是编制利润表的依据,也就属于利润表账户。

（2）按照提供会计信息的详细程度分类。与会计科目按照提供会计信息的详细程度分类相对应,账户可分为总分类账户和明细分类账户。总分类账户是根据总分类会计科目开设的,用来提供会计要素具体内容增减变动情况及其结果的综合会计信息的账户。总分类账户提供综合会计信息,账户记录仅采用货币单位提供价值量信息。明细分类账户是根据明细会计科目开设的,用来提供会计要素具体内容增减变动情况及其结果的详细会计信息的账户。明细分类账户提供详细的会计信息,账户记录除采用货币单位提供价值量信息外,还可采用实物单位或时间单位提供实物量或工作量信息。

（3）按照用途和结构的分类。账户按照用途和结构分类的目的在于明确各类账户在会计核算中所起的作用、账户在记账中的运用以及应该提供的会计信息。按照用途和结构的分类也就是按照核算特点对账户进行的分类。账户按照用途和结构,可以分为盘存、资本、结算、备抵调整、集合分配、成本计算、跨期摊配、汇转、财务成果和暂记等十类主要账户。

第二节　复式记账

会计科目是对会计要素具体分类的项目名称,账户是对会计要素具体内容进行分类核算的工具,但账户作为核算工具则是建立在记账方法基础之上的。记账方法的科学与否,将直接影响会计核算的效率以及提供会计信息的质量。

一、记账方法概述

记账方法,是指对发生的会计事项,根据一定的原理、记账符号、记账规则,采用一定的计量单位,利用文字和数字在账户中予以记录的方法。从世界会计发展史来看,记账方法经历了由单式记账方法到复式记账方法的演进过程。

单式记账方法简称单式记账法,是对发生的会计事项只在一个账户中进行登记的记账方法。在单式记账法下,通常只登记现金、银行存款的收付金额以及债权债务的结算金额,一般不登记实物的收付金额。单式记账法记账手续比较简单,但是账户之间不能形成相互对应和平衡的关系,所以不能全面、系统地反映各会计要素的增减变动情况以及经济业务的来龙去脉,也不利于检查账户的记录是否正确和完整,因而是一种不够科学的记账方法而被复式记账法所取代。

复式记账方法简称复式记账法,是对发生的会计事项按相等的金额同时在两个或两个以上相关账户中进行登记的记账方法。卢卡·帕乔利（Luca Pacioli）于 1494 年出版的《算术、几何、比及比例概要》中的第三篇“计算与记录要论”（通称《簿记论》），较为系统地阐述了以“借”“贷”作为记账符号的复式记账方法,经过不断的演变,成了当今国际上通行的记账方法。在西方国家,历史上只有这么一种复式记账方法,因此,并不特别强调"借贷记账法"。在我国的会计发展中曾出现以"收""付"作为记账符号与"增""减"作为记账符号的复式记账方法,分别称为"收付记账法"与"增减记账法"。为了加以区别,对于以"借""贷"作为记账符号的复式记账方法称为"借贷记账法"。目前,我国规定会计核算统一采用借贷记账法。

二、复式记账法的理论依据与特征

"资产＝权益"这一会计等式反映了企业资产与权益(负债和所有者权益)的平衡关系。从质的方面看,资产与权益相互依存,对立统一;从量的方面看,资产总额与权益总额相等。任何会计事项的发生都会引起会计要素项目金额的增减变动,但不会影响会计等式的恒等性。发生会计事项时,引起哪个会计科目金额的增减变动,就在该科目的账户中按记账规则进行登记。通过各个相关账户的记录可以完整地反映企业所发生的所有会计事项的全貌,并且账户记录结果保持会计等式的平衡性。复式记账法就是以会计等式为理论依据建立的一种记账方法。

复式记账法与单式记账法相比,具有以下特征:

(1)需要建立完整的账户体系。复式记账法对发生的每一项会计事项都要在对应的两个或两个以上的账户中进行登记,为此,就需要根据会计事项设置会计科目,形成完整的账户体系。

(2)通过账户记录能够反映会计事项的来龙去脉。复式记账法对发生的每一项会计事项都要在两个或两个以上相互对应的账户中进行登记,通过账户记录能够反映会计事项的来龙去脉,即会计事项的发生过程和结果。

(3)通过账户体系的平衡关系能够检查账户记录的正确性。复式记账法对发生的每一项会计事项都以相等的金额,同时在两个或两个以上相互对应的账户中进行登记,一定会计期间发生的所有会计事项都被完整地记录在全部账户中,通过账户体系的平衡关系即试算平衡的方法检查账户记录的正确性。

三、借贷记账法

借贷记账法是以"借""贷"作为记账符号的一种复式记账方法。借贷记账法的核心是账户结构、记账规则、账户对应关系以及账户记录的试算平衡。

(一)记账符号

借贷记账法以"借""贷"作为记账符号。"借""贷"二字是历史的产物,就其字面的含义,最初是从借贷资本家的角度来解释的,借贷资本家以经营货币资金的贷出和借入为主要业务,对于贷出的款项,记在借主(debitor)名下,表示自身的债权增加;对于借进的款项,记在贷主(creditor)名下,表示自身债务增加。这样,"借""贷"二字分别表示债权(应收款项)、债务(应付款项)的增减变化。随着商品经济的发展,经济活动的内容日趋复杂,由银行业发展到商品流通业和制造业以及其他行业,记录的会计事项也不再仅限于货币资金的借贷事项,而逐渐扩展到经营资本、财产物资和经营损益等的增减变化。为了保持记账的一致性,对于非货币资金借贷事项,也采用"借""贷"二字反映会计事项引起的有关账项的"增""减"变化情况。这时,"借""贷"已失去其原有的字面含义,转化为记账符号,即仅用"借""贷"表示会计事项所引起会计要素项目金额的增加或减少。但用"借"或"贷"表示增加,还是用"借"或"贷"表示减少,则取决于账户核算的经济内容或性质。

(二) 账户结构

如果设定用"借"或"贷"分别表示"资产＝负债＋所有者权益"这一会计基本等式左边的资产类账户金额的增加或减少,则"借"或"贷"相应分别表示等式右边的负债、所有者权益类账户金额的减少或增加。依据"资产＝负债＋所有者权益＋收入－费用"这一综合会计等式,收入会导致所有者权益的增加,费用会导致所有者权益的减少,收入类账户与所有者权益类账户相同,费用类账户与所有者权益类账户相反,即与资产类账户相同。为此,也可以用"借"或"贷"分别表示收入类账户金额的减少或增加、费用类账户金额的增加或减少。按照这样的设定,在借贷记账法下,资产类、负债类、所有者权益类、成本类和损益类账户就形成了固定的结构。

1. 资产类账户的结构

资产类账户的结构是借方登记资产的增加额,贷方登记资产的减少额,期初余额、期末余额一般为借方余额。资产类账户的结构,如图4-5所示。

借方	资产类账户		贷方
期初余额	×××		
本期增加额	×××	本期减少额	×××
	……		……
本期借方发生额合计	×××	本期贷方发生额合计	×××
期末余额	×××		

图 4-5　资产类账户结构

会计事项引起的资产变化通常总是增加在先,减少在后,而且资产的减少额不会大于期初余额与本期增加额之和,因此,资产类账户一般具有期初借方余额和期末借方余额。资产类账户期末借方余额的计算公式为:

期末(借方)余额＝期初(借方)余额＋本期借方(增加)发生额－本期贷方(减少)发生额

2. 负债、所有者权益类账户的结构

负债、所有者权益类账户的结构是贷方登记增加额,借方登记减少额,期初余额、期末余额一般为贷方余额。负债、所有者权益类账户的结构,如图4-6所示。

借方	负债、所有者权益类账户		贷方
		期初余额	×××
本期减少额　　　　　×××		本期增加额	×××
		……	……
本期借方发生额合计　×××		本期贷方发生额合计	×××
		期末余额	×××

图 4-6　负债、所有者权益类账户结构

会计事项引起的负债、所有者权益变化通常总是增加在先，减少在后，而且负债、所有者权益的减少额不会大于期初余额与本期增加额之和，因此，负债、所有者权益类账户一般具有期初贷方余额和期末贷方余额。负债、所有者权益类账户期末贷方余额的计算公式为：

期末（贷方）余额＝期初（贷方）余额＋本期贷方（增加）发生额－本期借方（减少）发生额

3. 成本类账户的结构

成本类账户的结构是借方登记成本的增加额，贷方登记成本的减少额（冲销额）或结转额，若有余额，期初余额、期末余额一般为借方余额。成本类账户的结构，如图 4-7 所示。

借方	成本类账户		贷方
期初余额（若有）　　　×××			
本期增加额　　　　　　×××		本期减少额或结转额	×××
……		……	
本期借方发生额合计　　×××		本期贷方发生额合计	×××
期末余额（若有）　　　×××			

图 4-7　成本类账户结构

企业在生产经营过程中所发生的应当直接或者间接计入产品成本的材料费、人工费、固定资产折旧费等各种耗费，在产品完工入库前作为在产品，也属于企业的资产。因此，"生产成本""制造费用"等成本类账户的结构与资产类账户的结构基本相同。但不同之处在于，成本类账户的贷方发生额通常表示本期完工产品成本的结转额，而且在期末结转之后，有的成本类账户无余额，如"制造费用"账户期末将归集的间接生产费用分配结转到相关产品成本计算对象后无余额；但有的成本类账户可能会留有期末借方余额，如"生产成本"账户有时会留有期末借方余额，表示企业在产品的成本。成本类账户期末借方余额的计算公式为：

期末（借方）余额＝期初（借方）余额＋本期借方（增加）发生额－本期贷方（减少或结转）发生额

4. 损益类账户的结构

设置损益类账户的目的主要是核算企业在生产经营过程中所发生的各项收入与费用，

以便通过一定期间收入和费用的比较,确定这一期间所实现的利润。损益类账户根据其与利润的关系,具体分为收入和费用两小类账户。

(1)收入类账户的结构。收入类账户的结构是贷方登记收入的增加额,借方登记收入的减少额,增加额扣除减少额后的净额,期末通过借方结转至"本年利润"账户,结转净额后账户无余额。收入类账户的结构,如图4-8所示。

借方	收入类账户		贷方
本期减少额	×××	本期增加额	×××
	……		……
本期结转净额	×××		
本期借方发生额合计	×××	本期贷方发生额合计	×××

图4-8 收入类账户结构

收入类账户的结构与负债、所有者权益类账户既有相同之处,即均在贷方登记增加额,借方登记减少额,也有不同之处,即负债、所有者权益类账户一般有贷方余额,而收入类账户结转净额后无余额。

(2)费用类账户的结构。费用类账户的结构是借方登记费用的增加额,贷方登记费用的减少额,增加额扣除减少额后的净额,期末通过贷方结转至"本年利润"账户,结转净额后账户无余额。费用类账户的结构,如图4-9所示。

借方	费用类账户		贷方
本期增加额	×××	本期减少额	×××
	……		……
		本期结转净额	×××
本期借方发生额合计	×××	本期贷方发生额合计	×××

图4-9 费用类账户结构

费用类账户的结构与资产类账户既有相同之处,即均在借方登记增加额,贷方登记减少额,也有不同之处,资产类账户一般有借方余额,而费用类账户结转净额后无余额。

借贷记账法下各类账户的结构汇总,如表4-3所示。

表4-3 借贷记账法下各类账户的结构

账户类别	借方	贷方	余额及方向
资产类	登记增加额	登记减少额	有余额且在借方
负债类	登记减少额	登记增加额	有余额且在贷方

(续表)

账户类别	借方	贷方	余额及方向
所有者权益类	登记减少额	登记增加额	有余额且在贷方
成本类	登记增加额	登记减少及结转额	若有余额应在借方
收入类	登记减少及结转净额	登记增加额	无余额
费用类	登记增加额	登记减少及结转净额	无余额

（三）记账规则及其账户对应关系

记账规则，是指采用某种记账方法对发生的会计事项进行登记时所必须遵守的规律。借贷记账法的记账规则是"有借必有贷，借贷必相等"。这一规则的含义是，任何会计事项的发生总会涉及两个或两个以上的相关账户，在一个或几个账户记入借方，在另一个或几个账户记入贷方，记入借方的金额等于记入贷方的金额。

表 3-3 所归纳的九小类会计事项，运用借贷记账法记账，记账规则的对应关系，如图 4-10 所示。

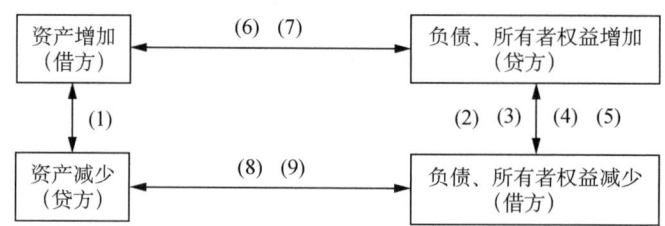

图 4-10　借贷记账法下会计事项与记账规则的对应关系

在借贷记账法的记账规则下，对于企业发生的每一项会计事项进行会计处理所涉及的两个或两个以上的有关账户之间必然形成一种相互对应的关系，这种对应关系称为账户对应关系，存在对应关系的账户称为对应账户。

借贷记账法下的账户对应关系对于揭示会计事项的内容具有十分重要的意义。首先，通过账户对应关系，可以了解企业会计事项的内容及其来龙去脉。例如，某企业 201×年×月×日在"固定资产"账户的借和"银行存款"账户的贷方同时登记了 100 000 元。根据这两个账户之间的对应关系，可以推断该企业发生了"以银行存款 100 000 元购入固定资产"这一会计事项，固定资产的增加是由于支付了银行存款，而银行存款的减少则是由于购买了固定资产。其次，通过账户对应关系，可以检查企业发生的会计事项是否合法合规。例如，这一企业如果于 201×年×月×日在"固定资产"账户的借方和"库存现金"账户的贷方同时登记了 100 000 元，则根据"固定资产"和"库存现金"两个账户之间的对应关系，可以推断该企业发生了"以库存现金 100 000 元购买固定资产"这一会计事项，虽然其记账正确，但企业发生的这项会计事项并不符合国家有关现金管理的规定。根据我国《现金管理暂行条例》的规定,企业之间大额款项的结算,应当通过银行办理转账结算,不得直接进行现金交易。显然,借贷记账法下的这种账户对应关系,反映出借贷记账法不仅记录了资金的运动,还揭示了反映资金运动的业务活动本质,使得会计信息能够准确、完整地反映企业的经济活动。

(四) 会计分录

在会计核算中,通常采用编制会计分录的方式来明确发生的会计事项所涉及的账户及其记账方向、金额与对应关系。会计分录,是指对发生的每一会计事项,指明其应记入的账户名称、方向和金额所作的记录。会计分录通常记载在记账凭证上,是登记账户的依据,必须保证其正确性。编制会计分录的一般步骤为:

(1) 分析并确定所发生的会计事项涉及的账户(会计科目)及其增加额或减少额。

(2) 根据会计事项的类别确定账户的对应关系。

(3) 根据记账规则确定应记入每个账户的金额。

(4) 完成会计分录编制后,检查会计事项所涉及的账户、对应关系、金额正确与否。

会计分录通常按如下格式进行书写:

(1) 上借下贷,借、贷左右错开两个汉字的位置。

(2) 借、贷后的冒号":"占一个汉字的位置。

(3) 金额与会计科目之间空开一定的位置,且贷方金额的千位数与借方金额的个位数对齐。

(4) 会计分录中的金额后面可不注明计量单位"元"。

在实务工作中,会计分录是针对会计事项编制的,所以在会计分录前应写明"摘要",以说明会计事项的具体内容。

下面将沿用本教材第三章第四节列举的有关腾飞公司 20×2 年 1 月发生的有关会计事项(不考虑增值税),逐一说明借贷记账法记账规则的应用以及会计分录的编制方法。

【例 4-1】 从银行提取现金 10 000 元。

这一事项的发生,使得公司的一项资产(库存现金)增加 10 000 元,同时,另一项资产(银行存款)等额减少 10 000 元。在借贷记账法下,资产类账户的结构是借方登记增加额,贷方登记减少额,为此,应在"库存现金"这一资产类账户借方登记 10 000 元,同时,在"银行存款"这一资产类账户贷方登记 10 000 元,"库存现金"和"银行存款"为对应账户。对于这一会计事项应编制的会计分录为:

借:库存现金 10 000
　　贷:银行存款 10 000

【例 4-2】 已到期的应付票据 250 000 元因无力支付转为应付账款。

这一事项的发生,使得公司的一项负债(应付账款)增加 250 000 元,同时,另一项负债(应付票据)等额减少 250 000 元。在借贷记账法下,负债类账户的结构是借方登记减少额,贷方登记增加额,为此,应在"应付票据"这一负债类账户借方登记 250 000 元,同时,在"应付账款"这一负债类账户贷方登记 250 000 元,"应付票据"和"应付账款"为对应账户。对于这一会计事项应编制的会计分录为:

借:应付票据   250 000
  贷:应付账款   250 000

【例 4-3】 经股东大会决议,将资本公积 800 000 元转为实收资本。

这一事项的发生,使得公司的一项所有者权益(实收资本)增加 800 000 元,同时,另一项所有者权益(资本公积)等额减少 800 000 元。在借贷记账法下,所有者权益类账户的结构与负债类账户的结构相同,借方登记减少额,贷方登记增加额,为此,应在"资本公积"这一所有者权益类账户借方登记 800 000 元,同时,在"实收资本"这一所有者权益类账户贷方登记 800 000 元,"资本公积"和"实收资本"为对应账户。对于这一会计事项应编制的会计分录为:

借:资本公积   800 000
  贷:实收资本   800 000

【例 4-4】 经股东大会决议,宣告向投资者分配利润 1 000 000 元。

这一事项的发生,使得公司的一项负债(应付股利)增加 1 000 000 元,同时,一项所有者权益(利润分配)等额减少 1 000 000 元。根据借贷记账法下所有者权益类和负债类账户的结构,借方登记减少额,贷方登记增加额,为此,应在"利润分配"这一所有者权益类账户借方登记 800 000 元,同时,在"应付股利"这一负债类账户贷方登记 800 000 元,"利润分配"和"应付股利"为对应账户。对于这一会计事项应编制的会计分录为:

借:利润分配   1 000 000
  贷:应付股利   1 000 000

【例 4-5】 经协商,将已发行的公司债券 1 000 000 元转为实收资本。

这一事项的发生,使得公司的一项负债(应付债券)减少 1 000 000 元,同时,一项所有者权益(实收资本)等额增加 1 000 000 元。根据借贷记账法下负债类和所有者权益类账户的结构,借方登记减少额,贷方登记增加额,为此,应在"应付债券"这一负债类账户借方登记 1 000 000 元,同时,在"实收资本"这一所有者权益类账户贷方登记 1 000 000 元,"应付债券"和"实收资本"为对应账户。对于这一会计事项应编制的会计分录为:

借:应付债券   1 000 000
  贷:实收资本   1 000 000

【例 4-6】 从银行借入期限为 3 个月的借款 500 000 元。

这一事项的发生,使得公司的一项资产(银行存款)增加 500 000 元,同时,一项负债(短期借款)等额增加 500 000 元。根据借贷记账法下资产类和负债类账户的结构,资产类账户的借方登记增加额,负债类账户的贷方登记增加额,为此,应在"银行存款"这一资产类账户借方登记 500 000 元,同时,在"短期借款"这一负债类账户贷方登记 500 000 元,"银行存款"和"短期借款"为对应账户。对于这一会计事项应编制的会计分录为:

借:银行存款 500 000
　　贷:短期借款 500 000

【例 4-7】 收到投资者作为投资投入的一台不需安装即可使用的机器设备,价值 280 000 元。

这一事项的发生,使得公司的一项资产(固定资产)增加 280 000 元,同时,一项所有者权益(实收资本)等额增加 280 000 元。根据借贷记账法下资产类和所有者权益类账户的结构,资产类账户的借方登记增加额,所有者权益类账户的贷方登记增加额,为此,应在"固定资产"这一资产类账户借方登记 280 000 元,同时,在"实收资本"这一所有者权益类账户贷方登记 280 000 元,"固定资产"和"实收资本"为对应账户。对于这一会计事项应编制的会计分录为:

借:固定资产 280 000
　　贷:实收资本 280 000

【例 4-8】 通过银行偿还前欠 250 000 元货款。

这一事项的发生,使得公司的一项资产(银行存款)减少 250 000 元,同时,一项负债(应付账款)等额减少 250 000 元。根据借贷记账法下资产类和负债类账户的结构,资产类账户的贷方登记减少额,负债类账户的借方登记减少额,为此,应在"应付账款"这一负债类账户借方登记 250 000 元,同时,在"银行存款"这一资产类账户贷方登记 250 000 元,"应付账款"和"银行存款"为对应账户。对于这一会计事项应编制的会计分录为:

借:应付账款 250 000
　　贷:银行存款 250 000

【例 4-9】 经股东大会决议,减少注册资本 2 000 000 元,通过银行向投资者退回其投入的资本。

这一事项的发生,使得公司的一项资产(银行存款)减少 2 000 000 元,同时,一项所有者权益(实收资本)等额减少 2 000 000 元。根据借贷记账法下资产类和所有者权益类账户的结构,资产类账户的贷方登记减少额,所有者权益类账户的借方登记减少额,为此,应在"实收资本"这一所有者权益类账户借方登记 2 000 000 元,同时,在"银行存款"这一资产类账户贷方登记 2 000 000 元,"实收资本"和"银行存款"为对应账户。对于这一会计事项应编制的会计分录为:

借:实收资本 2 000 000
　　贷:银行存款 2 000 000

【例 4-10】 销售产品,货款 1 300 000 元通过银行收讫。

这一事项的发生,使得公司的一项资产(银行存款)增加 1 300 000 元,同时,一项收入(主营业务收入)等额增加 1 300 000 元。根据借贷记账法下资产类和收入类账户的结构,资产类账户的借方登记增加额,收入类账户的贷方登记增加额,为此,应在"银行存款"这一资产类账户借方登记 1 300 000 元,同时,在"主营业务收入"这一收入类账户贷方登记 1 300 000 元,"银行存款"和"主营业务收入"为对应账户。对于这一会计事项应编制的会计分录为:

```
借:银行存款                                              1 300 000
    贷:主营业务收入                                          1 300 000
```

【例 4-11】 销售产品,价款共计 200 000 元,货款根据合同已在上期通过银行预先收取。

这一事项的发生,使得公司的一项负债(预收账款)减少 200 000 元,同时,一项收入(主营业务收入)等额增加 200 000 元。根据借贷记账法下负债类和收入类账户的结构,负债类账户的借方登记减少额,收入类账户的贷方登记增加额,为此,应在"预收账款"这一负债类账户借方登记 200 000 元,同时,在"主营业务收入"这一收入类账户贷方登记 200 000 元,"预收账款"和"主营业务收入"为对应账户。对于这一会计事项应编制的会计分录为:

```
借:预收账款                                              200 000
    贷:主营业务收入                                          200 000
```

【例 4-12】 通过银行支付公司行政管理部门的水电费 10 000 元。

这一事项的发生,使得公司的一项资产(银行存款)减少 10 000 元,同时,一项费用(管理费用)等额增加 10 000 元。根据借贷记账法下资产类和费用类账户的结构,资产类账户的贷方登记减少额,费用类账户的借方登记增加额,为此,应在"管理费用"这一费用类账户借方登记 10 000 元,同时,在"银行存款"这一资产类账户贷方登记 10 000 元,"管理费用"和"银行存款"为对应账户。对于这一会计事项应编制的会计分录为:

```
借:管理费用                                              10 000
    贷:银行存款                                              10 000
```

【例 4-13】 计提本月已发生但尚未支付的银行借款利息 15 000 元。

这一事项的发生,使得公司的一项负债(应付利息)增加 15 000 元,同时,一项费用(财务费用)等额增加 15 000 元。根据借贷记账法下负债类和费用类账户的结构,负债类账户的贷方登记增加额,费用类账户的借方登记增加额,为此,应在"财务费用"这一费用类账户借方登记 15 000 元,同时,在"应付利息"这一负债类账户贷方登记 15 000 元,"财务费用"和"应付利息"为对应账户。对于这一会计事项应编制的会计分录为:

```
借:财务费用                                              15 000
    贷:应付利息                                              15 000
```

上述所列举的有关腾飞公司的例题,涉及的都是两个会计要素项目的简单会计事项,编制的均为"一借一贷"的简单会计分录。当发生涉及三个或三个以上会计要素项目的复杂会计事项时,则需要编制"一借多贷"或"多借一贷",甚至"多借多贷"的会计分录,这类"一借多贷"或"多借一贷",甚至"多借多贷"的会计分录又称复合会计分录。复合会计分录的书写格式与简单分录的书写格式类似。如果是"一借多贷"的会计分录,将贷方科目文字左边对齐,数字右边对齐即可;如果是"多借一贷"的会计分录,将借方科目文字左边对齐,数字右边对齐即可;如果是"多借多贷"的会计分录,以此类推。以下所列举的有关腾飞公司的例题,涉及三个会计要素项目的复杂会计事项,编制的是"一借多贷"或"多借一贷"的复合会计分录。

【例 4-14】 购入一台不需安装即可使用的价值为 600 000 元的机器,同时,购入已经验收入库价值为 200 000 元的该台机器专用耗材,款项已通过银行付讫。

这一事项的发生,使得公司的两项资产(固定资产与原材料)分别增加 600 000 元和 200 000 元,同时,另一项资产(银行存款)减少 800 000 元。根据借贷记账法下资产类账户的结构,借方登记增加额,贷方登记减少额,为此,应在"固定资产""原材料"这两个资产类账户借方分别登记 600 000 元和 200 000 元,同时,在"银行存款"这一资产类账户贷方登记 800 000 元,"固定资产""原材料"和"银行存款"为对应账户。对于这一复杂会计事项应编制的复合会计分录为:

借:固定资产	600 000
原材料	200 000
贷:银行存款	800 000

【例 4-15】 销售产品,售价计 825 000 元,根据购销合同通过银行收到货款 800 000 元,余款尚未收到。

这一事项的发生,使得公司的两项资产(银行存款与应收账款)分别增加 800 000 元和 25 000 元,同时,一项收入(主营业务收入)增加 825 000 元。根据借贷记账法下资产类和收入类账户的结构,资产类账户借方登记增加额,收入类账户贷方登记增加额,为此,应在"银行存款""应收账款"这两个资产类账户借方分别登记 800 000 元和 25 000 元,同时,在"主营业务收入"这一收入类账户贷方登记 825 000 元,"银行存款""应收账款"和"主营业务收入"为对应账户。对于这一复杂会计事项应编制的复合会计分录为:

借:银行存款	800 000
应收账款	25 000
贷:主营业务收入	825 000

【例 4-16】 购入原材料并已验收入库,该批原材料价款 135 000 元,其中,按购销合同已通过银行支付货款 100 000 元,其余 35 000 元尚未支付。

这一事项的发生,使得公司的一项资产(原材料)增加 135 000 元,另一项资产(银行存款)减少 100 000 元,同时,一项负债(应付账款)增加 35 000 元。根据借贷记账法下资产类和负债类账户的结构,资产类账户借方登记增加额、贷方登记减少额,负债类账户贷方登记增加额,为此,应在"原材料"这一资产类账户借方登记135 000元,同时,在"银行存款"这一资产类、"应付账款"这一负债类账户贷方分别登记100 000元和35 000元,"原材料"和"银行存款""应付账款"为对应账户。对于这一复杂会计事项应编制的复合会计分录为:

借:原材料   135 000
 贷:银行存款   100 000
  应付账款   35 000

显然,根据复杂会计事项编制的复合会计分录可以拆解为简单会计事项而编制简单会计分录。例如[例4-16],可以分拆为"购入原材料并已验收入库,货款100 000元通过银行收讫"与"购入原材料并已验收入库,货款35 000元尚未支付"两项简单会计事项,从而编制如下两笔简单会计分录:

借:原材料   100 000
 贷:银行存款   100 000

借:原材料   35 000
 贷:应付账款   35 000

简单会计分录可以清晰、简明地反映账户之间的对应关系,但当某项会计事项较为复杂且涉及两个以上的账户时,如果对其编制多笔简单分录就会使记账手续变得较为繁琐。因此,在不影响账户对应关系的前提下,通常对复杂会计事项编制复合会计分录。复合会计分录能够集中反映某项会计事项的全貌,并能简化记账工作,提高工作效率,但缺陷是有时不能清晰、简明地反映账户之间的对应关系。"多借多贷"形式的复合会计分录,账户对应关系是不那么清晰的。在会计实务中,对于复杂会计事项通常根据具体情况决定应编制会计分录的类型,既要尽量避免编制账户对应关系不那么清晰的"多借多贷"的复合会计分录,又要避免人为地将一笔复合会计分录拆解为多笔简单会计分录。但对于同一时期发生的若干项内容不同的简单会计事项,不应为简化记账而编制成一笔复合会计分录。

(五)过账与结账

过账也称登账,是指根据审核无误的记账凭证,将本期每笔分录中注明的对应账户的借方发生额、贷方发生额以及日期、编号等内容随时或定期登记或抄录到相应分类账簿中开设的相应账户的过程。会计期末,本期所有会计分录过账完毕后,应予以结账,即计算出每一账户的本期借方发生额、贷方发生额和期末余额,以便为试算平衡和编制财务报表做好准备。

【例4-17】 假设腾飞公司20×1年12月31日有关账户的余额,如表4-4所示。20×2年1月除发生上述的16项会计事项外,还发生其他18项会计事项,这18项会计事项的摘要与会计分录,如表 4-5 所示。为简化起见,这里仅以"银行存款""应付账款"与"主营业务收入"账户为例,列示过账与结账情况,如图 4-11 至图 4-13 所示。同样方法可列示其他账户的过账与结账情况。

表 4-4   腾飞公司有关账户余额

20×1 年 12 月 31 日   单位:元

会计科目	余额		会计科目	余额	
	借方	贷方		借方	贷方
库存现金	4 000		短期借款		800 000
银行存款	2 582 000		应付票据		320 000
应收票据	300 000		应付账款		500 000
应收账款	250 000		预收账款		200 000
预付账款	275 000		应付职工薪酬		450 000
其他应收款	56 000		应交税费		80 000
原材料	553 000		应付利息		20 000
库存商品	2 600 000		长期借款		930 000
固定资产	5 865 000		应付债券		1 000 000
累计折旧		1 018 000	实收资本		3 000 000
无形资产	755 000		资本公积		2 000 000
累计摊销		302 000	盈余公积		800 000
			利润分配		1 820 000

表 4-5   会计事项摘要与会计分录

(腾飞公司 20×2 年 1 月发生的另 18 项会计事项)   单位:元

序号	摘要	会计分录	
(17)	结转领用生产产品材料成本	借:生产成本 贷:原材料	420 000 420 000
(18)	支付生产车间水电费	借:制造费用 贷:银行存款	96 000 96 000

(19)	计算分配应付职工薪酬	借:生产成本
		     制造费用
		     管理费用
		   贷:应付职工薪酬
			810 000
			70 000
			444 000
			1 324 000

(20)	支付职工薪酬	借:应付职工薪酬 贷:银行存款	450 000 450 000

（续表）

序号	摘要	会计分录	
（21）	计提固定资产折旧	借：制造费用 　　管理费用 　贷：累计折旧	32 000 20 000 52 000
（22）	摊销无形资产	借：管理费用 　贷：累计摊销	6 000 6 000
（23）	支付广告费用	借：销售费用 　贷：银行存款	95 000 95 000
（24）	计算应交税金及附加	借：税金及附加 　贷：应交税费	25 000 25 000
（25）	缴纳税金	借：应交税费 　贷：银行存款	86 000 86 000
（26）	接受捐赠	借：银行存款 　贷：营业外收入	15 000 15 000
（27）	支付罚款	借：营业外支出 　贷：银行存款	13 000 13 000
（28）	分配结转制造费用	借：生产成本 　贷：制造费用	198 000 198 000
（29）	结转完工入库产品成本（期初期末均无在产品）	借：库存商品 　贷：生产成本	1 428 000 1 428 000
（30）	结转销售产品成本	借：主营业务成本 　贷：库存商品	1 472 000 1 472 000
（31）	结转费用类账户	借：本年利润 　贷：主营业务成本 　　　税金及附加 　　　销售费用 　　　管理费用 　　　财务费用 　　　营业外支出	2 100 000 1 472 000 25 000 95 000 480 000 15 000 13 000
（32）	结转收入类账户	借：主营业务收入 　　营业外收入 　贷：本年利润	2 325 000 15 000 2 340 000
（33）	计算所得税费用	借：所得税费用 　贷：应交税费	60 000 60 000
（34）	结转所得税费用	借：本年利润 　贷：所得税费用	60 000 60 000

注：假设腾飞公司仅制造一种产品，且当月投产当月完工。

借方	银行存款		贷方
期初余额	2 582 000		
(6)	500 000	(1)	10 000
(10)	1 300 000	(8)	250 000
(15)	800 000	(9)	2 000 000
(26)	15 000	(12)	10 000
		(14)	800 000
		(16)	100 000
		(18)	96 000
		(20)	450 000
		(23)	95 000
		(25)	86 000
		(27)	13 000
本期发生额	2 615 000	本期发生额	3 910 000
期末余额	1 287 000		

图 4-11 "银行存款"账户的过账与结账

借方	应付账款		贷方
		期初余额	500 000
		(2)	250 000
(8)	250 000	(15)	35 000
本期发生额	250 000	本期发生额	285 000
		期末余额	535 000

图 4-12 "应付账款"账户的过账与结账

借方	主营业务收入		贷方
(32) 主营业务收入	2 325 000	(10)	1 300 000
		(11)	200 000
		(16)	825 000
本期发生额	2 325 000	本期发生额	2 325 000

图 4-13 "主营业务收入"账户的过账与结账

(六) 试算平衡

试算平衡,是指根据借贷记账法的记账规则和资产与权益(负债和所有者权益)的恒等原理,通过对所有账户的发生额和余额的汇总计算和比较,检查账户记录是否正确的一种方法。

1. 试算平衡的理论依据

借贷记账法下,资产类账户期末余额在借方,负债类和所有者权益类账户的期末余额在贷方。一定会计期间的会计事项全部入账并在期末结账后,资产总额=所有资产类账户期末借方余额之和,负债和所有者权益总额=所有负债类和所有者权益类账户期末贷方余额之和。依据静态会计等式"资产=负债+所有者权益"可以得出如下账户余额平衡关系式:

全部账户期初借方余额合计数=全部账户期初贷方余额合计数
全部账户期末借方余额合计数=全部账户期末贷方余额合计数

借贷记账法下,对于发生的每项会计事项都按照"有借必有贷、借贷必相等"的记账规则编制会计分录,并据以登记账户。本会计期间发生的所有会计事项全部登记入账后,必然累计反映在全部账户的"本期借方发生额""本期贷方发生额"中,由此可以推论出如下账户发生额平衡关系式:

全部账户本期借方发生额合计数=全部账户本期贷方发生额合计数

2. 试算平衡表的编制方法

通常通过编制试算平衡表检查本会计期间账户记录的正确性。试算平衡表由表头与正表两部分构成。表头注明名称、编制单位、编制期间、计量单位等内容;正表分"会计科目"栏以及"期初余额""本期发生额""期末余额"三栏金额栏,其中,"期初余额""本期发生额""期末余额"三栏中又分别设置"借方"栏与"贷方"栏。试算平衡表的格式,如表4-6所示。试算平衡表的编制方法为:

(1)填写表头。编制期间,一般按月编制;计量单位,一般是"元"。

(2)填写会计科目栏。"会计科目"栏一般按照资产类、负债类、所有者权益类、成本类、损益类的顺序逐一填写账户名称,即会计科目,也可以按照本企业账户的排列顺序填列。

(3)将账户有关结账记录过录到试算平衡表。将各账户的期初借方或贷方余额、本期借方发生额、本期贷方发生额、期末借方或贷方余额分别过录到试算平衡表相同的会计科目行对应的期初余额、本期发生额、期末余额栏次的"借方"栏或"贷方"栏中。

(4)计算各栏的合计数。分别计算期初余额"借方"栏与"贷方"栏合计数、本期发生额"借方"栏与"贷方"栏合计数、期末余额"借方"栏与"贷方"栏合计数,并填写在"合计"行对应的栏次中。

(5)试算平衡的结果。如果试算平衡表中的期初余额"借方"栏合计数等于"贷方"栏合计数、本期发生额"借方"栏合计数等于"贷方"栏合计数、期末余额"借方"栏合计数等于"贷方"栏合计数,称为试算平衡。

【**例4-18**】 根据假设的腾飞公司20×1年12月31日有关账户的余额以及20×2年

1月发生的会计事项记载于记账凭证的会计分录,在所有账户过账与结账后,编制的20×2年1月试算平衡表,如表4-6所示。

表4-6　　　　　　　　　　　　　　　　　**试算平衡表**

编制单位:腾飞公司　　　　　　　　　　　20×2年1月　　　　　　　　　　　单位:元

会计科目	期初余额		本期发生额		期末余额	
	借方	贷方	借方	贷方	借方	贷方
库存现金	4 000		10 000		14 000	
银行存款	2 582 000		2 615 000	3 910 000	1 287 000	
应收票据	300 000				300 000	
应收账款	250 000		25 000		275 000	
预付账款	275 000				275 000	
其他应收款	56 000				56 000	
原材料	553 000		335 000	420 000	468 000	
库存商品	2 600 000		1 428 000	1 472 000	2 556 000	
固定资产	5 865 000		880 000		6 745 000	
累计折旧		1 018 000		52 000		1 070 000
无形资产	755 000				755 000	
累计摊销		302 000		6 000		308 000
短期借款		800 000		500 000		1 300 000
应付票据		320 000	250 000			70 000
应付账款		500 000	250 000	285 000		535 000
预收账款		200 000	200 000			
应付股利				1 000 000		1 000 000
应付职工薪酬		450 000	450 000	1 324 000		1 324 000
应交税费		80 000	86 000	85 000		79 000
应付利息		20 000		15 000		35 000
长期借款		930 000				930 000
应付债券		1 000 000	1 000 000			
实收资本		3 000 000	2 000 000	2 080 000		3 080 000
资本公积		2 000 000	800 000			1 200 000
盈余公积		800 000				800 000
本年利润			2 160 000	2 340 000		180 000
利润分配		1 820 000	1 000 000			820 000

（续表）

会计科目	期初余额		本期发生额		期末余额	
	借方	贷方	借方	贷方	借方	贷方
生产成本			1 428 000	1 428 000		
制造费用			198 000	198 000		
主营业务收入			2 325 000	2 325 000		
营业外收入			15 000	15 000		
主营业务成本			1 472 000	1 472 000		
税金及附加			25 000	25 000		
销售费用			95 000	95 000		
管理费用			480 000	480 000		
财务费用			15 000	15 000		
营业外支出			13 000	13 000		
所得税费用			60 000	60 000		
合计	13 240 000	13 240 000	19 615 000	19 615 000	12 731 000	12 731 000

试算平衡表如果呈现出不平衡情况,说明编制的会计分录或账户登记一定存在错误,这时应仔细查找原因并及时予以更正。常见的错误有:编制的会计分录的借贷方金额不平衡,漏过或重过某些账户的期初余额或者借方、贷方金额,将某一账户的方向或者金额转录错误,加总计算合计数出错等。

应该注意,试算平衡表即使呈现出平衡情况,也不一定说明本期账户记录完全正确,因为一些错误并不影响试算结果的平衡性。例如,对于发生的会计事项漏编或重复编制会计分录,编制会计分录时借贷方向颠倒,会计分录在账户中漏过或重复过账,借贷方向颠倒过账,在同类账户中串户过账,错记金额正好相互抵销等。

第三节　账户的平行登记

为了提供完整而系统的会计信息,通常设置总分类账户和明细分类账户对发生的会计事项进行总分类核算与明细分类核算,并且在总分类账户和明细分类账户中进行平行登记,以使总分类账簿与明细分类账簿的记录对应一致。

一、总分类账户与明细分类账户的关系

总分类账户简称总账,是按照总分类会计科目开设,用于提供综合会计核算信息的账户;明细分类账户简称明细账,是按照明细分类科目开设,用于提供详细会计核算信息的账

户。总分类账户与所属明细分类账户之间具有统驭与从属的关系,具体而言,总分类账户是所属明细分类账户的统驭账户,对所属明细分类账户起着控制作用;明细分类账户是特定总分类账户的从属账户,对所隶属的总分类账户起着补充说明的作用。总分类账户与所属明细分类账户核算的经济内容相同,只是提供会计信息的详细程度不同。通常对于发生的会计事项在总分类账户与所属明细分类账户上进行平行登记,以使总分类账户与所属明细分类账户两类账户所提供的会计核算信息相互补充,相互对应。

二、总分类账户与明细分类账户平行登记的规则

平行登记,是指对发生的每一项会计事项,都以会计凭证为依据,在同一会计期间内,既登记相关的总分类账户,又登记总分类账户所属的明细分类账户的方法。

对于发生的会计事项,在总分类账户与所属明细分类账户上进行平行登记的规则为:

(1)以相同的依据进行登记。对于同一项会计事项,应根据填制的同一会计凭证既登记相关的总分类账户,又登记所属的明细分类账户。

(2)按相同的方向进行登记。对于同一项会计事项,登记所属明细分类账户的借或贷方向应与登记相关总分类账户的借或贷方向一致,即总分类账户登记在借方,所属明细分类账户也应登记在借方;总分类账户登记在贷方,所属各明细分类账户也应登记在贷方。

(3)按相等的金额进行登记。对于同一项会计事项,登记在相关总分类账户上的金额应与登记在所属明细分类账户上的金额之和相等。

(4)在相同的期间进行登记。对于同一项会计事项,应登记在同一期间内的相关总分类账户与所属的明细分类账户中。

【例 4-19】 腾飞公司 20×2 年 2 月 1 日"原材料"总分类账户及其所属的明细分类账户的期初余额,如表 4-8 至表 4-10 所示的"期初余额"。腾飞公司在 2 月发生下列有关采购与领用原材料的事项(不考虑增值税):

(1)2 日,向甲公司购入 A 材料 5 000 千克,单价 10 元,计 50 000 元;B 材料 1 000 千克,单价 300 元,计 300 000 元,材料已验收入库,货款尚未支付。

(2)12 日,生产产品领用 A 材料 10 000 千克,单位成本 10 元,计 100 000 元;领用 B 材料 1 000 千克,单位成本 300 元,计 300 000 元。仓库已发出材料。

(3)20 日,向乙公司购入 A 材料 4 000 千克,单价 10 元,计 40 000 元;购入 B 材料 500 千克,单价 300 元,计 150 000 元,材料已验收入库,货款已通过银行付讫。

对腾飞公司发生的上述有关原材料会计事项编制会计分录并记载在记账凭证上的信息汇总,如表 4-7 所示。

表 4-7 记账凭证摘要与会计分录

序号	日期(日/月)	摘要	会计分录	
(1)	2/2	购入材料,款未付	借:原材料——A 材料 　　　　——B 材料 　贷:应付账款—甲公司	50 000 300 000 350 000
(2)	12/2	生产产品,领用材料	借:生产成本 　贷:原材料——A 材料 　　　　——B 材料	400 000 100 000 300 000
(3)	20/2	购入材料,款已付	借:原材料——A 材料 　　　　——B 材料 　贷:银行存款	40 000 150 000 190 000

根据上述记载于记账凭证上的摘要与会计分录,采用平行登记方法登记"原材料"总分类账户及其所属的明细分类账户①,登记结果如表 4-8 至表 4-10 所示。

表 4-8 总分类账

会计科目:原材料

20×1年		凭证		摘要	借方	贷方	借或贷	余额
月	日	字	号					
2	1			期初余额			借	468 000
	2	(略)	(略)	购入材料,款未付	350 000			
	12			生产产品,领用材料		400 000		
	20			购入材料,款已付	190 000			
	28			本期发生额及期末余额	540 000	400 000	借	608 000

注:"本期发生额及期末余额(或本月合计)"栏上、下两条加粗线,表示红线;波纹线表示账页省略。

表 4-9 原材料明细分类账

明细科目:A 材料　　　　　　　　　　　　　　　　　　　　　　　计量单位:千克,金额单位:元

20×1年		凭证		摘要	收入			发出			结存		
月	日	字	号		数量	单价	金额	数量	单价	金额	数量	单价	金额
2	1			期初余额							16 800	10	168 000
	2	(略)	(略)	购入材料,款未付	5 000	10	50 000				21 800	10	218 000
	12	(略)	(略)	生产产品,领用材料				10 000	10	100 000	11 800	10	118 000
	20	(略)	(略)	购入材料,款已付	4 000	10	40 000				15 800	10	158 000

①　明细分类账尚需依据记账凭证所附的原始凭证进行登记。

（续表）

20×1年		凭证		摘要	收入			发出			结存		
月	日	字	号		数量	单价	金额	数量	单价	金额	数量	单价	金额
	28			本期发生额及期末余额	9 000	10	90 000	10 000	10	100 000	15 800	10	158 000

表 4-10　　　　　　　　　　　　　　　原材料明细分类账

明细科目：B 材料　　　　　　　　　　　　　　　　　　　　计量单位：千克，金额单位：元

20×1年		凭证		摘要	收入			发出			结存		
月	日	字	号		数量	单价	金额	数量	单价	金额	数量	单价	金额
2	1			期初余额							1 000	300	300 000
	2	(略)	(略)	购入材料，款未付	1 000	300	300 000				2 000	300	600 000
	12	(略)	(略)	生产产品，领用材料				1 000	300	300 000	1 000	300	300 000
	20	(略)	(略)	购入材料，款已付	500	300	150 000				1 500	300	450 000
	28			本期发生额及期末余额	1 500	300	450 000	1 000	300	300 000	1 500	300	450 000

上述总分类账户和明细分类账户平行登记的对应关系，若采用 T 型账户的简化形式，则如图 4-14 至图 4-16 所示。

借方	原材料		贷方
期初余额	468 000		
1/2　购入	350 000	12/2　领用	400 000
20/2　购入	190 000		
本期借方发生额合计	540 000	本期贷方发生额合计	400 000
期末余额	608 000		

图 4-14　"原材料"总账

借方	原材料——A 材料		贷方
期初余额	168 000		
1/2　购入	50 000	12/2　领用	100 000
20/2　购入	40 000		
本期借方发生额合计	90 000	本期贷方发生额合计	100 000
期末余额	158 000		

图 4-15　"原材料——A 材料"明细账

借方	原材料——B材料		贷方
期初余额	300 000		
1/2 购入	300 000	12/2 领用	300 000
20/2 购入	150 000		
本期借方发生额合计	450 000	本期贷方发生额合计	300 000
期末余额	450 000		

图4-16 "原材料——B材料"明细账

三、总分类账户与明细分类账户平行登记结果的对照

总分类账与明细分类账的平行登记,使得总分类账与所属的明细账之间形成了一定的对应关系,这种对应关系可用等式表示为:

总分类账户期初借方(或贷方)余额=所属明细分类账户期初借方(或贷方)余额之和

总分类账户本期借方(或贷方)发生额=所属明细分类账户本期借方(或贷方)发生额之和

总分类账户期末借方(或贷方)余额=所属明细分类账户期末借方(或贷方)余额之和

通常通过编制如表4-11所示的"总分类账户与明细分类账户平行登记结果对照表"来检查总分类账户与其所属明细账户登记结果的正确性。"总分类账户与明细分类账户平行登记结果对照表"的编制方法为:

(1)将总分类账户所属明细分类账户名称填写在"明细账户"栏。

(2)将各个明细分类账户的"期初余额""本期借方发生额""本期贷方发生额""期末余额"分别过录到如表4-11所示的各"明细账户"相对应的栏次。

(3)将总分类账户的"期初余额""本期借方发生额""本期贷方发生额""期末余额"分别过录到如表4-11所示的"合计"行相对应的栏次。

(4)检查每一栏次中"明细账户"金额合计数是否与"合计"行金额相等。如果每一栏次核对相符,说明总分类账户与其所属的明细分类账户的记录正确;如果不符,则需查明原因并按规则对相关账户记录予以更正。

【例4-20】 承[例4-19],依据腾飞公司20×2年2月原材料总账与A材料、B材料明细分类账,编制"总分类账户与明细分类账户平行登记结果对照表"核对总分类账户及其所属明细分类账户平行登记结果的正确性,如表4-11所示。

表4-11 原材料总分类账与明细分类账平行登记结果对照表

20×2年2月　　　　　　　　　　　　　　　　　　单位:元

明细科目	期初余额		本期发生额		期末余额	
	借方	贷方	借方	贷方	借方	贷方
A材料	168 000		90 000	100 000	158 000	

（续表）

明细科目	期初余额		本期发生额		期末余额	
	借方	贷方	借方	贷方	借方	贷方
B材料	300 000		450 000	300 000	450 000	
合计（原材料总分类科目）	468 000		540 000	400 000	608 000	

需要说明的是，总分类账户和明细分类账户平行登记的依据虽然相同，但记账人员与账务处理程序并不一定相同。因此，为了做到账账相符，保证会计信息的准确性，应定期对总分类账户和明细分类账户中登记的金额以及其他内容进行核对。

第四节　账户按用途与结构的分类

在会计核算工作中，为了明确各类账户在会计核算中所起的作用、账户在记账中的运用以及应提供的会计信息，通常结合借贷记账法的记账特点，在对账户按经济内容分类的基础上，进一步按用途和结构进行分类。

账户的用途，是指设置和运用账户的目的是什么，即通过账户记录能够提供什么核算指标；账户的结构，是指在账户中如何记录会计事项与提供核算指标，即账户的借方登记什么，贷方登记什么，期末是否有余额，若有余额是借方余额还是贷方余额，反映了什么内容。

这里主要阐述盘存、资本、结算、备抵调整、集合分配、成本计算、跨期摊配、汇转、财务成果和暂记等十类按用途和结构分类的账户。

一、盘存类账户

盘存类账户是用于核算企业货币资金或实物资产的增减变动及其结存情况的账户。账户的借方登记货币资金或实物资产的增加额，贷方登记货币资金或实物资产的减少额；期末余额在借方，反映货币资金或实物资产的结存额。盘存类账户在经济内容上属于资产类账户，账户结构如图4-17所示。

借方	盘存类账户	贷方	
期初余额：	货币资金或实物资产期初结存额		
本期发生额：	货币资金或实物资产本期增加额	本期发生额：	货币资金或实物资产本期减少额
期末余额：	货币资金或实物资产期末结存额		

图4-17　盘存类账户结构

盘存类账户具有如下主要特点：

（1）所核算的货币资金或实物资产通常能够通过实地盘点的方法确定其实际结存额，并与账面结存额相核对，以保证账实相符。

（2）实物资产盘存类账户应同时按照实物数量和金额进行明细分类核算。

（3）期末应为借方余额，表示货币资金或实物资产的期末实际结存额。

常用的盘存类账户有"库存现金""银行存款""原材料""库存商品""固定资产"等账户。

二、资本类账户

资本类账户是用于核算投资者投入企业资本及资本增值的增减变动及其结存情况的账户。账户的贷方登记投入资本及资本增值的增加额，借方登记投入资本及资本增值的减少额；期末余额在贷方，反映投入资本及资本增值的结存额。资本类账户在经济内容上属于所有者权益类账户，账户结构如图 4-18 所示。

借方	资本类账户		贷方
		期初余额：	投入资本及资本增值期初结存额
本期发生额：	投入资本及资本增值本期减少额	本期发生额：	投入资本及资本增值本期增加额
		期末余额：	投入资本及资本增值期末结存额

图 4-18　资本类账户结构

资本类账户具有如下主要特点：

（1）反映企业的实收资本、资本溢价以及从净利润中提取的盈余公积等情况，从而在一定程度上表明企业的经营规模和持续经营能力。

（2）明细分类核算只按金额进行。

（3）期末应为贷方余额，表示投入资本及资本增值的期末实际结存额。

属于资本类账户的有"实收资本""资本公积""盈余公积"等账户。将"盈余公积"账户归入资本类账户的原因在于盈余公积是企业各期利润中留存的部分，也即企业运用资本从事生产经营活动而获得的增值部分，其最终所有权属于企业所有者，本质上也是企业所有者对企业的投资。

三、结算类账户

结算类账户是用于核算企业与各个单位或个人之间债权或债务结算情况的账户。按照账户的具体用途和结构，结算类账户又可分为债权结算、债务结算和债权债务结算三类账户。

1. 债权结算类账户

债权结算类账户是用于核算企业与各个债务单位或个人之间的债权结算情况的账户。账户的借方登记债权的增加额,贷方登记债权的减少额;期末余额一般在借方,表示尚未收回的债权实有额。债权结算类账户在经济内容上属于资产类账户,账户结构如图4-19所示。

借方	债权结算类账户		贷方
期初余额:	尚未收回债权 期初实有额		
本期发生额:	债权本期增加额	本期发生额:	债权本期减少额
期末余额:	尚未收回债权 期末实有额		

图 4-19　债权结算类账户结构

常用的债权结算类账户有"应收票据""应收账款""预付账款""其他应收款""长期应收款"等账户。

2. 债务结算类账户

债务结算类账户是用于核算企业与各个债权单位或个人之间的债务结算情况的账户。账户的贷方登记债务的增加额,借方登记债务的减少额;期末余额一般在贷方,表示尚未偿付的债务实有额。债务结算类账户在经济内容上属于负债类账户,账户结构如图4-20所示。

借方	债务结算类账户		贷方
		期初余额:	尚未偿还债务 期初实有额
本期发生额:	债务本期减少额	本期发生额:	债务本期增加额
		期末余额:	尚未偿还债务 期末实有额

图 4-20　债务结算类账户结构

常用的债务结算类账户有"短期借款""应付票据""应付账款""预收账款""应付职工薪酬""应交税费""应付利息""应付股利""其他应付款""长期借款""应付债券""长期应付款"等账户。

3. 债权债务结算类账户

债权债务结算类账户是用于核算企业与各个债务、债权单位或个人之间的债权、债务结算情况的账户。在实务中,企业与一些业务往来频繁的单位或个人经常会发生结算角色转换,有时属于债权人的角色,有时则属于债务人的角色。为了简化核算手续,减少账户的使用,在借贷记账法下可以设置同时具有债权债务双重性质的结算账户,在同一账户中核算本企业与这些业务往来频繁的单位或个人的债权、债务的结算情况,期末根据账户余额的方向来确定其反映的内容是债权还是债务。

债权债务结算类账户的借方登记债权的增加额或债务的减少额,贷方登记债务的增加额或债权的减少额。期末余额若在借方,反映为尚未收回债权数额大于尚未偿付债务数额的净债权;期末余额若在贷方,则反映为尚未偿付债务数额大于尚未收回债权数额的净债务。债权债务结算类账户结构,如图 4-21 所示。

借方	债权债务结算类账户		贷方
期初余额:	期初债权数额大于债务数额的净债权	期初余额:	期初债务数额大于债权数额的净债务
本期发生额:	债权本期增加额或债务本期减少额	本期发生额:	债务本期增加额或债权本期减少额
期末余额:	期末债权数额大于债务数额的净债权	期末余额:	期末债务数额大于债权数额的净债务

图 4-21 债权债务结算类账户结构

在实务中,如果企业不单独设置"预收账款"账户,预收账款通过"应收账款"账户核算,这时,"应收账款"账户同时核算企业销售产品或者提供劳务的应收款项和预收款项,则属于债权债务结算类账户。同样地,如果企业不单独设置"预付账款"账户,预付账款通过"应付账款"账户核算,这时,"应付账款"账户同时核算购进原材料的应付账款和预付账款,也属于债权债务结算类账户。

结算类账户具有如下主要特点:

(1)企业发生的债权或债务都应具有具体的结算对象,应按每个债权、债务单位或个人设置明细账进行明细核算。

(2)明细分类核算仅按金额进行。

(3)总分类账户的期末余额仅表示债权与债务相抵以后的差额,并不反映企业期末具体的债权数额与债务数额,不能以此填列资产负债表的有关项目。

(4)期末应分别计算和汇总所属明细分类账户的期末借方余额和贷方余额,以此分别确定企业期末的债权数额和债务数额,并将其分别在资产负债表左方和右方的有关项目中进行反映。

四、备抵调整类账户

备抵调整类账户是用于抵减被调整账户余额,以确定调整后被调整账户所反映的被调整对象的实际余额的账户。备抵调整类账户采用被调整账户与调整账户余额相减的调整方式,为此,调整账户的余额与被调整账户的余额在方向上相反。如果被调整账户是借方余额,备抵调整账户则是贷方余额;如果被调整账户是贷方余额,备抵调整账户则是借方余额。被调整账户与备抵调整账户的余额调整关系可表示为：

$$被调整账户余额-备抵调整账户余额=被调整账户反映的被调整对象的实际余额$$

常用的备抵调整类账户是资产备抵调整账户，被调整资产账户与资产备抵调整账户的结构，如图 4-22 所示。

借方	被调整资产账户		贷方
期初余额：	某项资产原始价值 期初余额		
本期发生额：	该项资产原始价值 本期增加额	本期发生额：	该项资产原始价值 本期减少额
期末余额：	该项资产原始价值 期末余额		

借方	资产备抵调整账户		贷方
		期初余额：	某项资产期初累计 抵减余额
本期发生额：	该项资产本期减少 的抵减额	本期发生额：	该项资产本期增加 的抵减额
		期末余额：	某项资产期末累计 抵减余额

图 4-22 被调整资产账户与资产备抵调整账户的结构

属于资产备抵调整类账户的有"累计折旧""累计摊销""坏账准备""存货跌价准备"等账户。通常，企业通过设置"固定资产""无形资产"账户反映固定资产、无形资产的原价，设置"累计折旧""累计摊销"账户作为"固定资产""无形资产"的备抵调整账户反映固定资产、无形资产已计提的累计折旧额、摊销额，通过备抵调整关系反映固定资产、无形资产的净值；设置"坏账准备""存货跌价准备"等资产减值准备账户作为备抵调整账户，用来抵减"应收账款""原材料"等资产账户的余额，以反映应收账款、原材料等资产的实际价值。

【例 4-21】 前述腾飞公司 20×2 年 1 月 1 日"固定资产"账户与"累计折旧"账户的余额分别为 5 865 000 元与 1 018 000 元；1 月收到投资者作为投资投入固定资产280 000 元，购入固定资产 600 000 元，计提固定资产折旧 52 000 元。这 3 笔业务发生后，被调整账户"固定资产"与备抵调整账户"累计折旧"之间的关系用"T"型账户表示，如图 4-23 所示。

备抵调整类账户具有如下主要特点：

（1）备抵调整账户因被调整账户的存在而存在，一个备抵调整账户必然有一个与之相对应的被调整账户。

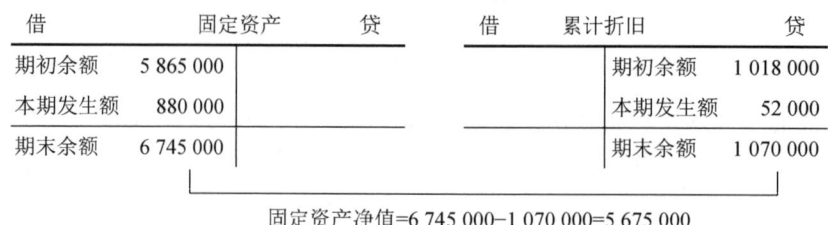

固定资产净值=6 745 000－1 070 000=5 675 000

图 4-23　被调整账户"固定资产"与备抵调整账户"累计折旧"之间的关系

（2）备抵调整账户与被调整账户所反映的对象相同，被调整账户反映被调整对象的原始数额，备抵调整账户反映对被调整对象原始数额的调整数额，以确定被调整对象的实际数额。

（3）备抵调整账户与被调整账户的结构相反。

五、集合分配类账户

集合分配类账户是用于汇集企业在生产经营过程中某一阶段所发生的相关间接费用，并按照一定的标准在相应的成本计算对象中进行分配结转的账户。账户的借方登记归集发生的各项费用额，贷方登记分配转出的费用额；归集在账户借方的费用在当期应当全部分配结转完毕后期末无余额。集合分配类账户结构，如图 4-24 所示。

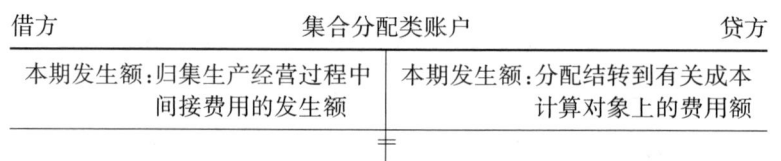

图 4-24　集合分配类账户结构

集合分配类账户具有如下主要特点：

（1）账户具有集合与分配双重作用，借方起归集作用，贷方起分配作用。

（2）按单位或部门设置明细分类账，并按费用项目设置专栏进行明细分类核算，且明细分类核算只按金额进行。

（3）属于一种过渡性的账户，对于在生产经营过程中某一阶段所发生的相关间接费用先进行归集，然后进行分配，分配结转之后期末无余额。

属于集合分配类账户的有"制造费用"账户，借方归集生产部门或车间发生的固定资产折旧、管理人员的薪酬等各类间接生产费用，贷方登记期末将借方归集的间接生产费用按一定标准分配结转受益的各成本计算对象。

六、成本计算类账户

成本计算类账户是用于核算企业在生产经营过程中某一阶段所发生的全部费用，并确定各个成本计算对象实际成本的账户。账户的借方登记生产经营过程中某一阶段某一成本计算对象发生的全部费用额,贷方登记结转该阶段已完工的某一成本计算对象的实际成本;期末通常为借方余额,反映该阶段尚未完工的某一成本计算对象的实际成本。成本计算类账户结构,如图 4-25 所示。

借方	成本计算类账户		贷方
期初余额: 成本计算对象期初尚未完工的实际成本			
本期发生额: 本期发生应由成本计算对象承担的费用额		本期发生额: 结转本期已完工的成本计算对象的实际成本	
期末余额: 成本计算对象期末尚未完工的实际成本			

图 4-25　成本计算类账户结构

成本计算类账户具有如下主要特点:

(1) 按照各个成本计算对象设置明细分类账,并按成本项目设置专栏进行明细分类核算。

(2) 明细分类核算同时提供金额指标与实物指标。

(3) 期末若有余额,表示尚未完成某一过程的成本计算对象的实际成本。例如,"在途物资"账户的期末余额表示尚未入库的在途材料等的实际成本,"生产成本"账户的期末余额表示尚未完工的在产品的实际成本。显然,成本计算类账户期末若有余额,反映出盘存类账户的特点,应作为资产填列在资产负债表的"存货"项目中。

七、跨期摊配类账户

跨期摊配类账户是用于核算根据权责发生制将应当由若干会计期间共同负担的费用在各个会计期间进行摊销或预提的账户。账户的借方登记已经支付的费用数额,贷方登记摊销或预提的费用数额。期末若为借方余额,反映为已经支付但尚未摊销的费用数额;若为贷方余额,反映为已经预提但尚未支付的费用数额。跨期摊配类账户结构,如图 4-26 所示。

借方	跨期摊配类账户		贷方
期初余额: 期初已经支付但尚未摊销的费用数额		期初余额: 期初已经预提但尚未支付的费用数额	
本期发生额:本期实际支付的各项费用数额		本期发生额:本期摊销或预提的费用数额	
期末余额: 期末已经支付但尚未摊销的费用数额		期末余额: 期末已经预提但尚未支付的费用数额	

图 4-26　跨期摊配类账户结构

跨期摊配类账户具有如下主要特点：

（1）以权责发生制为基础，将支付期与受益期不在同一会计期间的费用进行摊配，以正确确定各期损益。

（2）按照具体的跨期摊配费用项目设置明细账进行明细分类核算，并且明细分类核算仅需按金额进行。

（3）当核算的某项费用的支出期先于受益期时，期末余额一般在借方，反映出资产类账户的结构特征；当核算的某项费用受益期先于支出期时，期末余额一般在贷方，反映出负债类账户的结构特征。

属于跨期摊配类账户的主要有"长期待摊费用"账户。"长期待摊费用"账户用于核算已经发生或者支付，但应由本期和以后各期负担且期限在1年以上的各项费用，期末借方余额反映为已经发生或者支付，但尚未摊销的长期待摊费用。

"应付利息"账户用于核算企业因借入款项而按合同约定应支付，但尚未支付的利息费用，也具有跨期摊配账户的结构特征。

八、汇转类账户

汇转类账户也称集合汇转类账户，是用于核算归集某一会计期间所发生的各项收入或者费用并在期末予以汇总结转的账户。按归集汇转的内容不同，汇转类账户又可分为收入汇转类和费用汇转类两类账户。

1. 收入汇转类账户

收入汇转类账户是用于核算归集某一会计期间的各项收入并在期末予以汇总结转的账户。账户的贷方登记归集在本期实现的各项收入额，借方登记期末汇总结转至"本年利润"账户的收入额；期末将归集的收入额汇总结转后无余额。收入汇转类账户结构，如图4-27所示。

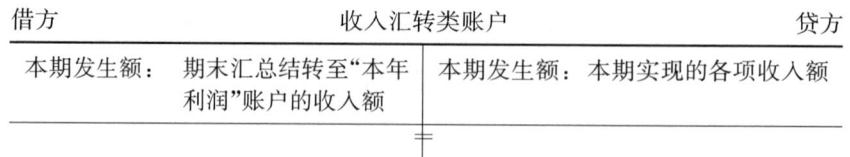

借方	收入汇转类账户	贷方
本期发生额：期末汇总结转至"本年利润"账户的收入额	本期发生额：本期实现的各项收入额	

图4-27 收入汇转类账户结构

属于收入汇转类账户的主要有"主营业务收入""其他业务收入""其他收益""投资收益""营业外收入"等账户。

2. 费用汇转类账户

费用汇转类账户是用于核算归集某一会计期间的各项费用并在期末予以汇总结转的账户。账户的借方登记归集在本期发生的各项费用额，贷方登记期末汇总结转至"本年利润"账户的费用额；期末将归集的费用额汇总结转后无余额。费用汇转类账户结构，如

图 4-28 所示。

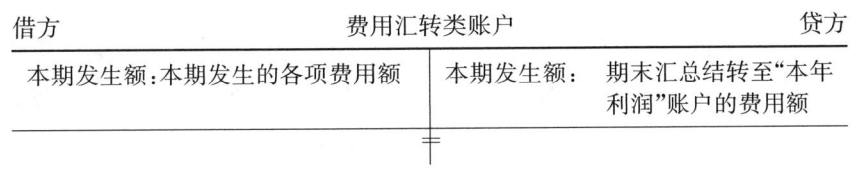

借方	费用汇转类账户	贷方
本期发生额:本期发生的各项费用额	本期发生额:	期末汇总结转至"本年利润"账户的费用额

图 4-28　费用汇转类账户结构

属于费用汇转类账户的主要有"主营业务成本""其他业务成本""税金及附加""销售费用""管理费用""财务费用""信用减值损失""资产减值损失""营业外支出""所得税费用"等账户。

汇转类账户具有如下主要特点:

(1)账户一方进行归集,另一方在期末予以汇总结转,结转后无余额。

(2)按业务内容或项目设置明细分类账进行明细分类核算,并且明细分类核算仅需按金额进行。

九、财务成果类账户

财务成果类账户是用于核算企业在一定会计期间全部经营活动形成最终成果的账户。在我国会计实务中设置"本年利润"账户核算财务成果,账户的贷方登记由收入汇转类账户转入的各项收入额,借方登记由费用汇转类账户转入的各项费用额。1~11月,期末余额若在贷方,表示截至本月止本年累计实现的净利润额;若在借方,表示截至本月止本年累计发生的净亏损额;年终时将实现的净利润额或者发生的净亏损额结转"利润分配"账户,结转后账户应无余额。"本年利润"这一财务成果类账户结构,如图 4-29 所示。

借方	财务成果类账户("本年利润"账户)	贷方
期初余额:期初累计发生的净亏损额		期初余额:期初累计实现的净利润额
本期发生额:		本期发生额:
(1~11月)	本期转入的各项费用额	(1~11月)　本期转入的各项收入额
(12月)　本期转入的各项费用额或结转全年累计实现的净利润额		(12月)　本期转入的各项收入额或结转全年累计发生的净亏损额
期末余额:年内(1~11月)累计发生的净亏损额		期末余额:年内(1~11月)累计实现的净利润额

图 4-29　财务成果类账户("本年利润"账户)结构

财务成果类账户具有如下主要特点:

(1)每年 1~11 月各月月末,账户余额表示企业自本年年初起至本月月末累计实现的净利润额或者发生的净亏损额,反映出具有所有者权益类账户的结构特点。

(2)年度终了结转当年实现的净利润额或者发生的净亏损额后账户无余额。

十、暂记类账户

暂记类账户是用于核算需要经过一定的程序才能转销,或者暂时不能确定如何转销的业务的账户。在我国会计实务中设置"待处理财产损溢"这一暂记类账户,核算企业在财产清查中发现的盘盈、盘亏或毁损在查明原因之前暂时运用以保证账实相符,在查明原因报经批准后予以转销的事项。"待处理财产损溢"账户的借方登记发生的待处理财产盘亏或毁损额以及经批准转销的待处理财产盘盈额,贷方登记发生的待处理财产盘盈额以及经批准转销的待处理财产盘亏或毁损额。对于财产清查中发现的各种财产损溢,应查明原因,并在期末结账前处理完毕,因此,期末账户通常无余额。"待处理财产损溢"这一暂记类账户结构,如图 4-30 所示。

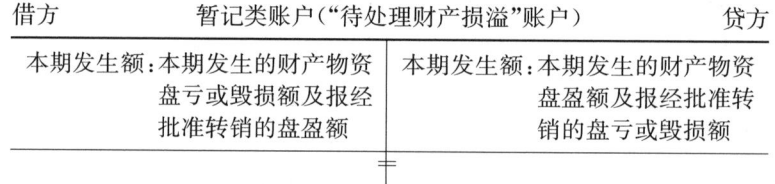

借方	暂记类账户("待处理财产损溢"账户)	贷方
本期发生额:本期发生的财产物资盘亏或毁损额及报经批准转销的盘盈额		本期发生额:本期发生的财产物资盘盈额及报经批准转销的盘亏或毁损额

图 4-30　暂记类账户("待处理财产损溢"账户)结构

暂记类账户具有如下主要特点:

(1)属于一种临时性过渡账户。当财产物资发生盘亏或毁损时在借方暂记,查明原因并报经批准后在贷方予以转销;当财产物资发生盘盈时在贷方暂记,查明原因并报经批准后在借方予以转销。

(2)明细分类核算应按盘盈、盘亏或毁损的财产种类和项目进行,并应同时按照实物单位和金额进行明细分类核算。

(3)具有资产类账户与负债类账户结构上的双重特性。对于发生的财产损溢应于期末结账前查明原因并经批准后予以转销处理,处理后账户无余额。若期末有余额,借方余额反映为尚未批准转销的盘亏或毁损数超出盘盈数的差额,体现了资产类账户的结构特征;贷方余额反映为尚未批准转销的盘盈数超出盘亏或毁损数的差额,体现了负债类账户的结构特征。

本章要点概览

1. 会计科目是对会计要素进行分类核算的具体项目,账户是具有一定格式和结构用于记录会计事项的一种工具。为了分门别类地提供会计核算信息,需要设置会计科目,并依据会计科目开设的账户,记录企业发生的会计事项所引起的会计要素的增减变动情况及其变动结果。

2. 记账方法经历了由单式记账法到复式记账法的演进过程。复式记账法是以会计等式为理论依据建立的一种记账方法,对发生的会计事项按相等的金额同时在两个或两个以上相关账户中进行登记,账户记录能够反映会计事项的来龙去脉。

3. 借贷记账法以"借""贷"作为记账符号,以"有借必有贷,借贷必相等"作为记账规则的一种复式记账法。在借贷记账法下,如何进行记账取决于账户的内容或性质。对于资产类账户,在借方登记增加额,在贷方登记减少额;对于负债类、所有者权益类账户,在贷方登记增加额,在借方登记减少额。成本类、费用类账户的记账类似于资产类账户;收入类账户的记账类似于负债类、所有者权益类账户。通常,资产类账户期末有余额且在借方,负债类、所有者权益类账户期末有余额且在贷方;费用类、收入类账户期末无余额;成本类账户期末若有余额,为借方余额。为此,可以根据账户余额的方向判断账户的经济内容及性质。

4. 在会计核算中,采用编制会计分录的方式来明确发生的会计事项所涉及的账户及其记账方向、金额与对应关系,并记载在记账凭证上。会计分录有"一借一贷"的简单分录与"一借多贷""多借一贷"及"多借多贷"的复合分录,通常应根据会计事项的具体情况以及能够反映会计事项的来龙去脉,并能简化记账工作、提高工作效率来确定应编制会计分录的类型。

5. 期末应当依据借贷记账法的记账规则与会计等式,通过编制本期发生额与期末余额试算平衡表,对账户记录进行试算平衡,以核查账户记录的正确性。

6. 账户按提供信息的详细程度,可以分为总分类账户与明细分类账户。总分类账户与所属明细分类账户对于发生的经济业务应进行平行登记。平行登记应当遵循依据相同、方向相同、金额相等和期间相同的规则。

7. 为满足企业经营管理和对外提供会计信息的需要,应结合借贷记账法的记账特点,在对账户按经济内容分类的基础上,进一步按用途和结构进行分类。账户的用途表明设置和运用账户的目的是什么,账户的结构表明在账户中如何记录会计事项与提供核算指标。按用途和结构的不同,账户主要可以分为盘存、资本、结算、备抵调整、集合分配、成本计算、跨期摊配、汇转、财务成果和暂记等十类账户,各类账户各有特点。

主要术语

1. 会计科目
2. 账户
3. 记账方法
4. 单式记账法
5. 复式记账法
6. 借贷记账法
7. 记账规则
8. 账户结构
9. 借方发生额
10. 贷方发生额
11. 期初余额
12. 期末余额
13. 账户对应关系
14. 对应账户
15. 会计分录
16. 简单分录
17. 复合分录
18. 过账

19. 试算平衡　　　　　　　　　　20. 总分类账户

21. 明细分类账户　　　　　　　　22. 平行登记

23. 账户的用途　　　　　　　　　24. 账户的结构

25. 盘存类账户　　　　　　　　　26. 资本类账户

27. 结算类账户　　　　　　　　　28. 债权结算类账户

29. 债务结算类账户　　　　　　　30. 备抵调整类账户

31. 集合分配类账户　　　　　　　32. 成本计算类账户

33. 跨期摊配类账户　　　　　　　34. 汇转类账户

35. 财务成果类账户　　　　　　　36. 暂记类账户

阅 读 文 献

1. 中华人民共和国财政部. 企业会计准则（应用指南）[M]. 上海：立信会计出版社,2024.

2. 张捷,刘英明. 基础会计（第三章账户设置、第4章复式记账）[M]. 北京：中国人民大学出版社,2021.

3. 唐国平. 会计学原理（第三章账户与复式记账）[M]. 北京：中国财政经济出版社,2020.

4. 张蕊. 会计学原理（第二章账户设置与复式记账法、第四章账户分类）[M]. 北京：中国财政经济出版社,2019.

5. 陈国辉,迟旭升. 基础会计（第四章账户与复式记账、第六章账户的分类）[M]. 大连：东北财经大学出版社,2024.

复 习 思 考 题

1. 如何设置会计科目？账户与会计科目之间存在什么关系？

2. 账户有哪几种分类？对账户进行分类有何意义？

3. 为什么说复式记账比单式记账更为科学？我国曾经采用过哪些复式记账方法？

4. 借贷记账法下各类账户的结构如何？各类账户的期初余额、本期借方发生额、本期贷方发生额和期末余额之间存在什么关系？

5. 借贷记账法下企业如何编制会计分录？对会计分录的内容和书写格式有哪些要求？

6. 什么是账户的对应关系？什么是对应账户？明确账户对应关系有何意义？

7. 试算平衡的理论依据是什么？为什么说账户试算结果即使平衡也不一定说明账户记录完全正确？

8. 为什么对一些会计事项的核算，既要开设总分类账户，又要开设明细分类账户？总分类账户与明细分类账户为什么要进行平行登记？平行登记的要点有哪些？

9. 账户按照经济内容分类后，为什么还要按用途与结构分类？

练 习 题

一、单项选择题(在每小题的备选答案中,选出一个最为切合题意的答案)

1. 下列会计科目中,属于最能体现制造企业生产经营特点的科目是( )。

    A. "原材料"   B. "生产成本"

    C. "实收资本"   D. "应付职工薪酬"

2. 借贷记账法下账户的基本结构分为借、贷两方,但哪方记增加,哪方记减少,取决于( )。

    A. 记账规则   B. 记账方法

    C. 账户提供信息的详细程度   D. 账户核算的经济内容

3. 复式记账法对每项经济业务都以相等的金额,同时在两个或两个以上的账户中进行登记,其登记的是( )账户。

    A. 资产类   B. 负债和所有者权益类

    C. 相互联系的对应   D. 总分类账户及其所属明细分类

4. 下列会计分录中,属于不能清晰反映相关账户之间对应关系的分录是( )。

    A. "一借一贷"   B. "多借多贷"

    C. "一借多贷"   D. "多借一贷"

5. 借贷记账法下,发生额的试算平衡是以( )为理论依据的。

    A. 账户结构   B. 记账规则

    C. 平行登记规则   D. 会计等式

6. 下列账户中,账户按经济内容分类,属于资产类账户的是( )。

    A. "应收账款"   B. "预收账款"

    C. "实收资本"   D. "利润分配"

7. 下列账户中,账户按经济内容分类,属于负债类账户的是( )。

    A. "本年利润"   B. "预收账款"

    C. "盈余公积"   D. "预付账款"

8. 下列账户中,账户按经济内容分类,属于所有者权益类账户的是( )。

    A. "主营业务收入"   B. "其他业务收入"

    C. "营业外收入"   D. "本年利润"

9. 下列账户中,账户按经济内容分类,属于成本类账户的是( )。

    A. "制造费用"   B. "销售费用"

    C. "管理费用"   D. "财务费用"

10. 某制造企业 20×1 年 12 月 31 日"固定资产"账户余额为 5 000 000 元,"累计折旧"账户余额为 1 500 000 元,则该固定资产的净值为( )元。

    A. 1 500 000   B. 3 500 000

    C. 5 000 000   D. 6 500 000

二、多项选择题(在每小题的备选答案中,选出两个或两个以上切合题意的答案)

1. 下列关于会计科目的论述中,正确的有( )。

A. 会计科目是对会计对象的基本分类

B. 会计科目是对会计要素具体内容进行分类核算所确定的项目

C. 会计科目是对会计要素进一步分类的项目名称

D. 会计科目是账户的名称

E. 会计科目具有一定的结构,核算经济业务引起会计要素的增减变动及其结果

2. 下列账户中,账户按经济内容分类,属于资产类账户的有（   ）。

A. "应收账款"   B. "原材料"

C. "库存商品"   D. "固定资产"

E. "累计折旧"

3. 下列账户中,账户按经济内容分类,属于负债类账户的有（   ）。

A. "短期借款"   B. "应付账款"

C. "应付职工薪酬"   D. "预收账款"

E. "应付利息"

4. 下列账户中,账户按经济内容分类,属于所有者权益类账户的有（   ）。

A. "实收资本"   B. "资本公积"

C. "盈余公积"   D. "利润分配"

E. "本年利润"

5. 下列账户中,账户按经济内容分类,属于损益类账户的有（   ）。

A. "生产成本"   B. "制造费用"

C. "销售费用"   D. "管理费用"

E. "财务费用"

6. 下列各账户中,属于期末结账后没有余额的账户有（   ）。

A. "主营业务收入"   B. "其他业务收入"

C. "主营业务成本"   D. "其他业务成本"

E. "税金及附加"

7. 下列关于复式记账法的表述中,正确的有（   ）。

A. 以会计等式为理论依据

B. 需要建立完整的账户体系

C. 通过账户记录能够反映经济业务的来龙去脉

D. 通过账户之间的平衡关系可以检查账户记录的正确性

E. "借贷记账法"是国际上通用的复式记账法

8. 下列关于借贷记账法的表述中,正确的有（   ）。

A. 以"借""贷"为记账符号

B. 账户的借方登记增加额,贷方登记减少额

C. 能够根据账户余额方向判断账户的性质

D. 记账规则为"有借必有贷,借贷必相等"

E. 通过试算平衡可以检查账户记录的正确性,但试算平衡并不一定表明账户记录完全正确

9. 下列各项中,属于账户记录错误但并不影响试算结果平衡的有( )。

    A. 会计分录中会计科目对应关系颠倒   B. 少编或多编会计分录

    C. 漏过或重过会计分录   D. 账户错记金额正好相互抵销

    E. 在同类账户中串户过账

10. 下列各项中,属于总分类账户与其所属明细分类账户平行登记的内容有( )。

    A. 依据相同   B. 期间相同

    C. 方向相同   D. 日期相同

    E. 金额相等

三、判断题(认为正确的在题目前面括号内打"√",认为错误的在题目前面括号内打"×")

1. ( )对会计科目进行科学合理的编号,既有利于会计人员准确记账、快速查账,也有利于实现会计信息化,及时生成各种符合要求的会计信息。

2. ( )根据经济业务编制会计分录是会计核算工作的起点,这项工作在会计实务中需要通过填制原始凭证来完成。

3. ( )账户与会计科目的主要区别在于,账户具有一定的格式和结构。

4. ( )目前我国企业的总账科目名称和核算内容通常由会计相关法规或规章统一确定,这主要是为了会计核算指标的逐级汇总和相互可比。

5. ( )借贷记账法下的账户对应关系,就是一个借方账户和另一个贷方账户之间的相互对应关系。

6. ( )计提的固定资产折旧额登记在"累计折旧"账户的贷方,说明"累计折旧"账户按经济内容分类属于负债类账户,贷方表示增加,借方表示减少,期末余额应在贷方。

7. ( )账户试算结果平衡,说明账户记录完全正确无误。

8. ( )任何总分类账户都应当具有两个或两个以上的明细分类账户,以全面反映经济业务的来龙去脉。

9. ( )从账户的经济内容看,"原材料"账户与"存货跌价准备"账户均属于资产类账户,因此,两者的用途和结构也应当完全相同。

10. ( )总分类账户与明细分类账户,除采用货币量度计量外,必要时还需采用实物量度计量。

四、业务题

【业务题一】

目的:熟悉借贷记账法下资产、负债和所有者权益类账户的结构。

资料:白云公司部分资产、负债和所有者权益类账户 20×1 年 1 月份的有关资料,如表 4-12 所示。

表 4-12   **白云公司部分资产、负债和所有者权益类账户有关资料**

单位:元

会计科目	期初余额	本期借方发生额	本期贷方发生额	期末余额
银行存款	5 000	60 000	A	38 500
应收账款	B	30 000	25 000	12 800
预收账款	4 000	8 000	C	6 200
其他应收款	3 600	D	300	3 300

（续表）

会计科目	期初余额	本期借方发生额	本期贷方发生额	期末余额
原材料	9 600	12 000	18 500	E
固定资产	165 000	4 500	F	156 000
应付职工薪酬	2 800	G	2 800	5 200
短期借款	H	3 000	0	27 000
实收资本	1 000 000	0	I	1 200 000
盈余公积	5 600	J	90 000	95 600

要求：根据借贷记账法下各类账户的结构，计算表 4-12 中 A～J 的金额。

【业务题二】

目的：练习借贷记账法下会计分录的编制。

资料：华贸公司 20×1 年 1 月份发生的部分经济业务如下（不考虑增值税）：

（1）从银行提取现金 1 000 元作为备用金。

（2）通过银行将 200 000 元转入职工的银行账户，支付职工薪酬。

（3）购入材料一批，价款 35 000 元，材料已验收入库，货款尚未支付。

（4）购入一辆价值为 250 000 元的货运卡车，款项已通过银行付讫。

（5）通过银行支付前欠 35 000 元货款。

（6）接受某投资者投入资本 800 000 元。其中，固定资产 200 000 元，无形资产 100 000 元，货币资金 500 000 元（已通过银行转入）。

（7）购入不需安装的生产设备一套，价值 800 000 元，已通过银行支付 600 000 元，其余款项尚未支付。

（8）销售产品一批，销售价款为 300 000 元，已通过银行收到货款 200 000 元，其余货款尚未收到。

要求：根据上述资料，编制每笔经济业务的会计分录并列明内容摘要。

【业务题三】

目的：练习借贷记账法的应用。

资料：

1. 正达公司 20×1 年 12 月 31 日有关账户的余额，如表 4-13 所示。

表 4-13　　　　　　　　　　正达公司有关账户的余额

20×1 年 12 月 31 日　　　　　　　　　　单位：元

会计科目	金额	账户	金额
库存现金	2 000	短期借款	160 000
银行存款	268 000	应付账款	60 000
应收账款	63 000	应付职工薪酬	30 000
原材料	50 000	应交税费	30 000
库存商品	70 000	长期借款	100 000

（续表）

会计科目	金额	账户	金额
固定资产	500 000	实收资本	450 000
无形资产	97 000	资本公积	220 000
合计	1 050 000	合计	1 050 000

2. 正达公司 20×2 年 1 月份发生的部分经济业务如下(不考虑增值税)：

(1) 从银行借入期限为 3 年的借款 100 000 元,款项已转入公司银行账户。

(2) 接受阳光集团公司投资,收到价值 150 000 元的厂房一栋,已办妥相关手续。

(3) 通过银行收到上月销货款 60 000 元。

(4) 购入原材料 15 000 元,材料已验收入库,款项尚未支付。

(5) 购入不需安装的生产设备一套,价值 30 000 元,款项已通过银行付讫。

(6) 通过银行缴纳上月应交税金 27 000 元。

(7) 通过银行支付职工薪酬 30 000 元。

(8) 通过银行支付上月采购材料的货款 20 000 元。

(9) 公司股东会议决议将资本公积 100 000 元转增资本。

要求：

(1) 根据资料 1,开设相关"T"型账户并登记 1 月 1 日的余额。

(2) 根据资料 2,编制每笔经济业务的会计分录并列明内容摘要。

(3) 将所编制的会计分录过入相关"T"型账户,并于 1 月 31 日结出各账户的本期发生额和期末余额。

(4) 根据各账户记录编制试算平衡表。

【业务题四】

目的:练习借贷记账法的应用。

资料:

1. 福鼎公司 20×1 年 7 月 1 日各有关总分类账户的余额,如表 4-14 所示。

表 4-14　　　　　　　　　**福鼎公司各有关总分类账户余额**

20×1 年 7 月 1 日　　　　　　　　　　　　　　　单位:元

会计科目	期初余额	
	借方	贷方
库存现金	83 000	
银行存款	857 000	
应收账款	250 000	
原材料	800 000	
生产成本	120 000	
库存商品	190 000	
固定资产	2 400 000	

（续表）

会计科目	期初余额	
	借方	贷方
累计折旧		400 000
短期借款		400 000
应付账款		200 000
应付职工薪酬		550 000
应交税费		50 000
实收资本		3 000 000
本年利润		100 000
合计	4 700 000	4 700 000

2. 福鼎公司 20×1 年 7 月 1 日有关明细分类账户的余额如下：

原材料：甲材料 2 000 千克,单价 300 元,金额 600 000 元

乙材料 1 000 千克,单价 200 元,金额 200 000 元

应付账款：红星公司 180 000 元,东风公司 20 000 元

生产成本：A 产品 70 000 元,B 产品 50 000 元

3. 福鼎公司 20×1 年 7 月份发生的经济业务如下(不考虑增值税)：

(1) 1 日,接受长城公司投资,其中,不需安装即可使用新设备一台,价值 280 000 元;货币资金 300 000 元,已汇入公司银行账上。

(2) 2 日,向银行借入短期借款 200 000 元,款项已转入公司银行账户。

(3) 3 日,通过银行收回珠江公司前欠货款 220 000 元。

(4) 5 日,通过银行发放职工薪酬 550 000 元。

(5) 10 日,销售一批产品给珠江公司,其中,A 产品 6 000 件,单价 200 元;B 产品 6 000 件,单价 100 元。已通过银行收到货款 800 000 元,其余货款 1 000 000 元尚未收到。

(6) 15 日,向东风公司购进甲材料 600 千克,单价 300 元,货款 180 000 元;乙材料 1 000 千克,单价 200 元,货款 200 000 元。材料已验收入库,货款尚未支付。

(7) 18 日,行政管理部门购买办公用品,款项 11 000 元已通过银行付讫。

(8) 20 日,通过银行偿还前欠东风公司货款 400 000 元。

(9) 25 日,通过银行支付产品广告费 59 000 元。

(10) 28 日,从红星公司购入甲材料 400 千克,单价 300 元;乙材料 500 千克,单价 200 元。材料已验收入库,货款尚未支付。

(11) 30 日,通过银行支付红星工厂货款 170 000 元。

福鼎公司 31 日还发生下列经济业务,其会计分录,如表 4-15 所示。

表 4-15　　　　　　　　　　　　福鼎公司 31 日发生经济业务的会计分录

20×1年 月	20×1年 日	业务序号	摘要	会计分录	
7	31	12	结转发出材料成本	借：生产成本——A产品 　　　　　　——B产品 　　制造费用 　　管理费用 　　贷：原材料——甲材料 　　　　　　——乙材料	290 000 200 000 20 000 20 000 450 000 80 000
7	31	13	计提固定资产折旧	借：制造费用 　　管理费用 　　贷：累计折旧	80 000 42 000 122 000
7	31	14	计算分配职工薪酬	借：生产成本——A产品 　　　　　　——B产品 　　制造费用 　　管理费用 　　贷：应付职工薪酬	300 000 150 000 80 000 120 000 650 000
7	31	15	计提应付借款利息	借：财务费用 　　贷：应付利息	10 000 10 000
7	31	16	分配结转制造费用	借：生产成本——A产品 　　　　　　——B产品 　　贷：制造费用	120 000 60 000 180 000
7	31	17	结转入库产品生产成本	借：库存商品——A产品 　　　　　　——B产品 　　贷：生产成本——A产品 　　　　　　——B产品	780 000 460 000 780 000 460 000
7	31	18	结转已售产品成本	借：主营业务成本——A产品 　　　　　　　——B产品 　　贷：库存商品——A产品 　　　　　　——B产品	468 000 276 000 468 000 276 000
7	31	19-1	结转损益（收入）类账户	借：主营业务收入 　　贷：本年利润	1 800 000 1 800 000
7	31	19-2	结转损益（费用）类账户	借：本年利润 　　贷：主营业务成本 　　　管理费用 　　　销售费用 　　　财务费用	1 006 000 744 000 193 000 59 000 10 000
7	31	20	计算所得税费用	借：所得税费用 　　贷：应交税费——应交所得税	198 500 198 500
7	31	21	结转所得税费用	借：本年利润 　　贷：所得税费用	198 500 198 500

注：业务 12，结转发出材料的成本，其中，甲材料数量 1 500 千克，单位成本 300 元/千克；乙材料数量 400 千克，单位成本 200 元/千克。

要求：

（1）根据资料1，开设相关"T"型账户并登记7月1日的期初余额。

（2）根据资料3，编制每笔经济业务的会计分录并列明内容摘要。

（3）根据资料3中各经济业务编制的会计分录及表4-15中的会计分录登记相关"T"型账户，并于7月31日结出各账户的本期发生额和期末余额。

（4）对"原材料""应付账款"账户开设明细账并进行平行登记。

（5）根据各账户记录编制试算平衡表，对"原材料""应付账款"编制总分类账与明细分类账户平行登记结果对照表。

【业务题五】

目的：通过会计分录解析经济业务。

资料：20×1年1月份，长城公司会计人员编制的部分会计分录如下：

（1）借：应付账款   30 000

   贷：银行存款   30 000

（2）借：银行存款   50 000

   贷：应收账款   50 000

（3）借：短期借款   600 000

   贷：银行存款   600 000

（4）借：固定资产   280 000

   贷：实收资本   280 000

（5）借：应交税费   20 000

   贷：银行存款   20 000

要求：根据资料写出每笔会计分录所反映经济业务的内容。

【业务题六】

目的：熟悉总分类账户按经济内容、用途与结构的分类。

资料：表4-1所列示的企业常用会计科目表。

要求：依据表4-1所列示的企业常用会计科目表，将最具有各类账户结构特征的至少50个常用账户填入表4-16中。

表 4-16   账户按经济内容分类和按用途与结构分类表

经济内容 用途与结构	资产类	负债类	所有者权益类	成本类	损益类
盘存					
资本					

（续表）

用途与结构 \ 经济内容		资产类	负债类	所有者权益类	成本类	损益类
结算	债权结算					
	债务结算					
	债权债务结算					
调整	备抵调整					
集合分配						
成本计算						
汇转	收入汇转					
	费用汇转					
财务成果						
暂记账户						

第五章　会计记账方法——应用

学习目的与要求

本章阐述如何运用借贷记账法,对于制造企业发生的主要经济业务设置账户并进行相关的账务处理。通过本章的学习,应当了解制造企业筹资业务、采购业务、生产业务、销售业务以及利润形成与分配业务的内容;掌握制造企业各类经济业务的账户设置和账务处理方法;掌握材料采购成本、产品生产成本和销售成本计算的原则和方法;掌握期末账项调整的账务处理方法。

 **课前预习题**

1. 制造企业的经济活动主要包括哪些业务?

2. 企业筹资业务核算应设置哪些会计账户? 账务处理包括哪些主要内容?

3. 企业采购业务核算应设置哪些会计账户? 账务处理包括哪些主要内容?

4. 企业生产业务核算应设置哪些会计账户? 账务处理包括哪些主要内容?

5. 企业销售业务核算应设置哪些会计账户? 账务处理包括哪些主要内容?

6. 企业利润形成和分配业务核算应设置哪些会计账户? 账务处理包括哪些主要内容?

7. 期末账项调整的目的是什么? 包括哪些主要内容?

第一节　筹资业务核算

制造企业以生产和销售产品为主要生产经营活动,其经济活动通常由筹资、采购、生产、销售、利润形成与分配等业务构成。随着企业生产经营活动的持续不断进行,筹集的资金通常经历货币资金→长期资金与储备资金→生产资金→成品资金→货币资金的循环过程。本章以制造企业为例,系统说明如何运用借贷记账法,设置账户并进行相关的账务处理。

一、筹资业务的主要内容

筹资业务,是指企业为了满足生产经营对资金的需求而发生的筹措资金的活动。通常,企业从两个渠道筹资并形成两种性质的资金来源:一是权益资金,企业通过向投资者吸收直接投资、发行股票、企业内部留存收益等方式形成,具体反映为企业的实收资本或股本、资本公积、其他综合收益、盈余公积和未分配利润等项目,属于企业的所有者权益;二是债务资金,企业通过向银行等金融机构借款、发行债券等方式形成,具体反映为企业的短期借款、长期借款、应付债券等项目,属于企业的债权人权益。对于权益资金,企业在其生产经营期限内享有使用权,没有还本付息的约束;对于债务资金,企业在约定的期限内享有使用权,但需承担按期还本付息的义务。这里主要阐述企业投资者投入资本与向债权人借入资金的核算问题。

企业投资者投入资本形成企业的实收资本或股本与资本公积。我国相关法律规定,设立企业必须要有法定的资本,这是保证企业持续经营的必要条件。实收资本是企业按照公司章程规定或者合同、协议约定,接受投资者投入企业的资本。股份有限公司的投资者称为股东,股东投入公司的资本称为股本。资本公积是企业收到投资者出资额超出其在注册资本或股本中所占份额的部分以及其他资本公积,包括资本溢价或股本溢价、其他资本公积。资本溢价或股本溢价是由投资者超额缴入资本、溢价发行股票等形成;其他资本公积是由除资本溢价或股本溢价、净损益、其他综合收益和利润分配以外所有者权益的其他变动形成。投资者作为资本投入企业的投资可以是货币资金,也可以是机器设备、原材料等实物资产,还可以是专利权、非专利技术等无形资产。企业收到的投资者以货币资金形式投入的投资,按实际收到金额入账,以实物资产、无形资产形式投入的投资,按投资各方确认的价值金额入账。

企业向债权人借入资金形成企业的短期借款、长期借款与应付债券等。短期借款是企业向银行或者其他金融机构等债权人借入的期限在 1 年以下(含 1 年)的各种借款;长期借款是企业向银行或者其他金融机构等债权人借入的期限在 1 年以上的各项借款;应付债券是企业依照法定程序对外发行、约定在一定期限内(通常为 1 年以上)还本付息的债券。企业通过短期借款取得资金主要用于生产经营周转资金的需要,通过长期借款或者发行债券取得资金主要用于固定资产或者无形资产的购置。企业通过长期借款与发行债券借入资金在办理手续、使用、利息结付和还款等方面的要求比短期借款严格,会计处理较为复杂,将在中级财务会计学课程中进行阐述。

二、投入资本业务的会计处理

1. 账户设置

企业应设置"实收资本""资本公积"等账户核算投资者投入资本的增减情况,同时,还需设置"银行存款""固定资产"和"无形资产"等账户核算因投资者投入资本而发生的银行存款、固定资产和无形资产的变动等情况。

(1)"实收资本"账户。"实收资本"账户用于核算企业实际收到的投资者投入资本的增减变动及其结余情况,属于所有者权益类账户。"实收资本"账户的贷方登记企业收到投资者符合注册资本的出资额,借方登记企业按照法定程序减少的注册资本额;期末余额在贷方,反映期末企业的实有资本额。"实收资本"账户可按投资者设置明细账,进行明细核算。在股份有限公司,公司注册资本被划分为等额股份,股份有限公司收到投资者即股东的投入资本也就通过"股本"账户核算。

(2)"资本公积"账户。"资本公积"账户用于核算企业资本公积的增减变动及其结余情况,属于所有者权益类账户。"资本公积"账户的贷方登记企业资本公积的增加额,借方登记企业资本公积的减少额;期末余额在贷方,反映期末企业的资本公积结余额。"资本公积"账户应按资本公积的类别设置明细账,进行明细核算。

(3)"银行存款"账户。"银行存款"账户用于核算企业存入银行或者其他金融机构各种款项的收入、付出及其结存情况,属于资产类账户。"银行存款"账户的借方登记企业银行存款的增加额,贷方登记企业银行存款的减少额;期末余额在借方,反映期末企业实际持有银行存款的金额。"银行存款"账户可按开户银行或者其他金融机构、存款种类等设置银行存款日记账,进行序时、明细核算。

(4)"固定资产"账户。"固定资产"账户用于核算企业持有固定资产原价的增减变动及其结存情况,属于资产类账户。"固定资产"账户的借方登记企业增加的固定资产原价,贷方登记企业减少的固定资产原价;期末余额在借方,反映期末企业持有固定资产的原价。"固定资产"账户可按固定资产类别和每项固定资产设置明细账,进行明细核算。

(5)"无形资产"账户。"无形资产"账户用于核算企业持有无形资产原价的增减变动及其结存情况,属于资产类账户。"无形资产"账户的借方登记企业增加的无形资产原价,贷方登记企业减少的无形资产原价;期末余额在借方,反映期末企业持有无形资产的原价。"无形资产"账户可按无形资产项目设置明细账,进行明细核算。

投资者投入资本业务的账务处理涉及企业取得投资时资本与相关资产的增加,账务处理的主要内容,如图 5-1 所示。

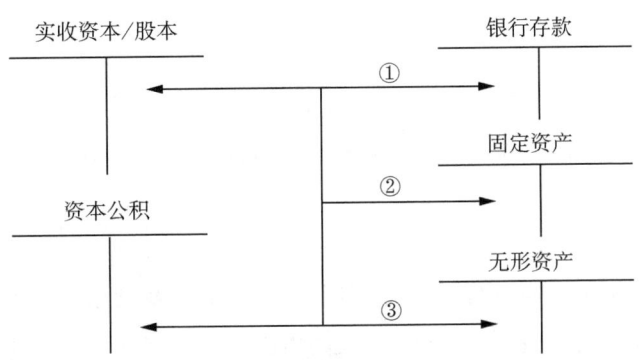

图 5-1 投入资本业务的账务处理

图 5-1 说明:①投资者以货币资金投资或者股份有限公司发行股票,增加银行存款,同时增加实收资本或股本与资本公积;②投资者以固定资产投资,增加固定资产,同时增加实收资本或股本与资本公积;③投资者以无形资产投资,增加无形资产,同时增加实收资本或股本与资本公积。

【例 5-1】 20×1 年 1 月 5 日,根据投资协议,联合公司通过银行收到振达公司作为投资投入的资金 1 000 000 元,投入的不需要安装即可使用的价值为 500 000 元的设备一台。振达公司投入资本与其在联合公司注册资本中应享有份额一致。

这项经济业务的发生,联合公司的资产和所有者权益同时增加,即一方面增加 1 000 000 元银行存款和 500 000 元设备即固定资产,分别记入"银行存款"和"固定资产"账户的借方;另一方面增加 1 500 000 元投资者投入资本,记入"实收资本"账户的贷方。为此,编制如下会计分录:

借:银行存款 1 000 000
  固定资产 500 000
  贷:实收资本 1 500 000

【例 5-2】 20×1 年 1 月 15 日,创艺公司发行股票 10 000 000 股,每股票面价值 1 元,发行价格 1.2 元,通过银行收到资金 12 000 000 元。

这项经济业务的发生,使创艺公司资产和股东权益同时增加,即一方面增加 12 000 000 元银行存款,记入"银行存款"账户的借方;另一方面按每股票面价值增加 10 000 000 元股本,记入"股本"账户的贷方,差额 2 000 000 元作为股本溢价增加资本公积,记入"资本公积"账户的贷方。为此,编制如下会计分录:

借:银行存款 12 000 000
  贷:股本 10 000 000
    资本公积 2 000 000

三、借入资金业务的会计处理

1. 账户设置

企业应设置"短期借款"与"应付利息""财务费用"等账户核算款项的借入、利息的发生与支付情况,同时,还需设置"银行存款"账户核算借入款项的收到、偿还以及利息的支付等情况。

(1)"短期借款"账户。"短期借款"账户用于核算企业向银行或者其他金融机构借入的偿还期限在1年以下(含1年)的各种借款本金的增减变动及其结存情况,属于负债类账户。"短期借款"账户的贷方登记企业取得各种短期借款本金的金额,借方登记企业偿还各种短期借款本金的金额;期末余额在贷方,反映期末企业尚未偿还的短期借款本金金额。"短期借款"账户可按借款种类、贷款人和币种设置明细账,进行明细核算。

(2)"应付利息"账户。"应付利息"账户用于核算企业因借入款项按合同约定应支付但尚未支付的利息,属于负债类账户。"应付利息"账户的贷方登记企业按照合同约定利率计算的应付未付的利息,借方登记企业实际支付的利息;期末余额在贷方,反映期末企业应付未付的利息。"应付利息"账户可按贷款人设置明细账,进行明细核算。

(3)"财务费用"账户。"财务费用"账户用于核算企业为筹集生产经营所需资金而发生的各种筹资费用,包括利息支出(减利息收入)、佣金以及相关的手续费等,属于损益类账户。"财务费用"账户的借方登记企业发生的财务费用,贷方登记企业发生的应冲减财务费用的利息收入以及期末结转至"本年利润"账户的财务费用净额(即财务费用支出大于利息收入的差额,如果收入大于支出则进行相反方向的结转);结转后期末无余额。"财务费用"账户可按费用项目设置明细账,进行明细核算。

2. 账务处理

向银行或者其他金融机构借入资金业务的账务处理涉及企业借入、偿还本金,确认利息费用以及支付利息等,账务处理的主要内容,如图5-2所示。

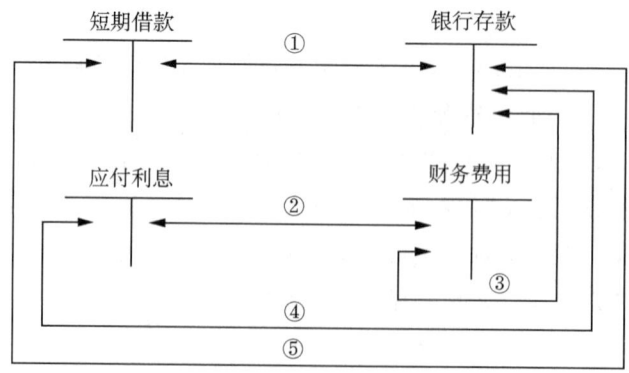

图5-2 借入资金业务的账务处理

图 5-2 说明：①借入款项，增加银行存款，同时增加短期借款；②确认利息费用，增加财务费用，同时增加应付利息；③支付借款手续费用或利息费用，增加财务费用，同时减少银行存款；④支付应付未付的借款利息，减少应付利息，同时减少银行存款；⑤归还借款，减少短期借款，同时减少银行存款。

【例 5-3】　20×1 年 2 月 1 日，联合公司因临时资金周转需要向银行借款 120 000 元，借款合同规定借款期限为 6 个月，年利率为 4％，本金到期后一次偿还，利息按季结付，款项已转入公司银行账户。

2 月 1 日，取得银行借款，公司银行存款增加 120 000 元，同时短期借款增加 120 000 元，即资产和负债同时增加 120 000 元。为此，编制如下会计分录：

借：银行存款　　　　　　　　　　　　　　　　　　　　　　　120 000
　　贷：短期借款　　　　　　　　　　　　　　　　　　　　　　120 000

2 月月末，确认 2 月份利息费用，公司财务费用增加 400 元（120 000×4％÷12），同时应付利息增加 400 元，即费用和负债同时增加 400 元。为此，编制如下会计分录：

借：财务费用　　　　　　　　　　　　　　　　　　　　　　　　400
　　贷：应付利息　　　　　　　　　　　　　　　　　　　　　　　400

3 月月末，确认 3 月份利息费用的处理与 2 月份相同。

4 月月末，结付本季度借款利息，由于 2～3 月已经确认 2 个月利息费用，尚未支付的利息费用已记入"应付利息"账户。支付一个季度的利息，一方面冲销已作为负债记入"应付利息"账户的应付利息 800 元，同时确认 4 月份的利息费用即财务费用 400 元；另一方面银行存款减少 1 200 元。为此，编制如下会计分录：

借：应付利息　　　　　　　　　　　　　　　　　　　　　　　　800
　　财务费用　　　　　　　　　　　　　　　　　　　　　　　　400
　　贷：银行存款　　　　　　　　　　　　　　　　　　　　　　1 200

对于 5～7 月的借款利息费用确认及结付的会计处理同上。

8 月 1 日，短期借款到期予以偿还，短期借款减少 120 000 元，同时银行存款减少 120 000 元，即负债和资产同时减少 120 000 元。为此，编制如下会计分录：

借：短期借款　　　　　　　　　　　　　　　　　　　　　　　120 000
　　贷：银行存款　　　　　　　　　　　　　　　　　　　　　　120 000

第二节　采购业务核算

一、采购业务的主要内容

制造企业的生产经营活动是以一定的房屋建筑物、机器设备等固定资产与专利权、非专利技术等无形资产以及原材料等为基础的。通过筹资,企业取得生产经营所需的资金,再利用这些资金购置固定资产、无形资产与原材料等,为生产经营做好准备,采购过程也就是生产经营的准备过程。在采购过程中,通常企业付出货币资金,获得具有实物形态的房屋建筑物、机器设备等固定资产以及原材料等,或者获得不具有实物形态的专利权、非专利技术等无形资产,此时,企业资金运动的形态从货币资金转化为长期资金或者储备资金。在这个过程中,企业购置固定资产与无形资产,采购原材料等,支付购买价款、采购费用以及增值税,与供应商办理款项结算。由于购置的房屋建筑物、机器设备等固定资产与专利权、非专利技术等无形资产可以在较长的时期内使用,不需要经常重复购置,而原材料等在生产经营过程中被不断消耗,需要不断补充,因此,企业日常的采购活动发生频繁的是采购生产经营所需的原材料等。这里主要阐述固定资产购建业务与材料采购业务的会计核算。

二、固定资产购建成本与会计处理

1. 固定资产购建成本

固定资产,是指为生产商品、提供劳务、出租或者经营管理而持有的,使用寿命超过一个会计年度的有形资产。企业持有固定资产的目的是生产商品、提供劳务、出租或者经营管理的需要,即企业持有的固定资产是企业的劳动工具或手段,而不是用于对外出售。固定资产的使用寿命较长,一般超过一个会计年度,属于非流动资产,可以在较长的时期供企业使用,给企业带来价值。固定资产不同于无形资产,具有一定的实物形态。随着使用,固定资产的价值逐渐发生转移。固定资产中蕴含的资金形态属于长期资金形态,在固定资产的使用期内以折旧的形式逐步分期转化为生产资金等资金形态。

企业取得固定资产的方式是多种多样的,包括外购、自行建造、投资者投入等。固定资产取得的方式不同,其成本的具体构成也就不同。

外购固定资产的成本包括购买价款、相关税费以及使固定资产达到预定可使用状态前所发生的可归属于该项固定资产的运输费、装卸费、安装费和专业人员服务费等。自行建造固定资产的成本,由建造该项固定资产达到预定可使用状态前所发生的必要支出构成,包括工程物资成本、人工成本、交纳的相关税费等。投资者投入固定资产的成本,按照投资合同或协议约定的价值确定。

2. 增值税

企业购入固定资产和材料物资以及出售产品等涉及增值税的缴纳。增值税是以商品或者应税劳务在流转过程中产生的增值额作为计税依据而征收的一种流转税。从计税原理上说,属于价外税,由消费者负担,并且有增值才征税。我国税法规定,增值税纳税义务人就其销售货物或者提供劳务的增值额和货物的进口金额作为计税依据缴纳增值税。企业应缴纳的增值税采用税款抵扣的办法,根据"应纳税额＝销项税额－进项税额"公式进行计算,纳税人以销项税额抵扣其进项税额的余额作为实际应向税务机关缴纳的增值税税额。销项税额是纳税人根据销售货物的销售额或者提供应税劳务的劳务收入额,按规定的税率计算得出的增值税额;进项税额是纳税人在购入货物或者接受应税劳务时所支付的增值税额。

3. 账户设置

企业应设置"在建工程""固定资产"等账户核算固定资产的购建成本与固定资产原价的变动情况;同时,还需设置"银行存款"等账户核算购建固定资产款项的支付情况,设置"应交税费——应交增值税(进项税额)"账户核算企业因购建固定资产、采购材料而发生的应交增值税进项税额。

(1)"在建工程"账户。"在建工程"账户用于核算企业安装、建造或者改造固定资产过程中发生的需要计入固定资产成本的各项支出,属于资产类账户。"在建工程"账户的借方登记企业固定资产安装、建造或者改造过程中发生的实际支出,包括购入的需要安装的固定资产的原价,在安装、建造或者改造过程中发生的工程物资、劳务费用以及需要计入固定资产成本的其他各项支出,贷方登记企业安装、建造或者改造完毕转出的固定资产成本;期末借方余额,反映期末企业尚未达到预定可使用状态的固定资产成本。"在建工程"账户可按在建工程的类别以及单项工程等设置明细账,进行明细核算。

(2)"应交税费"账户。"应交税费"账户用于核算企业按照税法等规定计算应交纳的各种税费,包括增值税、消费税、企业所得税、城市维护建设税、资源税、环境保护税、土地增值税、房产税、车船税、城镇土地使用税、教育费附加、矿产资源补偿费、印花税、耕地占用税、契税、车辆购置税等相关税费,属于负债类账户。"应交税费"账户的贷方登记企业按规定计算应交纳的各种税费,借方登记企业实际交纳的各种税费。期末余额一般在贷方,反映期末企业尚未交纳的税费;期末余额若在借方,反映多交或者尚未抵扣的税费。"应交税费"账户可按应交的税费项目设置明细账,进行明细核算。其中,设置"应交税费——应交增值税"明细账核算企业应交和实交增值税的结算等情况。"应交税费——应交增值税"明细账的贷方登记企业因销售货物或者提供应税劳务而向购买单位收取的增值税销项税额等,借方登记企业因购进货物或者接受应税劳务而向供应商支付的增值税进项税额、实际交纳的增值税额等。期末余额一般在贷方,反映期末企业尚未交纳的增值税;期末余额若在借方,反映多交或尚未抵扣的增值税。"应交增值税"明细账采用多栏式账页,并按所核算的内容,分别设置"进项税额""已交税金""销项税额"等专栏进行明细核算。

4. 账务处理

(1)购入不需要安装固定资产业务的账务处理。购入不需要安装固定资产业务的账务处理涉及支付固定资产的价款与相关费用、增值税进项税额以及固定资产的入账等,账务处理的主要内容,如图5-3所示。

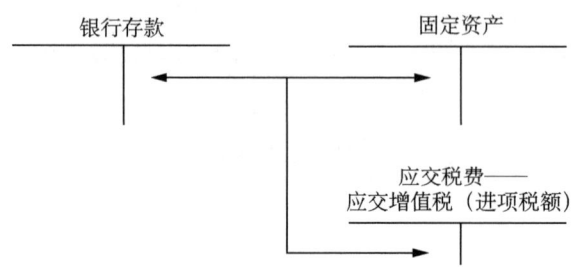

图5-3 购入不需要安装固定资产业务的账务处理

图5-3说明:通过银行支付固定资产价款等以及应交增值税进项税额,增加固定资产与应交税费——应交增值税(进项税额),同时减少银行存款。

【例5-4】 20×1年3月1日,联合公司购入一台机器设备,取得的增值税专用发票上注明的价款为100 000元,增值税税额为13 000元;从运输单位取得的增值税专用发票上注明的运输费用2 000元,增值税税额为180元。所有款项均已通过银行付讫,该机器设备经验收后直接投入使用。

固定资产达到预定可使用状态前的所有必要支出都应作为固定资产的成本入账。购入设备价款、运输费共计102 000元都应计入固定资产成本,增值税进项税额共计13 180元应记入"应交税费——应交增值税(进项税额)"账户。这项经济业务的发生,一方面将固定资产的成本记入"固定资产"账户的借方,将应交增值税进项税额记入"应交税费——应交增值税(进项税额)"账户的借方;另一方面将通过银行支付的款项记入"银行存款"账户的贷方。为此,应编制如下会计分录:

借:固定资产   102 000

应交税费——应交增值税(进项税额)   13 180

贷:银行存款   115 180

(2)购入需要安装固定资产业务的账务处理。购入需要安装固定资产业务的账务处理涉及企业支付固定资产的价款与相关费用、增值税进项税额以及固定资产安装、固定资产入账等,账务处理的主要内容,如图5-4所示。

图5-4说明:①通过银行支付固定资产价款、运输费用、安装费用等以及应交增值税进项税额,增加在建工程与应交税费——应交增值税(进项税额),同时减少银行存款;②当固定资产达到预定可使用状态时结转固定资产成本,增加固定资产,同时减少在建工程。

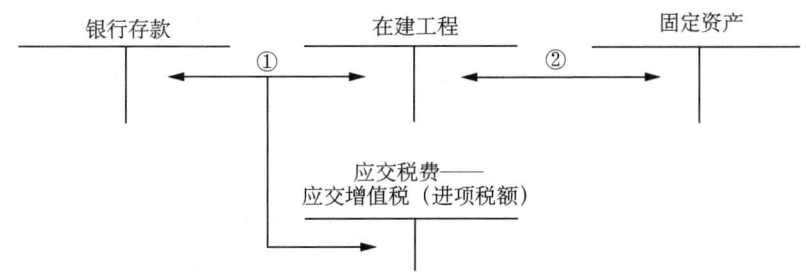

图 5-4　购入需要安装固定资产业务的账务处理

【例 5-5】　3 月 3 日,联合公司购买一台需要安装的机器设备,取得的增值税专用发票上注明的价款 500 000 元,增值税税额 65 000 元;从运输单位取得的增值税专用发票上注明的运输费用 10 000 元,增值税税额 900 元。3 月 12 日,设备运抵企业进行安装后,从安装公司取得的增值税专用发票上注明的安装费用 8 000 元,增值税税额 720 元。所有款项均已通过银行付讫。

3 月 3 日,当收到机器设备价款与运输费发票账单时,将购买成本(包括机器设备价款与运输费用)记入"在建工程"账户的借方,将增值税进项税额(包括机器设备价款与运输费用增值税)记入"应交税费——应交增值税(进项税额)"账户的借方;同时将支付的款项记入"银行存款"账户的贷方。为此,编制如下会计分录:

借:在建工程　　　　　　　　　　　　　　　　　　　　　　　　　 510 000
　　应交税费——应交增值税(进项税额)　　　　　　　　　　　　　 65 900
　　贷:银行存款　　　　　　　　　　　　　　　　　　　　　　　　　　 575 900

3 月 12 日,收到机器设备安装费发票账单时,将安装过程中发生的安装费用与增值税进项税额分别记入"在建工程"与"应交税费——应交增值税(进项税额)"账户的借方;同时将支付的款项记入"银行存款"账户的贷方。为此,编制如下会计分录:

借:在建工程　　　　　　　　　　　　　　　　　　　　　　　　　　　 8 000
　　应交税费——应交增值税(进项税额)　　　　　　　　　　　　　　　 720
　　贷:银行存款　　　　　　　　　　　　　　　　　　　　　　　　　　　 8 720

安装后,这台机器设备达到预定可使用状态,将机器设备购买、运输和安装成本的总额从"在建工程"账户结转至"固定资产"账户。为此,编制如下会计分录:

借:固定资产　　　　　　　　　　　　　　　　　　　　　　　　　　 518 000
　　贷:在建工程　　　　　　　　　　　　　　　　　　　　　　　　　　 518 000

三、材料采购成本与会计处理

1. 材料采购成本

材料采购成本,是指企业从外部购入材料过程中实际发生的所有必要支出,包括购入材料支付的买价、相关税费、运输费、装卸费、保险费、包装费以及其他可归属于材料采购成本的费用。生产过程中所消耗的材料成本是产品成本的重要组成部分,材料成本的高低直接 影响产品的成本。因此,正确计算材料采购成本,有效控制并降低材料采购成本是企业的一项重要会计管理工作。

通常把应当归属于某批材料的支出全部加总,即该批材料的总成本。在实际采购过程中,经常会发生采购费用由几批材料共同负担的情况。例如,某企业在一个地点采购两种材料,并同时运回企业而发生一笔运输费,这时就需要采用恰当的分配标准将该笔运输费合理地分配计入这两种材料的成本。所谓恰当的分配标准,是指分配标准应与费用的发生有直接的关联,受益较多的材料分配较多的费用。常用的分配标准有数量、重量、体积和价值等。费用分配的计算公式为:

$$分配率 = \frac{待分配费用总额}{分配标准总额}$$

某分配对象应分配的费用 = 该对象的分配标准额 × 分配率

例如,某公司购入 A 材料 1 000 千克,B 材料 2 000 千克,A 材料单价 12 元,B 材料单价 20 元,两种材料共发生运输费 6 000 元。运输费依据材料的重量计付,为此,以材料的重量为分配标准将运输费在 A 材料与 B 材料之间进行分配。具体的运输费分配计算如下:

$$分配率 = \frac{6\,000}{1\,000 + 2\,000} = 2(元/千克)$$

A 材料应分配运输费 = 1 000 × 2 = 2 000(元)

B 材料应分配运输费 = 2 000 × 2 = 4 000(元)

该批 A 材料的采购成本即 A 材料的价款 12 000 元与分配的 2 000 元运输费之和 14 000 元,单位采购成本为 14 元(14 000 ÷ 1 000);该批 B 材料的采购成本即 B 材料的价款 40 000 元与分配的 4 000 元运输费之和 44 000 元,单位采购成本为 22 元(44 000 ÷ 2 000)。

2. 账户设置

企业应设置"在途物资""原材料"等账户核算材料采购成本与库存材料的收入、发出与结存情况;同时,还需设置"银行存款""应付票据""应付账款"和"预付账款"等账户核算材料款项的支付以及与供货单位之间由于款项结算引起的债权债务及其清偿情况,设置"应交税费——应交增值税(进项税额)"账户核算企业因采购材料而发生的应交增值税进项税额情况。

(1)"在途物资"账户。"在途物资"账户用于核算企业价款已付,但尚未验收入库的各种材料、商品等物资,即在途物资的采购成本。"在途物资"账户的借方登记企业购入的在途物资的采购成本,包括支付的买价、相关税费、运输费、装卸费、保险费、包装费以及其他可归属于在途物资采购成本的费用,贷方登记企业结转已验收入库的在途物资成本;期末借方余额,反映期末企业尚未运达或者已运达但尚未验收入库的在途物资的成本。"在途物资"账户可按供货单位、物资种类设置明细账,进行明细核算。"在途物资"账户的借方起着归集在途物资采购成本的作用,具有成本类账户的特征。

(2)"原材料"账户。"原材料"账户用于核算企业库存各种材料的收入、发出与结存情况,属于资产类账户。"原材料"账户的借方登记企业验收入库材料的成本,贷方登记企业因生产经营领用、对外出售等原因发出的材料成本;期末借方余额,反映期末企业库存材料的成本。"原材料"账户可按材料的保管地点(仓库)、材料类别、品种和规格等设置明细账,进行明细核算。

(3)"应付票据"账户。"应付票据"账户用于核算企业因购买材料、商品和接受劳务等而发生的商业汇票(包括银行承兑汇票和商业承兑汇票)的开出、偿付情况,属于负债类账户。"应付票据"账户的贷方登记企业开出、承兑汇票的票面金额,借方登记企业偿付票据的票面金额;期末贷方余额,反映期末企业尚未到期的商业汇票的票面金额。"应付票据"账户可按债权人设置明细账,进行明细核算。

(4)"应付账款"账户。"应付账款"账户用于核算企业因购买材料、商品和接受劳务等应支付给供货单位款项的发生、偿还情况,属于负债类账户。"应付账款"账户的贷方登记企业应付未付款项的增加,借方登记企业应付未付款项的偿还;期末余额一般在贷方,反映期末企业应付未付的款项;期末余额若在借方,则反映期末企业预付的款项。"应付账款"账户可按债权人设置明细账,进行明细核算。

(5)"预付账款"账户。"预付账款"账户用于核算企业因购买材料、商品和接受劳务等而预先支付给供货单位款项的发生、结算情况,属于资产类账户。"预付账款"账户的借方登记企业向供货单位预付或补付的款项,贷方登记企业收到供货单位发来的材料或者收回预付款项;期末余额一般在借方,反映期末企业预付的款项;期末余额若在贷方,则反映期末企业尚未补付的款项,属于应付账款。"预付账款"账户可按供货单位设置明细账,进行明细核算。预付账款情况不多的企业,可以不设置"预付账款"账户,而将预付的款项通过"应付账款"账户进行核算。

3. 账务处理

材料采购业务的账务处理涉及材料采购成本的归集、采购费用的支付、与供货单位的货款结算、增值税进项税额以及材料的验收入库等,账务处理的主要内容,如图5-5所示。

图5-5说明:①购入材料,通过银行支付价款、其他采购费用以及增值税进项税额,增加在途物资与应交税费——应交增值税(进项税额),同时减少银行存款;②购入材料,以银行汇票或者商业汇票抵付价款、其他采购费用以及增值税进项税额,增加在途物资与应交税费——应交增值税(进项税额),同时增加应付票据;③偿付到期银行汇票或者商业汇票,减少应付票据,同时减少银行存款;④以赊购方式购入材料,增加在途物资与应交税费——应交增值税(进项税额),同时增加应付账款;⑤偿付欠付的货款,减少应付账款,同时减少银行存款;⑥预付材料价款、其他采购费用等,增加预付账款,同时减少银行存款;⑦收到已

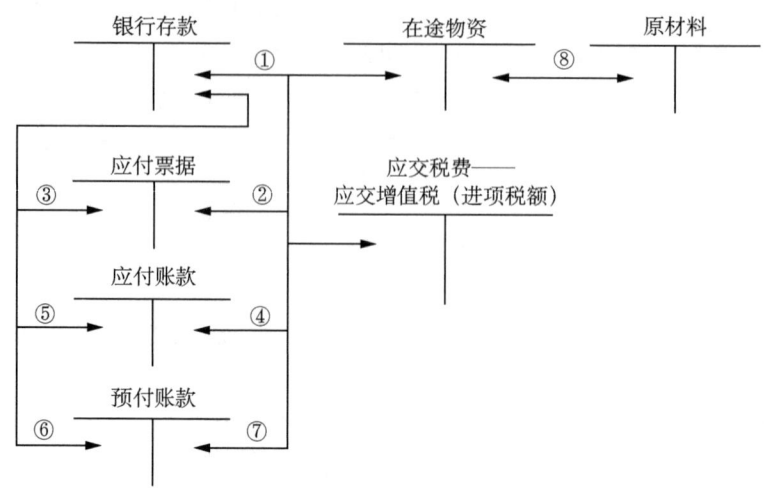

图 5-5　材料采购业务的账务处理

预付货款的材料,增加在途物资与应交税费——应交增值税(进项税额),同时减少预付账款;⑧结转验收入库材料的成本,增加原材料,同时减少在途物资。

【例 5-6】　20×1 年 4 月 6 日,联合公司从南方公司购入 A 材料一批,取得的增值税专用发票上注明 A 材料 50 000 千克,单价 12 元,价款 600 000 元,增值税税额 78 000 元,款项已通过银行付讫,材料已验收入库。

4 月 6 日,同时收到购料发票账单与材料验收入库单时,支付的 600 000 元价款属于购入 A 材料的成本,记入"原材料"账户的借方;支付的 78 000 元增值税税额不属于 A 材料的成本,而属于应交增值税的进项税额,记入"应交税费——应交增值税(进项税额)"账户的借方;通过银行付讫款项,即用银行存款支付 678 000 元款项,记入"银行存款"账户的贷方。为此,编制如下会计分录:

借:原材料——A 材料　　　　　　　　　　　　　　　　　　　　600 000
　　应交税费——应交增值税(进项税额)　　　　　　　　　　　　78 000
　　贷:银行存款　　　　　　　　　　　　　　　　　　　　　　　　678 000

【例 5-7】　4 月 8 日,联合公司从北方公司购入 B 材料一批,取得的增值税专用发票上注明 B 材料 8 000 千克,单价 20 元,价款 160 000 元,增值税税额 20 800 元。款项根据购货合同已向北方公司开出期限为 1 个月的商业汇票,材料尚未运达验收入库。4 月 12 日,购入的 8 000 千克 B 材料运达并验收入库。5 月 8 日,应付北方公司的商业汇票到期,通过银行兑付。

4 月 8 日,收到购料发票账单时,支付的 160 000 元价款属于购入 B 材料的成本,记入"在途物资"账户的借方;支付的 20 800 元增值税税额不属于 B 材料的成本,而属于应交增值税的进项税额,记入"应交税费——应交增值税(进项税额)"账户的借方;用商业汇票支

付 180 800 元款项,导致应付票据这一负债增加,记入"应付票据"账户的贷方。为此,编制如下会计分录:

借:在途物资——B 材料 160 000

 应交税费——应交增值税(进项税额) 20 800

 贷:应付票据——北方公司 180 800

4 月 12 日,收到 B 材料验收入库单时,将"在途物资"账户中归集的材料采购成本转至"原材料"账户,编制如下会计分录:

借:原材料——B 材料 160 000

 贷:在途物资——B 材料 160 000

5 月 8 日,应付北方公司的商业汇票到期通过银行兑付时,一方面银行存款减少 180 800 元,另一方面应付票据减少 180 800 元,即资产和负债同时减少 180 800 元。为此,编制如下会计分录:

借:应付票据——北方公司 180 800

 贷:银行存款 180 800

【例 5-8】 4 月 12 日,联合公司按照 C 材料购货合同,通过银行向东方公司预付 203 400 元购货款。4 月 19 日,收到东方公司按照合同规定发来 C 材料 4 500 千克,并验收入库,同时收到的增值税专用发票上注明 C 材料 4 500 千克,单价 40 元,价款 180 000 元,增值税税额 23 400 元,和预付账款一致。

4 月 12 日,收到按合同预付款项单据时,预付的 203 400 元,作为一项资产的增加,记入"预付账款"账户的借方;同时另一项资产即银行存款减少,记入"银行存款"账户的贷方。为此,编制如下会计分录:

借:预付账款——东方公司 203 400

 贷:银行存款 203 400

4 月 19 日,收到 C 材料发票账单与材料验收入库单时,180 000 元价款属于购入 C 材料的成本,记入"原材料"账户的借方;23 400 元增值税税额属于应交增值税的进项税额,记入"应交税费——应交增值税(进项税额)"账户的借方;203 400 元预付账款应当予以冲销,记入"预付账款"账户的贷方。为此,编制如下会计分录:

借:原材料——C 材料 180 000

 应交税费——应交增值税(进项税额) 23 400

 贷:预付账款——东方公司 203 400

【例 5-9】 4 月 15 日,联合公司从东南公司购入 A、B 两种材料,收到的增值税专用发票注明 A 材料 60 000 千克,单价 12 元,价款 720 000 元,增值税税额 93 600 元;B 材料

40 000 千克，单价 20 元，价款 800 000 元，增值税税额 104 000 元。由东南公司办理托运并垫付运输费，运输费按材料重量计付，收到的增值税专用发票上注明运输费 5 000 元，增值税税额 450 元。4 月 17 日，从东南公司购入的 A 材料、B 材料运达并验收入库。4 月 22 日，通过银行向东南公司付讫这项购料与运输款项。

4 月 15 日，收到购料与运输费发票账单时，因按重量计付运输费，则以材料的重量为分配标准，计算 A、B 两种材料应分配的运输费如下：

$$分配率 = \frac{5\,000}{60\,000 + 40\,000} = 0.05(元/千克)$$

$$A\,材料应分配运输费 = 60\,000 \times 0.05 = 3\,000(元)$$

$$B\,材料应分诶运输费 = 40\,000 \times 0.05 = 2\,000(元)$$

A 材料的价款 720 000 元与分配的 3 000 元运输费之和 723 000 元是该批 60 000 千克 A 材料的采购成本，记入"在途物资——A 材料"账户的借方；B 材料的价款 800 000 元与分配的 2 000 元运输费之和 802 000 元是该批 40 000 千克 B 材料的采购成本，记入"在途物资——B 材料"账户的借方；增值税税额共计 198 050 元属于应交增值税的进项税额，记入"应交税费——应交增值税（进项税额）"账户的借方；由于款项尚未支付，根据购料与运输费发票账单金额 1 723 050 元确认一项负债，记入"应付账款"账户的贷方。为此，编制如下会计分录：

借：在途物资——A 材料	723 000
——B 材料	802 000
应交税费——应交增值税（进项税额）	198 050
贷：应付账款——东南公司	1 723 050

4 月 17 日，收到从东南公司购入 A、B 两种材料验收入库单时，将"在途物资"账户中归集的材料采购成本转至"原材料"账户。为此，编制如下会计分录：

借：原材料——A 材料	723 000
——B 材料	802 000
贷：在途物资——A 材料	723 000
——B 材料	802 000

4 月 22 日，通过银行向东南公司付讫购料与运输款项时，一方面银行存款减少 1 723 050 元，另一方面应付账款减少 1 723 050 元，即资产和负债同时减少 1 723 050 元。为此，编制如下会计分录：

借：应付账款——东南公司	1 723 050
贷：银行存款	1 723 050

根据［例 5-7］和［例 5-9］编制 B 材料的在途物资明细账，如表 5-1 所示；B 材料的原材

料明细账,如表5-2所示。

表5-1   "在途物资"明细账

材料名称:B材料   单位:元

20×1年 月	日	凭证号数	摘要	借方 买价	运杂费	合计	贷方
4	1		期初余额	…	…	…	
4	8	4-7	购入8 000千克,单价20.00元	160 000		160 000	
4	12	4-8	结转采购成本				160 000
4	15	4-9	购入40 000千克,单价20.05元	800 000	2 000	802 000	
4	17	4-10	结转采购成本				802 000

表5-2   "原材料"明细账

材料名称:B材料   数量单位:千克,金额单位:元

20×1年 月	日	凭证号数	摘要	收入 数量	单位成本	金额	发出 数量	单位成本	金额	结存 数量	单位成本	金额
4	1		期初余额							…	…	…
4	12	4-8	购入	8 000	20.00	160 000				…	…	…
4	17	4-10	购入	40 000	20.05	802 000				…	…	…
…	…	…	…	…	…	…	…	…	…	…	…	…
…	…	…	…	…	…	…	…	…	…	…	…	…

第三节 生产业务核算

一、生产业务的主要内容

生产业务是制造企业的核心业务。在生产过程中,生产人员运用房屋建筑物、机器设备等固定资产与专利权、非专利技术等无形资产,对原材料进行加工,生产出市场所需的产

品。生产过程既是产品的制造过程,也是固定资产、原材料以及劳动力等生产要素的消耗过程。

在生产过程中,为生产产品而发生的各种耗费的货币表现称为生产费用,包括材料费用、人工费用、房屋建筑物与机器设备等固定资产的折旧费用等。生产费用应当由生产的产品来承担,企业生产一定种类、一定数量产品所发生的生产费用即产品成本。除生产费用之外,还有一部分耗费发生在企业经营管理的过程中,这部分耗费应作为期间费用直接计入发生当期的损益。

在生产过程中,企业生产经营资金循环的状态从长期资金、储备资金、货币资金形态逐步转化为生产资金形态。房屋建筑物、机器设备等固定资产在生产过程中保持原有的实物形态,长时间反复使用,价值随着使用以折旧的方式逐步转移到生产的产品价值中,成本也就分期转为生产费用。原材料投入生产后通常一次消耗,价值随之全部转移到所生产的产品的价值中,成本也就一次转为生产费用。劳动力的耗费同样构成生产费用,表现为支付给生产部门人员的各种薪酬。在生产过程中还可能发生水电费等其他生产费用。在会计核算中,需要通过账务处理归集所发生的全部生产费用,并确定所生产的产品成本。

生产费用与产品成本是既有联系又有区别的两个概念。生产费用与一定的时期相联系,通常按会计期间归集;产品成本与生产的一定种类、一定数量的产品相联系,是对象化的生产费用。一定种类、一定数量的产品从投产到完工可能要跨越会计期间,如上月投产本月才完工,或者本月投产下月才完工等,因此,在产品不是当月投产当月完工的情况下,产品成本通常包含不同期间发生的生产费用。

二、产品成本的计算

生产业务的核算主要是归集和分配生产费用,以及计算产品成本。

1. 产品成本的计算原则

计算产品成本,先要确定成本核算对象,对于制造企业来说,成本核算对象通常是生产的各种产品。然后将生产过程中发生的各种耗费,即生产费用以生产的产品为对象进行归集。计算产品成本的原则是,某种产品单独受益的生产费用直接计入该产品成本,多种产品共同受益的生产费用分配计入相应的产品成本。一般将计入产品成本的生产费用按照用途,划分为直接材料、直接人工和制造费用三个成本项目。直接材料,是指直接用于产品生产,构成产品实体的原料、主要材料以及有助于产品形成的辅助材料等。直接人工,是指直接从事产品生产人员的薪酬费用。直接材料和直接人工与产品生产直接相关,属于直接生产费用,应直接计入产品的成本。制造费用,是指生产车间或部门发生的除直接材料、直接人工以外用于产品生产的各种耗费,如机器设备的折旧费、机物料消耗以及水电费等。制造费用一般与产品生产间接相关,属于间接生产费用,需要通过一定的标准分配计入相关的产品成本。

产品生产成本的计算，一般是根据相关的原始记录，将产品生产过程中消耗的原材料和人工费用等作为直接材料和直接人工成本项目直接计入产品成本。如果消耗的材料和人工费用的受益对象为两种以上产品，则需要采用恰当的分配标准分配计入相应的产品成本。受益对象为不同种类产品的固定资产折旧费用、生产管理人员薪酬、机物料消耗以及其他费用，通常作为制造费用按车间或部门进行归集，归集后按一定的标准分配计入生产的不同种类的产品成本。

【例 5-10】 红光公司 20×1 年 5 月生产车间生产甲、乙、丙三种产品，三种产品耗用原材料分别为 5 000 000 元、4 000 000 元与 3 000 000 元；生产甲、乙、丙三种产品生产人员的薪酬分别为 1 100 000 元、880 000 元与 220 000 元；生产车间发生固定资产折旧费 565 000 元、机物料消耗 45 000 元、水电费 55 000 元、管理人员薪酬 85 000 元。制造费用按产品的耗用工时作为分配标准，本月甲、乙、丙三种产品耗用工时分别为 50 000 工时、40 000 工时与 10 000 工时。当月发生的制造费用与分配计入甲、乙、丙三种产品的计算如下：

$$制造费用 = 565\,000 + 45\,000 + 55\,000 + 85\,000 = 750\,000（元）$$

$$制造费用分配率 = \frac{750\,000}{50\,000 + 40\,000 + 10\,000} = 7.5（元/工时）$$

$$甲产品应分配制造费用 = 50\,000 \times 7.5 = 375\,000（元）$$

$$乙产品应分配制造费用 = 40\,000 \times 7.5 = 300\,000（元）$$

$$丙产品应分配制造费用 = 10\,000 \times 7.5 = 75\,000（元）$$

当月甲、乙、丙三种产品制造成本的计算，如表 5-3 所示。

表 5-3 　　　　　　　　　　　**产品成本计算表**

20×1 年 5 月 　　　　　　　　　　　　　　　　　　　　　　　　单位：元

产品	成本项目			合计
	直接材料	人工费用	制造费用	
甲产品	5 000 000	1 100 000	375 000	6 475 000
乙产品	4 000 000	880 000	300 000	5 180 000
丙产品	3 000 000	220 000	75 000	3 295 000
合计	12 000 000	2 200 000	750 000	14 950 000

需要注意的是，在计算产品成本的过程中，由于企业的生产持续不断进行，同一种产品在一定期间内既存在完工也存在未完工的情况，也就产生了如何确定本期完工产品成本与未完工在产品成本的问题。完工产品成本、在产品成本和本期发生的生产费用之间的关系为：

$$某产品期初在产品成本 + 该产品本期发生的生产费用 - 该产品本期完工产品成本 = 该产品期末在产品成本$$

通常，对于期初和本期累计发生的生产费用，需要采用一定的方法，如约当产量法在完工产品与在产品之间进行分配,以确定本期完工产品与期末在产品的成本。

2. 存货盘存制与发出存货的计价

为生产而储备的材料属于企业的存货,领用材料需要确定其数量和成本,即需要确定发出存货的数量和计价方法。存货,是指企业在日常活动中持有的以备出售的产成品或商品、处在生产过程中的在产品、在生产过程或者提供劳务过程中耗用的材料或物料等。对于存货的核算有永续盘存制和实地盘存制两种方法。相同的存货可能是不同时间、不同批次购进或者生产,其单位价格或者成本不尽相同。在实务中,通常根据不同的存货流转假设来确定发出存货的成本。存货流转假设主要有先入库的存货先发出、存货均匀发出等。基于不同的存货流转假设,产生了不同的存货发出计价方法,如先进先出法和加权平均法等。

(1)永续盘存制。永续盘存制也称账面盘存制,是指通过设置存货明细账,对日常发生的存货增加(收入)或者减少(发出),都根据会计凭证在账簿中进行连续登记,并随时在账面上结算出各项存货结存数的存货核算方法。永续盘存制的特点是,平时对存货的收入、发出数量都在存货明细账中进行连续记录,并随时结算出账面结存数量,期末存货的账面结存成本和发出存货成本根据存货流转假设所采用的计价方法计算确定。永续盘存制的优点是在存货明细账中随时反映出每种存货的收入、发出和结存情况,有利于对存货的日常管理和监督;缺点是存货的日常核算工作量较大,在账实不符的情况下需要对账面记录进行调整。

【例 5-11】 红光公司采用永续盘存制对存货进行核算,对于生产产品所需的 A 材料,在先进先出的存货流转假设下,A 材料的明细账,如表 5-4 所示。

表 5-4   "原材料"明细账

材料名称:A 材料   数量单位:千克,金额单位:元

20×1年		凭证号数	摘要	收入			发出			结存		
月	日			数量	单价	金额	数量	单价	金额	数量	单价	金额
3	1		期初余额							400	11.50	4 600
	5	(略)	购入	200	12.00	2 400				400 200	11.50 12.00	7 000
	11		发出				400 100	11.50 12.00	4 600 1 200	100	12.00	1 200
	15		购入	400	12.50	5 000				100 400	12.00 12.50	6 200
	25		发出				100 200	12.00 12.50	1 200 2 500	200	12.50	2 500
	31		本月发生额及月末余额	600		7 400	800		9 500	200	12.50	2 500

（2）实地盘存制。实地盘存制也称定期盘存制，是指期末通过实地盘点来确认库存存货数量，并根据存货流转假设所采用的存货计价方法计算期末存货成本，然后倒轧出本期发出存货数量与成本的存货核算方法。本期发出存货的数量（成本）计算公式为：

$$\text{本期发出存货数量（成本）} = \text{期初结存存货数量（成本）} + \text{本期收入存货数量（成本）} - \text{期末结存存货数量（成本）}$$

加权平均法下期末结存存货单位成本（单价）的计算公式为：

$$\text{期末结存存货单位成本（单价）} = \frac{\text{期初结存存货成本} + \text{本期收入存货成本}}{\text{期初结存存货数量} + \text{本期收入存货数量}}$$

实地盘存制的特点是，平时对存货的收入在存货明细账中进行逐笔记录，期末对存货数量进行盘点，根据存货流转假设确定存货结存成本，再倒轧出本期发出存货数量并计算出发出存货成本，即"以存计耗"或"以存计销"。实地盘存制的优点是可以简化平时的存货核算工作，也不存在对账面记录进行调整的问题；缺点是加大期末的核算工作量，不利于对存货的日常管理和监督。

【例 5-12】　如果红光公司采用实地盘存制对存货进行核算，对于生产产品所需的 A 材料，在均匀发出的存货流转假设下，A 材料的明细账，如表 5-5 所示。

表 5-5　　　　　　　　　　　　　　"原材料"明细账

材料名称：A 材料　　　　　　　　　　　　　　　　　　　　数量单位：千克，金额单位：元

| 20×1 年 | | 凭证号数 | 摘要 | 收入 | | | 发出 | | | 结存 | | |
月	日			数量	单价	金额	数量	单价	金额	数量	单价	金额
3	1		期初余额							400	11.50	4 600
	5	（略）	购入	200	12.00	2 400						
	15	（略）	购入	400	12.50	5 000						
	31		本月发生额及月末余额	600		7 400	800	12.00	9 600	200	12.00	2 400

$$\text{单位成本（单价）} = \frac{4\,600 + 7\,400}{400 + 600} = 12.00（\text{元/千克}）$$

如果 A 材料期末盘点结存数量是 200 千克，则：

期末结存材料成本 = 200 × 12.00 = 2 400（元）

发出材料数量 = 400 + 600 − 200 = 800（千克）

发出材料成本 = 4 600 + 7 400 − 2 400 = 9 600（元）或 800 × 12.00 = 9 600（元）

三、生产业务的会计处理

1. 账户设置

企业应设置"生产成本""制造费用"账户归集、分配与计算产品成本,设置"管理费用"账户反映企业经营管理过程中的耗费情况;同时,还需设置"原材料""应付职工薪酬""累计折旧"以及"银行存款"等账户分别核算生产经营过程中发生的材料、人工、固定资产以及其他耗费情况。除此之外,设置"库存商品"账户反映完工产品的入库、出库以及结存情况。

(1)"生产成本"账户。"生产成本"账户用于核算企业为生产产品而发生的各项生产费用,属于成本类账户。"生产成本"账户的借方登记企业为进行产品生产而发生的各项生产费用,包括直接材料、直接人工和制造费用,贷方登记企业已完工并验收入库而结转的产成品成本;期末借方余额,反映期末企业尚未完工的在产品成本。"生产成本"账户应按成本核算对象,如产品的品种、规格等设置明细账,并按照规定的成本项目设置专栏进行明细核算。

(2)"制造费用"账户。"制造费用"账户用于核算企业为生产产品而发生的各项间接生产费用,属于成本类账户。"制造费用"账户的借方登记企业发生的各项间接生产费用,贷方登记企业结转分配计入不同成本核算对象的间接生产费用;期末分配结转后无余额。为了区分不同生产车间或部门的生产费用发生情况,合理分配间接生产费用与正确计算产品成本,"制造费用"账户应按不同的生产车间或部门设置明细账,并按费用项目设置专栏进行明细核算。

(3)"应付职工薪酬"账户。"应付职工薪酬"账户用于核算企业按照规定应付给职工的各种薪酬,属于负债类账户。"应付职工薪酬"账户的贷方登记企业实际发生计入成本、费用的应付职工的薪酬,借方登记企业实际已支付的职工薪酬;期末贷方余额,反映期末企业应付未付的职工薪酬。"应付职工薪酬"账户可按"工资""职工福利"等项目设置明细账,进行明细核算。

(4)"累计折旧"账户。"累计折旧"账户用于核算企业固定资产累计损耗的价值。"累计折旧"账户的贷方登记企业按期计提的固定资产折旧额,借方登记企业处置固定资产时结转的固定资产已提折旧额;期末贷方余额,反映期末企业固定资产的累计折旧额。"累计折旧"账户是"固定资产"账户的备抵账户,期末"固定资产"账户余额减去"累计折旧"账户余额的差额,反映企业期末固定资产的净值。"累计折旧"账户可按固定资产类别和每项固定资产设置明细账,进行明细核算。

(5)"库存商品"账户。"库存商品"账户用于核算企业库存的各种商品的收入、发出和结存情况,属于资产类账户。"库存商品"账户的借方登记企业生产完工并验收入库的产成品的成本,贷方登记企业因为销售等原因发出的产成品的成本;期末借方余额,反映期末企业库存产成品的成本。"库存商品"账户可按产品的品种、规格等设置明细账,进行明细核算。

（6）"管理费用"账户。"管理费用"账户用于核算企业为了组织和管理生产经营所发生的各种耗费，包括行政管理部门人员的职工薪酬、固定资产折旧费、办公费等，属于损益类账户。"管理费用"账户的借方登记企业发生的各项管理费用，贷方登记企业应当冲减的管理费用和期末结转至"本年利润"账户的管理费用；期末结转后无余额。"管理费用"账户可按费用项目设置明细账，进行明细核算。

2. 账务处理

制造业务的账务处理涉及生产经营过程中直接生产费用的归集、制造费用的归集与分配、产品成本的计算以及完工产品成本的结转等，账务处理的主要内容，如图 5-6 所示。

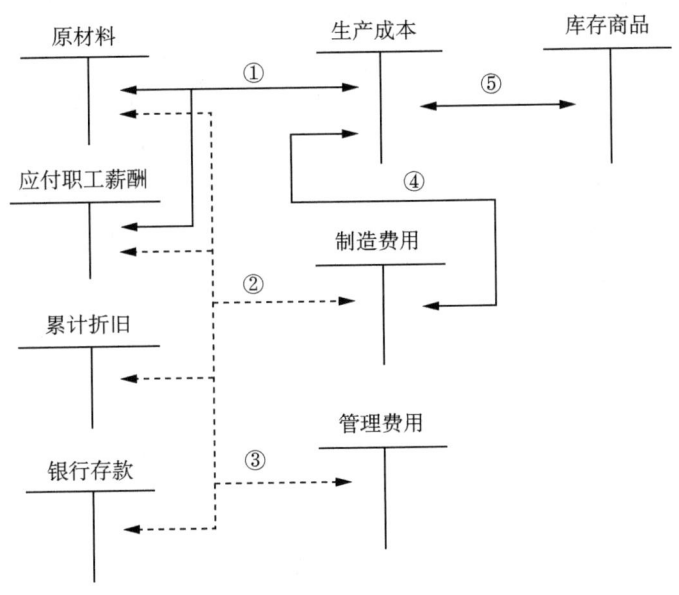

图 5-6 生产业务的账务处理

图 5-6 说明：①归集发生的各种直接生产费用，增加生产成本，同时减少原材料、增加应付职工薪酬等；②归集生产车间或部门发生的各种间接生产费用，增加制造费用，同时减少原材料、增加应付职工薪酬、增加累计折旧、减少银行存款等；③归集管理部门组织管理生产经营过程中发生的各种费用，增加管理费用，同时减少原材料、增加应付职工薪酬、增加累计折旧、减少银行存款等；④分配结转制造费用，增加有关成本计算对象的生产成本，同时减少制造费用；⑤结转完工产品成本，增加库存商品成本，同时减少有关成本计算对象的生产成本。

【例 5-13】 联合公司生产丁、戊两种产品，5 月份领用材料的数量和金额汇总，如表 5-6 所示。

表 5-6   5 月份领用材料汇总表

耗用用途	A 材料(12 元/千克)		B 材料(20 元/千克)		C 材料(40 元/千克)		合计(元)
	数量(千克)	金额(元)	数量(千克)	金额(元)	数量(千克)	金额(元)	
丁产品	50 000	600 000	25 000	500 000			1 100 000
戊产品	25 000	300 000	15 000	300 000			600 000
生产车间					3 000	120 000	120 000
行政管理部门					1 000	40 000	40 000
合计	75 000	900 000	40 000	800 000	4 000	160 000	1 860 000

表 5-6 反映出,在 5 月份的生产经营过程中,一方面本月库存材料因领用减少共计 1 860 000 元;另一方面材料耗费转入成本费用共计 1 860 000 元。根据领用材料的用途不同,将耗用的材料记入不同的成本费用账户。直接投入生产丁产品材料 1 100 000 元,属于丁产品的直接材料费用;直接投入生产戊产品材料 600 000 元,属于戊产品的直接材料费用;生产车间耗用材料 120 000 元,属于生产多种产品(本例为丁、戊两种产品)的间接生产费用,计入制造费用;管理部门耗用材料 40 000 元,属于企业经营管理发生的耗费,计入管理费用。为此,编制如下会计分录:

借:生产成本——丁产品   1 100 000
　　　　　　——戊产品   600 000
　　制造费用   120 000
　　管理费用   40 000
　　贷:原材料——A 材料   900 000
　　　　　　　——B 材料   800 000
　　　　　　　——C 材料   160 000

【例 5-14】 联合公司 5 月末结算当月应付职工的薪酬 1 120 000 元。其中,生产丁产品人员薪酬 410 000 元,生产戊产品人员薪酬 280 000 元,车间管理人员薪酬 110 000 元,行政管理部门人员薪酬 320 000 元。

月末结算应付职工薪酬,一方面应付给职工的薪酬共计 1 120 000 元;另一方面应计入成本费用的职工薪酬共计 1 120 000 元。通常在月末根据产量或出勤记录结算应付职工薪酬,按职工所在部门及岗位的不同,计入不同的成本计算对象或费用。生产丁产品人员薪酬 410 000 元,属于丁产品生产成本的直接人工费用;生产戊产品人员薪酬 280 000 元,属于戊产品生产成本的直接人工费用;车间管理人员薪酬 110 000 元,属于生产多种产品(本例为丁、戊两种产品)的间接生产费用,计入制造费用;行政管理部门人员薪酬 320 000 元,属于经营管理发生的耗费,计入管理费用。为此,编制如下会计分录:

借：生产成本——丁产品	410 000
——戊产品	280 000
制造费用	110 000
管理费用	320 000
贷：应付职工薪酬	1 120 000

【例 5-15】　联合公司 5 月末按照规定的固定资产折旧方法,计提本月固定资产折旧 1 590 000 元,其中,生产车间固定资产计提折旧 910 000 元,行政管理部门固定资产计提折旧 680 000 元。

月末计提固定资产折旧,一方面固定资产的累计折旧增加共计 1 590 000 元;另一方面应计入成本费用的折旧费用共计 1 590 000 元。根据固定资产使用部门和用途的不同,应将折旧费用计入相应的成本费用。生产车间固定资产计提的折旧费用 910 000 元,属于生产多种产品(本例为丁、戊两种产品)的间接生产费用,计入制造费用;行政管理部门计提的折旧费用 680 000 元,属于经营管理发生的耗费,计入管理费用。为此,编制如下会计分录:

借：制造费用	910 000
管理费用	680 000
贷：累计折旧	1 590 000

【例 5-16】　联合公司 5 月末耗用的水电费显示,本月共耗用水电费 70 000 元,其中,生产车间耗用水电费 50 000 元,行政管理部门耗用水电费 20 000 元。

发生水电费用,一方面尚未支付的水电费共计 70 000 元作为一项负债计入应付账款;另一方面应计入成本费用的水电费用共计 70 000 元。根据水电费耗用部门的不同,应将水电费计入相应的成本费用。生产车间耗用的水电费 50 000 元,属于生产多种产品(本例为丁、戊两种产品)的间接生产费用,计入制造费用;行政管理部门耗用的水电费 20 000 元,属于经营管理发生的耗费,计入管理费用。为此,编制如下会计分录:

借：制造费用	50 000
管理费用	20 000
贷：应付账款	70 000

【例 5-17】　联合公司汇总 5 月份发生的制造费用共计 1 190 000 元,分配结转至生产的丁、戊两种产品成本。

制造费用是同时生产的多种产品受益的间接生产费用,应按照谁受益谁承担的原则,采用合理的标准分配计入相关的产品成本。联合公司本月生产丁、戊两种产品,假设根据联合公司制定的成本核算规程,以产品生产过程中耗费的原材料费用作为分配标准,对于 5 月份发生的制造费用的分配计算如下:

$$分配率 = \frac{1\,190\,000}{1\,100\,000 + 600\,000} = 0.7$$

丁产品应分配制造费用:1 100 000×0.7＝770 000(元)

戊产品应分配制造费用:600 000×0.7＝420 000(元)

将1 190 000元制造费用分配结转至丁产品成本770 000元、戊产品成本420 000元,编制如下会计分录:

借:生产成本——丁产品   770 000

      ——戊产品   420 000

  贷:制造费用   1 190 000

【例5-18】 假定联合公司生产的丁产品5月初的在产品6 400件,成本为920 000元,在5月份全部完工验收入库;生产的戊产品,在5月份投产生产3 000件、完工2 000件,尚未完工的1 000件产品的完工程度为50%。

因为丁产品月末全部完工,所以在"生产成本——丁产品"明细账户中归集的全部生产费用3 200 000元(月初余额920 000＋本月发生额2 280 000)为完工的丁产品成本,验收入库后应转入"库存商品——丁产品"账户。为此,编制如下会计分录:

借:库存商品——丁产品   3 200 000

  贷:生产成本——丁产品   3 200 000

丁产品生产成本明细账,如表5-7所示。

表5-7   "生产成本"明细账

产品名称:丁产品

| 20×1年 | | 凭证号数 | 摘要 | 借方 | | | |
月	日			直接材料	直接人工	制造费用	合计
5	1		月初余额	370 000	210 000	340 000	920 000
	31	5-22	领用材料	1 100 000			1 100 000
	31	5-23	结算薪酬费用		410 000		410 000
	31	5-25	分配结转制造费用			770 000	770 000
			生产费用合计	1 470 000	620 000	1 110 000	3 200 000
	31	5-26	完工结转(6 400件)	1 470 000	620 000	1 110 000	3 200 000
			月末余额	0	0	0	0

注: 表示红字,即表示对该项目金额的冲销数或转销数。

表5-7所示的丁产品生产成本明细账反映出,丁产品的生产总成本3 200 000元,共生产6 400件,每件单位成本500元。

在"生产成本——戊产品"明细账户中归集的生产费用1 300 000元为戊产品的成本。

完工产品 2 000 件;未完工产品 1 000 件,完工程度 50%,未完工产品的约当完工产品为 500 件(1 000 件×50%)。为此,对于发生的戊产品生产费用应当在所有约当完工产品 2 500 件中进行分配,每件产品分配 520 元(1 300 000 元÷2 500 件),2 000 件完工产品分配生产费用 1 040 000 元(2 000×520);1 000 件未完工产品(约当完工产品 500 件)分配生产费用 260 000 元(500×520)。完工的戊产品成本,验收入库后应结转至"库存商品——戊产品"账户。为此,编制如下会计分录:

借:库存商品——戊产品　　　　　　　　　　　　　　　　　　　　　　1 040 000

　　贷:生产成本——戊产品　　　　　　　　　　　　　　　　　　　　　　1 040 000

未完工的戊产品生产成本明细账余额即下一月月初的戊产品在产品余额。

戊产品生产成本明细账,如表 5-8 所示。

表 5-8　　　　　　　　　　　　　　　　"生产成本"明细账

产品名称:戊产品

20×1年		凭证号数	摘要	借方			
月	日			直接材料	直接人工	制造费用	合计
5	1		月初余额	0	0	0	0
	31	5-22	领用材料	600 000			600 000
	31	5-23	结算薪酬费用		280 000		280 000
	31	5-25	分配结转制造费用			420 000	420 000
			生产费用合计(投产 3 000 件)	600 000	280 000	420 000	1 300 000
	31	5-26	完工结转(2 000 件)	480 000	224 000	336 000	1 040 000
			月末余额	120 000	56 000	84 000	260 000

由表 5-8 所示的戊产品生产成本明细账反映出,戊产品共发生生产费用 1 300 000 元,其中,属于完工产品总成本 1 040 000 元,完工产品 2 000 件,每件单位成本 520 元;属于未完工产品总成本 260 000 元,未完工产品 1 000 件,完工程度 50%。

【例 5-19】　6 月初,联合公司通过银行发放 1 120 000 元职工薪酬。

通过银行发放职工薪酬,一方面银行存款减少 1 120 000 元,另一方面应付职工薪酬减少 1 120 000 元。为此,编制如下会计分录:

借:应付职工薪酬　　　　　　　　　　　　　　　　　　　　　　　　　1 120 000

　　贷:银行存款　　　　　　　　　　　　　　　　　　　　　　　　　　1 120 000

【例 5-20】　6 月初,联合公司通过银行支付 5 月份发生的 70 000 元水电费。

通过银行支付发生的水电费,一方面银行存款减少 70 000 元,另一方面应付账款减少

70 000 元。为此,编制如下会计分录:

借:应付账款   70 000

    贷:银行存款   70 000

第四节 销售业务核算

一、销售业务的主要内容

随着生产过程的结束,制造企业所生产的产品,由在产品完工入库成为产成品,生产经营资金的形态由生产资金转化为成品资金,将进入销售环节。企业产品售出后,企业取得销售货款,生产经营资金的形态,又由成品资金转化为货币资金,至此,企业的生产经营资金完成了整个资金循环。在销售过程中,制造企业一方面按合同规定向客户提供产品,另一方面与客户办理款项结算,收取包括产品价款与增值税在内的货款,确认产品的销售收入,同时结转销售成本。企业用收回的资金重新购买原材料等物资,开展新一轮的产品生产经营活动。如果生产的产品得不到市场的认可而无法售出,意味着成品资金形态无法顺利转化为货币资金形态,就会造成企业资金循环的中断。因此,销售是制造企业生产经营过程以及资金循环过程中的重要环节。

销售过程中的会计核算主要包括确认销售收入与增值税销项税额、结转销售成本、收取货款或者与购货单位进行货款结算等内容。在销售过程中,企业完成销售的时间与取得货款的时间可能一致,也可能不一致。若企业先收到货款,后完成销售,收到货款的同时增加了负债,日后要通过完成销售来予以清偿;若企业先完成销售,后收到货款,完成销售实现销售收入的同时增加了应收账款这一债权。由于完成销售和收到货款的时间可能不一致,产生了销售收入确认以及与购货单位之间的款项结算问题。一般来说,当发出产品,产品的控制权已经转移给购买方,企业收到货款或者取得收取货款的权利时,确认销售收入,而在发出产品前预收的货款则不能确认为销售收入而应确认为一项负债。根据配比原则,在确认销售收入的当期,应将售出产品的成本确认为销售成本。在销售过程中发生的由本企业承担的包装费、运杂费、广告费等其他费用,应作为销售费用计入当期损益。

制造企业售出产品的成本即产品销售成本。企业生产完工入库的产成品也属于存货的一种。制造企业的生产和销售持续进行,不断有产品完工入库和销售出库,期末和期初一般都存在完工待售的产品,不同批次生产的产品单位成本不尽相同,计算产品销售成本也就涉及确定发出产品的数量与发出产品的计价。作为一种存货,产品销售成本的计算与生产过程中发出材料成本的计算相同,根据永续盘存制或者实地盘存制确定库存产品和售出产品数量,再依据存货发出计价的方法确定期末库存产品的成本和售出产品的成本。

二、销售业务的会计处理

1. 账户设置

企业应设置"主营业务收入""主营业务成本""其他业务收入""其他业务成本""税金及附加"和"销售费用"等账户核算销售收入、销售成本以及销售费用情况;同时,还需设置"银行存款""应收票据""应收账款"和"预收账款"等账户核算销售货款的收取以及与购货单位之间由于货款结算引起的债权债务及其清偿情况,设置"应交税费——应交增值税(销项税额)"账户核算企业因销售产品而发生的应交增值税销项税额情况。

(1)"主营业务收入"账户。"主营业务收入"账户用于核算企业确认的销售商品或者提供劳务等主营业务的收入,属于损益类账户。"主营业务收入"账户的贷方登记企业销售商品或者提供劳务实现的收入,借方登记企业发生的销售退回或销售折让和期末结转至"本年利润"账户的主营业务收入;期末结转后无余额。"主营业务收入"账户可按主营业务的种类设置明细账,进行明细核算。

(2)"主营业务成本"账户。"主营业务成本"账户用于核算企业确认销售商品或者提供劳务等主营业务收入时应结转的成本,属于损益类账户。"主营业务成本"账户的借方登记企业应确认的主营业务成本,贷方登记企业期末结转至"本年利润"账户的主营业务成本;期末结转后无余额。"主营业务成本"账户可按主营业务的种类设置明细账,进行明细核算。

(3)"其他业务收入"账户。"其他业务收入"账户用于核算企业确认的除主营业务活动以外的其他经营活动实现的收入,包括出租固定资产、出租无形资产、销售材料等实现的收入,属于损益类账户。"其他业务收入"账户的贷方登记企业确认的其他业务收入,借方登记企业期末结转至"本年利润"账户的其他业务收入;期末结转后无余额。"其他业务收入"账户可按其他业务的种类设置明细账,进行明细核算。

(4)"其他业务成本"账户。"其他业务成本"账户用于核算企业确认的除主营业务活动以外的其他经营活动发生的成本,包括出租固定资产的折旧额、出租无形资产的摊销额、销售材料的成本等,属于损益类账户。"其他业务成本"账户的借方登记企业发生的其他业务成本,贷方登记企业期末结转至"本年利润"账户的其他业务成本;期末结转后无余额。"其他业务成本"账户可按其他业务的种类设置明细账,进行明细核算。

(5)"税金及附加"账户。"税金及附加"账户用于核算企业经营活动发生的消费税、城市维护建设税、教育费附加、资源税、房产税、城镇土地使用税、车船税、环境保护税、印花税等相关税费,属于损益类账户。"税金及附加"账户的借方登记企业按规定计算确定的与经营活动相关的税费,贷方登记企业期末结转至"本年利润"账户的税金及附加;期末结转后无余额。"税金及附加"账户可按税金及附加的项目设置明细账,进行明细核算。

(6)"销售费用"账户。"销售费用"账户用于核算企业销售商品或者提供劳务过程中发生的各种费用,包括在销售过程中发生的保险费、包装费、展览费和广告费、商品维修费、预计产品质量保证损失、运输费、装卸费等以及为销售本企业商品而专设的销售机构的职工薪酬、业务费、折旧费等经营费用,属于损益类账户。"销售费用"账户的借方登记企业发生的各项销售费用,贷方登记企业期末结转至"本年利润"账户的销售费用;期末结转后无余额。"销售费用"账户可按费用项目设置明细账,进行明细核算。

(7)"应收票据"账户。"应收票据"账户用于核算企业因销售商品或者提供劳务而取得商业汇票(包括银行承兑汇票、商业承兑汇票)与票款收回等情况,属于资产类账户。"应收票据"账户的借方登记企业取得的商业汇票的票面金额,贷方登记企业商业汇票到期收回票款或者到期前向银行贴现的商业汇票的票面金额;期末借方余额,反映期末企业持有的商业汇票的票面金额。"应收票据"账户可按开出、承兑商业汇票的单位设置明细账,进行明细核算。

(8)"应收账款"账户。"应收账款"账户用于核算企业因销售商品或者提供劳务等经营活动应收取的款项与款项收回等情况,属于资产类账户。"应收账款"账户的借方登记企业应收账款的增加,贷方登记企业应收账款的收回以及实际发生坏账时的转销额;期末余额一般在借方,反映期末企业尚未收回的应收账款;期末余额若在贷方,则反映期末企业预收的账款。"应收账款"账户可按购货单位设置明细账,进行明细核算。

(9)"预收账款"账户。"预收账款"账户用于核算企业按照合同规定预收款项的取得、偿付等情况,属于负债类账户。"预收账款"账户的贷方登记企业向购货单位预收的金额和购货单位补付的金额,借方登记企业向购货单位发货后冲销的预收账款金额和退回多付的金额;期末余额一般在贷方,反映期末企业预收的款项;期末余额若在借方,则反映企业期末应由购货单位补付的款项,属于应收账款。"预收账款"账户可按购货单位设置明细账,进行明细核算。预收账款情况不多的企业,可以不设置"预收账款"账户,而将预收的款项通过"应收账款"账户进行核算。

2. 账务处理

销售业务的账务处理涉及销售收入、销售成本与销售费用的确认,增值税销项税额以及销售货款的收取或者与购货单位货款的结算等,其中,主营业务账务处理的主要内容,如图5-7所示。

图5-7说明:①现销方式实现销售,增加主营业务收入与应交税费——应交增值税(销项税额),同时增加银行存款;②商业汇票结算方式实现销售,增加主营业务收入与应交税费——应交增值税(销项税额),同时增加应收票据;③商业汇票到期收回票款,增加银行存款,同时减少应收票据;④赊销方式实现销售,增加主营业务收入与应交税费——应交增值税(销项税额),同时增加应收账款;⑤收回赊销货款,增加银行存款,同时减少应收账款;⑥预收销货款,增加银行存款,同时增加预收账款;⑦实现销售,履行预收款项义务,增加主营业务收入与应交税费——应交增值税(销项税额),同时减少预收账款;⑧结转销售成本,

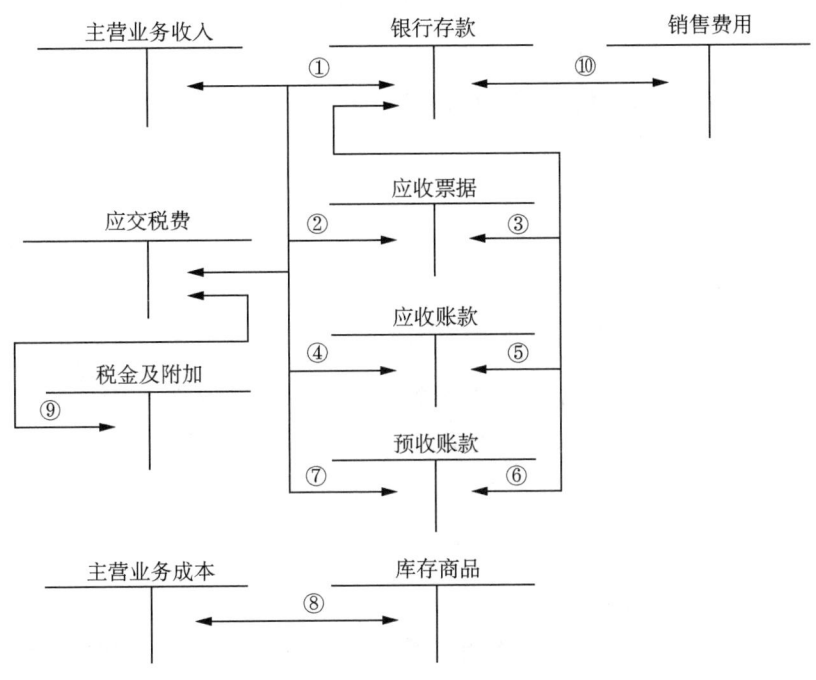

图 5-7 主营业务的账务处理

增加主营业务成本,同时减少库存商品;⑨计算销售过程中发生的税费,增加税金及附加,同时增加应交税费;⑩支付销售过程中发生的费用,增加销售费用,同时减少银行存款。

【例 5-21】 20×1 年 6 月 2 日,联合公司销售给东北公司丁产品一批,开出的增值税专用发票上注明丁产品 2 500 件,单价 960 元,价款 2 400 000 元,增值税税额 312 000 元,丁产品已发出,款项已通过银行收讫。

收到丁产品销售发票、产品发出单及银行入账通知单时,表明销售已实现且货款已收到,其中,2 400 000 元价款属于实现的销售收入,记入"主营业务收入"账户的贷方,312 000 元增值税税额不属于销售收入,而属于应交增值税的销项税额,记入"应交税费——应交增值税(销项税额)"账户的贷方;通过银行收讫的货款 2 712 000 元,记入"银行存款"账户的借方。为此,编制如下会计分录:

借:银行存款　　　　　　　　　　　　　　　　　　　　　　　　　　2 712 000

　　贷:主营业务收入　　　　　　　　　　　　　　　　　　　　　　　　2 400 000

　　　　应交税费——应交增值税(销项税额)　　　　　　　　　　　　　　312 000

【例 5-22】 6 月 5 日,联合公司销售给西北公司戊产品一批,开出的增值税专用发票上注明戊产品 1 500 件,单价 1 200 元,价款 1 800 000 元,增值税税额 234 000 元,戊产品已发出,西北公司开出一张期限为 1 个月、面值为 2 034 000 元的商业汇票。7 月 5 日,商业汇票到期,收回款项存入银行。

6月5日，收到戊产品销售发票、发货单与收到商业汇票时，表明销售已实现，其中，1 800 000 元价款属于实现的销售收入，记入"主营业务收入"账户的贷方，234 000 元增值税税额不属于销售收入，而属于应交增值税的销项税额，记入"应交税费——应交增值税（销项税额）"账户的贷方；收到商业汇票 2 034 000 元，记入"应收票据"账户的借方。为此，编制如下会计分录：

借：应收票据——西北公司 2 034 000
　　贷：主营业务收入 1 800 000
　　　　应交税费——应交增值税（销项税额） 234 000

7月5日，面值 2 034 000 元的商业汇票到期，收回款项存入银行时，银行存款增加，记入"银行存款"账户的借方；同时冲销应收票据，记入"应收票据"账户的贷方。为此，编制如下会计分录：

借：银行存款 2 034 000
　　贷：应收票据——西北公司 2 034 000

【例 5-23】 6月15日，联合公司销售给东南公司戊产品一批，开出的增值税专用发票上注明戊产品 1 200 件，单价 1 250 元，价款 1 500 000 元，增值税税额 195 000 元，戊产品已发出但货款尚未收讫。6月22日，通过银行收讫该项戊产品的货款。

6月15日，收到戊产品销售发票、发货单但未收到货款时，表明销售已实现，其中，1 500 000 元价款属于实现的销售收入，记入"主营业务收入"账户的贷方，195 000 元增值税税额不属于销售收入，而属于应交增值税的销项税额，记入"应交税费——应交增值税（销项税额）"账户的贷方；尚未收讫的货款 1 695 000 元，作为一项债权记入"应收账款"账户的借方。为此，编制如下会计分录：

借：应收账款——东南公司 1 695 000
　　贷：主营业务收入 1 500 000
　　　　应交税费——应交增值税（销项税额） 195 000

6月22日，收到银行收款通知单时，收讫货款 1 695 000 元记入"银行存款"账户的借方；同时冲销应收账款这一债权，记入"应收账款"账户的贷方。为此，编制如下会计分录：

借：银行存款 1 695 000
　　贷：应收账款——东南公司 1 695 000

【例 5-24】 6月20日，联合公司与西南公司订立销售丁产品合同，通过银行向西南公司预收 2 260 000 元。7月4日，按照合同规定向西南公司发送丁产品，开出的增值税专用发票上注明丁产品 2 000 件，单价 1 000 元，价款 2 000 000 元，增值税税额 260 000 元，和预收货款一致。

6月20日，收到银行收款通知单时，银行存款增加 2 260 000 元，记入"银行存款"账户的借方；同时预收 2 260 000 元货款，作为一项负债的增加，记入"预收账款"账户的贷方。为此，编制如下会计分录：

借：银行存款　　　　　　　　　　　　　　　　　　　　　　　　　　2 260 000
　　贷：预收账款——西南公司　　　　　　　　　　　　　　　　　　　　　　2 260 000

7 月 4 日，按合同向西南公司发送丁产品，收到销售发票和发货单时，表明销售已实现，其中，2 000 000 元价款属于实现的销售收入，记入"主营业务收入"账户的贷方，260 000 元增值税税额不属于销售收入，而属于应交增值税的销项税额，记入"应交税费——应交增值税（销项税额）"账户的贷方；冲销 2 260 000 元的预收账款，记入"预收账款"账户的借方。为此，编制如下会计分录：

借：预收账款——西南公司　　　　　　　　　　　　　　　　　　　　2 260 000
　　贷：主营业务收入　　　　　　　　　　　　　　　　　　　　　　　　　2 000 000
　　　　应交税费——应交增值税（销项税额）　　　　　　　　　　　　　　　260 000

【例 5-25】　6 月 25 日，联合公司根据保险合同通过银行支付销售产品的保险费 38 000 元。

销售产品发生的保险费属于销售费用，通过银行支付保险费，一方面销售费用增加，另一方面银行存款减少。为此，编制如下会计分录：

借：销售费用　　　　　　　　　　　　　　　　　　　　　　　　　　38 000
　　贷：银行存款　　　　　　　　　　　　　　　　　　　　　　　　　　　38 000

【例 5-26】　6 月 25 日，联合公司将多余的 2 000 千克 D 材料销售给西北公司，开具的增值税专用发票上注明 D 材料单价 20 元，价款 40 000 元，增值税税额 5 200 元。材料已经发出，货款已通过银行收讫。D 材料的成本为每千克 15 元，材料出售后即予以结转成本。

销售材料不属于企业的主营业务活动，应作为其他业务核算。材料发出，销售实现，货款收讫，增加银行存款 45 200 元，记入"银行存款"账户的借方，其中，40 000 元价款属于实现的销售收入，记入"其他业务收入"账户的贷方，5 200 元增值税税额不属于销售收入，而属于应交增值税的销项税额，记入"应交税费——应交增值税（销项税额）"账户的贷方。为此，编制如下会计分录：

借：银行存款　　　　　　　　　　　　　　　　　　　　　　　　　　45 200
　　贷：其他业务收入　　　　　　　　　　　　　　　　　　　　　　　　　40 000
　　　　应交税费——应交增值税（销项税额）　　　　　　　　　　　　　　　5 200

结转出售材料的成本，增加其他业务成本，记入"其他业务成本"账户的借方；同时减少原材料，记入"原材料"账户的贷方。为此，编制如下会计分录：

借：其他业务成本　　　　　　　　　　　　　　　　　　　　　　　　30 000
　　贷：原材料——D 材料　　　　　　　　　　　　　　　　　　　　　　　30 000

【例 5 - 27】 6 月 30 日，联合公司根据相关规定计算应交纳的城市维护建设税 29 000 元。

应交纳的城市维护建设税属于企业应负担的税费，记入"税金及附加"账户的借方；由于税款还未实际交纳，形成企业对政府的负债，记入"应交税费——应交城市维护建设税"账户的贷方。为此，编制如下会计分录：

借：税金及附加　　　　　　　　　　　　　　　　　　　　　　　 29 000
　　贷：应交税费——应交城市维护建设税　　　　　　　　　　　　　　　 29 000

【例 5-28】 6 月 30 日，联合公司根据相关规定计算 20×1 年第二季度应交纳教育费附加 21 000 元。

应交纳的教育费附加属于企业应负担的税费，记入"税金及附加"账户的借方；由于税款还未实际交纳，形成企业对政府的负债，记入"应交税费——应交教育费附加"账户的贷方。为此，编制如下会计分录：

借：税金及附加　　　　　　　　　　　　　　　　　　　　　　　 21 000
　　贷：应交税费——应交教育费附加　　　　　　　　　　　　　　　　 21 000

【例 5-29】 联合公司 6 月初丁产品结存 2 800 件，总成本 1 400 000 元；戊产品结存 2 000 件，总成本 1 040 000 元。假定本月完工入库丁产品 5 200 件，总成本 2 496 000 元；完工入库戊产品 2 000 件，总成本 1 060 000 元。按规定采用加权平均法对产成品进行计价，汇总并结转 6 月份已售丁产品和戊产品的成本。

按照加权平均法，出售的丁产品和戊产品的单位成本为：

$$丁产品单位成本 = \frac{1\ 400\ 000 + 2\ 496\ 000}{2\ 800 + 5\ 200} = 487(元/件)$$

$$戊产品单位成本 = \frac{1\ 040\ 000 + 1\ 060\ 000}{2\ 000 + 2\ 000} = 525(元/件)$$

本月共销售丁产品 4 500 件，每件成本 487 元，总成本 2 191 500 元；本月共销售戊产品 2 700 件，每件成本 525 元，总成本 1 417 500 元。售出产品的成本应与相应的销售收入配比，确认销售成本，记入"主营业务成本"账户的借方；同时，产品出库售出，库存商品减少，记入"库存商品"账户的贷方。为此，结转 6 月份已售丁产品和戊产品的成本，编制如下会计分录：

借：主营业务成本　　　　　　　　　　　　　　　　　　　　　 3 609 000
　　贷：库存商品——丁产品　　　　　　　　　　　　　　　　　　 2 191 500
　　　　　　　　——戊产品　　　　　　　　　　　　　　　　　　 1 417 500

第五节　利润与利润分配业务核算

一、利润的形成与会计处理

1. 利润的形成

企业的利润,既有通过生产经营活动形成的,也有通过投资活动形成的,还有一些是非日常活动形成的。利润可以分为营业利润、利润总额与净利润三个层次。

企业在生产经营过程中取得并确认的主营业务收入和其他业务收入共同构成营业收入,与收入配比的主营业务成本和其他业务成本共同构成营业成本。此外,企业还发生税金及附加和期间费用。营业成本、税金及附加、期间费用与营业收入相配比,得到营业利润的主要构成部分。

期间费用包括销售费用、管理费用、研发费用和财务费用,是企业当期发生费用的重要组成部分,但期间费用不同于生产费用。生产费用应计入产品成本,随着产品销售,作为产品成本的生产费用和销售收入相配比,计入销售当期的损益;而期间费用则不能直接或者间接计入产品成本,应当在发生的当期直接计入当期损益。

企业获得的与日常活动相关,但不应确认为营业收入或者冲减成本费用的政府补助,作为其他收益构成企业的营业利润。企业以各种方式对外投资取得的投资损益或者损失,增加或者减少企业的营业利润。

企业交易性金融资产等公允价值变动形成的应当计入当期损益的利得或者损失增加或者减少企业的营业利润。企业生产经营持有的存货与固定资产等资产因减值计提减值准备导致的减值损失、应收账款等金融资产无法收回导致的信用减值损失,减少企业的营业利润。企业按规定发生的资产处置收益或者损失也增加或者减少企业的营业利润。

企业发生的与日常活动无直接关系的各项利得作为营业外收入增加企业的利润总额,企业发生的与日常活动无直接关系的各项损失作为营业外支出减少企业的利润总额。

企业应当根据本期经营所得计算确认所得税费用,利润总额减去所得税费用即企业的净利润。

由以上分析得出企业三个层次利润的计算公式为:

营业利润＝营业收入－营业成本－税金及附加－销售费用－管理费用－研发费用

　　　　　－财务费用＋其他收益＋投资收益(－投资损失)

　　　　　＋公允价值变动收益(－公允价值变动损失)

　　　　　－资产减值损失－信用减值损失＋资产处置收益(－资产处置损失)

利润总额＝营业利润＋营业外收入－营业外支出

净利润＝利润总额－所得税费用

2. 账户设置

企业应设置"主营业务收入""主营业务成本""其他业务收入""其他业务成本""税金及附加""销售费用""管理费用""财务费用""其他收益""投资收益""公允价值变动损益""信用减值损失""坏账准备""营业外收入""营业外支出"和"所得税费用"等账户核算企业的有关收入、费用、利得与损失情况,设置"本年利润"账户核算利润的形成情况。

(1)"其他收益"账户。"其他收益"账户用于核算企业获得的与日常活动相关,但不应确认为营业收入或者冲减成本费用的政府补助等收益,属于损益类账户。"其他收益"账户的贷方登记企业确认的其他收益,借方登记企业结转"本年利润"账户的其他收益;期末结转后无余额。"其他收益"账户可按其他收益项目设置明细账,进行明细核算。

(2)"投资收益"账户。"投资收益"账户用于核算企业确认的投资收益或者投资损失,属于损益类账户。"投资收益"账户的贷方登记企业确认的投资收益和期末结转"本年利润"账户的投资净损失,借方登记企业确认的投资损失和期末结转"本年利润"账户的投资净收益;期末结转后无余额。"投资收益"账户可按投资项目设置明细账,进行明细核算。

(3)"公允价值变动损益"账户。"公允价值变动损益"账户用于核算企业交易性金融资产等公允价值变动形成的应当计入当期损益的利得或者损失,属于损益类账户。"公允价值变动损益"账户的贷方登记企业确认的公允价值变动收益和期末结转"本年利润"账户的公允价值变动净损失,借方登记企业确认的公允价值变动损失和期末结转"本年利润"账户的公允价值变动净收益;期末结转后无余额。"公允价值变动损益"账户可按交易性金融资产等项目设置明细账,进行明细核算。

(4)"信用减值损失"账户。"信用减值损失"账户用于核算企业计提信用减值准备所确认的损失,属于损益类账户。"信用减值损失"账户的借方登记企业计提的各项信用减值损失,贷方登记企业在原已计提的减值准备范围内信用价值恢复增加的金额以及期末结转"本年利润"账户的信用减值损失;期末结转后无余额。"信用减值损失"账户可按信用减值损失的项目设置明细账,进行明细核算。

(5)"坏账准备"账户。"坏账准备"账户用于核算企业应收款项等的坏账准备,属于备抵账户。"坏账准备"账户的贷方登记企业按照规定估计的应收款项发生减值的金额,借方登记企业已确认减值的恢复金额;期末贷方余额,反映企业已计提的坏账准备。"坏账准备"账户可按应收款项等的类别设置明细账,进行明细核算。

(6)"营业外收入"账户。"营业外收入"账户用于核算企业确认的各项营业外收入,属于损益类账户。"营业外收入"账户的贷方登记企业确认的营业外收入,借方登记企业期末结转"本年利润"账户的营业外收入;期末结转后无余额。"营业外收入"账户可按营业外收入项目设置明细账,进行明细核算。

(7)"营业外支出"账户。"营业外支出"账户用于核算企业确认的各项营业外支出,属于损益类账户。"营业外支出"账户的借方登记企业确认的营业外支出,贷方登记企业期末结转"本年利润"账户的营业外支出;期末结转后无余额。"营业外支出"账户可按营业外支出项目设置明细账,进行明细核算。

(8)"所得税费用"账户。"所得税费用"账户用于核算企业确认的所得税费用,属于损益类账户。"所得税费用"账户的借方登记企业当期确认的所得税费用,贷方登记企业期末结转"本年利润"账户的所得税费用;期末结转后无余额。

(9)"本年利润"账户。"本年利润"账户用于核算企业当期实现的净利润(或发生的净亏损),属于所有者权益类账户。"本年利润"账户的贷方登记企业期末从损益类账户转入的利润增加项目,如主营业务收入、其他业务收入、其他收益、投资收益、营业外收入等的金额;借方登记企业期末从损益类账户转入的利润减少项目,如主营业务成本、其他业务成本、税金及附加、销售费用、管理费用、财务费用、信用减值损失、营业外支出等的金额。结转后若为贷方余额,反映为当期实现的净利润;若为借方余额,则反映为当期发生的净亏损。年度终了,应将本年实现的净利润,从"本年利润"账户的借方结转至"利润分配"账户的贷方,若为净亏损则做相反的会计分录;年末结转后无余额。

3. 账务处理

利润形成业务的账务处理涉及本期确认的主营业务收入、其他业务收入、其他收益、投资收益、营业外收入等项目与本期确认的主营业务成本、其他业务成本、税金及附加、销售费用、管理费用、财务费用、信用减值损失、营业外支出等项目的结转,账务处理的主要内容,如图5-8所示。

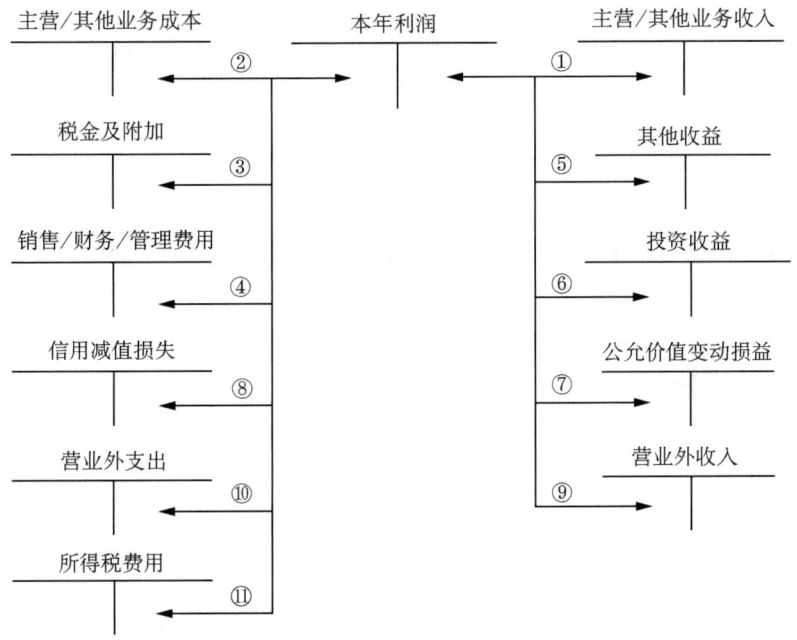

图5-8 利润形成业务的账务处理

图 5-8 说明：①期末将主营业务收入与其他业务收入结转至"本年利润"账户的贷方；②期末将主营业务成本与其他业务成本结转至"本年利润"账户的借方；③期末将税金及附加结转至"本年利润"账户的借方；④期末将销售费用、管理费用与财务费用结转至"本年利润"账户的借方；⑤期末将其他收益结转至"本年利润"账户的贷方；⑥期末将投资收益结转至"本年利润"账户的贷方；⑦期末将公允价值变动收益结转至"本年利润"账户的贷方；⑧期末将信用减值损失结转至"本年利润"账户的借方；⑨期末将营业外收入结转至"本年利润"账户的贷方；⑩期末将营业外支出结转至"本年利润"账户的借方；⑪期末将所得税费用结转至"本年利润"账户的借方。

【例 5-30】 20×1 年 12 月 20 日，联合公司通过银行收到当月产品经常性政府政策补贴 160 000 元。

对于产品经常性政府政策补贴，应作为其他收益入账，增加银行存款，同时增加其他收益。为此，编制如下会计分录：

借：银行存款 160 000
　　贷：其他收益 160 000

【例 5-31】 12 月 25 日，联合公司所投资的联新公司宣告分配利润，联合公司可获得股利 520 000 元。20×2 年 1 月 10 日，联合公司通过银行收到联新公司分配的股利。

12 月 25 日，所投资的公司宣告分配利润，确认应收股利，同时确认投资收益。为此，编制如下会计分录：

借：应收股利——联新公司 520 000
　　贷：投资收益 520 000

20×2 年 1 月 10 日，通过银行收到联新公司分配的股利，增加银行存款，同时冲销应收股利。为此，编制如下会计分录：

借：银行存款 520 000
　　贷：应收股利——联新公司 520 000

【例 5-32】 12 月 25 日，联合公司通过银行收到政府补助 850 000 元，用于补偿公司因市政建设搬迁而发生的相关费用。

对于一次性的政府补助，应作为营业外收入入账，增加银行存款，同时增加营业外收入。为此，编制如下会计分录：

借：银行存款 850 000
　　贷：营业外收入 850 000

【例 5-33】 12 月 26 日，联合公司因违反有关环保规定，受到 120 000 元的罚款处罚，罚款即通过银行付讫。

罚款支出属于与日常活动无关的偶发性事项所导致，应作为营业外支出入账，增加营业外支出，同时减少银行存款。为此，编制如下会计分录：

借：营业外支出 120 000

　　贷：银行存款 120 000

【例 5-34】　12 月 31 日,联合公司持有的作为交易性金融资产核算的联成公司 10 000 股股票,每股市价上涨 3 元。

对于公允价值计量的交易性金融资产,应在期末按当时的公允价值调整账面价值,并确认公允价值变动损益。持有的联成公司股票每股市价上涨 3 元,应确认 30 000 元的公允价值变动收益。为此,编制如下会计分录:

借：交易性金融资产——公允价值变动 30 000

　　贷：公允价值变动损益 30 000

【例 5-35】　12 月 31 日,联合公司根据客户的信用情况,应计提应收账款坏账准备 20 000 元。在提取这一应收账款坏账准备前,联合公司"坏账准备"账户无余额。

坏账准备是应收账款的备抵账户,计提坏账准备实质上是确认应收账款的信用减值损失。本项业务的发生,确认信用减值损失 20 000 元,同时增加坏账准备 20 000 元。为此,编制如下会计分录:

借：信用减值损失——计提的坏账准备 20 000

　　贷：坏账准备 20 000

【例 5-36】　假定 12 月月末联合公司各损益类账户期末结转前的余额为:"主营业务收入"账户的贷方余额为 7 803 000 元,"其他业务收入"账户的贷方余额为 52 000 元,"其他收益"账户的贷方余额为 160 000 元,"投资收益"账户的贷方余额为 520 000 元,"公允价值变动损益"账户的贷方余额为 30 000 元,"营业外收入"账户的贷方余额为 850 000 元;"主营业务成本"账户的借方余额为 3 855 000 元,"其他业务成本"账户的借方余额为 42 000 元,"税金及附加"账户的借方余额为 64 000 元,"销售费用"账户的借方余额为 48 000 元,"管理费用"账户的借方余额为 1 160 000 元,"财务费用"账户的借方余额为 6 000 元,"信用减值损失"账户的借方余额为 20 000 元,"营业外支出"账户的借方余额为 120 000 元。现将各损益类账户的余额结转至"本年利润"账户,得出联合公司 12 月的利润总额。

期末结转各损益类账户之前,本期实现的各项收入及发生的各项费用记录在不同的账户中。为了计算本期损益,确认本期经营成果,应编制结转分录,将各损益类账户的余额结转至"本年利润"账户,结清各损益类账户。为此,编制如下结转会计分录:

借：主营业务收入 7 803 000

　　其他业务收入 52 000

　　其他收益 160 000

　　投资收益 520 000

　　公允价值变动损益 30 000

　　营业外收入 850 000

　　贷：本年利润 9 415 000

借：本年利润		5 315 000
贷：主营业务成本		3 855 000
其他业务成本		42 000
税金及附加		64 000
销售费用		48 000
管理费用		1 160 000
财务费用		6 000
信用减值损失		20 000
营业外支出		120 000

【例 5-37】 假定联合公司适用的所得税税率为 25%，计算并结转联合公司 12 月应交所得税。

取得盈利的企业应当按照税法规定计算并缴纳所得税。企业首先应依据税法确定一定期间的应纳税所得额，然后乘以适用的税率得出应交所得税。利润总额是根据会计准则的规定计算确认，利润总额与应纳税所得额不一定一致。本例假定利润总额与应纳税所得额一致。联合公司 12 月"本年利润"账户的贷方发生额为 9 415 000 元，借方发生额为 5 315 000 元，公司利润总额为 4 100 000 元，应交所得税为 1 025 000 元（4 100 000×25%）。为此，编制如下会计分录：

借：所得税费用	1 025 000
贷：应交税费——应交所得税	1 025 000

为了确认税后净利润，还应将"所得税费用"账户的余额结转至"本年利润"账户，编制如下会计分录：

借：本年利润	1 025 000
贷：所得税费用	1 025 000

根据税法规定，企业所得税的计征实行按年计算，按月或按季度预缴，年终汇算清缴，多退少补的方法。月份或季度终了后 15 日预缴，年度终了后 4 个月内汇算清缴。少缴的所得税应在下一年度补交，多缴的所得税，应由税务机关退还，或者用于抵充下一年度的税款。

二、利润的分配与会计处理

1. 利润分配的顺序

利润分配，是指企业根据国家有关规定和企业章程、投资协议等，对企业当年可供分配的利润进行的分配。利润分配的过程与结果，不仅关系到企业所有者的合法权益能否得到保障，而且关系到企业能否持续、稳定发展。利润分配一般应按如下程序进行：

（1）计算可供分配的利润。企业在利润分配前，应当根据本年实现的净利润或者发生

的净亏损、年初未分配利润或亏损以及其他转入的金额(如盈余公积弥补的亏损)等,计算可供分配的利润,计算公式为:

$$\begin{array}{c}可供分配\\的利润\end{array}=\begin{array}{c}当年实现的净利润\\(或净亏损)\end{array}+\begin{array}{c}年初未分配利润\\(或-年初未弥补亏损)\end{array}+\begin{array}{c}其他转入\\的金额\end{array}$$

如果可供分配利润为正数,即累计盈利,可进行后续分配;如果可供分配利润为负数,即累计亏损,则不能进行后续分配。

(2)提取法定盈余公积。法定盈余公积,是指根据国家法律法规的规定提取的盈余公积。根据规定,企业应当按照当年净利润(抵减年初累计亏损后)的10%提取法定盈余公积。提取的法定盈余公积累计额超过注册资本50%以上的,可以不再计提。

(3)提取任意盈余公积。任意盈余公积,是指由企业的权力机构自行决定提取的盈余公积。企业提取法定盈余公积后,经股东会或者股东大会决议,可以从净利润中提取任意盈余公积。

(4)向投资者分配利润或股利。企业可供分配的利润扣除提取的盈余公积后,形成可供投资者分配的利润。企业可采用现金股利、股票股利等形式向投资者分配利润或股利。

2. 账户设置

企业应设置"利润分配""盈余公积"和"应付股利"等账户核算利润分配情况。

(1)"利润分配"账户。"利润分配"账户用于核算企业利润分配或亏损的弥补,以及历年分配或弥补后的余额,属于所有者权益类账户。"利润分配"账户的借方登记企业按规定提取的盈余公积、分配给投资者的利润或股利等,以及年末从"本年利润"账户转入的年度净亏损,贷方登记企业用盈余公积弥补的亏损额等其他转入数,以及年末从"本年利润"账户转入的年度净利润。"利润分配"账户通常设置"提取法定盈余公积""提取任意盈余公积""应付现金股利或利润"和"未分配利润"等明细账,进行明细核算。年末,应将"利润分配"账户下的其他明细账户的余额转入"未分配利润"明细账户,结转后除"未分配利润"明细账户有余额外,其他各个明细账户均无余额。"未分配利润"明细账户若为贷方余额,反映年末企业累积的未分配利润,即可供以后年度分配的利润;若为借方余额,反映年末企业累积的未弥补亏损,即留待以后年度弥补的亏损。

(2)"盈余公积"账户。"盈余公积"账户用于核算企业盈余公积提取与使用情况,属于所有者权益类账户。"盈余公积"账户的贷方登记企业按规定提取的盈余公积,借方登记企业盈余公积的使用情况;期末贷方余额,反映期末企业结余的盈余公积。"盈余公积"账户应按盈余公积形成的来源分设"法定盈余公积"和"任意盈余公积"两个明细账,进行明细核算。

(3)"应付股利"账户。"应付股利"账户用于核算企业分配的现金股利或利润,属于负债类账户。"应付股利"账户的贷方登记企业应付给投资者的现金股利或利润,借方登记企业实际支付给投资者的现金股利或利润;期末贷方余额,反映期末企业应付未付的现金股利或利润。"应付股利"账户可按投资者设置明细账,进行明细核算。

3. 账务处理

利润分配业务的账务处理涉及本年利润的结转、盈余公积的提取与对投资者利润的分配等,账务处理的主要内容,如图5-9所示。

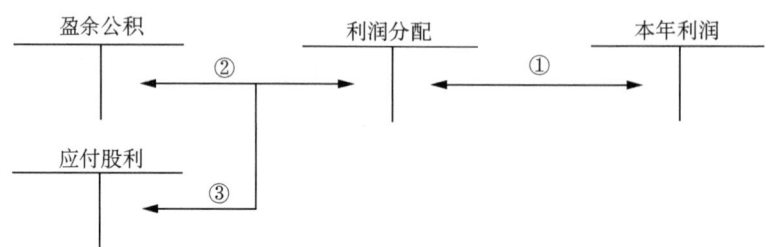

图5-9 利润分配业务的账务处理核算

图5-9说明:①年末将本年净利润结转至"利润分配"账户的贷方(净亏损则作相反的会计处理);②提取盈余公积,增加盈余公积,同时减少可供分配的利润;③宣告分配利润,增加应付股利,同时减少可供分配的利润。

【例5-38】 假定联合公司"本年利润"账户20×1年12月初贷方余额为28 685 000元,年末联合公司将"本年利润"账户余额,即本年净利润结转至"利润分配"账户。

联合公司"本年利润"账户年末应为贷方余额31 760 000元(28 685 000+3 075 000),结转至"利润分配"账户的贷方,编制如下会计分录:

借:本年利润　　　　　　　　　　　　　　　　　　　　　　　　　　　31 760 000
　　贷:利润分配——未分配利润　　　　　　　　　　　　　　　　　　　　　31 760 000

【例5-39】 假设联合公司本年利润结转前"利润分配"账户余额为0,公司股东大会决定根据规定按当年净利润的10%提取法定盈余公积,按5%提取任意盈余公积。

提取盈余公积,应借记"利润分配"账户;同时形成盈余公积,贷记"盈余公积"账户。根据本年净利润,应提取法定盈余公积3 176 000元(31 760 000×10%)、提取任意盈余公积1 588 000元(31 760 000×5%)。为此,编制如下会计分录:

借:利润分配——提取法定盈余公积　　　　　　　　　　　　　　　　　　　3 176 000
　　　　　　　——提取任意盈余公积　　　　　　　　　　　　　　　　　　　1 588 000
　　贷:盈余公积——法定盈余公积　　　　　　　　　　　　　　　　　　　　　3 176 000
　　　　　　　——任意盈余公积　　　　　　　　　　　　　　　　　　　　　　1 588 000

【例5-40】 联合公司股东大会决定,将可供分配利润的50%分配给投资者。

因联合公司年初"利润分配"账户余额为0,这时可供分配利润是本年净利润减去提取的盈余公积后的余额为26 996 000元(31 760 000-3 176 000-1 588 000),分配给投资者的利润为 13 498 000 元(26 996 000×50％)。利润分配一方面应借记"利润分配"账户;另一方面由于分配的利润尚未支付,应贷记"应付股利"账户。为此,编制如下会计分录:

借:利润分配——应付现金股利   13 498 000

  贷:应付股利   13 498 000

【例 5-41】 联合公司通过银行向投资者支付分配的利润。

通过银行向投资者支付应分配的利润,一方面银行存款减少;另一方面冲销应付股利这一负债。为此,编制如下会计分录:

借:应付股利   13 498 000

  贷:银行存款   13 498 000

【例 5-42】 联合公司将"利润分配"账户下的其他明细账户的余额结转"未分配利润"明细账户。

将"利润分配"账户下的其他明细账户的余额结转"未分配利润"明细账户,即将"利润分配——提取法定盈余公积""利润分配——提取任意盈余公积"与"利润分配——应付现金股利"三个"利润分配"明细账结转至"利润分配——未分配利润"明细账。为此,编制如下会计分录:

借:利润分配——未分配利润   18 262 000

  贷:利润分配——提取法定盈余公积   3 176 000

      ——提取任意盈余公积   1 588 000

      ——应付现金股利   13 498 000

第六节　期末账项调整

期末账项调整,是指根据权责发生制会计基础,在期末结账之前,按照收入与费用应予以归属的基准,对有关账项进行的调整。期末账项调整的目的是正确确认一定会计期间内已实现的各项收入和应负担的各项费用,使当期的收入和费用进行合理的配比,从而真实地反映企业一定期间的财务状况与经营成果。

期末账项调整的内容包括递延、应计和估计三类事项。

一、递延事项

递延事项,是指在收入尚未实现之前预先收取了款项或者在费用实际发生之前预先支付了款项而形成的跨期事项,包括预收收入和预付费用。

1. 预收收入

预收收入也称未实现收入或者递延收入，是指款项本期已收到并已入账，但商品或者劳务尚未提供而尚未实现的收入。

按照权责发生制会计基础，由于商品或者劳务尚未提供，收入尚未实现，收到款项时，不能确认收入，而是增加一项负债，即借记"银行存款"等账户，贷记"预收账款"账户。在其后售出商品或者提供劳务实现收入的会计期间进行调整，编制调整会计分录，借记"预收账款"账户，贷记"主营业务收入"或"其他业务收入"等账户。常见的预收收入事项有预收货款和预收租金等。

【例5-43】　兰江电视台与联合公司签订了一份为期5个月的广告服务合同。合同规定兰江电视台自20×1年7月15日至12月14日在黄金节目时段播放联合公司广告，每月收费20 000元，款项共计100 000元于7月15日合同生效时一次付清①。

兰江电视台在7月15日收到款项时，由于还没有提供合同规定的服务，尚未履行相应的义务，也就不能确认为相应的收入，而只能作为一项负债以预收账款入账。为此，编制如下会计分录：

借：银行存款　　　　　　　　　　　　　　　　　　　　　　　　100 000
　　贷：预收账款——联合公司　　　　　　　　　　　　　　　　　　　100 000

7月15日开始，兰江电视台播放联合公司的广告，履行合同规定的义务，在7月末确认归属当月的收入10 000元(20 000×1/2)，同时冲销作为负债的预收账款10 000元，编制如下会计分录：

借：预收账款——联合公司　　　　　　　　　　　　　　　　　　　10 000
　　贷：主营业务收入　　　　　　　　　　　　　　　　　　　　　　　10 000

8~11月，每月月末兰江电视台确认归属当月的收入20 000元，同时冲销作为负债的预收账款20 000元，编制如下会计分录：

借：预收账款——联合公司　　　　　　　　　　　　　　　　　　　20 000
　　贷：主营业务收入　　　　　　　　　　　　　　　　　　　　　　　20 000

12月末，兰江电视台确认归属当月的收入10 000元，同时冲销作为负债的预收账款10 000元，编制如下会计分录：

借：预收账款——联合公司　　　　　　　　　　　　　　　　　　　10 000
　　贷：主营业务收入　　　　　　　　　　　　　　　　　　　　　　　10 000

2. 预付费用

预付费用也称待摊费用或者递延费用，是指款项已经支付，但本期尚未受益或者虽已

---

①　为说明问题的简便起见，本节例题不考虑增值税等税费。

受益,受益涉及多个会计期的费用。

按照权责发生制会计基础,由于支付款项导致的相关经济利益在未来期间流入企业,因而预付费用发生时,并不确认为当期费用,而是作为一项资产的增加,借记"预付账款"账户,贷记"银行存款"等账户。在其后预付费用受益期的各个会计期末进行调整,编制调整会计分录,确认为相应的费用,借记有关费用账户,贷记"预付账款"账户。常见的预付费用事项有预付货款、预付租金和预付保险费等。

【例5-44】　承[例5-43],联合公司按照广告服务合同的规定在7月15日支付兰江电视台广告费时,一方面银行存款减少,另一方面由于广告未播出,该笔支付的款项还没有实际受益,不能确认为相应的费用,而只能作为一项资产以预付账款入账。为此,编制如下会计分录:

借:预付账款——兰江电视台　　　　　　　　　　　　　　　　　　　100 000
　　贷:银行存款　　　　　　　　　　　　　　　　　　　　　　　　　　100 000

7月末,广告已经播出半个月,联合公司应把这一部分实际受益的支出10 000元作为销售费用确认入账,同时冲销作为资产的预付账款10 000元,编制如下会计分录:

借:销售费用　　　　　　　　　　　　　　　　　　　　　　　　　　10 000
　　贷:预付账款——兰江电视台　　　　　　　　　　　　　　　　　　10 000

8～11月,每月月末联合公司确认归属当月的销售费用20 000元,同时冲销作为资产的预付账款20 000元,编制如下会计分录:

借:销售费用　　　　　　　　　　　　　　　　　　　　　　　　　　20 000
　　贷:预付账款——兰江电视台　　　　　　　　　　　　　　　　　　20 000

12月末,联合公司确认归属当月的销售费用10 000元,同时冲销作为资产的预付账款10 000元,编制如下会计分录:

借:销售费用　　　　　　　　　　　　　　　　　　　　　　　　　　10 000
　　贷:预付账款——兰江电视台　　　　　　　　　　　　　　　　　　10 000

显然,[例5-44]中联合公司的账务处理同[例5-43]中兰江电视台的账务处理相互对应。7月15日预付广告费时,联合公司以预付账款确认为一项资产,兰江电视台以预收账款确认为相应金额的一项负债;在陆续提供广告服务的期间,联合公司逐月确认费用与冲销预付账款,兰江电视台按相应的金额逐月确认收入与冲销预收账款。

二、应计事项

应计事项,是指收入已实现而取得收款的权利,但款项在以后会计期间收到,或者费用已发生而承担付款的责任,但款项在以后会计期间支付的跨期事项,包括应计收入和应计费用。

1. 应计收入

应计收入,是指本期已实现收入而取得收款的权利,但款项在以后会计期间才能收到的收入。

企业在本期已经履行相关的义务,如已经发出商品或者提供劳务,享有收取款项的权利。虽然尚未收到款项,但按照权责发生制会计基础,相关的收入应在当期予以确认入账。为此,在会计期末,应将尚未确认的这部分收入调整入账,作为当期收入,同时将收取款项的权利确认为企业的一项债权,即借记"应收账款"账户,贷记"主营业务收入"或"其他业务收入"账户。在以后期间收到款项时,增加银行存款等,同时冲销应收账款,即借记"银行存款"等账户,贷记"应收账款"账户。

【例 5-45】 承[例 5-43],假设兰江电视台与联合公司之间的广告服务合同规定改为款项于 20×1 年 12 月 15 日,即广告服务结束时一次收取。20×1 年 7 月 15 日兰江电视台开始履行合同,但没有收到款项,因此不需要做账务处理。至 20×1 年 7 月末,兰江电视台已经按合同规定播放了半个月的广告,履行了部分义务,应在月末确认归属于当月的收入 10 000 元,同时作为债权的应收账款增加 10 000 元。为此,编制如下会计分录:

借:应收账款——联合公司 10 000
　　贷:主营业务收入 10 000

8～11 月,每月月末兰江电视台确认归属当月的收入 20 000 元,同时作为债权的应收账款增加 20 000 元,编制如下会计分录:

借:应收账款——联合公司 20 000
　　贷:主营业务收入 20 000

20×1 年 12 月 15 日,兰江电视台提供广告服务结束,实际收到款项时,一方面银行存款增加 100 000 元,另一方面冲销作为债权的应收账款 90 000 元,同时确认 12 月份提供的广告服务收入 10 000 元,编制如下会计分录:

借:银行存款 100 000
　　贷:应收账款——联合公司 90 000
　　　　主营业务收入 10 000

2. 应计费用

应计费用也称应付费用,是指本期已发生费用而承担付款的责任,但款项在以后会计期间支付的费用。

在会计期末,企业对于已经发生的费用,虽然款项尚未支付,但应确认为当期费用,并将承担付款的责任确认为一项负债,即借记相关成本费用账户,贷记"应付账款"账户。

【例 5-46】 承[例 5-45],联合公司按照广告服务合同的规定,7 月 15 日至 12 月 15 日期间对于兰江电视台提供的广告服务,联合公司应在每月月末确认相应的销售费用,但由

于没有实际支付广告费,在确认费用的同时确认为一项负债即应付账款,反映欠付的款项。为此,7 月末编制如下会计分录:

借:销售费用　　　　　　　　　　　　　　　　　　　　　　　　　10 000
　　贷:应付账款——兰江电视台　　　　　　　　　　　　　　　　　　　10 000

8~11 月,每月月末应分别编制如下会计分录:

借:销售费用　　　　　　　　　　　　　　　　　　　　　　　　　20 000
　　贷:应付账款——兰江电视台　　　　　　　　　　　　　　　　　　　20 000

12 月 15 日,广告合同期满,兰江公司支付广告费,一方面银行存款减少 100 000 元,另一方面清偿记入"应付账款"账户的负债 90 000 元,同时确认 12 月份的销售费用 10 000 元。为此,编制如下会计分录:

借:销售费用　　　　　　　　　　　　　　　　　　　　　　　　　10 000
　　应付账款——兰江电视台　　　　　　　　　　　　　　　　　　　90 000
　　贷:银行存款　　　　　　　　　　　　　　　　　　　　　　　100 000

[例 5-46]中联合公司的账务处理与[例 5-45]中兰江电视台的账务处理相互对应。兰江电视台在各月提供广告服务后,于月末确认收入和反映债权的增加,联合公司则相应地确认费用和反映债务的增加;在收取广告费时,兰江电视台反映债权的收回,联合公司则相应地反映债务的清偿。

三、估计事项

为了使当期的收入和费用进行合理的配比,准确计算当期利润,除了上述递延事项、应计事项外,还有其他一些账项需要调整。这些账项调整与上述递延事项、应计事项调整的不同之处在于调整的金额具有不确定性。在确定此类事项金额时,通常需要对未来的情况作出预判估计,所以此类账项称为估计事项,包括对固定资产计提折旧、对无形资产进行摊销、对应收款项计提坏账准备、对存货计提跌价准备以及对固定资产、无形资产等计提资产减值准备等。

1. 固定资产折旧的计提、无形资产成本的摊销

由于固定资产的使用寿命超过一个会计年度,使用固定资产的受益期将跨越不同的会计期间,为取得固定资产所支付的款项,并不构成购建固定资产当期的费用,而是确认为一项长期资产。但是,固定资产在使用过程中因磨损,或者自然力的作用而逐渐损耗。在会计上,通过折旧的方式反映固定资产因损耗而消失的价值。折旧是一种本期非付现的费用,折旧费用的发生是因为本期使用了前期支付款项取得的固定资产而受益,因而本期应当分担一部分前期购建固定资产的成本。在会计期末,企业通常根据固定资产的价值和不同的折旧方法计算得出每一项固定资产当期应计提的折旧额,然后根据固定资产的用途,按照配比原则将计提的折旧额记入相应的成本费用账户。计提折旧时,一方面借记相应的成本费用账户,增加生产成本或管理费用等,另一方面贷记"累计折旧"账户,减少固定资产的价值。

【例 5-47】 联合公司 20×1 年 6 月购入车间生产用铲车一辆,取得的增值税专用发票注明的铲车价款为 600 000 元,增值税税额为 78 000 元,款项通过银行付讫。根据公司的折旧政策,铲车折旧年限为 10 年,净残值为原价的 10%,采用直线折旧法计提折旧。

对于购入生产用铲车这一事项,购入时所支付的 678 000 元款项并不能确认为购入当期的生产费用,而应将这 600 000 元的铲车价款作为固定资产入账,将 78 000 元增值税税额作为应交增值税(进项税额)入账。为此,购入铲车时编制如下会计分录:

借:固定资产   600 000
　　应交税费——应交增值税(进项税额)   78 000
　　贷:银行存款   678 000

这辆铲车根据直线折旧法计算折旧费用如下:

$$年折旧费 = \frac{固定资产原价 - 净残值}{折旧年限} = \frac{600\,000 - 600\,000 \times 10\%}{10} = 54\,000(元)$$

$$月折旧费 = \frac{54\,000}{12} = 4\,500(元)$$

按规定,对于这辆铲车从购入的下月起计提折旧费用,从 7 月起的 10 年中应每月计提折旧费用 4 500 元,月末编制如下会计分录:

借:制造费用   4 500
　　贷:累计折旧   4 500

无形资产与固定资产有相似之处,都属于长期资产,但无形资产没有实物形态。与固定资产计提折旧相似,无形资产的摊销也就是无形资产成本的分摊过程。通常,在无形资产的使用期限内采用平均摊销的方法分摊成本,并通过"累计摊销"账户进行核算。

【例 5-48】 联合公司 20×1 年 6 月购入一项计算机软件,取得的增值税专用发票注明的价款为 252 000 元,增值税税额为 32 760 元,款项通过银行付讫。这项计算机软件被授予 5 年的使用期。

对于购入计算机软件这一事项,购入时所支付的 284 760 元款项并不能确认为购入当月的费用,而应将 252 000 元的计算机软件价款作为无形资产入账,将 32 760 元增值税税额作为应交增值税(进项税额)入账。为此,购入计算机软件时编制如下会计分录:

借:无形资产   252 000
　　应交税费——应交增值税(进项税额)   32 760
　　贷:银行存款   284 760

从 7 月份起每月摊销无形资产成本 4 200 元 $\left(\dfrac{252\,000}{5\times12}\right)$。根据规定,无形资产的成本摊销记入"管理费用"账户,从 7 月起的 5 年中应每月月末编制如下会计分录:

借:管理费用   4 200

  贷:累计摊销   4 200

2. 坏账准备、资产减值准备的计提

企业在本期已经履行相关的义务,如已经发出商品或者提供劳务,享有收取款项的权利,这时无论款项是否已经收到,都应当确认为本期的收入。在赊销方式下,企业发出商品、提供劳务在先,收取款项在后,未收取的款项作为一项债权通过"应收账款"账户核算。如果客户因各种原因丧失信用,企业的应收账款无法收回而发生坏账,意味着相关的收入并未真正实现。经验表明,总有部分应收账款无法收回,企业在确认赊销收入的同时应合理预计坏账损失,进行账项调整,计提坏账准备,将其确认为当期费用。会计处理时,一方面借记"信用减值损失"账户,另一方面贷记"坏账准备"账户。"坏账准备"账户是"应收账款"的备抵账户。除此之外,应收账款之外的其他应收款项也应评估可收回情况,对于无法收回的计提坏账准备。

【例 5-49】 20×1 年 12 月 31 日,天成公司应收账款余额为 1 000 000 元,根据客户的信用情况按应收账款余额的 5‰计提坏账准备。在提取这一应收账款坏账准备前,天成公司"坏账准备"账户贷方余额为 1 000 元。

按应收账款余额的 5‰计提坏账准备,应计提 5 000 元(1 000 000×5‰)坏账准备。由于计提坏账准备前"坏账准备"账户已有贷方余额 1 000 元,则实际需要计提 4 000 元(5 000−1 000),即确认信用减值损失 4 000 元,同时增加坏账准备 4 000 元。为此,编制如下会计分录:

借:信用减值损失——计提的坏账准备   4 000

  贷:坏账准备   4 000

资产减值,是指资产的可收回金额低于其账面价值。减值的发生使得资产的账面价值已经不能正确反映资产预计可以带来的未来经济利益,若不确认减值损失计提减值准备,当期的利润和资产价值会被夸大。因此,我国企业会计准则规定,企业应当在资产负债表日判断资产是否存在可能发生减值的迹象。若资产的可收回金额低于其账面价值的,应当将资产的账面价值减记至可收回金额,计提资产减值准备,确认资产减值损失。由于计提的减值准备与确认的减值损失并不是真实交易的结果,需要进行职业判断,因而带有一定的主观估计成分。企业计提的资产减值准备包括存货跌价准备、固定资产减值准备、无形资产减值准备等。

本章要点概览

1. 制造企业的经济业务主要包括筹资、采购、生产、销售、利润形成与分配等,应当运用

借贷记账法,设置相关账户对发生的经济业务进行账务处理。

2. 按资金来源的不同,企业筹集的资金可以分为权益资金与债务资金两类。权益资金是企业通过向投资者吸收直接投资、发行股票、企业内部留存收益等方式形成,属于企业的所有者权益;债务资金是企业通过向银行等金融机构借款、发行债券等方式形成,属于企业债权人的权益。

3. 企业采购业务主要是取得生产经营所需的房屋建筑物、机器设备等固定资产与专利权、非专利技术等无形资产以及生产用原材料等,为此,企业购置固定资产与无形资产、采购原材料等,与供应商办理款项结算,支付购买价款、采购费用以及增值税进项税额。固定资产的购建成本通常包括购买价款、相关税费以及使固定资产达到预定可使用状态前所发生的可归属于该项固定资产的相关费用。材料采购成本包括材料的买价和运输费、装卸费、保险费等各种采购费用。若同时采购多种材料,还需要将共同的采购费用选择合适的分配方法在不同种类材料之间进行分配。

4. 企业生产业务主要是生产人员运用房屋建筑物、机器设备等固定资产与专利权、非专利技术等无形资产,对原材料进行加工,生产出市场所需的产品。在生产过程中为生产产品而发生的各种耗费即生产费用,包括材料费用、人工费用、固定资产折旧费用以及其他生产费用。生产费用应当由生产的产品来承担,生产一定种类、一定数量产品所发生的生产费用即产品成本。产品生产成本应按成本计算对象,设置直接材料、直接人工和制造费用等成本项目进行归集计算。

5. 企业销售业务主要是向客户提供产品并与客户办理款项结算,收取包括产品价款与增值税销项税额在内的款项,确认产品的销售收入,同时结转销售成本。

6. 在生产产品领用原材料和计算已售产品成本的过程中都涉及发出存货的计价与核算的方法问题。发出存货根据不同的存货流转假设采用先进先出法、加权平均法等方法进行计价,存货的核算有永续盘存制和实地盘存制两种方法。

7. 企业的利润可分为营业利润、利润总额与净利润三个层次。其中,营业利润由企业一定时期实现的营业收入与发生的营业成本、税金及附加、销售费用、管理费用、研发费用、财务费用以及其他收益、投资收益、公允价值变动损益、信用减值损失、资产减值损失、资产处置收益等构成,利润总额由营业利润、营业外收入和营业外支出构成,利润总额减去所得税费用即为净利润。

8. 企业应按规定的顺序进行利润分配。首先,确定可供分配的利润,企业有可供分配的利润才可进行后续分配;然后,提取法定盈余公积与任意盈余公积;最后,向企业投资者分配利润或股利。

9. 期末账项调整是根据权责发生制会计基础,在期末结账之前,按照收入与费用应予以归属的基准,对有关账项进行的调整。期末账项调整的目的是正确确认一定会计期间内已实现的各项收入和应负担的各项费用,使当期的收入和费用进行合理的配比,从而真实地反映企业一定期间的财务状况与经营成果。期末账项调整的内容包括递延、应计和估计三类事项。

 主要术语

1. 权益资金	2. 债务资金
3. 实收资本	4. 资本公积
5. 短期借款	6. 应付利息
7. 固定资产购建成本	8. 材料采购成本
9. 生产费用	10. 产品生产成本
11. 成本计算原则	12. 制造费用
13. 实地盘存制	14. 永续盘存制
15. 主营业务收入	16. 主营业务成本
17. 税金及附加	18. 应交税费
19. 增值税进项税额	20. 增值税销项税额
21. 期间费用	22. 销售费用
23. 管理费用	24. 财务费用
25. 信用减值损失	26. 坏账准备
27. 其他收益	28. 投资收益
29. 公允价值变动损益	30. 营业利润
31. 营业外收入	32. 营业外支出
33. 利润总额	34. 所得税费用
35. 净利润	36. 利润分配
37. 盈余公积	38. 递延事项
39. 预收收入	40. 预付费用
41. 应计事项	42. 应计收入
43. 应计费用	44. 估计事项

阅　读　文　献

1. 张捷,刘英明. 基础会计(第七章一般企业主要交易或事项的账务处理)[M]. 北京：中国人民大学出版社,2021.

2. 陈国辉,迟旭升. 基础会计(第五章企业主要经济业务的核算、第七章成本计算)[M]. 大连：东北财经大学出版社,2024.

3. 张蕊. 会计学原理(第三章账户与复式记账的应用)[M]. 北京：中国财政经济出版社,2019.

复习思考题

1. 投资者投入资本与向债权人借入资金的账务处理有何不同？为什么？
2. 材料采购成本通常由哪些项目构成的？对于原材料的核算,通常会涉及哪些账户？
3. 产品生产成本包含哪些内容？"生产成本"账户的结构如何？产品生产成本计算的原则是什么？
4. 存货包含哪些内容？存货发出计价方法有哪些？存货有哪两种盘存核算方法？
5. 预收款项销售、现款销售、赊账销售三者的账务处理有何差别？为什么？
6. 企业利润是如何确定的？利润应按什么顺序进行分配？
7. 期末账项调整中的递延事项和应计事项分别包含哪些内容？进行相关调整时,对企业的财务状况和经营成果产生何种影响？

练 习 题

一、单项选择题(在每小题的备选答案中,选出一个最为切合题意的答案)

1. "实收资本"账户不可能与（ ）账户发生对应关系。
   A. "银行存款"　　　　　　　　　B. "固定资产"
   C. "资本公积"　　　　　　　　　D. "应付利息"

2. 若"应付账款"账户期末为借方余额,反映（ ）供应商的货款。
   A. 实际应付　　　　　　　　　　B. 实际预付
   C. 实际应收　　　　　　　　　　D. 实际预收

3. "在途物资"账户不可能同（ ）账户发生对应关系。
   A. "生产成本"　　　　　　　　　B. "银行存款"
   C. "应付账款"　　　　　　　　　D. "预付账款"

4. 结转完工产品的生产成本,应贷记（ ）账户。
   A. "制造费用"　　　　　　　　　B. "生产成本"
   C. "库存商品"　　　　　　　　　D. "在途物资"

5. 销售过程中的会计核算不涉及（ ）。
   A. 确认销售收入　　　　　　　　B. 确认并结转销售成本
   C. 与客户之间的款项结算　　　　D. 确认与计算利润

6. 下列各项中,不可能与"主营业务收入"账户发生对应关系的账户是（ ）。
   A. "银行存款"　　　　　　　　　B. "应收账款"
   C. "应付账款"　　　　　　　　　D. "预收账款"

7. 下列各项目中,应记入"销售费用"账户的是（ ）。
   A. 已销售产品的生产成本　　　　B. 销售产品获得的收入
   C. 为销售产品而发生的广告费　　D. 因销售产品而支付的增值税

8. 年终结转后,"利润分配"账户的贷方余额表示（ ）。
   A. 本年度实现的利润　　　　　　B. 未分配的利润
   C. 本年度发生的亏损　　　　　　D. 未弥补的亏损

9. 下列各项中,属于预收收入的是( )。

    A. 本月收到上月销售产品的货款　　　　B. 本月收到客户偿还的销货款

    C. 本月收到本月销售产品的货款　　　　D. 本月收到下月销售产品的货款

10. 下列各项中,属于应计费用的是( )。

    A. 本月确认本月应交纳的所得税　　　　B. 本月支付下一个季度房租

    C. 本月支付上个月的应付职工薪酬　　　D. 本月支付上月水电费

二、多项选择题(在每小题的备选答案中,选出两个或两个以上切合题意的答案)

1. 在采购业务中,制造企业的资金运动形态从货币资金转变为( )。

    A. 储备资金　　　　　　　　　　　　　B. 生产资金

    C. 成品资金　　　　　　　　　　　　　D. 长期资金

    E. 在产品资金

2. 下列各项中,属于材料采购成本构成部分的有( )。

    A. 材料的买价　　　　　　　　　　　　B. 采购过程中发生的采购费用

    C. 购入材料应负担的税费　　　　　　　D. 入库前的挑选整理费

    E. 材料的保险费

3. 一定时期的生产费用可能计入( )。

    A. 当期投产并完工的产品成本　　　　　B. 上期投产并完工的产品成本

    C. 当期投产下期完工的产品成本　　　　D. 下期投产并完工的产品成本

    E. 上期投产当期完工的产品成本

4. 企业计提固定资产折旧费时,通常贷记"累计折旧"账户,借记( )账户。

    A. "管理费用"　　　　　　　　　　　　B. "原材料"

    C. "库存商品"　　　　　　　　　　　　D. "制造费用"

    E. "财务费用"

5. 下列项目中,应直接计入当期损益,不计入产品成本的有( )。

    A. 管理费用　　　　　　　　　　　　　B. 财务费用

    C. 销售费用　　　　　　　　　　　　　D. 制造费用

    E. 研发费用

6. 下列账户中,年末一般无余额的有( )。

    A. "管理费用"　　　　　　　　　　　　B. "本年利润"

    C. "主营业务收入"　　　　　　　　　　D. "累计折旧"

    E. "财务费用"

7. 下列项目中,影响企业营业利润的有( )。

    A. 营业收入　　　　　　　　　　　　　B. 投资收益

    C. 营业外收入　　　　　　　　　　　　D. 所得税费用

    E. 营业外支出

8. 下列账户中,属于备抵账户的有( )。

    A. "应收账款"　　　　　　　　　　　　B. "固定资产"

C. "坏账准备"   D. "累计折旧"

E. "应付账款"

9. 下列各项中,属于"利润分配"账户核算内容的有( )。

A. 计提应交所得税   B. 计提分配给投资者的利润

C. 提取法定盈余公积   D. 提取任意盈余公积

E. 转入年度净利润或者净亏损

10. 下列项目中,属于期末账项调整内容的有( )。

A. 确认应付未付的利息   B. 计提固定资产折旧

C. 摊销本月应付房屋租金   D. 结转销售成本

E. 预付下个季度房屋租金

三、判断题(认为正确的在题目前面括号内打"√",认为错误的在题目前面括号内打"×")

1. ( )向债权人借入资金是企业进行生产经营的必要条件。

2. ( )"在途物资"账户的借方可以归集计算采购材料的实际成本。

3. ( )期末"生产成本"账户的借方余额表示期末在产品成本的金额。

4. ( )依据发出存货的计价方法可确定发出存货的单位成本。

5. ( )实地盘存制下,在日常核算中应对各项存货的收入和发出做连续性的记录。

6. ( )直接材料和直接人工直接计入产品成本,生产车间发生的固定资产折旧费用、生产管理人员的薪酬等费用不能直接计入产品成本,而应在"制造费用"账户中进行归集后采用合适的方法分配计入产品成本。

7. ( )结转已销售产品的生产成本时,应贷记"生产成本"账户。

8. ( )售出产品后,企业向客户收取的款项包括售出产品的价款以及增值税销项税额,所以向客户收取的款项也就是企业所要确认的售出产品收入。

9. ( )当年度终了时,应将"本年利润"账户的余额转入"利润分配"账户,结转后"本年利润"账户无余额。

10. ( )预付房屋租金的会计处理不属于期末账项调整,摊销以前期间预付租金的会计处理才属于期末账项调整。

四、业务题

【业务题一】

目的:练习筹资业务的会计处理。

资料:南方公司20×1年发生的部分经济业务摘要如下:

(1) 3月1日,从银行借入期限为6个月的短期借款600 000元,年利率为6%,到期还本付息。

(2) 3月5日,支付应付的上年现金股利500 000元。

(3) 3月15日,通过银行收到宏鑫公司作为投资的款项1 000 000元,根据投资协议,宏鑫公司在南方公司注册资本中应享有的份额为500 000元。

(4) 3月20日,收到宏达公司作为投资投入的大型机器设备一台,根据投资协议确认的价值为1 200 000元。

(5) 3~8月月末,按月确认3月1日从银行借入的600 000元短期借款利息费用。

（6）9月1日，3月1日从银行借入的 600 000 元短期借款到期，还本付息。

要求：假定不考虑相关税费，分析上述经济业务并编制相应的会计分录。

【业务题二】

目的：练习制造企业采购业务的会计处理。

资料：南方公司 20×1 年 6 月份发生的部分经济业务摘要如下：

（1）购入不需要安装的机器设备一台，收到的制造商出具的增值税专用发票注明的价款为 850 000 元，增值税税额为 110 500 元；运输公司出具的增值税专用发票注明的运输费 8 500 元，装卸费 1 500 元，增值税税额为 900 元。机器设备已运达并验收投入使用，全部款项已用过银行存款付讫。

（2）从朝阳公司购入 L 材料一批，收到的增值税专用发票注明 L 材料 5 200 千克，单价 55 元，价款 286 000 元，增值税税额 37 180。材料已运达并验收入库，款项尚未支付。

（3）从新潮公司购入 M 材料和 N 材料，收到的增值税专用发票注明 M 材料 4 000 千克，单价 62 元，价款 248 000 元，增值税税额 32 240 元；N 材料 2 000 千克，单价 85 元，价款 170 000 元，增值税税额 22 100 元。M 材料和 N 材料由宏达运输公司运回公司，收到的增值税专用发票注明运输费 6 000 元，增值税税额 540 元。全部款项均已通过银行付讫，材料尚未运达。

（4）根据购料合同，向蓝晶公司预付 L 材料款，共计 500 000 元。

（5）通过银行支付上述从朝阳公司购入 L 材料的货款。

（6）从新潮公司购入的 M 材料和 N 材料运达并验收入库。

（7）向蓝晶公司采购的 L 材料运达并验收入库。收到的增值税专用发票注明 L 材料 10 000 千克，单价 52 元，价款 520 000，增值税税额 67 600 元。

（8）向蓝晶公司补付 L 材料款。

要求：分析上述经济业务并编制相应的会计分录，假定运输费按照材料重量进行分配。

【业务题三】

目的：练习制造企业制造业务的会计处理以及产品生产成本的计算。

资料：北方公司生产甲、乙两种产品，20×1 年 7 月有关产品生产的经济业务如下：

（1）根据当月领料凭证，填制领料凭证汇总表，如表 5-9 所示。

表 5-9　　　　　　　　　　　　　　　领料汇总表

用途	A 材料(50 元/千克)		B 材料(20 元/千克)		合计(元)
	数量(千克)	金额(元)	数量(千克)	金额(元)	
制造产品耗用					
甲产品	2 000	100 000			100 000
乙产品			6 000	120 000	120 000
生产车间一般耗用	200	10 000	500	10 000	20 000
管理部门耗用	100	5 000			5 000
合计	2 300	115 000	6 500	130 000	245 000

（2）结算当月应付职工薪酬 570 000 元。

其中：生产甲产品人员薪酬　　　　228 000 元

  生产乙产品人员薪酬   228 000 元

  车间管理人员薪酬   34 200 元

  公司管理人员薪酬   79 800 元

（3）计提本月固定资产折旧 50 000 元，其中，车间生产用固定资产折旧费 30 000 元，公司管理部门用固定资产折旧费 20 000 元。

（4）通过银行发放当月职工薪酬 570 000 元。

（5）结转当月制造费用，以生产甲、乙产品人员的薪酬为标准分配制造费用。

（6）假设 7 月初甲产品在产品成本为 100 000 元，月初乙产品无在产品，本月末甲、乙两种产品全部完工入库（包括本月初在产品和本月投产的产品），月末无在产品，结转完工产品的生产成本。

要求：根据上述经济业务编制会计分录，并计算本月完工的甲、乙两产品的成本。

【业务题四】

目的：练习制造企业销售业务的会计处理。

资料：南方公司 20×1 年 8 月份发生的部分销售业务如下：

（1）向飞云公司销售甲产品，开出的增值税专用发票注明甲产品 2 000 件，单价 400 元，价款 800 000 元，增值税税额 104 000 元。产品已经发出，飞云公司开出一张期限为 3 个月、面值为 904 000 元的商业汇票抵付产品价款与增值税税额。

（2）向奔腾公司销售乙产品，开出的增值税专用发票注明乙产品 950 件，单价 800 元，价款 760 000 元，增值税税额 98 800 元。产品已发出，货款尚未收到。

（3）通过银行收到奔腾公司支付的乙产品款项 858 800 元。

（4）月末，通过银行支付本月产品广告宣传费 10 000 元。

（5）结转本月已售甲产品和乙产品的生产成本。南方公司采用加权平均法确定发出存货的成本。本月甲、乙产品期初及完工入库情况，如表 5-10 所示。

表 5-10   完工产品成本情况表

项目	甲产品			乙产品		
	数量（件）	单位成本（元/件）	总成本（元）	数量（件）	单位成本（元/件）	总成本（元）
期初结存	3 200	180	576 000	1 000	390	390 000
8 月 12 日完工入库	1 800	200	360 000			
8 月 15 日完工入库				500	400	200 000
8 月 20 日完工入库	1 200	210	252 000			
8 月 25 日完工入库	1 800	220	396 000	1 000	410	410 000

（6）飞云公司购买甲产品开出的商业汇票到期按票面金额收回款项存入银行。

要求：根据上述经济业务编制会计分录。

【业务题五】

目的：练习期末账项调整的会计处理。

资料：南方公司 20×1 年发生的部分经济业务摘要如下：

(1) 2月1日,从银行取得短期借款1 200 000元,期限为3个月,年利率为6%,5月1日到期时一次还本付息。

(2) 4月15日,按照合同规定向凯龙公司发出甲产品,开出的增值税专用发票注明甲产品250件,单价800元,价款200 000元,增值税税额26 000元。款项已于3月20日预先收取。

(3) 6月30日,按规定计提当月管理部门使用房屋及办公设备等固定资产折旧费150 000元,生产车间使用房屋及机器设备等固定资产折旧费350 000元。

(4) 7月31日,支付当月发生的水电费60 000元,其中,生产车间应负担40 000元,管理部门负担20 000元。

(5) 9月25日,向艺创公司销售乙产品,开出的增值税专用发票注明乙产品200件,单价800元,价款160 000元,增值税税额20 800元。产品已发出,款项尚未收到。

(6) 12月底根据应收账款的余额判断应计提6 000元坏账准备,"坏账准备"账户有借方余额1 000元。

要求:分析以上经济业务及相关事项,判断是否需要在相关期末进行账项调整,若需要,则编制调整分录。

第六章　会计凭证

──学习目的与要求──

　　本章阐述会计凭证的一些基本知识,内容包括会计凭证的作用、种类、填制与审核。通过本章的学习,应当明确会计凭证在会计核算中的作用,了解会计凭证的类别;掌握原始凭证、记账凭证的填制与审核方法及其要求。

 课前预习题

1. 会计核算应以什么为依据?

2. 什么是原始凭证? 什么是记账凭证? 各有哪些种类?

3. 如何进行原始凭证的填制与审核?

4. 如何进行记账凭证的填制与审核?

第一节 会计凭证的作用与种类

会计核算按照"会计凭证→会计账簿→财务报表"的信息载体顺序进行,填制与审核会计凭证是会计核算工作的起点和基础,也是会计核算的专门方法之一,对会计信息质量具有至关重要的影响和作用。

一、会计凭证的作用

会计凭证简称凭证,是记录经济业务、明确经济责任、按一定格式编制的据以登记会计账簿的书面证明。

为保证会计信息的可靠性,企业必须以实际发生的交易或者事项为依据进行会计核算。为此,企业在每项经济业务发生时,都必须由经办或完成该项经济业务的人员从外部取得或者自行填制有关凭证,以书面文件形式记录该项经济业务的性质、内容、金额、发生时间、开具的单位以及经办的相关人员等。例如,采购人员购入材料时,应取得由供应商开具的销货增值税发票,发票中应列明材料的名称、品种规格、数量、单价、增值税、金额以及经办的相关人员等;材料入库时,应由仓库保管员根据材料的验收情况填制收料单,如实记录所收材料的名称、品种规格、数量等;领用材料时,应由领料部门有关人员填制领料单,列明所需材料的名称、品种规格、数量和用途等。同时,为了明确当事人的经济责任,有关单位和个人必须在所填制的会计凭证上签名或盖章,以对凭证的真实性和正确性负责。会计凭证还必须由专人进行审核,确认无误后,会计人员才能将其作为记账的依据。

填制与审核会计凭证是会计核算的基本方法之一,也是会计核算的起始工作,同时是对经济活动进行日常监督的重要环节。会计凭证的填制与审核,对于正确进行会计核算、提供可靠的会计信息具有十分重要的作用。

(1)记录经济业务,提供记账依据。会计凭证是对经济业务的发生和完成,如货币资金的收付、财产物资的增减、收入的取得和费用的发生等进行记录;会计账簿则是根据审核无误的会计凭证将发生的经济业务进行分门别类地系统记载。填制与审核会计凭证,保证了账簿记录的真实性和准确性,使会计信息的质量得到基本保证。

(2)明确经济责任,强化内部控制。会计凭证除记录有关经济业务的基本内容外,还必须有有关经办单位和人员的签名盖章。签名盖章表明了有关经办单位和人员对会计凭证所记录经济业务的真实性、合法性和完整性的确认及其应承担的经济责任。这将强化对经济活动的内部控制,有效地防止舞弊行为。

(3)监督经济活动,控制经济运行。审核会计凭证是履行会计监督职能的具体措施。通过会计凭证的审核,可以查明每一项经济业务是否真实、是否符合国家有关法律法规的规定,有无管理缺陷与舞弊行为,是否符合预算要求,从而可以严肃财经纪律,限制和防止各种违法行为的发生,保护财产的安全完整,充分发挥会计的监督作用,实现对经济活动的控制,保证经济活动健康进行。

二、会计凭证的种类

由于企业的规模、业务不同与管理上的要求不同,导致会计凭证种类繁多、来源广泛、格式各异。会计凭证按其填制程序和用途的不同,可以分为原始凭证和记账凭证两大类,在每一大类下又可按一定的标准进一步划分为若干小类。

(一) 原始凭证

原始凭证也称单据,是指在经济业务发生时取得或填制的,用以记录和证明经济业务发生或完成情况,并作为记账原始依据的书面证明,具有一定的法律效力。

1. 原始凭证按取得来源分类

原始凭证按取得来源,可分为外来原始凭证和自制原始凭证。

(1) 外来原始凭证。外来原始凭证是与外单位发生经济往来事项时,从外单位取得的凭证。例如,购货时从供货单位取得的发票,银行收付款通知单、利息回单以及银行转来的各种结算凭证,出差时取得的飞机票、火车票、住宿费发票等都属于外来原始凭证。

购货时取得的增值税专用发票的格式,如表 6-1 所示;网上银行电子回单的格式,如表 6-2 所示。

表 6-1

发票号码：25312000000211000892
开票日期：20×1年04月12日

电子发票（增值税专用发票）

购买方信息	名称：上海信义股份有限公司 统一社会信用代码/纳税人识别号：31018101028×××				销售方信息	名称：上海腾达有限责任公司 统一社会信用代码/纳税人识别号：31010100111×××		
项目名称	规格型号	单位	数量	单价	金额	税率/征收率		税额
甲材料		千克	20 000	4.50	90 000.00	13%		11 700.00
乙材料		千克	10 000	16.00	160 000.00	13%		20 800.00
合计					¥ 250 000.00 0			¥ 32 500.00
价税合计（大写）		⊗ 贰拾捌万贰仟伍佰元整					（小写）¥ 282 500.00	
备注	购买方地址： 购方开户银行：建设银行漕河泾支行 销售方地址： 销方开户银行：工商银行黄浦支行			电话：021-5481×××× 银行账号：064101088116488 电话：021-882164×× 银行账号：057701010236439				

开票人：孔令美   复核: 收款人: 销售方：（章）

中国工商银行　网上银行电子回单（补打）

电子回单号码：0047-▮▮▮▮▮▮　　　　　　　　　　　第4次补打

付款人	户　名	▮▮▮▮▮▮有限公司	收款人	户　名	
	账　号	▮▮▮▮▮▮▮▮		账　号	
	开户银行	▮▮▮▮▮▮支行		开户银行	

金　额	￥50.00元	金额（大写）	人民币 伍拾元整
摘　要	账户开户费	业务（产品）种类	对公收费
用　途			
交易流水号	00000000	时间戳	2022-01-14-20.43.14.366050

备注：产品名称：人民币对公账户服务　费用名称：对公账户开户-对公账户开户　应收金额：100.00 实收金额：50.00　收费渠道：批量　业务发生日期：2022-01-14　业务发生账号：▮▮▮▮▮5833

验证码：▮▮▮▮▮▮

记账网点	00572	记账柜员	00001	记账日期	2022年01月14日

打印日期：2022年2月17日

重要提示：

1. 如果您是收款方，请到工行网站www.icbc.com.cn电子回单验证处进行回单验证。
2. 本回单不作为收款方发货依据，并请勿重复记账。
3. 您可以选择发送邮件，将此电子回单发送给指定的接收人。

（2）自制原始凭证。自制原始凭证是由本单位内部经办部门和人员，在经济业务发生或完成时自行填制的原始凭证。例如，材料验收入库时填制的"收料单"、各部门向仓库领料时填制的"领料单"、产品完工验收入库时填制的产品"入库单"、出差人员填制的"差旅费报销单"、每月按规定计提固定资产折旧时编制的"折旧计算表"等都属于自制原始凭证。

2. 原始凭证按填制手续和方法分类

原始凭证按填制手续和方法，可分为一次凭证、累计凭证、汇总原始凭证和记账编制凭证。

（1）一次凭证。一次凭证是在一张凭证中只记录一项经济业务或者同时记录若干项同类经济业务，填制手续一次完成的原始凭证。各种外来原始凭证都是一次凭证；自制原始凭证中的"收料单""领料单""入库单""差旅费报销单"以及根据业务的发生与核算的需要而编制的凭证，如"材料费用分配表"等都是一次凭证。

"收料单"格式与内容，如表 6-3 所示；"领料单"格式与内容，如表 6-4 所示；"入库单"格式与内容，如表 6-5 所示。

表 6-3

收料单

材料仓库:1 号仓库　　　　　　　　20×1 年 4 月 5 日　　　　　　　编号:003103

编号	类别	名称	规格	计量单位	数量	单价	金额（元）
0360	钢材	圆钢	30 mm	千克	500	25.40	12 700
0361	钢材	圆钢	32 mm	千克	1 600	25.00	40 000
0363	钢材	圆钢	35 mm	千克	800	24.50	19 600
合计							72 300
备注							

仓库负责人:刘力　　　　　检验:葛宇　　　　　保管:蒋明海　　　　　制单:闫静

表 6-4

领料单

领料部门:制造车间　　　　　　　　　　　　　　　　　　编号:004301

用途:生产甲产品　　　　　20×1 年 4 月 8 日　　　　　材料仓库:1 号仓库

编号	类别	名称	规格	计量单位	数量		单价	金额（元）
					请领	实领		
0360	钢材	圆钢	30 mm	千克	200	200	25.40	5 080
合计								
备注								

领料部门负责人:何海　　　　领料:王成　　　　发料:蒋明海　　　　制单:李飞

表 6-5

入库单

交库部门:制造车间　　　　　　　　　　　　　　　　　　编号:010211

　　　　　　　　　　　　20×1 年 4 月 30 日　　　　　产品仓库:2 号仓库

编号	类别	名称	规格	计量单位	数量	单位成本	金额（元）
12202	……	甲产品	……	件	600	450.00	270 000
合计							
备注							

仓库负责人:王平　　　　　检验:张丽丽　　　　　保管:王海　　　　　制单:孟强

（2）累计凭证。累计凭证是对于一定时期内（一般以1个月为限）连续发生的同类经济业务，在一张凭证上随着经济业务发生分次完成记载的原始凭证。使用累计凭证，既可起到简化凭证的填制手续，又可起到控制材料消耗的作用。最具代表性的累计凭证是制造企业对于在生产中使用的有消耗定额的材料所采用的"限额领料单"，格式与内容，如表6-6所示。

表6-6　　　　　　　　　　　　　　　　　　限额领料单

领料单位：制造车间　　　　　　　　　　　　　　　　　　　　　　　　编号：100401

用途：生产乙产品　　　　　　　　　20×1年4月30日　　　　　　　仓库：1号仓库

编号	类别	名称	规格	计量单位	领用限额	实际领用	单价	实领金额（元）
0520	耗材	电焊条	CHS052	千克	200	195	46.00	8 970

日期	请领		实发			限额结余	退库	
	数量	领料部门负责人	数量	发料人	领料人		数量	退库单编号
4/1	70	何海	70	蒋明海	金燕	130		
4/11	65	何海	65	蒋明海	金燕	65		
4/21	60	何海	60	蒋明海	金燕	5		
合计	195		195			5		
备注								

生产部门负责人：刘立　　　　　　　　仓库负责人：贺丰　　　　　　　　制单：李飞

（3）汇总原始凭证。汇总原始凭证也称原始凭证汇总表，是根据一定时期内反映相同经济业务的多张原始凭证汇总填制而成的自制原始凭证。使用汇总原始凭证，既可起到简化凭证的填制工作，又可起到集中反映某项经济业务总体发生情况的作用。最具代表性的汇总原始凭证是制造企业月末将月份内所填制的"领料单""限额领料单"进行汇总，编制"发料汇总表"，格式与内容，如表6-7所示。

表6-7　　　　　　　　　　　　　　　　　　发料汇总表

20×1年4月30日　　　　　　　　　　　　　　　　　　　　　单位：元

会计科目	用途或部门	A材料	B材料	C材料	合计
生产成本	甲产品	18 000	12 000		30 000
	乙产品	35 000	15 000		50 000
	小计	53 000	27 000		80 000
制造费用	制造车间			3 500	3 500
管理费用				2 500	2 500
合计		53 000	27 000	6 000	86 000

会计主管：王涛　　　　　　　　制表：夏建飞　　　　　　　　审核：肖华

（4）记账编制凭证。记账编制凭证是由会计人员根据账簿记录，把某一项经济业务加以归类、整理而重新编制的一种自制原始凭证。例如，制造企业通常每月编制的"制造费用分配表"，属于记账编制凭证，格式与内容如表6-20所示。

3. 原始凭证按格式分类

原始凭证按格式，可分为通用凭证和专用凭证。

（1）通用凭证。通用凭证是由有关部门统一印制、在一定范围内使用的具有统一格式和使用方法的原始凭证，如全国通用的增值税发票、银行转账结算凭证等属于通用凭证。

（2）专用凭证。专用凭证是由本单位自行印制、仅在本单位内部使用的、具有专门用途的原始凭证，如企业自制的"收料单""领料单""入库单"和"差旅费报销单"等属于专用凭证。

4. 原始凭证按填制手段分类

原始凭证按填制手段，可分为手工填制凭证和机打填制凭证。

（1）手工填制凭证。手工填制凭证是由业务人员或会计人员通过手工完成填制的原始凭证。

（2）机打填制凭证。机打填制凭证是通过计算机等设备打印完成填制的原始凭证。例如，飞机票、火车票等属于机打填制凭证。随着计算机的普及，越来越多的原始凭证通过计算机等设备打印来完成填制，如目前增值税发票均已通过计算机等设备打印来完成填制。

5. 原始凭证按存在形式分类

原始凭证按存在形式，可分为纸质凭证和电子凭证。

（1）纸质凭证。纸质凭证是以纸张为存储介质的原始凭证，包括各种手工填写的收据、发票、支票等单据以及通过打印机等设备输出的纸质凭证等。纸质凭证是传统的原始凭证形式，需要物理存储空间。

（2）电子凭证。电子凭证是指从外部接收的电子形式的各类原始凭证，包括电子发票、财政电子票据、电子客票、电子行程单、电子海关专用缴款书、银行电子回单等。来源合法、真实的电子凭证与纸质凭证具有同等法律效力。

（二）记账凭证

记账凭证，是指由会计人员对审核无误的原始凭证或汇总原始凭证，按经济业务的内容加以归类整理，记载经济业务简要内容、明确会计分录，作为登记账簿依据的会计凭证。

记账凭证与原始凭证既有直接关系，又存在显著的差别。两者的直接关系在于原始凭证是记账凭证的基础，记账凭证是根据原始凭证填制的；原始凭证附在记账凭证后面作为记账凭证的附件，以有利于原始凭证的保管，便于账簿的登记和核对。两者的区别在于原始凭证一般是由经办人员填制，而记账凭证一律是由会计人员填制；原始凭证是根据已经发生或完成的经济业务填制，而记账凭证一般是根据审核无误的原始凭证填制；原始凭证仅用以记录和证明经济业务发生与完成情况，而记账凭证要依据复式记账原理，按照规定的会计科目对原始凭证上记载的经济业务进行归类整理，明确记账的会计分录；原始凭证是填制记账凭证的依据,而记账凭证是登记账簿的依据。

1. 记账凭证按用途和格式分类

记账凭证按用途和格式,可分为专用记账凭证和通用记账凭证。

(1)专用记账凭证。专用记账凭证是一种专门用于记录某一特定种类经济业务的记账凭证。按所反映经济业务内容的不同,专用记账凭证又可分为收款凭证、付款凭证和转账凭证三种。

收款凭证是用于记录现金和银行存款收款业务的记账凭证,一般按库存现金和银行存款分别编制。收款凭证的借方科目通常位于凭证的左上方。例如,银行存款收款凭证的基本格式,如表 6-8 所示。

表 6-8　　　　　　　　　　　　　　收款凭证

借方科目:银行存款　　　　　　　20×1 年 4 月 10 日　　　　　　　　　银收字第 45 号

摘　要	贷方科目		金额	记账	附件1张
	一级科目	二级科目或明细科目			
收回甲产品销货款	应收账款	迅达公司	480 000	√	
合计			￥480 000		

会计主管:王涛　　　　制单:李瑛　　　　审核:杨敏　　　　出纳:钱敏　　　　记账:张欢

付款凭证是用于记录现金和银行存款付款业务的记账凭证,一般也按库存现金和银行存款分别编制。付款凭证的贷方科目通常位于凭证的左上方。例如,库存现金付款凭证的基本格式,如表 6-9 所示。

表 6-9　　　　　　　　　　　　　　付款凭证

贷方科目:库存现金　　　　　　　20×1 年 4 月 14 日　　　　　　　　　现付字第 15 号

摘　要	借方科目		金额	记账	附件1张
	一级科目	二级科目或明细科目			
支付文具用品费	管理费用		180	√	
合计			￥180		

会计主管:王涛　　　　制单:李瑛　　　　审核:杨敏　　　　出纳:钱敏　　　　记账:张欢

转账凭证是用于记录不涉及现金和银行存款业务的记账凭证。例如,根据购入材料"入库单"编制的材料入库转账凭证的格式,如表 6-10 所示。

表 6-10　　　　　　　　　　　　　转账凭证

20×1 年 4 月 15 日　　　　　　　　　　　　转字第 12 号

摘要	一级科目	二级或明细科目	借方金额	记账	贷方金额	记账	
购入 A 材料验收入库	原材料	A 材料	10 000			√	附件1张
	在途物资	A 材料			10 000	√	
合计			￥10 000		￥10 000		

会计主管:王涛　　　　制单:杨大平　　　　审核:杨敏　　　　记账:马宁

采用专用记账凭证,有利于对不同经济业务进行分类管理,适用于规模较大、收付款业务较多的单位。在实际工作中,为了便于识别及减少差错,各种专用记账凭证往往采用不同颜色分别印制。

(2)通用记账凭证。通用记账凭证是不分经济业务的类型,统一使用同一种格式的记账凭证。通用记账凭证的一般格式,如表 6-11 所示。

表 6-11　　　　　　　　　　　　记账凭证

20×1 年 4 月 18 日　　　　　　　　　　凭证编号　060

摘要	一级科目	二级或明细科目	借方金额	贷方金额	记账	
王唯报销差旅费	管理费用		3 200		√	附件2张
	银行存款			3 200	√	
合计			￥3 200	￥3 200		

会计主管:王涛　　　制单:李瑛　　　审核:杨敏　　　出纳:钱敏　　　记账:张欢

通用记账凭证适用于经济业务比较简单、规模较小、收付款业务较少的单位。

2. 记账凭证按填列会计科目数目分类

记账凭证按填列会计科目数目,可分为复式记账凭证和单式记账凭证。

(1)复式记账凭证。复式记账凭证也称多科目记账凭证,是将一项经济业务所涉及的全部会计科目及其发生额均记录在同一张记账凭证上的一种凭证。前述各种专用记账凭证和通用记账凭证都属于复式记账凭证。复式记账凭证的优点是可在一张记账凭证上完整反映一项经济业务,便于了解该项经济业务的全貌以及会计科目的对应关系,便于对凭证所记载经济业务的分析和审核;缺点是不便于同时汇总每一账户的发生额,也不利于会计人员分工记账。

(2)单式记账凭证。单式记账凭证也称单科目记账凭证,是每一张记账凭证只填列经济业务所涉及的一个会计科目及其金额的记账凭证。单式记账凭证填列的对应科目只作为参考不作为记账依据。填列借方科目的凭证称为借项记账凭证,格式如表6-12所示;填列贷方科目的凭证称为贷项记账凭证,格式如表6-13所示。

表6-12　　　　　　　　　　　　　**借项记账凭证**

对应科目:银行存款　　　　　　20×1年4月30日　　　　　　凭证编号35$\frac{1}{2}$

摘要	一级科目	二级或明细科目	金额	记账	附
购入M材料	在途物资	M材料	1 090 000	√	件
					2
					张
合计			￥1 090 000		

会计主管:王涛　　　制单:李瑛　　　审核:杨敏　　　出纳:钱敏　　　记账:张欢

表6-13　　　　　　　　　　　　　**贷项记账凭证**

对应科目:在途物资　　　　　　20×1年4月30日　　　　　　凭证编号35$\frac{2}{2}$

摘要	一级科目	二级或明细科目	金额	记账	附
购入M材料	银行存款	工商银行	1 090 000	√	件
					2
					张
合计			￥1 090 000		

会计主管:王涛　　　制单:李瑛　　　审核:杨敏　　　出纳:钱敏　　　记账:张欢

使用单式记账凭证便于科目汇总表的编制,根据单式记账凭证,将每一账户的借项凭证和贷项凭证归类在一起,加计总数,就能很快地得出每一账户的本期借、贷方发生额,以简化会计核算工作。单式记账凭证的优点是便于同时汇总计算每一会计科目的发生额与会计人员的分工记账;缺点是不便于从一张记账凭证中集中反映经济业务的全貌以及会计科目之间的对应关系,同时由于凭证张数较多,填制工作量较大。

3. 记账凭证按是否经过汇总分类

记账凭证按是否经过汇总,可分为非汇总记账凭证和汇总记账凭证。

(1)非汇总记账凭证。非汇总记账凭证是只包括一笔会计分录的记账凭证。上述的收款凭证、付款凭证、转账凭证以及通用记账凭证均属于非汇总记账凭证。

(2)汇总记账凭证。汇总记账凭证是根据一定时期内的单一记账凭证按一定的方法加以汇总而重新填制的凭证。填制汇总记账凭证的目的是简化登记总账的工作。汇总记账凭证包括分类汇总记账凭证和全部汇总记账凭证。

分类汇总记账凭证是按照收款凭证、付款凭证和转账凭证分别加以汇总编制的,包括汇总收款凭证、汇总付款凭证和汇总转账凭证三种。汇总收款凭证是按"库存现金""银行存款"科目的借方分别设置,汇总一定时期内现金和银行存款的收款业务,如表6-14所示;

汇总付款凭证是按"库存现金"和"银行存款"科目的贷方分别设置,汇总一定时期内现金和银行存款的付款业务,如表 6-15 所示;汇总转账凭证是按转账凭证中每一贷方科目分别设置,汇总一定时期内转账业务的一种汇总记账凭证,如表 6-16 所示。

表 6-14　　　　　　　　　　　　　　汇总收款凭证

借方科目:银行存款　　　　　　　　　20×1 年 4 月　　　　　　　　　　汇收第 1 号

贷方科目	金额				记账	
	(1)	(2)	(3)	合计	借方	贷方
应收账款	300 000		450 000	750 000		
预收账款	500 000	125 000		625 000		
主营业务收入	1 000 000	250 000	350 000	1 600 000		
其他业务收入			200 000	200 000		
营业外收入		100 000		100 000		
合计	1 800 000	475 000	1 000 000	3 275 000		
附件	(1) 1~10 日凭证共 12 张 (2) 11~20 日凭证共 8 张 (3) 21~30 日凭证共 10 张					

会计主管:王涛　　　　　制单:杨大平　　　　　审核:杨敏　　　　　记账:马宁

表 6-15　　　　　　　　　　　　　　汇总付款凭证

贷方科目:库存现金　　　　　　　　　20×1 年 4 月　　　　　　　　　　汇付第 1 号

借方科目	金额				记账	
	(1)	(2)	(3)	合计	借方	贷方
银行存款	1 200	700	600	2 500		
其他应收款	300	320	380	1 000		
制造费用	150	320	350	820		
管理费用	240	530	410	1 180		
合计	1 890	1 870	1 740	5 500		
附件	(1) 1~10 日凭证共 5 张 (2) 11~20 日凭证共 3 张 (3) 21~30 日凭证共 6 张					

会计主管:王涛　　　　　制单:杨大平　　　　　审核:杨敏　　　　　记账:马宁

表 6-16

汇总转账凭证

20×1 年 4 月

贷方科目:原材料　　　　　　　　　　　　　　　　　　　　　　　　汇转第 3 号

借方科目	金额				记账	
	（1）	（2）	（3）	合计	借方	贷方
生产成本	600 000	150 000	300 000	1 050 000		
制造费用	25 000	40 000	15 000	80 000		
管理费用	10 000		8 000	18 000		
销售费用		10 000		10 000		
合计	635 000	200 000	323 000	1 158 000		
附件	（1）1～10 日凭证共 5 张 （2）11～20 日凭证共 3 张 （3）21～30 日凭证共 8 张					

会计主管:王涛　　　　　制单:杨大平　　　　　审核:杨敏　　　　　记账:马宁

全部汇总记账凭证也称科目汇总表,是根据一定时期内所有的记账凭证定期按照相同科目归类汇总借方、贷方发生额而填制的记账凭证。

在科目汇总表中,分别计算出每一个总账科目的借方发生额合计数和贷方发生额合计数。根据借贷记账法"有借必有贷,借贷必相等"的记账规则,在编制科目汇总表时,全部总账科目的借方发生额合计数应与贷方发生额合计数相等。科目汇总表可根据单位业务量,既可以每月汇总一次编制一张,也可以每旬汇总一次每月编制一张。例如,每旬汇总一次每月编制一张的科目汇总表,如表 6-17 所示。

表 6-17

科目汇总表

20×1 年 4 月

会计科目	记账	本期发生额						记账凭证起讫号数
		1～10 日		11～20 日		21～30 日		
		借方	贷方	借方	贷方	借方	贷方	
库存现金		2 000	1 500	1 000	15 000	2 000	1 000	（1）库存现金收款凭证第 × 号到第×号
银行存款		503 000	451 000	350 000	1 235 000	164 000	207 000	（2）库存现金付款凭证第 × 号到第×号
应收账款		114 200	126 200	831 000	40 000	61 000	20 000	
在途物资		50 000	50 000	680 000	680 000	61 000		（3）银行存款收款凭证第 × 号到第×号
原材料		50 000	350 000	680 000	400 000			
固定资产		160 000		844 000				
累计折旧							350 000	
应付账款		351 500			1 400 000	500 000	379 000	（4）银行存款付款凭证
应付职工薪酬				49 000			50 000	

（续表）

会计科目	记账	本期发生额						第 × 号 到第 × 号（5）转字凭证第 × 号到第 × 号
		1～10 日		11～20 日		21～30 日		
		借方	贷方	借方	贷方	借方	贷方	
本年利润						852 000	1 300 000	
生产成本		600 000		350 000		700 000	900 000	
制造费用		5 000		150 000		50 000	205 000	
主营业务收入			800 000		200 000	1 150 000	150 000	
其他业务收入			150 000			150 000		
主营业务成本						500 000	500 000	
其他业务成本		70 000					70 000	
销售费用		15 000		25 000			40 000	
管理费用		8 000		10 000		20 000	38 000	
财务费用						10 000	10 000	
合计		1 928 700	1 928 700	3 970 000	3 970 000	4 220 000	4 220 000	

会计主管：王涛　　　　制单：杨大平　　　　审核：杨敏　　　　记账：马宁

会计凭证的种类，如表 6-18 所示。

表 6-18　　　　　　　　　　会计凭证的种类

		分类标准	种类	
会计凭证	原始凭证	按取得来源	外来原始凭证	
			自制原始凭证	
		按填制手续和方法	一次凭证	
			累计凭证	
			汇总原始凭证	
			记账编制凭证	
		按格式	通用凭证	
			专用凭证	
		按填制手段	手工填制凭证	
			机打填制凭证	
		按存在形式	纸质凭证	
			电子凭证	
	记账凭证	按用途和格式	专用记账凭证	收款凭证
				付款凭证
				转账凭证

（续表）

		分类标准	种类	
会计凭证	记账凭证	按用途和格式	通用记账凭证	
		按填列会计科目数量	单式记账凭证	
			复式记账凭证	
		按是否经过汇总	非汇总记账凭证	
			汇总记账凭证	汇总收款凭证
				汇总付款凭证
				汇总转账凭证
				科目汇总表

第二节　原始凭证的填制与审核

原始凭证是具有法律效力的证明文件，记载的是发生或者完成的经济业务的原始信息，必须按规定进行填制与审核。

一、原始凭证的基本要素

尽管经济业务的内容多种多样，记录经济业务的原始凭证的名称、格式和内容不尽相同，但无论是哪一种原始凭证都必须真实地记录每一项经济业务的发生和完成情况，都要明确经办单位和人员所承担的经济责任。这些共同的要求，决定了所有原始凭证都应当具备如下基本要素：

（1）凭证的名称。原始凭证的名称用于标明原始凭证的用途、所记录经济业务的种类与内容，如"增值税专用发票""收料单""发料单""入库单"和"差旅费报销单"等。

（2）凭证的编号。通用的原始凭证一般具有统一的编号，便于查核发生的经济业务与防止舞弊行为。

（3）填制凭证的日期。填制原始凭证的日期一般是经济业务发生或者完成的日期。

（4）填制凭证单位名称或者填制人姓名。表明填制原始凭证的单位或者填制人员。对外开出的原始凭证，应有填制单位的公章或财务专用章。

（5）经办人员的签名或者盖章。通过签名或者盖章明确经济责任。

（6）接受凭证单位名称及相关信息。对外原始凭证应有接受凭证单位的名称，即抬头，一些原始凭证还需填制与接受凭证单位相关的信息，如"增值税专用发票"上应写明购货单位的名称及税号、开户银行及账号等。将接受凭证单位与填制单位或者填制人相联系，可以揭示经济业务的来龙去脉。

（7）经济业务内容。以摘要的形式表明经济业务的项目、名称及有关的附注说明。

（8）数量、单价和金额。表明经济业务的计量内容，属于原始凭证的核心要素。

此外，企业还可根据自身经济活动的特点和经营管理的需要，在原始凭证中补充一些必要的内容，如在原始凭证上注明与该项经济业务有关的经济合同号码、定额指标等，以更好地发挥原始凭证的多重作用。

二、原始凭证的填制方法

原始凭证的来源不同，内容和格式有异，填制的方法也就不尽相同。

1. 一次凭证的填制

一次凭证是经办人员在经济业务发生或完成时根据经济业务的内容一次填制完成。外来原始凭证通常是由外单位经办人员一次填制完成，填制方法和要求与自制一次凭证基本相同。

（1）"领料单"的填制。"领料单"是用料部门向仓库领用材料时填制的原始凭证。领料人应如实填写领料日期、用途、材料名称、规格、请领数量等内容，经领料部门负责人批准后，向发料人（仓库保管员）领料，发料人审核用途后发放材料，填写实发数量。领料单一般一式三联，一联由领料部门留存，一联留仓库用于登记材料物资明细账，一联交会计机构记账，填写时应用双面复写纸一次套写。为明确经济责任，领料单需经领料部门负责人、领料人、发料人签字或盖章。

（2）"增值税专用发票"的填制。"增值税专用发票"是一般纳税人销售增值税应税商品或者提供应税劳务时开具的一种专用发票，通过增值税防伪税控系统使用。"增值税专用发票"主要包括三方面的信息。一是购货单位信息，包括购货单位名称，纳税人识别号，地址、电话，开户银行及账号。增值税一般纳税人在购买货物或者接受应税劳务时，应主动提供单位名称，纳税人识别号，地址、电话，开户银行及账号，并确保单位名称和纳税人识别号的相应关系准确无误。二是购买的应税商品或者提供的应税劳务信息，包括商品或劳务名称、计量单位、数量、单价、金额等。销售单位在开具"增值税专用发票"时，应正确填写商品或劳务名称、计量单位、数量、单价、金额，不得漏填或随意填写。同时，供应两种不同税率的应税项目，且合并开具发票的，其商品或劳务的名称、计量单位、数量、单价、金额，必须按不同税率分别填写。对供应的货物既有应税货物，又有免税货物的，供应的免税货物应单独开具普通发票，不得和应税货物合并开具增值税专用发票。三是销货单位信息，包括销货方单位名称，纳税人识别号，地址、电话，开户行及账号。"增值税专用发票"由基本联次或者基本联次附加其他联次构成，基本联次为三联，即发票联、抵扣联和记账联。发票联，作为购买方核算采购成本和增值税进项税额的记账凭证；抵扣联，作为购买方报送主管税务机关认证和留存备查的凭证；记账联，作为销售方核算销售收入和增值税销项税额的记账凭证。其他联次用途，由一般纳税人自行确定。

（3）"支票"的填制。"支票"是一种票据，由出票人签发，委托办理支票存款业务的银行或者其他金融机构在见票时无条件支付确定的金额给收款人或持票人的票据。"支票"由出纳人员负责填写，按编号顺序使用。支票的基本联次为左、右两联，即存根联和正联。签发支票应当按照规定逐项填写，并加盖预留在银行的印鉴（财务专用章和法人代表章）。支票分为"现金支票"和"转账支票"。"现金支票"的格式，如表 6-19 所示。

表 6-19　　　　　　　　　　　　　　　　现金支票

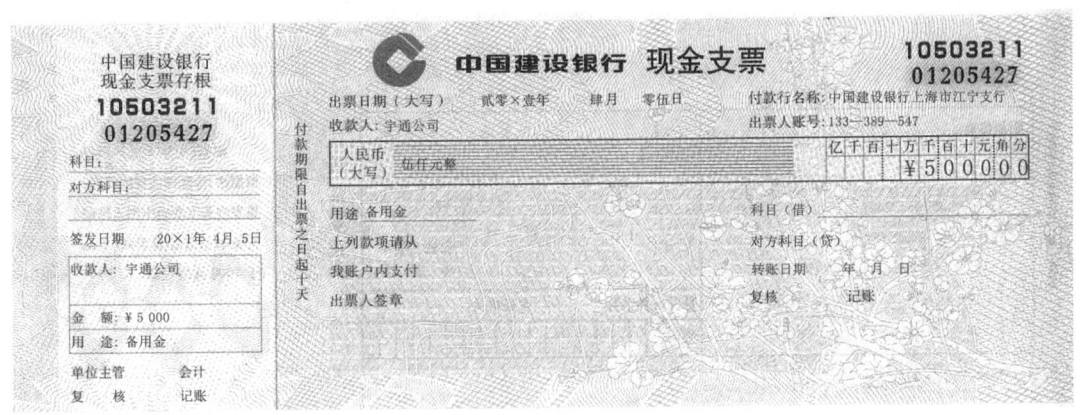

填写"现金支票"时，应当使用碳素墨水书写，正面需要填写收款人和开户银行的名称、支票号码、签发日期（大写）、签发人银行账号、大小写金额、用途等项目。反面填写提款人的姓名、身份证号码和发证机关名称。"现金支票"的用途有一定的限制，一般填写"备用金""差旅费""劳务费"等。支票上的大小写金额和收款人不得更改，其他内容如有更改，必须加盖预留银行印鉴加以证明。未按规定填写支票，被涂改冒领的，由签发人负责。

"转账支票"的填制方法与现金支票基本相同，当企业需要向开户银行送交支票，办理银行存款收入业务时，还应当填写"进账单"。"进账单"填写的内容包括"进账单"的日期，出票人的全称、开户银行和账号，收款人的全称、开户银行和账号，进账的大小写金额，进账的事由。

2. 累计凭证的填制

累计凭证是一次开设、多次使用的原始凭证。以"限额领料单"为例，采用限额领料的企业，月初由生产计划部门根据下达的生产任务和材料消耗定额，为材料领用部门规定月份内领用某种材料的最高额度，材料使用部门在月份内根据需要分次领取。"限额领料单"一般为一料一单，领料部门每次领料时，在该单内填写请领数量，经领料部门负责人批准签章后，到仓库领料。仓库发料时，发料人应填写实发数量及限额结余数量，领发料双方同时在单内签章。月末累计出全月实际领用总量和金额，交由会计机构据以记账。

3. 汇总原始凭证的填制

汇总原始凭证是将一定时期内若干张反映同类经济业务的一次凭证、累计凭证，按照一定标准汇总填制在一张凭证上。例如,"发料凭证汇总表"是将月份内所填制的若干张"领料单""限额领料单"按照领料部门和材料用途分类汇总编制,编制的时间间隔可根据业务量的大小确定;"薪酬结算汇总表"是将企业各部门编制的"薪酬结算单"按人员所在部门和工作岗位分类汇总编制。

4. 记账编制凭证的填制

通常"收料单""领料单""入库单"和"差旅费报销单"等自制原始凭证由经办人员填制,而记账编制凭证则是由会计人员根据账簿记录的结果,重新归类整理而填制。例如,制造企业月末为了计算产品成本,编制"制造费用分配表",将"制造费用"账户归集的费用按一定的标准分配计入各相关产品成本。"制造费用分配表"的格式与内容,如表 6-20 所示。

表 6-20

制造费用分配表

20×1 年 12 月

产品名称	分配标准(工时)	分配率(元/工时)	分配金额(元)
甲产品	1 200 000		384 000
乙产品	800 000		256 000
合计	2 000 000	0.32	640 000

会计主管:王涛   制表:夏建飞   审核:杨敏

三、原始凭证的填制要求

为了保证原始凭证能够正确、完整与及时地反映经济业务的真实情况,填制或取得的原始凭证至少应当符合六个方面的基本要求。

1. 记录真实

原始凭证必须据实填列实际发生的经济业务内容、数量和金额等,不得弄虚作假。对于填制凭证日期、经济业务内容、数量和金额等,都要由经办人员如实填写并签名或者盖章,对凭证的真实性和准确性负责。

2. 内容完整

原始凭证中的基本内容和补充资料都应当按照规定的格式、内容逐项填写完整,不得遗漏或省略。凡填有大写和小写金额的原始凭证,大写与小写金额必须相符。一式几联的原始凭证,应当注明各联的用途,只能以其中一联作为报销凭证。没有联次的原始凭证,以原件作为报销凭证。一式几联的纸质发票和票据,必须用双面复写纸(发票和票据本身具备复写纸功能的除外)套写,并连续编号。发票、票据作废的,应当加盖"作废"戳记或者注明"作废"字样,并完整保存各联次,不得擅自销毁。从外单位取得的原始凭证,必须盖有填制单位的公章或者发票(收费、财务)专用章,或者法律、法规规定的其他签章;从个人取得的原始凭证,必须有填制人员的签名或者盖章。自制原始凭证,应当有经办单位负责人或者其授权人员的签名或者盖章;通过业务系统传递数据至会计软件实现集成报账生成自制原始凭证的,在确保业务系统数据规则清晰、自动出具、满足内部审批要求、体现审批环节人员信息且信息传递完整准确的情况下,无需经办单位负责人或者其授权人员的签名或者盖章。对外开出的原始凭证,必须加盖本单位公章或者发票(收费、财务)专用章,或者法律、法规规定的其他签章。从外单位取得的或者对外开出的电子原始凭证应附有符合《中华人民共和国电子签名法》(以下简称《电子签名法》)规定的电子签名;不具备电子签名的,必须通过可信的数据源查验电子原始凭证的真实、完整。

一张原始凭证所列支出需要几个单位共同负担的,应当将其他单位负担的部分,开给对方原始凭证分割单,并进行结算。原始凭证分割单必须具备原始凭证的基本要素:凭证名称、凭证编号、填制凭证日期、填制凭证单位名称或者填制人姓名、经办人的签名或者盖章、接受凭证单位名称、经济业务事项内容、数量、单价、金额和费用分摊情况等。

3. 手续完备

原始凭证的填制手续必须完备,符合内部控制的要求,防止错误或者舞弊的发生。具体需要注意以下五个方面的问题:

(1)购买实物形成存货、工程物资或者固定资产的原始凭证,必须有验收证明。

(2)支付款项的原始凭证,必须取得对方的收款收据或者汇款银行的凭证。

(3)发生销货退回的,必须有退货验收证明;已开具纸质发票的,应当收回原发票全部联次并注明"红冲"字样后开具红字发票,无法收回原发票全部联次的,应当取得对方有效证明后开具红字发票;已开具电子发票的,应当按照规定开具红字发票。发生退款的,必须取得对方的收款收据或者汇款银行的凭证,不得以红字发票代替。

(4)职工公出借款凭据,必须附在记账凭证之后。收回借款时,应当另开收据或者取得汇款银行的凭证或者退还借据副本,不得退还原借款收据。

(5)经上级主管单位或行政主管部门批准的经济业务事项,应当将批准文件作为原始凭证附件。如果批准文件需要单独归档的,应当在凭证上注明批准单位(部门)名称、日期和文件字号。

4. 书写规范

填制原始凭证,字迹必须清晰、工整,符合如下要求:

(1)阿拉伯数字应当逐个书写,不得连笔写。阿拉伯金额数字前面应当书写货币币种符号或者货币名称简写和币种符号。凡阿拉伯数字前写有币种符号的,数字后面不再写货币单位。

(2)所有以"元"为单位(其他货币种类为货币基本单位,下同)的阿拉伯数字,除表示单价等情况外,一律填写到角分;无角分的,角位和分位可写"00",或者符号"—";有角无分的,分位应当写"0",不得用符号"—"代替。

（3）汉字大写数字金额，如零、壹、贰、叁、肆、伍、陆、柒、捌、玖、拾、佰、仟、万、亿等，一律用正楷或者行书体书写，不得用〇、一、二、三、四、五、六、七、八、九、十等简化字代替，不得任意自造简化字。大写金额数字到元或者角为止的，在"元"或者"角"字之后应当写"整"字或者"正"字；大写金额数字有分的，分字后面不写"整"或者"正"字。例如，小写金额"¥10 078.30"，大写金额为"人民币壹万零柒拾捌元叁角整"。

（4）大写金额数字前未印有货币名称的，应当加填货币名称，货币名称与金额数字之间不得留有空白。

（5）阿拉伯金额数字中间有"0"时，汉字大写金额要写"零"字；阿拉伯数字金额中间连续有几个"0"时，汉字大写金额中可以只写一个"零"字；阿拉伯金额数字元位是"0"，或者数字中间连续有几个"0"、元位也是"0"但角位不是"0"时，汉字大写金额可以只写一个"零"字，也可以不写"零"字。

（6）票据，如现金支票、银行转账支票的出票日期，必须使用中文大写。为防止变造票据的出票日期，月为壹、贰、壹拾的，应在其前加"零"；日为壹至玖，壹拾、贰拾、叁拾的，应在其前加"零"。例如，2021年2月10日，应写成"贰零贰壹年零贰月零壹拾日"。

（7）纸质原始凭证不得涂改、挖补。纸质原始凭证有错误的，应当由开出单位重开或者更正，更正处应当加盖开出单位的公章或者发票（收费、财务）专用章，或者法律、法规规定的其他签章；金额有错误的，应当由出具单位重开，不得在原始凭证上更正。电子原始凭证有错误的，应当由开出单位重新开具正确的原始凭证。

5. 顺序使用

收付款项或者实物的原始凭证要顺序或分类编号，在填制时按照编号的次序使用。跳号的原始凭证应加盖"作废"戳记，不得撕毁。

6. 填制及时

经办人员应当根据经济业务的执行和完成情况及时填制原始凭证，并按规定的程序和手续及时送交会计机构，不得拖延或积压。

企业处理和应用电子原始凭证，应当保证电子原始凭证的接收、生成、传输、存储等各环节的安全可靠，能够及时发现对电子原始凭证的任何篡改，能够有效防止电子原始凭证重复入账。

四、原始凭证的审核

为了保证会计信息的质量，会计机构对各种原始凭证无论形式还是内容都应进行严格的审核。只有审核无误的原始凭证，才能作为填制记账凭证和登记账簿的依据。审核的重点内容主要包括以下几个方面：

（1）凭证的真实性。原始凭证的真实性对会计信息的质量具有至关重要的影响。对原始凭证真实性的审核包括凭证出具单位是否真实、填制日期是否真实、业务内容是否真实、数据是否真实等。外来原始凭证,从单位取得的,是否加盖了填制单位的公章或者发票(收费、财务)专用章,或者法律、法规规定的其他签章;从个人取得的,是否有填制人员的签名或者盖章。对于通用原始凭证,还应当审核凭证本身是否真实,以防作假。其中,电子形式的外来原始凭证,是否附有符合《电子签名法》的电子签名;不具备电子签名的,是否可以通过可信的数据源查验电子原始凭证的真实性、完整性。自制原始凭证是否有经办部门领导人和经办人员的签名或盖章。

(2)凭证的合法性。审核原始凭证所反映的经济业务是否符合有关国家有关法律、法规、制度的规定,是否违反财经纪律及其他有关规定。

(3)凭证的合理性。审核原始凭证所反映的经济业务是否符合生产经营活动的需要,是否与有关计划、预算和合同的规定相吻合。

(4)凭证的完整性。审核原始凭证填写内容是否齐全,包括有无漏记项目、日期填写是否完整、有关签章是否齐全、凭证联次是否正确等。

(5)凭证的正确性。审核原始凭证各项金额的计算及填写是否正确,如阿拉伯数字是否连写、大小写金额是否相符,有无涂改、刮擦、挖补现象等。

(6)凭证的及时性。审核原始凭证的填制日期,尤其是支票、银行汇票、银行本票等时效性较强的原始凭证,应仔细验证其签发日期。

对原始凭证的审核,既是会计人员履行的法定义务,又是会计监督的重要组成部分。会计人员必须按规定对原始凭证进行审核。经审核,对符合要求的原始凭证,应及时据以填制记账凭证登记入账。对不真实、不合法的原始凭证,不予受理。对弄虚作假、严重违法的原始凭证,在不予受理的同时,应当予以扣留,并及时向单位主管会计工作的负责人或者单位负责人报告,请求查明原因,追究当事人的责任。对记载不准确、不完整的原始凭证,予以退回,要求经办人员更正、补充。

第三节 记账凭证的填制与审核

会计人员依据原始凭证填制记账凭证的过程,是经济业务信息转换成会计信息的过程。对记账凭证的正确填制是准确进行账务处理的前提,对记账凭证的审核是对登账依据可靠性的进一步强化,是确保会计信息真实可靠的又一防护性措施。

一、记账凭证的基本要素

为了概括反映经济业务的基本情况,满足登记账簿的需要,无论哪一类记账凭证,都应当具备如下基本要素:

(1)凭证的名称。记账凭证的名称用于标明记账凭证的用途、所记录经济业务的种类与内容，如"收款凭证""付款凭证"和"转账凭证"等。

（2）凭证的编号。记账凭证应当连续编号，以便于记账、查找并确保凭证的完整。

（3）填制凭证的日期。记账凭证的填制日期不一定与原始凭证填制的日期一致，但尽可能与原始凭证填制的日期在同一会计期间。

（4）经济业务的摘要。对所记载经济业务内容作简明扼要的说明。

（5）会计分录。对于发生的经济业务明确应借、应贷的会计科目（包括一级科目和明细科目）、记账方向及金额。

（6）所附纸质原始凭证张数或者电子原始凭证份数。涉及该项经济业务的所有原始凭证均应附在记账凭证后面。

（7）记账标记。以"√"符号作为已记账标记，防止漏记或重记账。

（8）填制凭证人员、稽核人员、记账人员、会计机构负责人或会计主管人员签名或者盖章。收款和付款记账凭证还应当由出纳人员签名或者盖章。用于明确填制会计凭证相关人员的责任。

以自制的原始凭证或者原始凭证汇总表代替记账凭证的，也必须具备记账凭证应有的基本要素。

二、记账凭证的填制方法

记账凭证的填制方法因记账凭证种类的不同而有所差别。

1. 专用记账凭证的填制

（1）收款凭证的填制。收款凭证应当根据有关库存现金或银行存款收款业务的原始凭证填制。收款凭证的设证科目是借方科目，在收款凭证左上方设置"借方科目"栏，按收款的性质填写"库存现金"或"银行存款"科目。在凭证内反映的是贷方科目，应当填写与库存现金或银行存款相对应的总账科目及所属的明细科目。"摘要"栏填写经济业务的简要说明。"金额"栏填写经济业务实际发生的金额。在收款凭证的右侧填写所附原始凭证的张数。凭证填制相关人员都要签名或盖章。在实际工作中，出纳人员根据会计主管人员或指定人员审核批准的收款凭证收款时，应当在凭证上加盖"收讫"戳记，以避免差错。审核无误的收款凭证可据以登记库存现金和银行存款日记账、相关的总账及明细账，登记入账后，在"记账"栏打上"√"标记，表示已记账，以免漏记、重记。

（2）付款凭证的填制。付款凭证应当根据有关库存现金或银行存款付款业务的原始凭证填制。付款凭证的设证科目是贷方科目，在付款凭证左上方设置"贷方科目"，按付款的性质填写"库存现金"或"银行存款"科目。在凭证内所反映的是借方科目，应当填写与库存现金或银行存款相对应的总账科目及所属的明细科目，其余栏目的填列方法与收款凭证均相同。出纳人员根据付款凭证付款时，应当在凭证上加盖"付讫"戳记，以避免重复付款。

需要注意的是，对于库存现金与银行存款之间相互划转的业务，一般只填制付款凭证而不填制收款凭证,以免重复记账。例如,将现金送存银行的业务,只填制库存现金付款凭证;从银行提取现金的业务,只填制银行存款付款凭证。

(3)转账凭证的填制。转账凭证应当根据库存现金和银行存款收付款业务以外的原始凭证填制。与收、付款凭证格式不同的是,转账凭证不设主体科目栏,将经济业务所涉及的总账科目及明细科目全部填列在凭证内,借方科目在先,贷方科目在后,将各会计科目所记应借应贷的金额填列在"借方金额"或"贷方金额"栏内,借、贷方金额合计数应当相等。在转账凭证的右侧填写所附原始凭证的张数。凭证填制相关人员都要签名或盖章。

2. 其他记账凭证的填制

通用记账凭证的填制方法与转账凭证的填制方法基本相同。只是在凭证的编号上,采用按照经济业务的先后顺序编号的方法。

复式记账凭证是将一项经济业务所涉及的全部会计科目集中填制在一张记账凭证上,如上述的专用记账凭证和通用记账凭证都属于复式记账凭证。

单式记账凭证是将某项经济业务所涉及的每个借方科目和贷方科目,分别填制借项凭证和贷项凭证。单式记账凭证中的编号采用分数编号法。

三、记账凭证的填制要求

企业所使用记账凭证的种类和格式应相对稳定,特别是在同一会计年度内,不得随意更换。填制记账凭证除应当参照原始凭证的填制要求外,还应当符合以下填制要求:

(1)依据真实可靠。记账凭证必须以审核无误的原始凭证为依据。记账凭证可以根据每一张原始凭证填制,或者根据若干张同类原始凭证汇总填制,也可以根据原始凭证汇总表填制,但不得将不同内容和类别的原始凭证汇总填制在一张记账凭证上。从外单位取得的原始凭证如有遗失,应当取得原开出单位盖有公章的证明,并注明原来凭证的号码、金额和内容等,由经办单位会计机构负责人或会计主管人员和单位负责人批准后,才能代作原始凭证。如果确实无法取得证明的,如火车、轮船、飞机票等凭证,由当事人写出详细情况,由经办单位会计机构负责人或会计主管人员和单位负责人批准后,代作原始凭证。

来源可靠、程序规范、要素合规的电子原始凭证与纸质原始凭证具有同等法律效力,可以直接作为入账依据。以电子原始凭证的纸质打印件作为入账依据的,必须同时保存该纸质件的电子原始凭证。以取得的境外原始凭证作为入账依据时,应当保证其来源可靠,内容真实、完整;必要时,提供境外公证机构或者注册会计师的确认证明。

(2)摘要简明扼要。在记账凭证的"摘要"栏内,要简明扼要地反映出经济业务的主要内容,不可不填或错填,并且既要防止简而不明,又要避免过于繁琐。填写时,既要满足不同性质经济业务的需要,又要满足登记账簿的需要。例如,对于反映实物资产的账户,摘要中应注明品种、数量及单价;对于反映货币资金的账户,应注明结算凭证的号码等内容。

(3)填制日期准确。填制日期一般应为会计人员填制记账凭证当天的日期,也可以根据需要填写经济业务发生当天的日期或月末日期。其中,收、付款凭证一般应当按库存现金、银行存款的收、付款日期填写;转账凭证原则上应当按收到原始凭证的日期填写,月末结转或调整业务应当按月末日期填写。

(4)分录编制正确。对于每一项经济业务,都必须按照会计准则的规定,运用统一规定的会计科目正确编制会计分录,不得任意更改会计科目的名称和核算的内容,以确保会计科目使用的正确性和核算口径的一致性。必须按规定的会计科目填写一级会计科目,不得任意简化或改动,不得只写科目编号,不写科目名称。有关的二级或明细科目要填写齐全。记账凭证上的金额登记方向、数额必须正确,符合数字书写规定,角分位不留空格。记账凭证应当按行次逐项填写,不能跳行。纸质记账凭证填制完经济业务事项后,如有空行,应当自金额栏最后一笔金额数字下的空行处至合计数上的空行处划线注销。合计金额栏的第一位数字前要填写人民币(￥)等货币符号。

(5)附件数量完整。除结账和更正错误的记账凭证可以不附原始凭证外,其他记账凭证必须附有原始凭证,并注明所附纸质原始凭证张数或者电子原始凭证份数,以便日后查阅。附件张数的计算,一般以原始凭证的自然张数为准。记账凭证若附有原始凭证汇总表,应当将其一并计入附件的张数之内。但报销差旅费的零散票券,可以粘贴在一张纸上,作为一张原始凭证。如果一张纸质原始凭证涉及几张纸质记账凭证,可以把纸质原始凭证附在一张主要的纸质记账凭证后面,并在其他纸质记账凭证上注明附有该原始凭证的记账凭证编号。

(6)编号连续科学。对记账凭证进行编号的目的是分清记账凭证的先后顺序,便于登记账簿以及日后进行记账凭证与会计账簿之间的核对,并防止散失。记账凭证应当按经济业务发生顺序,按不同种类的记账凭证连续编号。对于使用通用记账凭证的企业可采用顺序编号法,即按经济业务发生的先后顺序,将所有记账凭证分月按自然数1,2,3,…顺序连续编号;对于使用专用记账凭证的企业,通常可采用"分类编号法",即按收款凭证、付款凭证和转账凭证分收、付、转三类进行编号,如"收字第×号""付字第×号""转字第×号",或再细分现收、现付、银收、银付、转账五类进行编号,如"现收字第×号""现付字第×号""银收字第×号""银付字第×号""转字第×号"。此外,还可以采用按凭证总字号顺序编号与按类别顺序编号相结合的双重编号法,如某一银行存款收款凭证为"总字第×号、银收字第×号"。对于一笔经济业务需要填制多张专用记账凭证的,可采用分数编号法。例如,一笔经济业务需要填制两张转账凭证,凭证的顺序号为20时,其编号为"转字第20$\frac{1}{2}$""转字第20$\frac{2}{2}$",前面的整数为总顺序号,后面的分数为该项业务的分号,分母表示该项业务的记账凭证总张数,分子表示该项业务的记账凭证总张数中的顺序号。不论采用哪种凭证编号方法,每月月末最后一张记账凭证编号的旁边要加注"全"字,以免凭证散失。

(7)错误更正规范。如果在填制记账凭证时发生错误,应当重新填制。已经登记入账的记账凭证,在当年内发现填写错误时,可以用红字填写一张与原内容相同的记账凭证,在摘要栏注明"注销某月某日某号凭证"字样,同时再用蓝字重新填制一张正确的记账凭证,注明"订正某月某日某号凭证"字样。如果会计科目没有错误,只是金额错误,也可以将正确数字与错误数字之间的差额,另编一张调整的记账凭证,调增金额用蓝字,调减金额用红字。发现以前年度记账凭证有错误的,应当用蓝字填制一张更正的记账凭证。更正错误的记账凭证应附更正错误的说明,如有需要应附相关证明材料。

四、记账凭证的审核

记账凭证是登记账簿的直接依据。为了保证会计信息的真实、可靠,除了在记账凭证填制的过程中,有关人员应当加强自审自核外,还应当对记账凭证建立综合审核制度。记账凭证填制完成以后,必须按内部控制的要求由会计机构负责人或会计主管人员以及指定人员进行严格审核。审核的重点内容主要包括以下几个方面:

(1)内容的真实性。审核记账凭证是否有原始凭证作为依据,内容摘要所归纳的经济业务内容是否与原始凭证记载的内容相符,记账凭证与所附原始凭证的张数、内容、金额等是否一致。

(2)会计分录的正确性。审核记账凭证应借、应贷的会计科目以及对应关系是否正确,二级或明细科目是否齐全,金额是否正确。

(3)项目的齐全性。审核记账凭证中的有关项目是否填列齐全,有关人员是否都已签名或盖章。

(4)书写的规范性。审核记账凭证填制的文字、数字是否规范清晰,发生差错是否按规定进行了更正等。

(5)手续的完备性。记账凭证是依据审核无误的原始凭证填制的,如果在填制过程中发现原始凭证手续不完备,应补办完整。对于由出纳人员办理的收款、付款业务,要审核是否已在原始凭证上加盖"收讫"或"付讫"的戳记。

使用会计软件进行会计核算的单位,对于机制记账凭证,要认真审核,做到会计科目使用正确,数字准确无误。对于具有明晰审核规则的机制记账凭证,可以将审核规则嵌入会计软件,由会计软件自动审核。打印出的机制记账凭证要加盖制单人员、审核人员、记账人员及会计机构负责人或会计主管人员印章或者签字。

对审核中发现的手续不全、内容不完整的记账凭证,应当进行补办、补填;对有错误的凭证,应当根据有关规定进行重新填制或更正错误。只有经过审核无误的记账凭证,才能作为登记账簿的依据。

会计凭证应当及时传递,不得积压。企业应当根据会计业务的需要,规定科学、合理的会计凭证传递程序与要求。

需要注意的是,在会计信息化、智能化转型的背景下,通过加持的会计引擎可实现业务数据自动生成会计凭证,其中,对于能直接明确业务数据与凭证内容对应关系的,根据规则进行映射,直接转换成会计凭证的内容信息;对于不能直接明确业务数据与凭证内容对应关系的,则要根据规则对业务数据进行加工计算,再得到会计凭证需要的内容信息。所谓会计引擎(Accounting Engines),是指用于采集处理输出会计相关信息的一个连接数据库和其他应用系统的数据处理器。显然,加持有效的会计引擎可以极大地提高会计核算的工作效率。

本章要点概览

1. 会计凭证是记录经济业务、明确经济责任、按一定格式编制的据以登记会计账簿的书面证明。填制与审核会计凭证是会计核算的基本方法之一,同时也是对经济活动进行日常监督的重要环节。

2. 会计凭证按填制程序和用途的不同,可分为原始凭证和记账凭证。原始凭证按来源,可分为外来原始凭证和自制原始凭证;按填制手续和方法,可分为一次凭证、累计凭证、汇总原始凭证和记账编制凭证;按格式,可分为通用凭证和专用凭证;按填制手段,可分为手工填制凭证和机打填制凭证;按存在形式,可分为纸质凭证和电子凭证。记账凭证按用途,可分为专用记账凭证和通用记账凭证;按填列会计科目数目,可分为复式记账凭证和单式记账凭证;按是否经过汇总,可分为非汇总记账凭证和汇总记账凭证。

3. 原始凭证是在经济业务发生时取得或填制的,用以记录和证明经济业务发生或完成情况,并作为记账原始依据的书面证明,具有一定的法律效力。原始凭证的填制要符合记录真实、内容完整、手续完备、书写规范、顺序使用、填制及时的要求。对原始凭证要从真实性、合法性、合理性、完整性、正确性、及时性等几个方面进行审核。

4. 记账凭证是由会计人员对审核无误的原始凭证或汇总原始凭证,按经济业务的内容加以归类整理,记载经济业务简要内容、明确会计分录,作为登记账簿依据的会计凭证。填制记账凭证要符合依据真实可靠、摘要简明扼要、日期填写准确、分录编制正确、附件数量完整、编号连续科学、错误更正规范的要求。对记账凭证要从内容的真实性、会计分录的正确性、项目的齐全性、书写的规范性与手续的完备性等几个方面进行审核。

5. 在会计信息化、智能化转型的背景下,通过加持的会计引擎可实现业务数据自动生成会计凭证,其中,对于能直接明确业务数据与凭证内容对应关系的,直接转换成会计凭证的内容信息;对于不能直接明确业务数据与凭证内容对应关系的,则根据规则对业务数据进行加工计算,再得到会计凭证需要的内容信息。

主要术语

1. 会计凭证	2. 原始凭证
3. 记账凭证	4. 外来原始凭证
5. 自制原始凭证	6. 一次凭证

7. 累计凭证

8. 汇总原始凭证

9. 记账编制凭证

10. 通用凭证

11. 专用凭证

12. 手工填制凭证

13. 机打填制凭证

14. 纸质凭证

15. 电子凭证

16. 收款凭证

17. 付款凭证

18. 转账凭证

19. 汇总记账凭证

20. 科目汇总表

21. 单式记账凭证

22. 复式记账凭证

23. 会计引擎

阅 读 文 献

1. 张捷,刘英明. 基础会计(第五章会计凭证)[M].北京:中国人民大学出版社,2021.

2. 陈国辉,迟旭升.基础会计(第八章会计凭证)[M].大连:东北财经大学出版社,2024.

3. 唐国平.会计学原理(第六章会计记录——分录记录)[M].北京:中国财政经济出版社,2020.

4. 张蕊.会计学原理(第五章会计凭证)[M].北京:中国财政经济出版社,2019.

复 习 思 考 题

1. 什么是会计凭证? 在会计核算中起什么作用?

2. 原始凭证与记账凭证有何区别?

3. 填制会计凭证应遵循哪些书写规范?

4. 原始凭证包括哪些基本要素? 填制原始凭证应遵循哪些要求? 审核原始凭证应该注意哪些问题?

5. 记账凭证包括哪些基本要素? 填制记账凭证应遵循哪些要求? 审核记账凭证应该注意哪些问题?

6. 如何处理和应用电子会计凭证?

练 习 题

一、单项选择题(在每小题的备选答案中,选出一个最为切合题意的答案)

1. 下列各项中,属于区分原始凭证和记账凭证依据的是(　　)。

　　A. 填制方式

　　B. 反映经济业务的方法

　　C. 填制程序和用途

　　D. 取得的来源

2. 下列各项中,属于外来原始凭证的是(　　)。

　　A. 银行收账通知单

　　B. 订货单

　　C. 领料单

　　D. 发料凭证汇总表

3. 下列关于一次凭证的叙述中,不正确的是(　　)。

　　A. 一次凭证是原始凭证的一种

　　B. 一次凭证的填制手续是一次完成,已填列的凭证不能重复使用

  C. 一次凭证是会计人员根据原始凭证填制的记账凭证

  D. 一次凭证是用于记录一项或若干项同类经济业务的原始凭证

4. 下列项目中，不属于原始凭证基本要素的是（ ）。

  A. 会计科目名称和记账方向   B. 接受凭证单位名称及相关信息

  C. 填制凭证单位名称或者填制人姓名 D. 经济业务的数量、单价和金额

5. 下列关于在审核中发现原始凭证存在问题处理的阐述中，不正确的是（ ）。

  A. 对不真实、不合法的原始凭证，不予受理

  B. 对不真实、不合法的原始凭证，应当要求开出单位重开

  C. 对弄虚作假、严重违法的原始凭证，在不予受理的同时，应当予以扣留，并及时向单位主管会计
    工作的负责人或者单位负责人报告，请求查明原因，追究当事人的责任

  D. 对记载不准确、不完整的原始凭证，予以退回，要求经办人员更正、补充

6. 下列各项中，属于原始凭证和记账凭证相同点的是（ ）。

  A. 反映经济业务的内容相同   B. 编制时间相同

  C. 所起的作用相同   D. 所包含的要素相同

7. 下列各项经济业务中，属于需要填制转账凭证的是（ ）。

  A. 收到销售产品的货款   B. 结转完工产品生产成本

  C. 从银行提取现金   D. 支付购买材料的货款

8. 下列各项经济业务中，属于需要填制付款凭证的是（ ）。

  A. 收到销售产品的货款   B. 计提银行借款利息费用

  C. 将现金存入银行   D. 确认并结转产品销售成本

9. 下列科目中，属于收款凭证贷方科目的是（ ）。

  A. "主营业务收入"   B. "主营业务成本"

  C. "制造费用"   D. "生产成本"

10. 下列关于实行会计电算化的单位，对于打印出来的机制记账凭证的要求，正确的是（ ）。

  A. 可以不再审核，但需加盖制单人员、审核人员、记账人员及会计机构负责人或会计主管人员印
    章或者签字

  B. 要认真审核，并加盖制单人员、审核人员印章或者签字

  C. 要认真审核，并加盖记账人员及会计机构负责人或会计主管人员印章或者签字

  D. 要认真审核，并应加盖制单人员、审核人员、记账人员及会计机构负责人或会计主管人员印章
    或者签字

二、多项选择题（在每小题的备选答案中，选出两个或两个以上切合题意的答案）

1. 下列关于填制与审核会计凭证作用的表述中，正确的有（ ）。

  A. 记录经济业务   B. 明确经济责任

  C. 提供记账依据   D. 强化内部控制

  E. 监督经济活动

2. 下列关于原始凭证分类的表述中，正确的有（ ）。

  A. 原始凭证按来源的不同，可分为外来原始凭证和自制原始凭证

　　B. 原始凭证按填制手续和方法的不同,可分为汇总原始凭证和记账编制凭证。

　　C. 原始凭证按格式的不同,可分为通用凭证和专用凭证

　　D. 原始凭证按填制手段的不同,可分为手工填制凭证和机打填制凭证

　　E. 原始凭证按存在形式的不同,可分为纸质凭证和电子凭证

3. 下列各项中,属于外来原始凭证的有(　　　)。

　　A. 购入原材料取得的增值税发票　　　　B. 车船票

　　C. 银行收付结算凭证　　　　　　　　　D. 产品入库单

　　E. 车间产品生产领料单

4. 下列关于记账凭证的表述中,正确的有(　　　)。

　　A. 由经办业务人员填制的　　　　　　　B. 由会计人员填制的

　　C. 在经济业务发生时填制的　　　　　　D. 必须附有原始凭证

　　E. 根据审核无误的原始凭证填制的

5. 下列关于原始凭证审核主要内容的表述中,正确的有(　　　)。

　　A. 审核原始凭证所记录的经济业务是否真实

　　B. 审核原始凭证所记录的经济业务是否合法、合理

　　C. 审核原始凭证填写内容是否齐全

　　D. 审核原始凭证上的会计分录是否正确

　　E. 审核原始凭证各项金额的计算及填写是否正确

6. 下列关于记账凭证的表述中,正确的有(　　　)。

　　A. 收款凭证是以会计分录的形式记录与库存现金、银行存款收入有关的经济业务

　　B. 付款凭证是以会计分录的形式记录与库存现金、银行存款付出有关的经济业务

　　C. 转账凭证是以会计分录的形式记录与库存现金、银行存款收付无关的经济业务

　　D. 收款、付款、转账三种记账凭证都属于通用记账凭证

　　E. 通用凭证是不分经济业务的类型,统一使用格式相同的记账凭证记录各种经济业务

7. 下列有关凭证中,可以作为记账凭证填制依据的有(　　　)。

　　A. 一次凭证　　　　　　　　　　　　　B. 累计凭证

　　C. 外来原始凭证　　　　　　　　　　　D. 汇总原始凭证

　　E. 汇总记账凭证

8. 下列关于记账凭证填制依据的表述中,正确的有(　　　)。

　　A. 记账凭证必须以审核无误的原始凭证为依据

　　B. 可以根据不同内容和类别的原始凭证汇总填制一张记账凭证

　　C. 记账凭证可以根据每一张原始凭证填制

　　D. 记账凭证可以根据若干张同类原始凭证汇总填制

　　E. 记账凭证可以根据同类原始凭证汇总表填制

9. 下列关于会计凭证发生错误更正的表述中,正确的有(　　　)。

　　A. 如果在填制记账凭证时发生错误,应当重新填制

　　B. 已经登记入账的记账凭证,在当月内发现填写错误时,应当重新填制

C. 已经登记入账的记账凭证,在当年内发现会计科目等填写错误时,可以用红字填写一张与原内容相同的记账凭证,在摘要栏注明"注销某月某日某号凭证"字样,同时再用蓝字重新填制一张正确的记账凭证,注明"订正某月某日某号凭证"字样

D. 已经登记入账的记账凭证,在当年内发现会计科目没有错误,只是金额错误,且正确金额大于错误金额之间的差额,用红字另填一张调增金额的记账凭证进行调整更正

E. 已经登记入账的记账凭证,在当年内发现会计科目没有错误,只是金额错误,且正确金额小于错误金额之间的差额,用蓝字另填一张调减金额的记账凭证进行调整更正

10. 下列关于记账凭证审核主要内容的表述中,正确的有(   )。

A. 是否有原始凭证作为依据,内容摘要所归纳的经济业务内容是否与原始凭证记载的内容相符,记账凭证与所附原始凭证的张数、内容、金额等是否一致

B. 应借、应贷的会计科目以及对应关系是否正确,二级或明细科目是否齐全,金额是否正确

C. 有关项目是否填列齐全,有关人员是否都已签名或盖章

D. 填制的文字、数字是否规范清晰,发生差错是否按规定进行了更正

E. 对于由出纳人员办理的收款、付款业务,要审核是否已在原始凭证上加盖"收讫"或"付讫"的戳记

三、判断题(认为正确的在题目前面括号内打"√",认为错误的在题目前面括号内打"×")

1. (   )外来原始凭证一般都是一次凭证。

2. (   )累计凭证,如"限额领料单",是指在一定时期内连续记载若干项同类经济业务,其填制手续是随经济业务发生而分次完成的凭证。

3. (   )为简化核算,企业可以在月末根据领料单、限额领料单,汇总编制发料凭证汇总表,据以填制记账凭证,登记有关账簿。

4. (   )出纳员赵强 2010 年 3 月 9 日开出一张转账支票,在出票日期一栏填写"二〇一〇年三月九日"。

5. (   )对于不真实、不合法的原始凭证,会计人员应当退还给有关经办人员更正后,再办理正式会计手续。

6. (   )科目汇总表也是会计凭证,属于汇总原始凭证。

7. (   )采用专用记账凭证的企业,银行存款付款凭证是登记库存现金日记账的记账依据。

8. (   )记账凭证的填制日期与原始凭证的填制日期应当相同。

9. (   )从外单位取得的原始凭证如有遗失,如果取得原开出单位盖有公章的证明,并注明原来凭证的号码、金额和内容等,可以代作原始凭证。

10. (   )在会计信息化、智能化转型的背景下,通过加持的会计引擎可实现部分业务数据自动生成会计凭证,但对于不能直接明确业务数据与凭证内容对应关系的则不能得到会计凭证需要的内容信息。

四、业务题

【业务题一】目的:练习原始凭证的填制。

资料:光明公司的开户银行是中国工商银行上海市漕河泾支行,账号为 930-565-889。20×1 年 11 月份发生部分经济业务如下:

(1) 6 日,出纳员李霞开出转账支票一张(支票号 141112233),向上海市邮政公司报刊发行局预付下一

年度书报费 6 000 元。

(2) 23 日,收到金额为 200 000 元的转账支票一张(支票号 153331188),系黎明公司追加的投资款,当日将收到的支票送存银行,黎明公司开户行为中国建设银行四平支行,账号为 225-123456。

要求:

(1) 根据资料(1)填制转账支票,如表 6-21 所示,并说明填制支票时需要注意的事项。

表 6-21　　　　　　　　　　　　　　　　转 账 支 票

(2) 根据资料(2)填制如表 6-22 所示的进账单。

表 6-22　　　　　　　　　中国工商银行进账单(收账通知)

【业务题二】

目的:练习原始凭证的填制。

资料:东昌公司第二车间生产甲产品需用 A、B 两种材料,A 材料编号 1001,单价 50 元;乙材料编号 1002,单价 800 元。B 材料采用限额领料制度,20×1 年 5 月份全月领用限额为 100 千克,A、B 两种材料均存放在 1 号仓库。东昌公司供应部门负责人为张新,生产计划部门负责人为陈娟;一号仓库负责人为王伟,保管员为夏磊;第二车间主任为林萌,材料员为白雪。5月份第二车间领用材料情况如下:4日,领用A材料180千克、B材料35千克,均用于生产甲产品;15日,领用A材料120千克,B材料30千克均用于生产甲产品;21日,车间一般消耗领用A材料20千克,生产甲产品领用B材料33千克。

要求:根据上述资料填制领料单、限额领料单和发料凭证汇总表。

【业务题三】

目的:练习记账凭证的填制。

资料:瑞虹公司20×1年10月份发生有关经济业务如下:

(1) 1日,从工商银行借入期限为6个月的流动资金借款500 000元,借款已转入公司银行账上。

(2) 6日,开出转账支票一张,缴纳上月应交的消费税40 000元。

(3) 7日,从黎明公司购入A、B两种材料,收到的增值税专用发票列明:A材料10 000千克,单价110元,价款1 100 000元,增值税税额143 000元;B材料20 000千克,单价30元,价款600 000元,增值税税额78 000元。材料尚未运达,款项已通过银行转账付讫。

(4) 10日,以银行存款支付上述A、B材料的运输费、装卸费共计6 000元(运输费、装卸费按材料重量计收)以及增值税税额540元。

(5) 11日,上述采购的A、B材料运达并验收入库。

(6) 14日,接受投资者投入设备一台,价值1 000 000元。投资者投入资本与其在瑞虹公司注册资本中享有的份额一致。

(7) 15日,开出现金支票从银行提取现金2 000元备用。

(8) 17日,公司管理部门因临时需用以现金购买780元文具用品。

(9) 20日,向长江公司销售成品,开出的增值税专用发票列明:甲产品3 000件,每件售价520元,价款1 560 000元,增值税税额202 800元;销售乙产品1 500件,每件售价940元,价款1 410 000元,增值税税额183 300元。长江公司承诺在一周内付款。

(10) 25日,开出转账支票一张5 000元,支付报社刊登广告费。

(11) 27日,收到长江公司转账支票一张,支付其本月购买甲、乙产品的货款,共计3 356 100元。

(12) 31日,本月发出材料汇总如下:生产甲产品4 000件领用A材料8 000千克,金额880 000元;生产乙产品2 000件领用B材料24 000千克,金额720 000元;生产车间一般耗用辅助材料金额18 000元;公司管理部门领用辅助材料金额2 000元。

(13) 31日,以银行存款支付本月银行流动资金借款利息2 500元。

(14) 31日,计提本月固定资产折旧,其中,生产车间65 000元,公司管理部门35 000元。

(15) 31日,计算分配本月职工薪酬,其中,甲产品生产工人薪酬540 000元,乙产品生产工人薪酬360 000元,车间管理人员薪酬75 000元,公司管理部门管理人员薪酬265 000元。

(16) 31日,结转本月发生的制造费用,按生产工人薪酬比例分配计入甲、乙产品生产成本。

(17) 31日,本月生产甲产品4 000件、乙产品2 000件已全部生产完工验收入库(两种产品均无月初在产品)。

(18) 31日,结转本月已销甲产品3 000件、乙产品1 500件的销售成本。甲产品单位销售成本380元,乙产品单位销售成本580元。

(19) 31日,按本月销售收入的10%计算应交的消费税。

(20) 31日,将本月损益类账户发生额结转至"本年利润"账户。

要求:

(1) 若瑞虹公司的记账凭证采用专用记账凭证,根据上述资料分析各项业务应当填制的专用凭证类型,并编制记载于凭证上的会计分录。

(2) 根据填制完成的收款凭证、付款凭证和转账凭证,编制如表6-23所示的科目汇总表。

表 6-23

科目汇总表

年 月

会计科目	记账	本期发生额				记账凭证起讫号数
		1～15 日		16～31 日		
		借方	贷方	借方	贷方	
库存现金						(1) 库存现金收款凭证第×号到第×号
银行存款						
应收账款						
其他应收款						
在途物资						
原材料						(2) 库存现金付款凭证第×号到第×号
库存商品						
生产成本						
制造费用						(3) 银行存款收款凭证第×号到第×号
固定资产						
累计折旧						
短期借款						(4) 银行存款付款凭证第×号到第×号
应付职工薪酬						
应交税费						
实收资本						(5) 转账凭证第×号到第×号
本年利润						
主营业务收入						
主营业务成本						
税金及附加						
销售费用						
管理费用						
财务费用						
合计						

第七章　会计账簿

────────── 学习目的与要求 ──────────

本章阐述会计账簿设置和登记的原理和方法,内容包括会计账簿的作用与种类、设置与登记、启用与更换、对账与结账、错账更正、账簿更换以及账务处理程序的种类与基本流程等。通过本章的学习,应当明确会计账簿的作用,了解会计账簿的种类;掌握会计账簿的设置原则以及会计账簿的启用和登记方法;掌握对账、结账、错账更正以及账簿更换方法;熟悉账务处理程序的基本流程,了解三种主要账务处理程序的特点和适用范围。

 课前预习题

1. 什么是会计账簿?会计账簿在会计核算中的作用是什么?

2. 会计账簿是如何设置与登记的?

3. 如何启用会计账簿?

4. 如何进行对账与结账?

5. 设计科学、合理的账务处理程序有何意义与要求?各种账务处理程序的流程有何异同?

第一节 会计账簿的构成、作用与种类

设置和登记账簿是会计核算方法之一,是连接会计凭证和财务报表的中间环节,作为一项重要的会计核算基础工作,对于保证会计信息质量、加强经济管理具有十分重要的意义。

一、会计账簿的构成

会计账簿简称账簿,是由具有一定格式并以一定形式联结在一起的账页所组成,以审核无误的会计凭证为依据,对发生的经济业务进行全面、系统、连续、分类地记录和核算的簿籍。

会计账簿通常由封面、扉页、账页和封底构成。

(1)封面和封底。封面主要用于注明单位名称和账簿名称,如总账、各种明细账、各种日记账和其他辅助性账簿。封面和封底通常使用硬质纸,起到保护账页的作用。

(2)扉页。扉页主要用于注明会计账簿的使用信息,通常通过"账簿启用及接交表"和"账户目录"注明会计账簿的使用信息。"账簿启用及接交表"注明的主要信息除单位名称和账簿名称外,还包括账簿编号、起止页码、使用日期、单位负责人、主管会计工作负责人、会计机构负责人或会计主管人员、记账人员或经管人员、接管与移交日期等,并加盖名章和单位公章。"账簿启用及接交表"格式,如表7-1所示;"账户目录",注明每个账户的名称和页次,格式如表7-2所示。

表 7-1   账簿启用及接交表

单位名称				账簿名称				
账簿编号	第 号 第		册 共		册		(单位公章)	
账簿页数	自第 页起至第		页止 共		页			
使用日期	自 年 月		日 至		年 月 日			
单位负责人签章				主管会计工作负责人签章				
记账人员/经管人员		接管日期		移交日期			会计机构负责人或会计主管人员	
姓名	签章	年	月	日	年	月	日	姓名	签章

表 7-2   账户目录

编号	科 目	页码	编号	科 目	页码	编号	科 目	页码

（3）账页。账页是账簿用于记录经济业务的主要载体。账页的格式是账户结构的具体体现,虽因记录的经济业务的内容不同而有所不同,但基本要素是相同的,包括账户名称（总账科目、明细分类科目）、登账日期栏、记账凭证种类和号数栏、摘要栏（记录经济业务内容的简要说明）、金额栏（记录账户金额的增减变动及余额）以及页码。在会计核算中,记账也称过账,就是将记账凭证上的会计分录,在账簿中按账户进行登记。

启用订本式账簿,应当从第一页到最后一页顺序编定页码,不得跳页、缺号。使用活页式账页,应当按账户顺序编号,并须定期装订成册,装订后再按实际使用的账页顺序编定页码。

二、会计账簿的作用

填制与审核会计凭证可以对企业日常发生的经济业务进行如实记录,并明确责任,但会计凭证数量繁多、信息分散,缺乏系统性。为此,需要通过会计账簿,把分散在会计凭证上的大量核算信息,加以集中和归类,从而形成系统、分类的会计核算信息。

设置和登记账簿作为一项重要的会计核算基础工作,具有以下主要作用:

（1）为全面、系统、连续、分类记载与储存会计信息提供载体。记载经济业务的会计凭证数量多且分散,通过账簿的设置和登记,可以把大量的、分散的会计凭证记载的信息加以归类整理,有序地在账簿的相关账户中进行登记,并按时结账结算出一定时期各账户的发生额和余额,从而形成全面、系统、连续、分类的会计信息。

（2）为及时编制财务报表奠定基础。通过账簿的设置和登记,对平时发生的经济业务根据审核无误的会计凭证按账户进行登记,期末通过对账和结账,汇总得出一定时期的各项反映企业财务状况、经营成果与现金流量相关的信息,为及时编制财务报表奠定了基础。

（3）为保证财产物资的安全完整提供措施。通过账簿的设置和登记,可以全面、系统、连续、分类地记录财产物资的增减变动及其结存情况,将账簿记录的财产物资账面结存数与实存数进行核对,可以查明账实是否相符。如果发现账实不符,及时追查原因,在一定程度上保证了财产物资的安全完整。

（4）为建立经济档案提供系统资料。通过账簿的设置和登记,有利于保存系统的会计信息资料,并通过归类存档制度的实施便于日后查阅。会计账簿是会计档案的重要组成部分,也是经济档案和经济史料的重要组成部分。

三、会计账簿的种类

由于日常发生的经济业务多种多样,对会计信息的需求又各不相同,为此,企业在会计核算中所设置和登记的账簿也就有所不同。不同的账簿,在用途、格式和登记方法等方面存在着差别。会计账簿可以按照用途、账页格式与外表形式进行分类。

（一）会计账簿按用途分类

会计账簿按用途,可分为序时账簿、分类账簿和备查账簿。

1. 序时账簿

序时账簿也称日记账或序时账,俗称流水账,是按照经济业务发生时间的先后顺序,逐日逐笔进行连续登记的账簿。

序时账簿的设置不仅能够详细、及时地反映各项经济业务的发生或者完成情况,而且能够提供连续、系统的会计资料。序时账簿按记录内容的不同,又可分为普通序时账和特种序时账两种。

（1）普通序时账簿。普通序时账簿也称普通日记账或分录日记账,是逐日逐笔登记全部经济业务的账簿。

设置普通日记账的企业,通常把每天发生的经济业务,按照发生的时间先后顺序,编制成会计分录记入账簿中,以此作为连续登记分类账簿的依据。由于普通日记账的登记只能由一人负责,而且每笔经济业务都要逐笔记,工作量较大。随着企业规模的不断扩大、经济业务量的增多以及记账凭证的出现,普通日记账不便于登记分类账以及登账工作量大,并且不利于对重要经济业务进行核算与控制的缺陷日渐明显,为此,在会计实务中,设置普通日记账的企业不是很普遍。普通日记账的一般格式,如表 7-3 所示。

表 7-3　　　　　　　　　　　普通日记账

20×1年		凭证号数	摘要	账户名称	借方金额	贷方金额	过账（√）
月	日						
2	1	银收 1	收到投资款	银行存款 实收资本	1 000 000	1 000 000	

（续表）

20×1年		凭证号数	摘要	账户名称	借方金额	贷方金额	过账（√）
月	日						
	3	银收2	收到M公司前欠货款	银行存款 应收账款	50 000	50 000	

（2）特种序时账簿。特种序时账簿也称特种日记账，是用来逐日逐笔记录某一类特定经济业务的账簿。

通常，对于发生频繁、控制严格的经济业务的登记与核算需要设置特种序时账簿。例如，为了加强货币资金的核算与控制，应当设置库存现金日记账和银行存款日记账。库存现金日记账的格式，如表7-7至表7-10所示；银行存款日记账的格式，如表7-11至表7-14所示。特种日记账按记录经济业务的内容不同可分为库存现金日记账、银行存款日记账、销货日记账、购货日记账、应收账款日记账、应付账款日记账等。在会计实务中，库存现金日记账和银行存款日记账一般每个企业都设置，其他特种日记账是否需要设置是根据企业的经济业务特点和管理需要而定的。

2. 分类账簿

分类账簿简称分类账，是对全部经济业务按照设置的会计科目开设账户进行分类登记的账簿。按反映内容的详细程度，分类账簿可分为总分类账簿和明细分类账簿。

（1）总分类账簿。总分类账簿简称总分类账或总账，是按照设置的总分类会计科目开设账户登记全部经济业务，提供分类综合核算资料的会计账簿。每个企业都必须设置总分类账簿。

（2）明细分类账簿。明细分类账簿简称明细分类账或明细账，是按照明细会计科目开设账户详细登记某一类经济业务，提供明细分类核算资料的会计账簿。每个企业都应当根据提供会计信息的需要对有关总账设置所属的明细账。

分类账簿的设置和登记，可以系统归纳、综合并集中反映同类经济业务的发生情况，通过分类账簿的每个账户可以得到各个会计要素具体内容的综合核算资料和明细核算资料，因此，分类账簿是会计账簿的主体，也是编制财务报表的主要依据。

3. 备查账簿

备查账簿也称辅助登记簿或补充登记簿，简称备查账，是对某些在序时账簿和分类账簿中未能记载或记载不全的经济业务进行补充登记的账簿。

备查账簿并不按照会计科目开设的账户进行记录，只是对相关账簿记录的一种补充，与相关账簿之间也没有严密的勾稽关系。例如，反映企业临时租入固定资产的"租入固定资产登记簿"，反映为其他企业代管商品的"代管商品登记簿"等。备查账簿根据企业的实际需要设置，没有固定的格式要求。设置和登记备查账簿，可以对某些不符合核算要求的经济业务内容提供必要的参考资料。

(二) 会计账簿按账页的格式分类

会计账簿按账页的格式,可分为三栏式账簿、多栏式账簿和数量金额式账簿。

1. 三栏式账簿

三栏式账簿是账页设有借方、贷方和余额或者收入、付出和余额三个金额栏目的账簿。

三栏式账簿适用于只需要提供价值核算指标的账簿。例如,总分类账、库存现金日记账、银行存款日记账以及债权、债务类明细账通常采用三栏式账簿。

三栏式账簿在摘要栏和借方栏之间是否设置"对应科目"一栏,又可分为设置"对应科目"栏和不设置"对应科目"栏两种。设置"对应科目"栏的三栏式账簿,如表7-4所示;不设置"对应科目"栏的三栏式账簿,如表7-5所示。

表 7-4　　　　　　　　　　　　总分类账

账户名称:银行存款

20×1年		凭证		摘要	对应科目	借方	贷方	借/贷	余额
月	日	种类	号数						
2	1			月初余额				借	30 000
	1	银收	1	收到投资款	实收资本	1 000 000		借	1 030 000
	3	银收	2	收到M公司前欠货款	应收账款	50 000		借	1 080 000

表 7-5　　　　　　　　　　　　总分类账

账户名称:银行存款

20×1年		凭证		摘要	借方	贷方	借/贷	余额
月	日	种类	号数					
2	1			月初余额			借	30 000
	1	银收	1	收到投资款	1 000 000		借	1 030 000
	3	银收	2	收到M公司前欠货款	50 000		借	1 080 000

2. 多栏式账簿

多栏式账簿是在账页的两个基本栏目借方和贷方的某一方或两方按照需要分设若干专栏,以反映借、贷方金额组成情况的账簿。

多栏式账簿一般只设金额栏,不设数量栏,适用于核算项目较多,并要求提供各核算项目详细信息以便于进行分析的明细分类账。例如,收入、成本、费用类明细账通常采用多栏式账簿。

多栏式成本、费用明细账一般是在借方分设多个栏目,贷方可设置也可不设置;多栏式收入明细账一般是在贷方分设多个栏目,借方可设置也可不设置。多栏式账簿的账页格式,如表 7-19 至表 7-23 所示。

3. 数量金额式账簿

数量金额式账簿是在账页的借方、贷方和余额三个栏目再分设数量、单价、金额三小栏,以反映财产物资的实物数量与价值量的账簿。

数量金额式账簿适用于既需要提供价值量信息,又需要提供实物量信息的明细分类账簿。例如,原材料明细账、库存商品明细账等通常采用数量金额式账簿。数量金额式账簿的账页格式,如表 7-24 所示。

(三) 会计账簿按外表的形式分类

会计账簿按外表的形式,可分为订本式账簿、活页式账簿、卡片式账簿和电子式账簿。

1. 订本式账簿

订本式账簿也称订本账,是在启用前将编有顺序页码的一定数量账页装订成册的账簿。

订本式账簿账页页数固定,采用订本式账簿的优点是能够避免账页散失和防止抽换账页;缺点是不能准确地为各账户预留账页,也不便于会计人员分工记账。订本式账簿适用于重要的和带有统驭性的账簿,如库存现金日记账、银行存款日记账和总分类账等。

2. 活页式账簿

活页式账簿也称活页账,是将一定数量的账页置于活页夹内,根据记账内容的变化而随时增加或者减少部分账页的账簿。

活页式账簿账页页数不固定,采用活页式账簿的优点是记账时可以根据实际需要,随时将空白账页装入账簿,或者抽去不需要的空白账页,也便于会计人员分工记账;缺点是如果管理不善,可能会造成账页失散或者被抽换账页。为了保证账簿的安全、完整,活页式账簿的账页在使用时必须按顺序编号,并由会计机构负责人在账页上签章,然后保管在活页夹内。年度终了,应当将活页式账簿装订成册,作为会计档案予以妥善保管。活页式账簿适用于明细分类账。

3. 卡片式账簿

卡片式账簿也称卡片账,是由具有一定格式、分散的硬质卡片组成的账页,按顺序编号存放于卡片箱中,根据使用需要随时可以取出或者放入的账簿。

卡片式账簿实际上是活页账的一种特殊形式。采用硬质卡片,可防止因经常抽取而造成账页破损,因此,卡片式账簿可以跨年度长期使用,无需每年更换。卡片式账簿适用于记载内容比较固定的明细账,如固定资产明细账。

4. 电子式账簿

电子式账簿是指用电子数据存储介质(本地数据存储介质、云端存储介质等)记录经济业务的账务系统。

电子式账簿随着信息技术的发展而形成,以电子数据的形式存在,可根据用户的要求实时输出所需的信息,输出后形成实体账簿。电子账信息量大,可以实时启用和分析,使用方便高效。

会计账簿的种类及其有关账簿的适用性举例,如表7-6所示。

表 7-6 会计账簿的种类

分类标准	类别		适用性举例
按用途	序时账簿	普通序时账簿	
		特种序时账簿	库存现金日记账、银行存款日记账等
	分类账簿	总分类账簿	
		明细分类账簿	
	备查账簿		租入固定资产登记簿、代管商品登记簿等
按账页格式	三栏式账簿		总分类账、库存现金日记账、银行存款日记账、债权和债务类明细账等
	多栏式账簿		收入、费用、成本类明细账等
	数量金额式账簿		原材料明细账、库存商品明细账等
按外表形式	订本式账簿		总分类账、库存现金日记账和银行存款日记账等
	活页式账簿		一般的明细分类账
	卡片式账簿		固定资产明细账
	电子式账簿		

第二节 会计账簿的设置、启用与登记

为了充分发挥会计账簿的作用,切实做好记账工作,必须按规定设置、启用与登记账簿。

一、会计账簿的设置

会计账簿的设置,是指对会计核算中账簿种类、账页格式与内容以及登记方法等的确定。在会计核算中,应当根据企业经济业务的特点和管理上的需要设置一定种类和数量的账簿,而不同种类的账簿的账页格式和登记方法等有所不同。一般而言,每个企业都应当设置日记账、总分类账和明细分类账。

为了能够对发生的经济业务进行全面、系统、连续、分类地记录和核算,设置会计账簿应当遵循以下原则:

(1) 依法设账。企业必须按照会计法和国家统一会计制度的规定设置会计账簿,对于发生的各项经济业务必须在依法设置的会计账簿上进行统一登记、核算,不得违反会计法和国家统一会计制度的规定,不得少设、私设会计账簿进行登记、核算。

(2) 满足需要。设置会计账簿要考虑企业生产经营规模的大小和经济业务的特点,能够满足提供会计信息的需求,满足有关各方了解企业财务状况、经营成果和现金流量的需要,满足企业内部经营管理的需要。

(3) 组织严密。会计账簿的设置既要避免重复,又要防止遗漏,能够提供日常管理所需的会计信息和编制财务报表所需的数据;既要分工明确,又要相互联系、相互补充与制约,能够清晰地反映账户间的对应关系与体现内部控制的要求;既要进行综合反映,又要进行明细反映,能提供完整系统、层次分明的会计核算信息。

(4) 简便实用。会计账簿的设置应在符合规定、满足需要与组织严密的前提下,简便适用,账本册数不宜过多,账页格式不宜过繁,以提高会计核算工作效率。

二、会计账簿的启用

企业应当按规定启用会计账簿。为了保证账簿记录的合规和完整,明确记账责任和便于日后查核,在启用新账簿时,应当在账簿的有关位置完成以下账簿启用工作:

(1) 填写单位名称、账簿名称和所属年度。在启用新账簿时,应当在账簿的封面上填写单位名称、账簿名称和所属年度。

(2) 填写"账簿启用及接交表"与"账户目录"。对于账簿扉页上的"账簿启用及接交表"上的信息应当填写齐全,包括单位名称、账簿名称、账簿编号、起止页码、使用日期、单位负责人、主管会计工作负责人、会计机构负责人或会计主管人员、记账人员、接管与移交日期等,填列后应加盖名章和单位公章。对于"账户目录",通常应当按照会计科目的编号顺序填写科目名称及所在页码。

(3) 编定页码。启用订本式会计账簿,一般页码预先已经印好,不需再填;对于未预先印制顺序号的会计账簿,则应当从第一页开始到最后一页为止按顺序编定页码,不得跳页、缺码。启用活页式账簿,账页应当按账户顺序编号,页码可以等到装订成册时,按实际使用的账页顺序编定。

(4) 粘贴印花税票或者标注"印花税已交"印记。在营业账簿扉页粘贴印花税票或者标注"印花税已交",表明会计账簿启用的合法性。根据我国印花税法以及其他相关税法规定,营业账簿属于印花税的征税范围,按照实收资本(股本)、资本公积合计金额的 0.25‰ 缴纳印花税。印花税可以采用粘贴印花税票和由税务机关依法开具完税凭证的方式缴纳。采用粘贴印花税票的,应将印花税票粘贴在账簿扉页的右上角,并划线注销;采用由税务机关依法开具完税凭证的,则在扉页的右上角标注"印花税已交"及缴款金额。

当记账人员、会计机构负责人或会计主管人员工作变动时,应当先办妥账簿移交手续,在"账簿启用及接交表"的交接记录栏内填明交接人员姓名、交接日期和监交人员姓名,由交接双方签字并盖章,以分清责任。一般会计人员办理交接手续,由会计机构负责人或会计主管人员监交,会计机构负责人或会计主管人员办理交接手续,由单位负责人监交。

三、会计账簿的登记要求

为了确保账簿记录正确、规范,会计人员应当根据《会计基础工作规范》的规定,按以下要求登记账簿:

(1)登记账簿必须以审核无误的会计凭证为依据。登记会计账簿时,应当根据审核无误的会计凭证将会计凭证日期、编号、业务内容摘要、金额和其他有关资料逐项记入账内,做到数字准确、摘要清楚、登记及时、字迹工整。负责登记账簿的会计人员在登记账簿前,要对审核过的记账凭证进行再次复核,遇到有疑问的记账凭证,应询问填制人员;遇到有错误的记账凭证,不得擅自更改而应及时向会计机构负责人反映,由会计机构负责人决定如何处理。登记完毕后,要在记账凭证上签名或者盖章,纸质记账凭证应注明已经登账的符号("√")表示已经记账,以防止重记或漏记。

(2)登记账簿的时间间隔要短。尽管各种账簿应当多长时间登记一次,没有统一规定,但总体来说,登记账簿的时间间隔要短,并且越短越好,以及时提供信息。总分类账应当按照所选用的账务处理程序及时登记。各种明细分类账登账的时间间隔要短于总分类账,可逐日逐笔登记,也可定期(3天或5天)登记,但对于债权、债务和财产物资明细分类账应当每天登记,库存现金和银行存款日记账应当依据收、付款凭证每日逐笔顺序登记。

(3)登记账簿用的笔与墨水颜色要符合规范要求。登记纸质账簿要用不可擦写的蓝黑墨水或者碳素墨水书写,不得使用圆珠笔(银行的复写账簿除外)或者铅笔书写。在会计核算中用红墨水书写的数字表示冲销或负数,因此,在四种情况下可以使用红色墨水笔记账:一是按照红字冲账的记账凭证,冲销错误记录;二是在不设借贷等栏的多栏式账页中,登记减少数;三是在三栏式账户的余额栏前,如未印明余额方向的,在余额栏内登记负数余额;四是根据国家统一的会计制度的规定应当用红字登记的其他会计记录。另外,对于期末结账时划线、划线更正法下的划去账簿中错误记录以及在登记账簿过程中划线注销空行和空页,也可以用红色墨水笔。

(4)登记账簿的文字和数字书写要符合规范要求。纸质账簿中书写的文字和数字上面要留有适当空格,不要写满格,一般占格距的1/2并紧靠底线,为改错留有余地与方便查账。同时为了使账面美观,文字和数字书写要端正、清楚、规范,不可自造、简化汉字。

（5）登记账簿应逐页逐行顺序连续登记。登记账簿时，应按页次顺序连续登记，不得跳行、隔页。如果纸质会计账簿发生跳行、隔页，应当用红色墨水笔将空行、空页划斜线或对角线注销，或者注明"此行空白""此页空白"字样，并由记账人员和会计机构负责人或者会计主管人员盖章。为防止舞弊的发生，订本式账簿中的账页不得撕毁，活页式账簿不得任意抽换账页。一般情况下，账页不准重抄，但如果账页因受到污损或者其他特殊情况致使整页模糊不清时该账页可以重抄，但重抄前要报会计机构负责人或者会计主管人员批准，抄好后要仔细复核防止抄错，同时原账页要保留在账簿中，不得销毁。

（6）登记账簿时借贷方向要正确并列明余额方向。登记账簿时要根据会计凭证上指明的借贷方向登记，不得记错借贷方向。凡需要结出余额的账户，结出余额后，应在余额方向栏内写明"借"或"贷"字样。没有余额的账户，应在余额方向栏中写"平"字，并在余额栏"元"位上用"θ"表示。库存现金日记账与银行存款日记账必须逐日结出余额。

（7）登记账簿要作过次页承前页的转页记录。每一账页登记完毕结转下页时，应当结出本页合计数及余额，写在本页最后一行和下页第一行有关栏内，并在摘要栏内注明"过次页"和"承前页"字样；也可以将本页合计数及金额只写在下页第一行有关栏内，并在摘要栏内注明"承前页"字样。对需要结计本月发生额的账户，结计"过次页"的本页合计数应当为自本月初起至本页末止的发生额合计数，通过这一发生额合计数既便于了解本月初起至本页末止的发生额，又便于月末结账时加计本月合计数。对需要结计本年累计发生额的账户，结计"过次页"的本页合计数应当为自年初起至本页末止的累计数，通过这一发生额累计数既便于随时了解自年初起至本页末止的累计发生额，又便于年终结账时加计本年累计数；对既不需要结计本月发生额，又不需要结计本年累计发生额的账户，如各项应收应付款明细账和财产物资明细账等，可以只将每页页末的余额结转次页。

（8）账簿记录发生错误要按照规定的方法更正。纸质账簿记录发生错误，不准涂改、挖补、刮擦或者用药水消除字迹，不准重新抄写，必须根据具体的错误情况采用正确的错账更正方法进行更正。

（9）对于电子式账簿应定期打印。实行会计信息化的单位，总账和明细账应当定期打印。发生收款和付款业务的，在输入收款凭证和付款凭证的当天必须打印出库存现金日记账和银行存款日记账，并与库存现金、银行存款账户信息核对无误。

四、日记账的格式与登记

在我国，企业一般设置库存现金和银行存款两种日记账。通过设置这两种日记账，一方面，可以逐日反映库存现金和银行存款收入的来源、付出的用途和结存的余额，有助于对货币资金的保管、使用以及对我国《现金管理暂行条例》贯彻执行的日常监督；另一方面，可以检查收款凭证和付款凭证是否联号、有无丢失等情况，以保证账证相符。

日记账按账页格式，可分为三栏式和多栏式两种格式，企业可以根据核算和管理的需要进行选择。

1. 库存现金日记账的格式与登记

库存现金日记账是用于核算和控制库存现金每日的收入、付出和结余情况的账簿。

库存现金日记账由出纳人员根据审核无误的库存现金收款凭证与付款凭证以及银行存款付款凭证序时逐笔登记。为了加强对库存现金的管理，库存现金日记账必须采用订本式账簿。库存现金日记账的账页格式有"三栏式"和"多栏式"两种。

三栏式库存现金日记账，在账页上设有"收入""付出"和"结余"（或"借方""贷方"和"余额"）三个金额栏目，格式如表7-7所示，登记方法如下：

（1）"日期"栏，登记记账凭证的日期，应与库存现金实际收、付日期一致。

（2）"凭证号数"栏，登记记账所依据的收、付款凭证的种类和编号。通常将"库存现金收款凭证""库存现金付款凭证"与"银行存款付款凭证"种类简写为"现收""现付"与"银付"。

（3）"摘要"栏，登记经济业务的简要内容。

（4）"对方科目"栏，登记与"库存现金"科目发生对应关系的科目，即库存现金收入的来源科目或者付出的用途科目。

（5）"收入"栏、"付出"栏，登记每笔业务的库存现金实际收、付的金额。其中，"收入"栏应根据库存现金收款凭证及银行存款付款凭证登记，"付出"栏应根据库存现金付款凭证登记。

（6）"结余"栏，登记每天按"库存现金余额＝昨日库存现金余额＋本日收入库存现金合计－本日付出库存现金合计"公式计算得出的库存现金余额。每日终了，企业应分别计算填列本日库存现金收入和付出的合计数（库存现金收付业务不多的企业可不填列），结出余额，同时，将余额与实际库存现金进行核对，检查账实是否相符，做到"日清"。如果账实不符，应及时查明原因，并记录备案。每月月末应分别结出本月收入合计、付出合计和月末余额，并将库存现金日记账的余额与库存现金总分类账户的余额以及实有库存现金核对相符，做到"月结"。

【例7-1】 红星公司20×1年3月1日库存现金余额为1 500元，3月份发生下列涉及库存现金收付的经济业务：

3月5日，从银行提取现金1 200元备用。

3月12日，参加产品销售订货会结算布展费，退回多付的现金800元。

3月25日，将现金2 000元存入银行。

3月25日，以现金购买管理部门办公用品300元。

根据该公司20×1年3月份发生的涉及库存现金收付的经济业务编制如下记账凭证（以会计分录代替）：

银付1 借：库存现金   1 200

      贷：银行存款   1 200

现收 1	借：库存现金	800
	贷：其他应收款	800
现付 1	借：银行存款	2 000
	贷：库存现金	2 000
现付 2	借：管理费用	300
	贷：库存现金	300

根据上述记账凭证(以会计分录代替)登记三栏式库存现金日记账，如表 7-7 所示。

表 7-7　　　　　　　　　　　　　　库存现金日记账(三栏式)

20×1年		凭证号数	摘要	对方科目	收入(借方)	付出(贷方)	余额(结余)
月	日						
3	1		月初余额				1 500
	5	银付1	提取现金	银行存款	1 200		2 700
	12	现收1	退回布展费	其他应收款	800		3 500
	25	现付1	现金存入银行	银行存款		2 000	1 500
	25	现付2	购买办公用品	管理费用		300	1 200
	31		本月合计		2 000	2 300	1 200

多栏式库存现金日记账，在账页上设有"收入""付出"和"结余"(或"借方""贷方"和"余额")三个栏目的同时，在"收入"栏和"付出"栏下分别按与"库存现金"科目对应的应贷科目和应借科目设置相应的专栏，反映库存现金收入的来源和库存现金付出的用途，格式如表 7-8 所示。

【例 7-2】　承[例 7-1]资料，登记多栏式库存现金日记账，如表 7-8 所示。

表 7-8　　　　　　　　　　　　　　库存现金日记账(多栏式)

20×1年		凭证号数	摘要	收入(应贷科目)				付出(应借科目)				结余
月	日			银行存款	其他应收款	…	收入合计	银行存款	管理费用	…	付出合计	
3	1		月初余额									1 500
	5	银付1	提取现金	1 200			1 200					2 700
	12	现收1	退回布展费		800		800					3 500
	25	现付1	现金存入银行					2 000			2 000	1 500
	25	现付2	购买办公用品						300		300	1 200
	31		本月合计	1 200	800		2 000	2 000	300		2 300	1 200

登记多栏式库存现金日记账时要按照与库存现金科目对应的贷方科目或借方科目,将发生金额登记在"应贷科目"栏或"应借科目"栏相应科目的专栏内和"收入合计"栏或"付出合计"栏内,并在每日所记最后一笔经济业务的行内填写库存现金结余金额,即余额。

多栏式库存现金日记账把与库存现金相对应的科目,通过专栏定期汇总后可一次过入总分类账,一方面能反映经济业务的来龙去脉,另一方面又能减轻登记总分类账的工作量。

如果多栏式库存现金日记账的库存现金对应科目较多,设置专栏过多,账页就会过长,会使记账不方便,容易发生数字串行的错误。为此,企业可在多栏式库存现金日记账的基础上,分设多栏式库存现金收入日记账和多栏式库存现金付出日记账。

多栏式库存现金收入日记账和付出日记账格式,如表7-9和表7-10所示。

表7-9 库存现金收入日记账(多栏式)

20×1年		凭证号数	摘要	收入(应贷科目)			收入合计	付出合计	结余
月	日			银行存款	其他应收款	…			
3	1		月初余额						1 500
	5	银付1	提取现金	1 200			1 200		2 700
	12	现收1	退回布展费		800		800		3 500
	25		由付出日记账转记					2 300	1 200
	31		本月合计	1 200	800		2 000	2 300	1 200

表7-10 库存现金付出日记账(多栏式)

20×1年		凭证号数	摘要	付出(应借科目)			付出合计
月	日			银行存款	管理费用	…	
3	25	现付1	现金存入银行	2 000			2 000
	25	现付2	购买办公用品		300		300
	25		本日合计	2 000	300		2 300

在分设多栏式库存现金收入日记账和库存现金付出日记账下,"结余"栏设在库存现金收入日记账中,并且在多栏式库存现金收入日记账中还需设置"付出合计"栏。每日终了,出纳人员应在多栏式库存现金付出日记账中计算出本日付出合计并将其转记到多栏式库存现金收入日记账的"付出合计"栏内,然后在多栏式库存现金收入日记账中计算填列本日的结余金额,即余额。

多栏式库存现金日记账一般适用于库存现金收、付业务较多而与"库存现金"科目对应的科目不多和比较固定的企业。

2. 银行存款日记账的格式与登记

银行存款日记账是用于核算和控制银行存款每日的收入、付出和结余情况的账簿。

银行存款日记账应当按企业在银行开立的账户和币种分别设置,每个银行账户设置一本日记账,由出纳人员根据审核无误的银行存款收款凭证与银行存款付款凭证以及库存现金付款凭证序时逐笔登记。为了加强对银行存款的管理,银行存款日记账同样必须采用订本式账簿。银行存款日记账的账页格式也有"三栏式"和"多栏式"两种。

三栏式银行存款日记账的账页格式、登记方法与三栏式库存现金日记账基本相同,差异仅是三栏式银行存款日记账在摘要栏后增设"结算凭证种类、号数"栏,便于与银行对账单进行核对。

企业一般通过银行办理收、付款业务,银行存款日记账中的"结算凭证"就是企业通过银行办理收、付款业务过程中所采用的凭证,如"支票"等。

【例 7-3】 红星公司 20×1 年 3 月 1 日银行存款余额为 260 000 元,3 月份发生下列涉及银行存款收付的经济业务:

3 月 5 日,从银行提取现金 1 200 元备用。

3 月 15 日,通过银行收回胜利公司销货款 10 000 元。

3 月 17 日,通过银行收到蓝天公司预付购货款 32 000 元。

3 月 20 日,开出支票支付前欠前进公司购货款 8 000 元。

3 月 25 日,将现金 2 000 元存入银行。

3 月 31 日,通过银行支付管理部门水电费 7 500 元。

根据该公司 20×1 年 3 月份发生的涉及银行存款收付的经济业务填制如下记账凭证(以会计分录代替):

银付 1	借:库存现金	1 200
	贷:银行存款	1 200
银收 1	借:银行存款	10 000
	贷:应收账款	10 000
银收 2	借:银行存款	32 000
	贷:预收账款	32 000
银付 2	借:应付账款	8 000
	贷:银行存款	8 000
现付 1	借:银行存款	2 000
	贷:库存现金	2 000
银付 3	借:管理费用	7 500
	贷:银行存款	7 500

根据上述记账凭证（以会计分录代替）登记三栏式银行存款日记账，如表 7-11 所示。

表 7-11　　　　　　　　　　　　　银行存款日记账（三栏式）

20×1年		凭证号数	摘要	结算凭证		对方科目	收入（借方）	付出（贷方）	结余
月	日			种类	号数				
3	1		月初余额						260 000
	5	银付1	提取现金	支票	3001	库存现金		1 200	258 800
	15	银收1	收回销货款	通知单	234	应收账款	10 000		268 800
	17	银收2	预收货款	通知单	238	预收账款	32 000		300 800
	20	银付2	支付欠款	支票	3002	应付账款		8 000	292 800
	25	现付1	现金存入	解款单	345	库存现金	2 000		294 800
	31	银付3	支付水电费	通知单	355	管理费用		7 500	287 300
	31		本月合计				44 000	16 700	287 300

企业应当将银行存款日记账的余额定期与银行对账单余额进行核对，以防止记账发生差错，并查明银行存款的实有金额。

多栏式银行存款日记账的账页格式、登记方法与多栏式库存现金日记账基本相同，差异仅是多栏式银行存款日记账在摘要栏后增设"结算凭证种类、号数"栏，格式及登记方法，如表 7-12 所示。

表 7-12　　　　　　　　　　　　　银行存款日记账（多栏式）

20×1年		凭证号数	摘要	结算凭证		收入（应贷科目）					付出（应借科目）					结余
月	日			种类	号数	库存现金	应收账款	预收账款	…	合计	库存现金	应付账款	管理费用	…	合计	
3	1		月初余额													260 000
	5	银付1	提取现金	支票	3001						1 200				1 200	258 800
	15	银收1	收回销货款	通知单	234		10 000			10 000						268 800
	17	银收2	预收货款	通知单	238			32 000		32 000						300 800
	20	银付2	支付欠款	支票	3002							8 000			8 000	292 800
	25	现付1	现金存入	解款单	345	2 000				2 000						294 800
	31	银付3	支付水电费	通知单	355								7 500		7 500	287 300
	31		本月合计			2 000	10 000	32 000		44 000	1 200	8 000	7 500		16 700	287 300

如果银行存款对应科目较多，设置专栏过多时，也可将多栏式银行存款日记账分设成

多栏式银行存款收入日记账和多栏式银行存款付出日记账。多栏式银行存款收入日记账、多栏式银行存款付出日记账格式、登记方法,如表 7-13 和表 7-14 所示。

表 7-13　　　　　　　　　　银行存款收入日记账(多栏式)

20×1年		凭证号数	摘要	结算凭证		收入(应贷科目)				收入合计	付出合计	结存
月	日			种类	号数	库存现金	应收账款	预收账款	…			
3	1		月初余额									260 000
	5		付出日记账转记								1 200	258 800
	15	银收1	收回销货款	通知单	234		10 000			10 000		268 800
	17	银收2	预收货款	通知单	238			32 000		32 000		300 800
	20		付出日记账转记								8 000	292 800
	25	现付1	现金存入	解款单	345	2 000				2 000		294 800
	31		付出日记账转记								7 500	287 300
	31		本月合计			2 000	10 000	32 000		44 000	16 700	287 300

表 7-14　　　　　　　　　　银行存款付出日记账(多栏式)

20×1年		凭证号数	摘要	结算凭证		付出(应借科目)				付出合计
月	日			种类	号数	库存现金	应付账款	管理费用	…	
3	5	银付1	提取现金	支票	3001	1 200				1 200
	20	银付2	支付欠款	支票	3002		8 000			8 000
	31	银付3	支付水电费	通知单	355			7 500		7 500
	31		本月合计			1 200	8 000	7 500		16 700

多栏式银行存款日记账一般适用于银行存款收、付业务较多而与"银行存款"科目对应的科目不多和比较固定的企业。

五、总分类账的格式与登记

总分类账的账页一般采用"借方""贷方""余额"三栏式格式。按是否设置"对应科目"栏,又可分为设置"对应科目"栏和不设置"对应科目"栏两种。设置"对应科目"栏的三栏式总分类账格式,如表 7-4 所示,不设置"对应科目"栏的三栏式总分类账格式如表 7-5 所示。设置"对应科目"栏的三栏式总分类账,反映了借方、贷方发生额的来龙去脉,从而可以了解经济业务的内容。

总分类账的登记依据和方法取决于企业所采用的账务处理程序。在记账凭证账务处理程序下，直接依据记账凭证按经济业务的先后顺序逐笔登记；在汇总记账凭证或者科目汇总表账务处理程序下，先对记账凭证进行汇总，填制汇总记账凭证或科目汇总表，再根据汇总记账凭证或科目汇总表定期分次或月末一次汇总登记。

【例7-4】 红星公司20×1年3月份发生的涉及银行存款收付的经济业务见［例7-3］资料，根据所填制的记账凭证逐笔登记三栏式总分类账，如表7-15（设置"对应科目"栏）和表7-16（不设置"对应科目"栏）所示。

表7-15　　　　　　　　总分类账（逐笔登记，设置"对应科目"栏的三栏式）

会计科目：银行存款

20×1年		凭证		摘要	对应科目	借方	贷方	借/贷	余额
月	日	种类	号数						
3	1			月初余额				借	260 000
	5	银付	1	提取现金	库存现金		1 200		
	15	银收	1	收回销货款	应收账款	10 000			
	17	银收	2	预收货款	预收账款	32 000			
	20	银付	2	支付欠款	应付账款		8 000		
	25	现付	1	现金存入	库存现金	2 000			
	31	银付	3	支付水电费	管理费用		7 500		
	31			本月合计		4 4000	16 700	借	287 300

表7-16　　　　　　　　总分类账（逐笔登记，不设置"对应科目"栏的三栏式）

会计科目：银行存款

20×1年		凭证		摘要	借方	贷方	借/贷	余额
月	日	种类	号数					
3	1			月初余额			借	260 000
	5	银付	1	提取现金		1 200		
	15	银收	1	收回销货款	10 000			
	17	银收	2	预收货款	32 000			
	20	银付	2	支付欠款		8 000		
	25	现付	1	现金存入	2 000			
	31	银付	3	支付水电费		7 500		
	31			本月合计	44 000	16 700	借	287 300

　　如果先对记账凭证进行汇总,即先填制汇总记账凭证或科目汇总表,再根据汇总结果即汇总记账凭证或科目汇总表定期分次或月末一次汇总登记,格式如表7-17(设置"对应科目"栏的三栏式)和表7-18(不设置"对应科目"栏的三栏式)所示。

表7-17　　　　　　　　总分类账(汇总登记,设置"对应科目"栏的三栏式)

会计科目:银行存款

20×1年		凭证		摘要	对应科目	借方	贷方	借/贷	余额
月	日	种类	号数						
3	1			月初余额				借	260 000
	31	汇付	1	1~31日发生额	库存现金		1 200		
	31	汇收	1	1~31日发生额	应收账款	10 000			
	31	汇收	1	1~31日发生额	预收账款	32 000			
	31	汇付	1	1~31日发生额	应付账款		8 000		
	31	汇付	1	1~31日发生额	管理费用		7 500		
	31	汇付	2	1~31日发生额	库存现金		2 000		
	31			本月合计		44 000	16 700	借	287 300

表7-18　　　　　　　　总分类账(汇总登记,不设置"对应科目"栏的三栏式)

会计科目:银行存款

20×1年		凭证		摘要	借方	贷方	借/贷	余额
月	日	种类	号数					
3	1			月初余额			借	260 000
	31	科汇	1	1~31日发生额	44 000	16 700		
	31			本月合计	44 000	16 700	借	287 300

　　表7-17的银行存款总分类账是依据汇总记账凭证于月末一次汇总登记,由于汇总记账凭证能体现科目之间的对应关系,总分类账可以采用设置"对应科目"栏的三栏式;表7-18的银行存款总分类账是依据科目汇总表定期分次或月末一次汇总登记,由于科目汇总表不能体现科目之间的对应关系,总分类账只能采用不设置"对应科目"栏的三栏式。

　　总分类账登记的基本方法如下:

　　(1)"日期"栏,登记总分类账所依据的凭证的日期。

　　(2)"凭证种类、号数"栏,登记总分类账所依据的凭证的种类(如收、付、转、汇收、汇付、汇转和科汇等)及号数。

（3）"摘要"栏，填写登记总分类账所依据的凭证的简要内容。如果总分类账依据汇总记账凭证或科目汇总表登记，应登记"某日～某日发生额"。

（4）"对应科目"栏，登记与所设置总分类账科目发生对应关系的科目。如果总分类账是根据科目汇总表登记的，则总账不设置此栏目。

（5）"借方""贷方"栏，登记总分类账所依据的凭证上记载的各账户的借方、贷方发生额。

（6）"借/贷"栏，是余额方向栏，如果余额在借方，登记"借"字；如果余额在贷方，登记"贷"字；如果期末余额为零，则应登记"平"字，并在"余额"栏上填写"⊖"。

无论总分类账登记的依据和方法如何，每月月终在全部经济业务登记入账后，要结出各总分类账户的本期发生额和期末余额，并在余额方向栏中列明余额方向。

六、明细分类账的格式与登记

明细分类账的账页格式应当根据各种明细分类账所记录经济业务的特点和提供信息的需要而定，可以采用三栏式、多栏式和数量金额式。

明细分类账的登记依据和方法不受所采用的账务处理程序的影响，即各种账务处理程序下登记明细分类账的依据和方法相同，都是由记账人员根据审核无误的记账凭证及所附原始凭证或原始凭证汇总表，按经济业务发生的时间先后顺序逐日逐笔进行登记。

1. 三栏式明细分类账

三栏式明细分类账的账页格式与三栏式总分类账的格式（见表7-15和表7-16）相同，即账页只设"借方""贷方"和"余额"三个金额栏目。这种格式的明细分类账适用于只需要进行金额核算，不需要进行数量核算的账户，如"应收账款""应付账款""短期借款"等债权、债务结算账户的明细账。

三栏式明细账账页格式中，各栏目的登记方法与根据记账凭证逐笔登记的三栏式总账相同。

2. 多栏式明细分类账

多栏式明细分类账的账页格式是在一张账页内，在账户的借方或贷方栏下按有关明细项目分设若干专栏，以集中反映该账户明细项目的核算信息，主要适用于成本、费用、收入等需要详细核算分析构成内容情况的明细分类账，如"生产成本""制造费用""管理费用""营业外收入""营业外支出"等明细分类账。多栏式明细分类账的账页格式具体又可以分为借方多栏式、贷方多栏式和借方、贷方多栏式三种格式，以记录不同特点的经济业务内容和满足提供信息的需要。

借方多栏式明细分类账的账页格式是只在账户的"借方"栏，再按明细项目分设专栏，适用于"生产成本""制造费用""管理费用"等成本、费用账户的明细分类账，格式如表7-19所示。

表 7-19   **生产成本明细分类账**

产品名称:甲产品

20×1年 月	日	凭证号数	摘要	借方(成本项目) 直接材料	直接人工	制造费用	合计	贷方	借/贷	余额
4	1		月初余额	4 000	1 500	1 000	6 500		借	6 500
	30	转6	领用材料	36 000			36 000		借	42 500
	30	转7	分配职工薪酬		20 000		20 000		借	62 500
	30	转8	结转制造费用			7 500	7 500		借	70 000
	30		生产费用合计(投产560件)	40 000	21 500	8 500	70 000			
	30	转9	完工结转(400件)	30 000	15 000	5 000	50 000	50 000	借	20 000
			月末余额	10 000	6 500	3 500	20 000		借	20 000

借方多栏式明细分类账也可采用不设置贷方栏的明细分类账,格式如表 7-20 所示。

表 7-20   **生产成本明细分类账**

产品名称:甲产品

20×1年 月	日	凭证号数	摘要	借方 直接材料	直接人工	制造费用	合计
4	1		月初余额	4 000	1 500	1 000	6 500
	30	转6	领用材料	36 000			36 000
	30	转7	分配职工薪酬		20 000		20 000
	30	转8	结转制造费用			7 500	7 500
	30		生产费用合计(投产560件)	40 000	21 500	8 500	70 000
	30	转9	完工结转(400件)	30 000	15 000	5 000	50 000
			月末余额	10 000	6 500	3 500	20 000

贷方多栏式明细分类账的账页格式是只在账户的"贷方"栏,再按明细项目分设专栏,适用于"营业外收入"等明细分类账,格式如表 7-21 所示。

表 7-21   **营业外收入明细分类账**

20×1年 月	日	凭证号数	摘要	借方	贷方(项目) 捐赠利得	盘盈利得	…	合计	借/贷	余额
4	5	银收5	收到捐赠款		50 000			50 000	贷	50 000

（续表）

20×1年		凭证号数	摘要	借方	贷方（项目）				借/贷	余额
月	日				捐赠利得	盘盈利得	…	合计		
	30	转20	转销现金盘盈			8 000		8 000	贷	58 000
	30	转21	结转至本年利润	58 000					平	0
	30		本月发生额及余额	58 000	50 000	8 000	…	58 000	平	0

贷方多栏式明细分类账也可采用不设置借方栏的明细分类账,格式如表 7-22 所示。

表 7-22　　　　　　　　　营业外收入明细分类账

20×1年		凭证号数	摘要	贷方（项目）			
月	日			捐赠利得	盘盈利得	…	合计
4	5	银收5	收到捐赠款	50 000			50 000
	30	转20	转销现金盘盈		8 000		8 000
	30		本月合计	50 000	8 000		58 000
	30	转21	结转至本年利润	50 000	8 000		58 000
	30		月末余额	0	0		0

借方、贷方多栏式明细账的账页格式是在"借方"和"贷方"栏内再按明细项目分设专栏,适用于需要同时分析借、贷方构成内容情况账户的明细分类账,如"应交税费——应交增值税"明细分类账等,格式如表 7-23 所示。

表 7-23　　　　　　　应交税费——应交增值税明细分类账

20×1年		凭证		摘要	借方			贷方			借/贷	余额
月	日	种类	号数		进项税额	已交税金	…	销项税额	进项税额转出	…		
5	1			月初余额							借	1 300
	8	银付	1	购入A材料	6 500						借	7 800
	10	银收	2	销售甲产品				2 600			借	5 200
	15	转	2	购入A材料	3 900						借	9 100
	25	转	4	销售甲产品				5 200			借	3 900
	31			本月合计	10 400			7 800			借	3 900

在登记时,不设置贷方的借方多栏式明细分类账,因账页格式中无贷方栏,对于月末将借方发生额的转出数,用红字在借方有关明细项目的专栏内进行登记;反之,不设置借方的贷方多栏式明细分类,对于月末将贷方发生额的转出数同样用红字在贷方有关明细项目的专栏内进行登记。

3. 数量金额式明细分类账

数量金额式明细分类账的账页格式是在"收入""发出"和"结余"栏内设置"数量""单价"和"金额"三个栏目,分别登记实物数量、单价和金额,格式如表 7-24 所示。数量金额式明细账适用于既需进行金额核算,又需进行数量核算的财产物资明细账户,如"原材料""库存商品"等明细分类账。

表 7-24　　　　　　　　　　　　　原材料明细分类账

会计科目:原材料

材料类别:钢材　　　　　名称及规格:普碳钢　　　　　计量单位:千克　　　　　存放地点:3 号仓库

20×1年		凭证		摘要	收入(借方)			发出(贷方)			结余		
月	日	种类	号数		数量	单价	金额	数量	单价	金额	数量	单价	金额
4	1			月初余额							3 000	4.00	12 000
	10	转	1	购入	5 000	4.00	20 000				8 000	4.00	32 000
	15	转	2	领用				4 000	4.00	16 000	4 000	4.00	16 000
	20	转	3	购入	2 000	4.00	8 000				6 000	4.00	24 000
	25	转	4	领用				5 000	4.00	20 000	1 000	4.00	4 000
	30			本月合计	7 000		28 000	9 000		36 000	1 000	4.00	4 000

数量金额式明细分类账收入、发出、结余栏下的"数量""单价"与"金额"栏,根据记账凭证所附的原始凭证或原始凭证汇总表,再根据所采用的存货盘存制以及发出存货的计价方法(如先进先出法、加权平均法等)计算确定后进行登记。

各种明细分类账摘要栏必须填写经济业务的简要内容,以便日后查对账目。每月月终在全部经济业务登记入账后,要结出各明细分类账户的本期发生额和期末余额。

第三节　对账、结账、错账更正与账簿更换

为了确保账簿记录的真实、准确和可靠,得到汇总的会计记录数据,为编制财务报表提供依据,必须定期进行对账和结账。对于发生的记账错误要及时地按规定进行更正,在年末结账后要按规定更换账簿。

一、对账

对账就是核对账目,是指在会计核算中,为保证账簿记录的准确可靠,对账簿中的有关信息进行检查和核对的工作。

在会计核算工作中,尽管各种会计账簿(包括日记账、总分类账、明细分类账等)根据审核无误的会计凭证进行登记,但由于种种原因,难免会发生各种各样的差错和账实不符的情况。为了保证账簿记录的准确性,使账簿记录能够如实反映企业的经济活动情况及其结果,并为编制财务报表提供真实可靠的信息,必须核对各种账簿记录。对账的内容主要包括账实核对、账证核对、账账核对和账表核对,保证账实相符、账证相符、账账相符。

1. 账实核对

账实核对,是指核对会计账簿记录与财产物资及款项的实有数额是否相符。账实核对以保证账实相符为目标,将会计账簿记录与通过财产清查确定的财产物资及款项实有数额进行核对,检查账簿记录有无差错。账实核对通常是结合财产清查工作进行,核对的主要内容包括:库存现金日记账账面余额与现金实际库存数额逐日核对是否相符;银行存款日记账账面余额与银行对账单余额定期核对是否相符;各种应收、应付款项明细账账面余额与有关债务、债权单位或个人核对是否相符;各种财产物资明细账账面余额与财产物资实存数额定期核对是否相符。除库存现金、银行存款的账实核对按规定时间进行外,其他财产物资及款项的账实核对每年至少进行一次。

2. 账证核对

账证核对,是指核对各种会计账簿记录(包括库存现金日记账、银行存款日记账、总分类账、明细分类账)与据以记账的会计凭证(包括记账凭证及其所附原始凭证或汇总原始凭证)记载的信息是否相符。账证核对以保证账证相符为目标,主要核对会计账簿记录与原始凭证、记账凭证的时间、凭证字号、内容、金额是否一致,记账方向是否相符。账证核对通常是在日常核算中进行,使错账能得以及时发现并得到更正。

3. 账账核对

账账核对,是指核对不同会计账簿之间相对应的记录是否相符。账账核对以保证账账相符为目标,主要利用账簿与账簿之间的勾稽关系检查账簿记录有无差错。账账核对至少每月月末进行一次,核对的主要内容包括以下四个方面:

(1)总分类账之间的核对。按照"资产=负债+所有者权益"这一会计等式和"有借必有贷、借贷必相等"的记账规则,将总分类账中全部账户期初借方余额合计与全部账户期初贷方余额合计进行核对,全部账户本期借方发生额合计与全部账户本期贷方发生额进行核对,全部账户期末借方余额合计与全部账户期末贷方余额合计进行核对。总分类账之间的核对可通过编制总分类账试算平衡表进行,如果试算不平衡,说明记账有错,应当查明原因并加以更正。

（2）总分类账与所属明细分类账之间的核对。将总分类账中各账户的期初余额、本期借方发生额、本期贷方发生额、期末余额与所属的各明细分类账的期初余额合计、本期借方发生额合计、本期贷方发生额合计、期末余额合计进行核对。总分类账与所属明细分类账之间的核对可通过编制"总分类账与明细分类账户平行登记结果对照表"进行。

（3）总分类账与日记账之间的核对。将总分类账中的"库存现金""银行存款"账户的期初余额、本期借方发生额、本期贷方发生额和期末余额直接与库存现金日记账、银行存款日记账的相应数字进行核对，检查总分类账与日记账的记录是否相符。

（4）财产物资明细分类账与财产物资保管账（卡）的核对。将会计机构的财产物资明细分类账结余数（数量与金额）与财产物资保管或使用部门的财产物资保管账结余数（数量与金额）进行核对，检查财产物资明细分类账与财产物资保管账（卡）记录是否相符。

二、结账

结账，是指对账簿记录进行定期结算的账务工作。在每一会计期末（如月末、季末或年末），为了编制财务报表反映企业的财务状况、经营成果与现金流量，需要进行结账，包括月结、季结和年结。结账的内容通常包括两个方面：一是结清各种损益类账户，计算确定本期利润；二是结出资产、负债和所有者权益账户的本期发生额和期末余额。

1. 结账的程序

期末结账通常按以下程序进行：

（1）检查本期内发生的经济业务是否已经全部编制记账凭证并登记入账。在结账前，应当将本期发生的各项经济业务全部填制记账凭证并登记入账，并通过对账来确保账簿记录正确无误。对于发现的错账、漏账，应当采用规定的方法进行更正、补记。

（2）按权责发生制基础进行账项调整。例如，对于属于本期的收入和费用，因款项的收到和付出不在本期，日常未作本期收入和费用记录的，在期末通过编制调整分录补记本期的收入和费用。期末账项调整的内容主要包括预收收入和预付费用这类递延事项的调整、应计收入、应计费用这类应计事项的调整以及计提固定资产折旧、摊销无形资产成本、计提坏账准备、资产减值准备这类估计事项的调整。

（3）期末账项结转。期末的账项结转是在期末账项调整基础上进行的一项后续结转工作，即顺序进行四个方面的结转工作。一是成本的结转，包括制造费用的结转、完工产品成本的结转、已销产品成本的结转；二是将各损益类账户余额全部转入"本年利润"账户，结平所有损益类账户，即把通过损益类账户记录的各项收入和费用、直接计入当期利润的利得和损失分别结转至"本年利润"账户，以确定当期的经营成果，期末结转后各损益类账户不再有余额；三是本年利润的结转，年末将"本年利润"账户的余额结转至"利润分配——未分配利润"账户，结转后"本年利润"账户无余额；四是年末将"利润分配"账户除"未分配利润"明细分类账户外的其他明细账户的余额结转至"利润分配——未分配利润"明细分类账户，结转后除"未分配利润"明细账户外,其他"利润分配"明细账户均无余额。

（4）结出所有资产、负债和所有者权益账户的本期发生额和期末余额,并将余额转入下期。

完成上述结账工作后,应当根据总分类账和明细分类账的本期发生额和期末余额,编制试算平衡表进行试算平衡。

2. 结账的方法

结账时,对于有余额的账户,应在余额方向栏内写明"借"或"贷"字样;对于无余额的账户,应在余额方向栏中写明"平"字,并在余额栏元位上用"φ"表示。结账一般采用划线的方法进行,平时（月末、季末）结账划通栏单红线,年末结账划通栏双红线。

（1）月结。月度终了进行月结,对于需要按月结计发生额的账户,如库存现金、银行存款日记账等,应当在各账户本月记录的最后一笔经济业务下面划一条通栏单红线表示当月经济业务记录完毕,并在红线下的"摘要"栏内写明"本月发生额及余额"或"本月合计"字样,同时,结计出本月借方、贷方发生额合计数及月末余额,并标明余额方向,然后在本行下面再划一条通栏单红线,表示月结完毕;对于不需要按月结计发生额的账户,如各种应收应付账款明细账和财产物资明细账等,每次记账以后,都要随时结出余额,每月最后一笔余额即为月末余额,结账时只要在最后一笔经济业务记录行下划一条通栏单红线,不需要再结计一次余额。对于需要结计本年累计发生额的账户,如"本年利润""利润分配"账户,每月结账时,应在该月最后一笔经济业务记录的下面划一条通栏单红线,进行月结,然后在月结的下一行,结出自年初起至本月末止的累计发生额和余额,并在摘要栏内填明"本年累计"字样,在本行的下面再划一条通栏单红线。

（2）季结。季度终了进行季结,应在本季度末最后一个月进行月结后,在"月结"行的下面一行的"摘要"栏内注明"本季发生额及余额"或"本季合计"字样,同时将本季度3个月的借方、贷方发生额月结数加总,分别结计出本季度借方、贷方本期发生额合计数及季末余额,并标明余额方向,然后再在季结行下划一条通栏单红线。对于总分类账户一般都需要季结,以减轻年终结账时加计全年借贷发生额的工作量。

半年度结账方法与季度结账方法相同。

（3）年结。年度终了进行年结,应在本年第四季度季结的下面一行结计出全年4个季度的借方、贷方本期发生额合计数及年末余额,并标明余额方向,在摘要栏内注明"本年发生额及余额"或"本年合计"字样,并在下面划通栏双红线,表示封账。有余额的账户,要将余额结转下年,并在摘要栏内注明"结转下年"字样。

三、错账的更正

账簿记录发生错误,必须根据错误的具体情况,采用不同的错账更正方法进行更正。错账更正的方法通常有划线更正法、红字更正法和补充登记法三种。

1. 划线更正法

划线更正法,是指在纸质账簿记录的错误之处划红线予以注销,然后在注销错误记录的上方填写正确记录的一种错账更正方法。结账前发现账簿记录中的文字或数字有误,而所依据的记账凭证无误,即纯属登账的错误,应当采用划线更正法更正。

发现纸质账簿记录中的文字或数字有误,应当将错误的文字或数字划红线注销,但必须使原有字迹仍可辨认,以备查核;然后在划线上方填写正确的文字或数字,并由记账人员、会计机构负责人或会计主管人员在更正处盖章,以明确责任。对于错误的数字,应当全部划红线更正,不得只更正其中的错误数字;对于文字错误,可只划去错误的部分。

【例 7-5】 20×1 年 4 月 2 日,红星公司出纳张伟根据当日一张记账凭证(现付 1 购买管理部门办公用品 540 元)登记库存现金日记账时,将付出金额 540 元误记为 450 元,而该记账凭证编制无误。出纳张伟采用划线更正法更正,如表 7-25 所示。

表 7-25　　　　　　　　　　库存现金日记账　　　　　　　　　第　　页

20×1年		凭证号数	摘要	对应科目	借方(收入)	贷方(付出)	结余
月	日						
4	1		月初余额				9 000
	2	现付 1	购买公司办公用品	管理费用		张伟 540 ~~450~~	张伟 8 460 ~~8 550~~
…	…	…	……	……	……	……	……

注:表中划去错误数字的横线为红线,张伟为张伟印章。

2. 红字更正法

红字更正法也称红字冲销法,是指用红字冲销原有记录后再予以更正或者调整账簿记录的一种错账更正方法。红字更正法适用于以下两种情况下的错账更正:

(1) 记账后发现记账凭证中应借、应贷会计科目有错误所引起的记账错误。更正时,先用红字金额填制一张与原记账凭证内容完全一致的记账凭证,在摘要中注明"冲销某月某日某号记账凭证",并据以用红字金额登记入账,以示冲销原记账凭证与账簿记录;然后用蓝字或黑字填制一张正确的记账凭证,在摘要中注明"更正某月某日某号记账凭证",并据以用蓝字或黑字登记入账。

【例 7-6】 20×1 年 5 月 31 日,红星公司计提生产车间固定资产折旧 20 000 元,会计人员在填制记账凭证时误记了管理费用,并已经登记入账。

原错误记账凭证(转 20 号)如下:

借:管理费用　　　　　　　　　　　　　　　　　　　　　　　　　　　20 000

　贷:累计折旧　　　　　　　　　　　　　　　　　　　　　　　　　　　　　20 000

记账人员对账时发现该错误后,先用红字金额填制一张与原记账凭证内容完全一致的记

账凭证,在摘要栏注明"冲销5月31日转20号记账凭证",并据以登记入账,冲销原错误记录:

借:管理费用　　　　　　　　　　　　　　　　　　　　　20 000

　　贷:累计折旧　　　　　　　　　　　　　　　　　　　　　20 000

再用蓝字或黑字填制一张正确的记账凭证,在摘要栏注明"更正5月31日转20号记账凭证",并据以登记入账:

借:制造费用　　　　　　　　　　　　　　　　　　　　　20 000

　　贷:累计折旧　　　　　　　　　　　　　　　　　　　　　20 000

更正后的账簿记录,如图7-1所示。

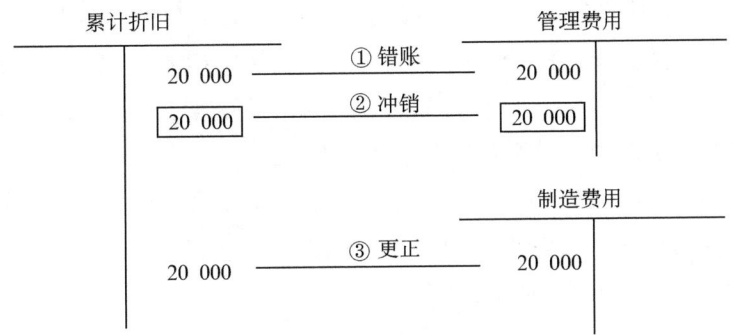

图7-1　更正后的账簿记录

（2）记账后发现记账凭证和账簿记录中应借、应贷会计科目无误,只是所记金额大于应记金额所引起的记账错误。更正时,按多记的金额用红字填制一张与原记账凭证应借、应贷科目完全相同的记账凭证,在摘要中注明"冲销某月某日某号记账凭证多记金额",并据以用红字金额登记入账,以冲销多记的金额。

假设[例7-6]中,20×1年5月31日,红星公司计提生产车间固定资产折旧20 000元,记账人员在填制记账凭证时金额误记为200 000元,并已经登记入账。

原错误记账凭证(转20号)如下:

借:制造费用　　　　　　　　　　　　　　　　　　　　　200 000

　　贷:累计折旧　　　　　　　　　　　　　　　　　　　　　200 000

会计人员对账时发现该错误后,按多记的金额180 000元用红字金额填制一张与原记账凭证应借、应贷科目完全相同的记账凭证,在摘要中注明"冲销5月31日转20号记账凭证多记金额"并据以登记入账,对原错误金额200 000元进行调整:

借:制造费用　　　　　　　　　　　　　　　　　　　　　180 000

　　贷:累计折旧　　　　　　　　　　　　　　　　　　　　　180 000

更正后的账簿记录,如图 7-2 所示。

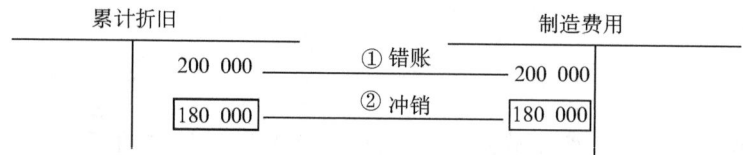

图 7-2　更正后的账簿记录

3. 补充登记法

补充登记法也称蓝字更正法,是指将原记账凭证和账簿记录中少记的金额用蓝字或黑字再填制一张记账凭证,以此来调整账簿记录的一种更正方法。记账后发现记账凭证和账簿记录中应借、应贷会计科目无误,只是所记金额小于应记金额时,采用补充登记法更正。

采用补充登记法更正时,按少记的金额用蓝字或黑字填制一张与原记账凭证应借、应贷会计科目完全相同的记账凭证,在摘要栏内注明"补记某月某日某号记账凭证少记金额",并据此用蓝字或黑字登记入账,以补记少记的金额。

假设[例 7-6]中,20×1 年 5 月 31 日,红星公司计提生产车间固定资产折旧 20 000 元,会计人员在填制记账凭证时金额误记为 2 000 元,并已经登记入账。

原错误记账凭证(转 20 号)如下:

借:制造费用 2 000
　贷:累计折旧 2 000

记账人员对账时发现该错误后,按少记的金额 18 000 元用蓝字或黑字金额填制一张与原记账凭证应借、应贷会计科目完全相同的记账凭证,在摘要栏内注明"补记 5 月 31 日转 20 号记账凭证少记金额",并据以登记入账,对原错误金额 2 000 元进行调整:

借:制造费用 18 000
　贷:累计折旧 18 000

更正后的账簿记录,如图 7-3 所示。

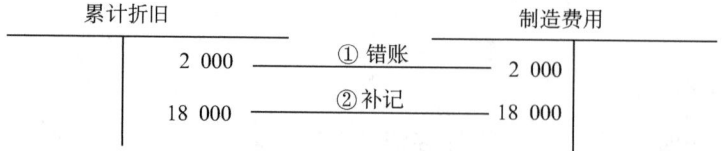

图 7-3　更正后的账簿记录

四、会计账簿的更换

企业应当在每一个会计年度结束、新的会计年度开始时,按会计制度的规定更换账簿,建立新账,以保持会计账簿信息的连续性。

更换新账时,应当将各账户的上年年末余额转入新一年度的账簿。将上年年末余额转记到新账簿时不需要填制记账凭证,而只需在新账簿有关账户账页的第一行"日期"栏内填写1月1日,"摘要"栏内填写"上年结转"字样,"余额"栏内填上该账户上年年末的余额,并在余额方向栏内写明"借"或"贷"字样。年度结账格式,如表7-26所示。

表 7-26   总分类账

会计科目:银行存款

20×1年		凭证		摘要	借方	贷方	借/贷	余额
月	日	字	号					
1	1			上年结转			借	65 000
〜	〜	〜	〜	〜	〜	〜	〜	〜
〜	〜	〜	〜	〜	〜	〜	〜	〜
12	31			本月合计	35 000	20 000	借	225 000
	31			本季合计	90 000	75 000	借	225 000
	31			本年合计	375 000	215 000	借	225 000
				结转下年				

注:_____ 表示双红线。

在新的会计年度建账,并不是所有账簿都需进行更换。通常,库存现金日记账、银行存款日记账、总分类账、大多数明细分类账应当每年更换一次。但是,有些财产物资明细账和债权债务明细账,由于材料品种、规格和往来单位较多,更换新账,重登一遍,工作量较大,因此,可以跨年度使用,不需每年更换一次。第二年使用时,可直接在上年终了的双红线下面记账。固定资产明细账由于一年内变化不大可以连续使用,各种备查账也可以连续使用。

第四节 账务处理程序

为提高会计核算工作的效率,企业应当根据自身业务的特点、经营的规模、交易的多少、会计机构设置及其会计人员的配置、经济管理的要求以及会计信息化或智能化的水平来确定账务处理程序。

一、账务处理程序的意义

账务处理程序也称会计核算组织程序,是指会计凭证和账簿组织与记账程序和方法有机结合的方式。会计凭证和账簿组织,是指会计核算所采用的会计凭证和会计账簿的种类、格式,以及各种凭证之间、凭证与账簿之间、各种账簿之间的关系;记账程序和方法,是指会计凭证的填制与审核、会计账簿的登记直至编制财务报表的程序和方法。具体地说,账务处理程序是从取得、填制与审核原始凭证开始,到填制记账凭证、登记账簿,最后编制财务报表,提供会计信息的工作流程和方法。

在会计信息化、智能化转型的背景下,通过加持的会计引擎可实现业务数据自动生成会计凭证、会计账簿,直至财务报表,即可实现账务处理的自动化,但在加持会计引擎的过程中仍需要掌握账务处理程序的原理与方法。

账务处理程序是企业会计制度设计的一项重要内容,建立科学、合理的账务处理程序的意义在于:

(1) 会计核算工作有序可循。会计核算是一个需要所有会计人员之间相互配合的有机系统,建立科学、合理的账务处理程序,形成规范的会计核算工作程序,会计人员在会计核算过程中就能有序可循,按照不同的责任分工,有条不紊地做好各个环节上的会计核算工作。

(2) 保证会计核算工作的质量。建立科学、合理的账务处理程序,形成加工和处理会计信息的有效机制,保证了会计核算工作的质量,使所有发生的经济业务都按规定的程序入账,会计记录具有完整性;通过账务处理程序设置的核对功能,使通过财务报表提供的会计信息具有准确性与可验证性,从而保证了会计信息的质量。

(3) 提高会计核算工作效率。建立科学、合理的账务处理程序,为会计核算工作规范了工作流程,为会计凭证、会计账簿设置提供了依据,为会计核算的分工协作创造了条件,可以减少不必要的核算环节和手续,有助于提高会计核算工作的效率。

二、账务处理程序的基本流程

各种账务处理程序既各有特性,又具有共性。其基本流程是:

(1) 按需要根据原始凭证填制汇总原始凭证。

(2) 根据原始凭证或汇总原始凭证填制收款凭证、付款凭证和转账凭证。

(3) 根据收款凭证和付款凭证,序时逐笔登记库存现金日记账和银行存款日记账。

(4) 根据收款凭证、付款凭证和转账凭证及其所附的原始凭证或汇总原始凭证,登记各种明细分类账。

(5) 根据登记总账的依据,登记总分类账。

(6) 期末,将有关总分类账的余额与库存现金日记账、银行存款日记账、明细分类账的余额核对相符。

(7) 期末,根据总分类账和有关明细分类账的记录,编制财务报表。

登记总账的依据包括记账凭证、汇总记账凭证、科目汇总表等,根据登记总账的依据和方法不同,形成了不同的账务处理程序。企业常用的账务处理程序主要有记账凭证账务处理程序、汇总记账凭证账务处理程序和科目汇总表账务处理程序三种。

三、记账凭证账务处理程序

记账凭证账务处理程序,是指对发生的经济业务,先根据原始凭证或汇总原始凭证填制记账凭证,再根据记账凭证登记总分类账的一种账务处理程序。

记账凭证账务处理程序的工作流程,如图 7-4 所示。

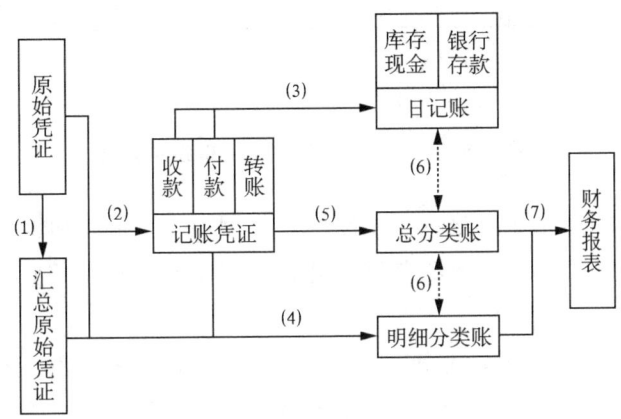

图 7-4　记账凭证账务处理程序流程

记账凭证账务处理程序的特点是直接根据记账凭证逐笔登记总分类账。记账凭证账务处理程序是最基本的账务处理程序,是其他各种账务处理程序产生和演变的基础。

记账凭证账务处理程序的优点是简单明了、易于理解,总分类账登记详细,便于查账、对账;缺点是总分类账的登记工作量较大。记账凭证账务处理程序适用于经营规模较小、业务量较少的企业。在具体应用时,应当尽量将原始凭证进行汇总,填制成汇总原始凭证,再根据汇总原始凭证填制记账凭证,以减少记账凭证的数量而减轻登记总账的工作量。

四、汇总记账凭证账务处理程序

汇总记账凭证账务处理程序,是指对发生的经济业务,先根据原始凭证或汇总原始凭证填制记账凭证,进而定期根据记账凭证分类填制汇总记账凭证,再根据汇总记账凭证登记总分类账的一种账务处理程序。

汇总记账凭证账务处理程序的工作流程,如图 7-5 所示。

汇总记账凭证账务处理程序的特点是,以汇总的记账凭证作为登记总账的依据,即分别根据收款凭证、付款凭证和转账凭证填制"汇总收款凭证""汇总付款凭证"和"汇总转账凭证",作为记账凭证与总分类账的中间环节,以减少登记总分类账的工作量。与记账凭证账务处理程序相比较,增加了根据记账凭证填制汇总记账凭证这一环节。

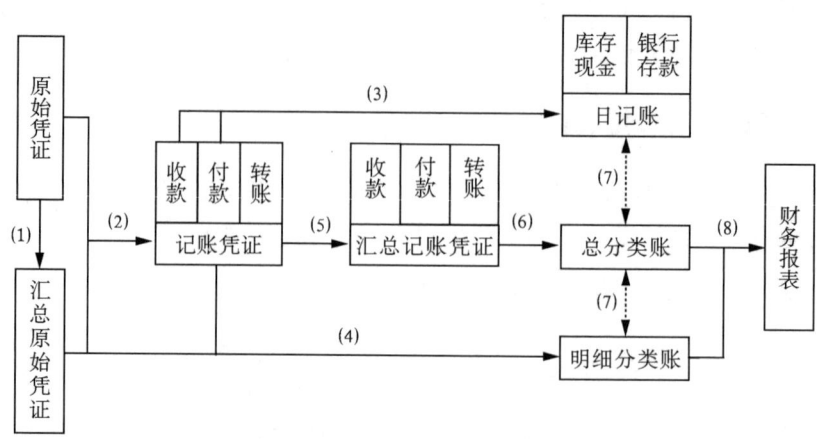

图 7-5　汇总记账凭证账务处理程序流程

汇总记账凭证的填制方法是,先将各种记账凭证定期(一般为 5 天,最长不超过 10 天)按照会计科目的对应关系在汇总记账凭证中归类、汇总,月终计算出合计数,每月按类各填制一张。

汇总收款凭证根据库存现金或银行存款收款凭证,分别按"库存现金""银行存款"账户的借方设置,定期按对应的贷方科目加以归类、汇总,5 天或 10 天定期填列一次,每月填制一张。月终结出汇总收款凭证合计数后,分别登记"库存现金"或"银行存款"总账的借方以及各个对应账户的贷方。汇总收款凭证的格式,如表 7-27 所示。

表 7-27　　　　　　　　　　汇总收款凭证

借方科目:库存现金或银行存款　　　　　　　年　月　　　　　　　　汇收字第　　号

贷方科目	金额				总账账页
	1~10 日 收字第　号至　号	11~20 日 收字第　号至　号	21~31 日 收字第　号至　号	合计	
合计					

汇总付款凭证根据库存现金或银行存款付款凭证,分别按"库存现金""银行存款"账户的贷方设置,定期按对应的借方科目加以归类、汇总,5 天或 10 天定期填列一次,每月填制一张。月终结出汇总付款凭证合计数后,分别登记"库存现金"或"银行存款"总账的贷方以及各个对应账户的借方。汇总付款凭证的格式,如表 7-28 所示。

表 7-28　　　　　　　　　　　　汇总付款凭证

贷方科目:库存现金或银行存款　　　年　月　　　　　　　付字第　号

借方科目	金额				总账账页
	1～10 日 付字第　号至　号	11～20 日 付字第　号至　号	21～31 日 付字第　号至　号	合计	
合计					

汇总转账凭证根据转账凭证按每一贷方科目分别设置,按对应的借方科目归类、汇总,5 天或 10 天定期填列一次,每月填制一张,月终结出合计数并据以登记总账。按贷方科目设置,按对应的借方科目汇总,能够减少汇总工作量。由于是按贷方科目设置汇总转账凭证,为便于汇总,所有转账凭证可以是“一借一贷”的会计分录或“一贷多借”的会计分录。若有“一借多贷”或“多借多贷”的会计分录,需分解为简单分录。以原材料为例的汇总转账凭证的格式,如表 7-29 所示。

表 7-29　　　　　　　　　　　　汇总转账凭证

贷方科目:原材料　　　　　　　年　月　　　　　　　汇转字第　号

借方科目	金额				总账账页
	1～10 日 转字第　号至　号	11～20 日 转字第　号至　号	21～31 日 转字第　号至　号	合计	
合计					

汇总记账凭证账务处理程序的优点是可以减轻登记总账的工作量,并且汇总记账凭证按会计科目的对应关系填制,能够反映经济业务的来龙去脉,便于查账;缺点是增加填制汇总记账凭证的工作量,并且按每一贷方科目填制汇总转账凭证,不利于会计核算的日常分工。汇总记账凭证账务处理程序适用于经营规模较大,业务量较多,特别是收、付业务较多而转账业务较少的企业。

五、科目汇总表账务处理程序

科目汇总表账务处理程序也称记账凭证汇总表账务处理程序,是指对发生的经济业务,先根据原始凭证或汇总原始凭证填制记账凭证,进而定期根据记账凭证编制科目汇总表,再根据科目汇总表登记总分类账的一种账务处理程序。

科目汇总表账务处理程序的工作流程,如图 7-6 所示。

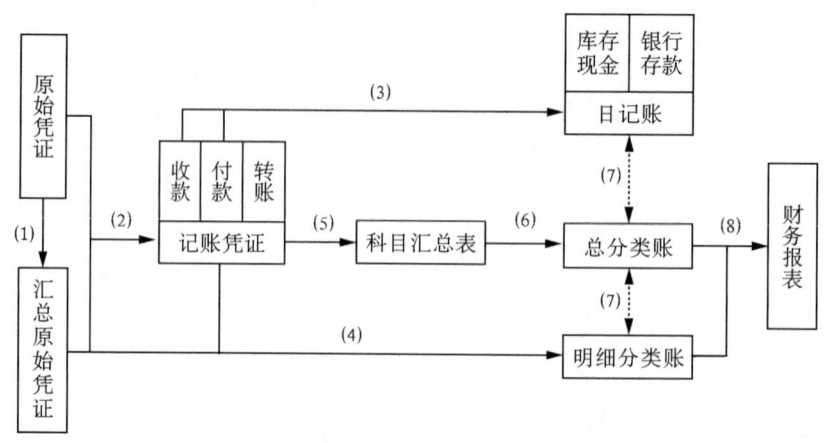

图 7-6 科目汇总表账务处理程序流程

科目汇总表账务处理程序的特点是,以编制的科目汇总表作为登记总账的依据。科目汇总表账务处理程序与汇总记账凭证账务处理程序一样,先将记账凭证定期进行汇总,然后登记总账,只是汇总方式不同。汇总记账凭证是按照会计科目之间的对应关系汇总,科目汇总表是按照相同的会计科目汇总,目的都是简化总账的登记工作。科目汇总表根据记账凭证汇总编制,是列示有关总账科目的本期借方发生额、贷方发生额的一种记账凭证汇总表,作为记账凭证与总分类账的中间环节,以减少登记总分类账的工作量。

科目汇总表的编制方法是,将一定时期内的全部记账凭证,按相同的会计科目进行归类,定期(如 5 天、10 天)汇总编制。首先,将汇总期内各项经济业务所涉及的会计科目填列在科目汇总表的"会计科目"栏内,为了便于登记总分类账,会计科目的顺序按总分类账上会计科目的先后顺序填列;其次,根据汇总期内所有记账凭证,按会计科目分别加计借方发生额和贷方发生额,将汇总数填列在相应会计科目的"借方"和"贷方"栏;最后,按会计科目汇总后,加总本期借方发生额、贷方发生额,进行发生额的试算平衡。科目汇总表的编制时间,应根据各企业的业务量而定。业务量较多的可以每日汇总,业务量较少的可以定期汇总,但一般不超过 10 天。科目汇总表上,还应注明据以编制的各种记账凭证的起讫字号,以备进行核查。科目汇总表的格式,可以每汇总一次编一张汇总表,如表 7-30 所示;也可以将每次汇总结果填列到一张汇总表中,如表 7-31 所示,月末合计,并据以登记总账。

表 7-30 　　　　　　　　　　　科目汇总表

年　月　日至　日　　　　　　　　　　　　　　　　　　科汇字第　　号

会计科目	本期发生额		账页	记账凭证起讫号
	借方	贷方		
合计				

表 7-31　　　　　　　　　　　　　科目汇总表

　　　　　　　　　　　　　　　　年　月　　　　　　　　　科汇字第　　号

会计科目	1~10 日		11~20 日		21~31 日		合计		账页
	借方	贷方	借方	贷方	借方	贷方	借方	贷方	
〜〜〜	〜	〜	〜	〜	〜	〜	〜	〜	〜
合计									

　　科目汇总表账务处理程序的优点是可以减轻登记总账的工作量,并且通过编制科目汇总表,可以对发生额进行日常试算平衡,及时发现错误,保证记账工作质量;缺点是科目汇总表不能体现会计科目之间的对应关系,不利于对账目的核查。科目汇总表账务处理程序适用于经营规模大、业务量多的企业。

本章要点概览

　　1. 会计账簿是由具有一定格式并以一定形式联结在一起的账页所组成,以审核无误的会计凭证为依据,对发生的经济业务进行全面、系统、连续、分类地记录和核算的簿籍。

　　2. 会计账簿按用途的不同,可分为序时账簿、分类账簿和备查账簿,其中,分类账簿按反映内容的详细程度,又可分为总分类账簿和明细分类账簿;按账页格式的不同,可分为三栏式账簿、多栏式账簿和数量金额式账簿;按外表形式的不同,可分为订本式账簿、活页式账簿、卡片式账簿和电子式账簿。

　　3. 会计账簿应当按依法设账、满足需要、组织严密和简便实用的原则进行设置。会计账簿的启用、登记与更换应当按规定的要求与方法进行。账簿登记的依据是审核无误的会计凭证。

　　4. 对账是在会计核算中,为保证账簿记录的准确可靠,对账簿中的有关信息进行检查和核对的工作。对账的内容主要包括账证核对、账账核对和账实核对,保证账证相符、账账相符、账实相符。

　　5. 结账是对账簿记录进行定期结算的账务工作。在每一会计期末(如月末、季末或年末),为了编制财务报表需要按规定的程序进行结账,包括月结、季结和年结。结账的内容包括结清各种损益类账户,计算确定本期利润;结出资产、负债和所有者权益账户的本期发生额和期末余额。

　　6. 对于账簿记录发生的错误,必须根据错误的具体情况,采用不同的错账更正方法进行更正。错账更正的方法通常有划线更正法、红字更正法和补充登记法三种。

　　7. 企业应当在每一个会计年度结束,新的会计年度开始时,按会计制度的规定更换账簿,建立新账,以保持会计账簿信息的连续性。

　　8. 账务处理程序是从取得、填制与审核原始凭证开始,到填制记账凭证,登记账簿,最后编制财务报表,提供会计信息的工作流程和方法。建立科学、合理的账务处理程序可以使会计核算工作有序可循,保证会计核算工作的质量与提高会计核算工作效率。在会计信息化、智能化转型的背景下,通过加持的会计引擎可实现业务数据自动生成会计凭证、会计账簿,直至财务报表,即可实现账务处理的自动化。

9. 根据登记总账的依据和方法不同,有记账凭证账务处理程序、汇总记账凭证账务处理程序与科目汇总表账务处理程序三种主要的账务处理程序。企业应当根据自身业务的特点、经营的规模、交易的多少、会计机构和会计人员的设置以及经济管理的要求来建立账务处理程序。

 主要术语

1. 会计账簿	2. 序时账簿
3. 分类账簿	4. 备查账簿
5. 总分类账簿	6. 明细分类账簿
7. 普通序时账簿	8. 特种序时账簿
9. 库存现金日记账	10. 银行存款日记账
11. 订本式账簿	12. 活页式账簿
13. 卡片式账簿	14. 电子式账簿
15. 三栏式账簿	16. 多栏式账簿
17. 数量金额式账簿	18. 账簿启用
19. 账簿更换	20. 对账
21. 结账	22. 期末账项结转
23. 划线更正法	24. 红字更正法
25. 补充登记法	26. 账务处理程序
27. 记账凭证账务处理程序	28. 汇总记账凭证账务处理程序
29. 科目汇总表账务处理程序	30. 汇总收款凭证
31. 汇总付款凭证	32. 汇总转账凭证

阅 读 文 献

1. 张捷,刘英明.基础会计(第六章会计账簿、第十一章会计处理组织程序)[M].北京:中国人民大学出版社,2021.

2. 陈国辉,迟旭升.基础会计(第九章会计账簿)[M].大连:东北财经大学出版社,2024.

3. 唐国平.会计学原理(第七章会计记录——账户记录)[M].北京:中国财政经济出版社,2020.

4. 张蕊. 会计学原理(第六章会计账簿、第九章会计核算组织程序)[M]. 北京：中国财政经济出版社,2019.

复 习 思 考 题

1. 会计账簿有哪些种类？登记账簿有哪些要求？

2. 库存现金日记账和银行存款日记账的账页格式有哪几种？记账依据是什么？如何进行登记？

3. 总分类账与明细分类账的记账依据是否有区别？明细分类账的账页格式有哪几种？

4. 什么是对账？什么是结账？对账包括哪些内容？结账包括哪些内容？

5. 登记账簿发生错误时如何进行更正？

6. 开始新的会计年度时,哪些会计账簿需要更换？

7. 建立科学、合理的账务处理程序的意义何在？账务处理的基本程序是什么？

8. 三种主要账务处理程序的主要区别及其优缺点与适应性如何？

9. 如何填制汇总记账凭证与科目汇总表？两者在填制上有何异同？

10. 在会计信息化、智能化转型的背景下,会计核算的账务处理会发生什么变化？

练 习 题

一、单项选择题(在每小题的备选答案中,选出一个最为切合题意的答案)

1. 下列账簿中,属于与其他账簿之间不存在严密勾稽关系的是(　　)。

    A. 银行存款日记账　　　　　　　　　　B. 租入固定资产登记簿

    C. 应收账款明细账　　　　　　　　　　D. 短期借款总账

2. 下列各类明细分类账户中,属于账页格式适合采用多栏式的是(　　)账户。

    A. 资产类　　　　　　　　　　　　　　B. 负债类

    C. 成本类　　　　　　　　　　　　　　D. 所有者权益类

3. 下列账簿中,属于适合采用卡片式账簿的是(　　)。

    A. 库存商品总账　　　　　　　　　　　B. 银行存款日记账

    C. 固定资产明细账　　　　　　　　　　D. 原材料明细账

4. 对于将现金存入银行的经济业务,下列各项中,属于登记银行存款日记账依据的是(　　)。

    A. 银行存款收款凭证　　　　　　　　　B. 银行存款付款凭证

    C. 库存现金收款凭证　　　　　　　　　D. 库存现金付款凭证

5. 每月月末企业将银行存款日记账的账面余额与银行对账单余额进行核对,属于(　　)。

    A. 账证核对　　　　　　　　　　　　　B. 账账核对

    C. 账实核对　　　　　　　　　　　　　D. 账表核对

6. 下列有关账项核对中,不属于账账核对内容的是(　　)。

    A. 应收账款总账余额与所属明细账余额的核对

    B. 应收账款明细账的账面余额与有关债务人的相关账面余额核对

    C. 应收账款总账借方发生额与所属明细账借方发生额合计数的核对

    D. 所有总账借方余额合计数与所有总账贷方余额合计数的核对

7. 对于期末结账时,下列账户中,属于账户应结出本期发生额且期末有余额的还应结出期末余额的是( )。

    A. "原材料"

    B. "制造费用"

    C. "主营业务成本"

    D. "主营业务收入"

8. 下列各项中,属于在记账或结账过程中发现账簿记录有误,而记账凭证正确无误的情况下,应当采用的更正方法是( )。

    A. 划线更正法

    B. 红字更正法

    C. 补充登记法

    D. 重新登记法

9. 会计人员在填制记账凭证时,将车间一般耗用材料 6 500 元错记为生产成本 5 600 元并已登记入账,应当采用的错账更正方法是( )。

    A. 划线更正法

    B. 红字更正法

    C. 补充登记法

    D. 调换凭证法

10. 下列各项中,属于各种账务处理程序主要区别的是( )。

    A. 登记明细分类账的依据和方法不同

    B. 登记总分类账的依据和方法不同

    C. 总账的格式不同

    D. 编制财务报表的依据不同

二、多项选择题(在每小题的备选答案中,选出两个或两个以上切合题意的答案)

1. 下列会计账簿中,通常企业都应设置的会计账簿有( )。

    A. 库存现金日记账

    B. 银行存款日记账

    C. 总分类账

    D. 所有账户的明细分类账

    E. 备查账

2. 下列各类会计账簿中,属于按用途分类的有( )。

    A. 订本式账簿

    B. 序时账簿

    C. 分类账簿

    D. 备查账簿

    E. 卡片式账簿

3. 下列各项中,在启用新账簿时应当完成的账簿启用工作有( )。

    A. 填写单位名称、账簿名称和所属年度

    B. 填写"账簿启用及接交表"

    C. 填写"账户目录"

    D. 编定页码

    E. 粘贴印花税票

4. 下列各项中,登记账簿时可以使用红色墨水笔记账的情况有( )。

    A. 因记账凭证所记金额大于应记金额致使账簿记录发生金额多记时的错误更正

    B. 在不设借方或贷方专栏的多栏式账页中登记减少数

    C. 在不设借方或贷方专栏的多栏式账页中登记增加数

    D. 在账簿登记发生跳行、隔页时划线注销空行和空页

    E. 在未印明余额方向的三栏式账户中登记负数余额

5. 下列各明细账簿中,通常采用多栏式账页的有( )。

    A. "原材料"

    B. "制造费用"

    C. "管理费用"

    D. "主营业务收入"

E. "应付账款"

6. 下列各项中,属于企业期末编制财务报表前对账内容的有(　　)。

    A. 账证核对　　　　　　　　　　　B. 账单核对

    C. 账账核对　　　　　　　　　　　D. 账实核对

    E. 账表核对

7. 下列各项中,期末账项结转时要进行有关成本结转的有(　　)。

    A. 制造费用　　　　　　　　　　　B. 管理费用

    C. 财务费用　　　　　　　　　　　D. 完工产品成本

    E. 已售产品成本

8. 下列会计账簿中,不能跨年度继续使用的有(　　)。

    A. 总分类账簿　　　　　　　　　　B. 原材料明细账

    C. 固定资产明细账　　　　　　　　D. 银行存款日记账

    E. 多栏式明细账

9. 下列关于科目汇总表账务处理程序的阐述中,正确的有(　　)。

    A. 科目汇总表账务处理程序可以减轻总账的登记工作

    B. 科目汇总表账务处理程序可以对账户发生额进行日常试算平衡

    C. 科目汇总表账务处理程序下,总分类账能明确反映账户的对应关系

    D. 科目汇总表账务处理程序适用于规模大、业务量多的大中型企业

    E. 科目汇总表定期按相同会计科目分别借方发生额、贷方发生额汇总编制

10. 下列各项中,在不同账务处理程序下可以作为登记总账依据的有(　　)。

    A. 原始凭证　　　　　　　　　　　B. 原始凭证汇总表

    C. 记账凭证　　　　　　　　　　　D. 科目汇总表

    E. 汇总记账凭证

三、判断题(认为正确的在题目前面括号内打"√",认为错误的在题目前面括号内打"×")

1. (　　)设置和登记会计账簿是编制财务报表的基础,也是连接会计凭证和财务报表的中间环节。

2. (　　)库存现金日记账与银行存款日记账都必须采用订本账。

3. (　　)分类账是会计账簿的主体,是编制财务报表的主要依据。

4. (　　)总分类账应根据记账凭证汇总登记,明细分类账应根据原始凭证逐笔登记。

5. (　　)每一账页登记完毕,应当在账页的最末一行加计本页发生额及余额,并在摘要栏内注明"过次页",同时在新账页的首行记入上页加计的发生额及余额,并在摘要栏内注明"承上页"。

6. (　　)账账核对是对各种账簿之间的有关数字进行核对,至少每年年末进行一次。

7. (　　)采用划线更正法时,应当仅仅划去错误的文字或数字并更正为正确的文字或数字。

8. (　　)会计年度终了,企业必须将所有会计账簿更换成新的账簿。

9. (　　)记账凭证账务处理程序的特点是直接根据记账凭证逐笔登记总分类账,它是最基本的账务处理程序。

10. (　　)汇总记账凭证、科目汇总表都是根据记账凭证按照账户间对应关系填制的,都起到了进行日常试算平衡的作用。

四、业务题

【业务题一】

目的:练习银行存款日记账的登记。

资料:腾飞公司20×1年6月30日银行存款日记账余额为450 000元,7月份发生的货币资金收付业务如下:

(1) 7月2日,通过银行归还短期借款60 000元(银付701号)。

(2) 7月5日,通过银行交纳上月应交所得税30 000元(银付702号)。

(3) 7月6日,通过银行向大华公司预付购料款70 000元(银付703号)。

(4) 7月6日,用现金购买文具用品120元(现付701号)。

(5) 7月10日,通过银行收到利达公司预付的购货款100 000元(银收701号)。

(6) 7月10日,通过银行收到投资者追加投资80 000元(银收702号)。

(7) 7月12日,通过银行偿还所欠宇顺公司购料款55 000元(银付704号)。

(8) 7月15日,将现金3 000元存入银行(现付702号)。

(9) 7月18日,通过银行支付上月应付供电公司电费3 800元(银付705号)。

(10) 7月20日,从银行提取现金20 000元备用(银付706号)。

(11) 7月26日,本月销售甲产品的售价80 000元,增值税税额10 400元,共计货款90 400元。该产品的货款上月已预收30 000元,余款今收到支票并存入银行(银收703号)。

(12) 7月29日,通过银行支付广告费9 500元(银付707号)。

要求:

(1) 根据上述经济业务,登记银行存款日记账(三栏式)并结出7月末银行存款余额。

(2) 根据上述经济业务,登记银行存款日记账(多栏式)并结出7月末银行存款余额。

【业务题二】

目的:练习总分类账和明细分类账登记。

资料:腾飞公司生产甲、乙两种产品,20×1年8月31日"库存商品"总分类账户借方余额200 000元,明细分类账户余额,如表7-32所示。

表7-32 腾飞公司20×1年8月31日"库存商品"明细分类账户余额

库存商品名称	计量单位	数量	单位成本	金额(元)
甲	件	1 000	80	80 000
乙	件	4 000	30	120 000

"生产成本"总分类账户借方余额50 000元,明细分类账户中甲产品的生产成本明细账有余额50 000元,其中,直接材料20 000元、直接人工18 000元、制造费用12 000元;乙产品的生产成本明细账无余额。

20×1年9月发生有关经济业务如下:

(1) 9月10日,向宏图公司销售甲产品200件,单价170元,增值税专用发票列明价款34 000元和增值税税额4 420元;销售乙产品800件,单价60元,增值税专用发票列明价款48 000元和增值税税额6 240元。货已发出,款项已通过银行收讫。销售的甲产品单位成本80元,乙产品单位成本30元。

（2）月末汇总本月生产车间领用材料，如表 7-33 所示。

表 7-33 生产车间领用材料及用途汇总表

单位：元

项目	A 材料	B 材料	合计
生产产品耗用	38 860	30 000	68 860
其中：甲产品	18 860	16 000	34 860
乙产品	20 000	14 000	34 000
车间一般耗用	1 000	—	1 000
合计	39 860	30 000	69 860

（3）月末结算本月应付生产工人薪酬 80 000 元（甲、乙产品生产工人薪酬按生产工时比例分配，甲产品耗用 1 800 工时，乙产品耗用 2 200 工时），车间管理人员薪酬 15 000 元，行政管理人员薪酬 25 000 元。

（4）月末计提本月生产车间固定资产折旧 2 000 元，行政管理部门固定资产折旧 1 000 元。

（5）月末分配结转本月份制造费用（按甲、乙产品的生产工时比例分配）。

（6）月末甲产品 1 612 件全部完工入库，结转完工产品成本；乙产品 3 000 件全部未完工。

（7）月末向东升公司销售甲产品 600 件，单价 170 元，增值税专用发票列明价款 102 000 元和增值税税额 13 260 元；销售乙产品 2 000 件，单价 60 元，增值税专用发票列明价款 120 000 元和增值税税额 15 600 元。货已发出，款项尚未收到。销售的甲产品单位成本 80 元，乙产品单位成本 30 元。

要求：

（1）根据以上经济业务编制专用记账凭证（用会计分录代替，并列出"库存商品"和"生产成本"的明细科目）。

（2）开设并登记"生产成本"总分类账（三栏式）和明细分类账（多栏式）。

（3）开设并登记"库存商品"总分类账（三栏式）和明细分类账（数量金额式）。

【业务题三】

目的：练习错账更正方法。

资料：腾飞公司 20×1 年 10 月 31 日对账时发现下列错误：

（1）10 月 2 日，开出转账支票预付公司下季度报刊杂志订阅费 600 元，原填制的记账凭证中记录为：

借：管理费用　　　　　　　　　　　　　　　　　　　　　　　　600

　　贷：银行存款　　　　　　　　　　　　　　　　　　　　　　　　600

（2）计提本月生产车间固定资产折旧 2 300 元，原填制的记账凭证中记录为：

借：制造费用　　　　　　　　　　　　　　　　　　　　　　　　2 300

　　贷：累计折旧　　　　　　　　　　　　　　　　　　　　　　　2 300

会计在登账时，"累计折旧"总分类账户贷方登记为 3 200 元。

（3）10 月 25 日，以银行存款支付本月短期借款利息 1 000 元，原填制的记账凭证中记录为：

借：财务费用　　　　　　　　　　　　　　　　　　　　　　　10 000

　　贷：银行存款　　　　　　　　　　　　　　　　　　　　　　10 000

（4）10 月 31 日，开出转账支票支付上月因购买公司行政管理部门办公用电脑所欠款项 4 500 元，原填制的记账凭证中记录为：

借：管理费用　　　　　　　　　　　　　　　　　　　　5 400

　　贷：银行存款　　　　　　　　　　　　　　　　　　　　5 400

（5）10 月 31 日，结转本月完工甲产品的生产成本 65 000 元，原填制的记账凭证中记录为：

借：库存商品　　　　　　　　　　　　　　　　　　　　56 000

　　贷：生产成本　　　　　　　　　　　　　　　　　　　　56 000

要求：

（1）指出上述错误所在与应采用的错账更正方法并更正上述错误记录。

（2）计算上述错误对公司 10 月份营业利润的影响额。

【业务题四】

目的：练习汇总记账凭证、科目汇总表的填制

资料：明星公司 20×1 年 12 月 31 日各总账账户期末余额，如表 7-34 所示。

表 7-34　　　　　　　　　　**总分类账户期末余额**

20×1 年 12 月 31 日　　　　　　　　　　单位:元

会计科目	借方余额	会计科目	贷方余额
库存现金	1 000	累计折旧	60 000
银行存款	900 000	应付职工薪酬	250 000
原材料	189 000	应交税费	135 000
库存商品	320 000	应付股利	100 000
固定资产	750 000	实收资本	1 000 000
		盈余公积	81 400
		利润分配	533 600
合计	2 160 000		2 160 000

明星公司 20×2 年发生的经济业务（部分）填制有关记账凭证（简化格式），如表 7-35 至表 7-37 所示。

表 7-35　　　　**明星公司 20×2 年有关经济业务的收款凭证（简化格式）**

凭证		摘要	借/贷	总账科目	明细科目（略）	金额
种类	号数					
银收	1	取得借款	借 贷	银行存款 短期借款		200 000 200 000
银收	2	销售产品	借 贷	银行存款 主营业务收入 应交税费		1 017 000 900 000 117 000

（续表）

凭证		摘要	借/贷	总账科目	明细科目（略）	金额
种类	号数					
银收	3	预收货款	借 贷	银行存款 预收账款		180 000 180 000
银收	4	收到违约金	借 贷	银行存款 营业外收入		3 300 3 300

表 7-36　　　**明星公司 20×2 年有关经济业务的付款凭证（简化格式）**

凭证		摘要	借/贷	总账科目	明细科目（略）	金额
种类	号数					
银付	1	购买设备	借 贷	固定资产 应交税费 银行存款		100 000 12 350 112 350
银付	2	支付职工薪酬	借 贷	应付职工薪酬 银行存款		250 000 250 000
银付	3	缴纳各项税费	借 贷	应交税费 银行存款		135 000 135 000
银付	4	支付现金股利	借 贷	应付股利 银行存款		100 000 100 000
银付	5	采购材料	借 贷	在途物资 应交税费 银行存款		353 000 45 890 398 890
银付	6	预付货款	借 贷	预付账款 银行存款		160 000 160 000
银付	7	支付运杂费	借 贷	在途物资 银行存款		22 000 22 000
银付	8	支付办公用品费	借 贷	制造费用 管理费用 银行存款		4 000 8 000 12 000
银付	9	支付水电费	借 贷	制造费用 管理费用 银行存款		12 000 4 000 16 000
银付	10	支付业务招待费	借 贷	管理费用 银行存款		13 000 13 000
银付	11	支付广告费	借 贷	销售费用 银行存款		13 734 13 734
银付	12	支付销售产品运杂费	借 贷	销售费用 银行存款		26 000 26 000

（续表）

凭证		摘要	借/贷	总账科目	明细科目（略）	金额
种类	号数					
银付	13	支付公益性捐赠款	借 贷	营业外支出 银行存款		5 000 5 000

表 7-37　　　**明星公司 20×2 年有关经济业务的转账凭证（简化格式）**

凭证		摘要	借/贷	总账科目	明细科目（略）	金额
种类	号数					
转	1	采购材料	借 贷	在途物资 应交税费 预付账款		140 000 18 200 158 200
转	2	结转验收入库材料成本	借 贷	原材料 在途物资		515 000 515 000
转	3	采购材料	借 贷	在途物资 应交税费 应付账款		100 000 13 000 113 000
转	4	销售产品	借 贷	应收账款 主营业务收入 应交税费		169 500 150 000 19 500
转	5	销售产品	借 贷	预收账款 主营业务收入 应交税费		180 800 160 000 20 800
转	6	销售材料	借 贷	应收账款 其他业务收入 应交税费		67 800 60 000 7 800
转	7	计提借款利息	借 贷	财务费用 应付利息		6 000 6 000
转	8	结转发出材料成本	借 贷	生产成本 制造费用 原材料		328 000 30 000 358 000
转	9	分配职工薪酬	借 贷	生产成本 制造费用 管理费用 应付职工薪酬		200 000 20 000 40 000 260 000
转	10	计提固定资产折旧	借 贷	制造费用 管理费用 累计折旧		56 000 14 000 70 000
转	11	结转制造费用	借 贷	生产成本 制造费用		122 000 122 000

（续表）

凭证		摘要	借/贷	总账科目	明细科目（略）	金额
种类	号数					
转	12	结转完工产品生产成本	借 贷	库存商品 生产成本		640 000 640 000
转	13	结转已销售产品成本	借 贷	主营业务成本 库存商品		556 000 556 000
转	14	结转已销售材料成本	借 贷	其他业务成本 原材料		52 000 52 000
转	15	计算城建税、教育费附加	借 贷	税金及附加 应交税费		7 566 7 566
转	16	结转损益（收入）类账户	借 贷	主营业务收入 其他业务收入 营业外收入 本年利润		1 210 000 60 000 3 300 1 273 300
转	17	结转损益（费用）类账户	借 贷	本年利润 主营业务成本 其他业务成本 税金及附加 管理费用 销售费用 财务费用 营业外支出		745 300 556 000 52 000 7 566 79 000 39 734 6 000 5 000
转	18	计算所得税费用	借 贷	所得税费用 应交税费		132 000 132 000
转	19	结转所得税费用	借 贷	本年利润 所得税费用		132 000 132 000
转	20	计提盈余公积	借 贷	利润分配 盈余公积		39 600 39 600
转	21	股东大会决议向投资者分配现金股利	借 贷	利润分配 应付股利		120 000 120 000
转	22	结转净利润	借 贷	本年利润 利润分配		396 000 396 000
转	23	结转利润分配各明细账	借 贷	利润分配 利润分配		159 600 159 600

要求：

（1）根据上述记账凭证（简化格式）填制汇总收款凭证、汇总付款凭证、按原材料、应交税费设置的汇总转账凭证。

（2）根据上述记账凭证（简化格式）编制科目汇总表。

（3）根据科目汇总表登记20×2年总分类账户，并编制20×2年1～12月的试算平衡表。

第八章 财产清查

───学习目的与要求───

　　本章阐述财产清查这种专门的会计核算方法,内容包括财产清查的意义和种类、财产清查的方法以及财产清查结果的处理。通过本章的学习,应当明确财产清查的意义,了解财产清查的种类;熟悉财产清查的方法;掌握财产清查结果的账务处理方法。

 **课前预习题**

1. 为什么要进行财产清查工作? 财产清查有哪些种类?

2. 在财产清查中,对于货币资金、实物资产和往来款项应分别采用哪些清查方法?

3. 对于财产清查的结果如何进行账务处理?

第一节　财产清查的意义、种类与程序

企业应当按规定进行财产清查,以保证会计信息的准确性与可靠性,同时保护财产的安全与完整。

一、财产清查的意义

财产清查,是指通过实地盘点、核对或者查询,确定各项货币资金、实物资产、往来款项的实际结存数,并与账面结存数相核对,查明账实不符的原因并将账面结存数调整为实际结存数,以保证账实相符的一种会计核算方法。

财产清查不仅是会计核算的专门方法,而且也是会计监督中针对财产物资管理的一项重要监督制度。及时、有效地进行财产清查工作,具有如下三个方面的重要意义:

(1) 保证会计核算资料的真实可靠。通过财产清查,确定各项货币资金、实物资产、往来款项的实际结存数,将实际结存数与账面结存数进行核对,确定各项财产的盘盈、盘亏数额,并及时调整账簿记录,做到账实相符,以保证账簿记录的真实、可靠,提高会计信息的质量。

(2) 保护财产物资的安全和完整。通过财产清查,可以查明各项财产物资的储备和保管情况以及各项责任制度的建立和执行情况,揭示各项财经制度和结算纪律的遵守情况;强化财产物资保管人员的责任,确保各项财产物资的安全与完整;促进经办人员自觉遵守财经制度和结算纪律,及时结清往来款项,避免发生坏账损失。

(3) 促进提高资金使用效益。通过财产清查,可以揭示各项财产物资的使用情况,及时发现企业财产物资超储积压、占用不合理等情况,以尽早采取措施进行处理或者利用;揭示往来款项结算情况,督促往来款项的按时结算,及时发现坏账并予以处理;促进企业挖掘各项财产物资的潜力,加速资金周转,提高资金使用效益。

二、财产清查的种类

财产清查按不同的标准可以进行不同的分类,了解和掌握财产清查的种类,有利于财产清查工作的及时、顺利进行。

1. 财产清查按清查的对象和范围分类

财产清查按清查的对象和范围,可分为全面清查与局部清查。

(1) 全面清查。全面清查也称整体清查,是指对企业所有的货币资金、实物资产、往来款项等进行盘点和核对工作。全面清查涉及的内容多,工作量大,范围广,清查费用相应较高,一般在四种情况下进行:一是年终决算编制年度财务报表前,以保证作为财务报表编制依据的账簿记录准确;二是企业主要领导人调离时,以将清查的结果作为离任审计的重要依据;三是企业合并、撤销、分立、改制或者改变隶属关系时,以明确经济责任;四是企业开展全面的资产评估或者清产核资时,以摸清家底。

(2)局部清查。局部清查也称重点清查,是指根据管理的需要对货币资金、实物资产、往来款项等财产中某些重点部分进行盘点和核对工作。局部清查的范围较小,专业性较强,通常对一些流动性强且较为重要的财产进行定期或不定期的清查。例如,对于现金,应当由出纳在每日业务终了时清点核对,做到日清月结;对于银行存款和银行借款,应当由出纳在每月与银行核对一次;对于原材料、在产品、产成品以及在途物资、贵重物品,应当每月清查盘点一次;对于各种往来款项,每年至少要与对方核对 1～2 次,发现问题及时解决,避免坏账损失。实物负责人、保管员易岗交接时,也需要对原材料、库存商品等物资进行盘点核对。

2. 财产清查按清查的时间分类

财产清查按清查的时间,可分为定期清查与不定期清查。

(1)定期清查。定期清查,是指按照预先计划安排的时间对企业的货币资金、实物资产、往来款项等进行盘点和核对工作。一般是在年、季、月度终了后进行,以保证账实相符,财务报表真实可靠。定期清查可以是局部清查,也可以是全面清查。通常情况下,企业在年末进行全面清查,在月末或季末进行局部清查。

(2)不定期清查。不定期清查也称临时清查,是指根据实际需要随时对企业的货币资金、实物资产、往来款项等进行盘点和核对工作。例如,企业更换财产物资保管人员、出纳人员时,要对其保管的财产物资进行清查,以明确经济责任,以便办理交接手续;发生自然灾害或者意外损失时,对受损财产物资进行清查,以查明受损情况;上级主管部门和财政、审计等部门进行会计检查时,按检查要求和范围进行财产清查,以验证会计资料的可靠性与内部控制情况;企业合并、撤销、分立、改制或者改变隶属关系时,进行财产清查,以明确经济责任;进行临时性清产核资时,进行财产清查,以便摸清家底。

定期清查和不定期清查的范围应当视具体情况而定,既可以是全部清查,也可以是局部清查。

3. 财产清查按清查的执行系统分类

财产清查按清查的执行系统,可分为内部清查和外部清查。

(1)内部清查。内部清查,是指由本企业内部自行组织清查工作小组对企业的货币资金、实物资产、往来款项等进行盘点和核对工作。大多数财产清查属于内部清查。

(2)外部清查。外部清查,是指由上级主管部门、审计机关、司法部门、注册会计师等根据国家有关规定或者某种需要对企业的货币资金、实物资产、往来款项等进行盘点和核对工作。一般而言,进行外部清查时,应当有本企业相关人员参加。

三、财产清查的一般程序

财产清查是一项复杂而细致的工作,不仅涉及会计机构,而且涉及财产物资的保管部

门、使用部门以及相关人员。除常规的会计对账工作之外,财产清查一般按如下程序进行:

(1)建立财产清查工作小组。财产清查前应当建立财产清查工作小组,负责财产清查的组织和管理工作。财产清查工作小组的主要职责是,在实施清查以前,组织有关人员学习有关政策法规,掌握财产清查的相关业务知识,制定清查工作方案,进行清查工作安排;在清查过程中,进行监督、检查和指导;在清查结束后,提出相关处理意见。

(2)布置财产清查准备工作。由清查工作小组布置安排清查准备工作。会计机构的准备工作包括将总账、明细账等有关资料登记齐全,核对正确,结出余额;准备好各种表册、银行对账单以及所需要的各种盘点表格等。财产保管部门或使用部门的准备工作包括对所保管的各种财产物资应挂上标签,标明品种、规格、数量等,以备查对;各项财产登记卡或登记册依编号顺序排列;盘点期间收到的各种物料尚未办妥入账手续的,应另行分别存放并予以标示;准备好各种计量器具,并进行提前校验,以保证清查结果的正确性。

(3)实施财产清查工作。清查人员按财产清查工作小组的工作方案和要求进行清查。清查库存现金,应当由出纳人员在场,并编制"库存现金盘点报告表";清查银行存款,应将银行存款日记账和银行对账单核对,对于未达账项应编制"银行存款余额调节表",必要时还应到银行进行查证;清查实物资产,应当有财产物资的保管人员或使用人员在场,并登记"盘存单"和编制"实存账存对比表";清查往来款项,应通过询证、函证进行核实,并填制"往来款项清查表"。

第二节　财产清查的方法

由于货币资金、实物资产和往来款项各有特点与管理要求,在进行财产清查时,应当采用与其特点和管理要求相适应的方法。

一、货币资金的清查

货币资金的清查通常包括对库存现金的清查与对银行存款的清查。

1. **库存现金的清查**

库存现金采用实地盘点的方法进行清查。清查时,首先对库存现金进行实地盘点确定实际结存数,然后与库存现金日记账的账面余额进行核对,检查账实是否相符。

库存现金平时的清查主要包括两种情况:一是由出纳在每日业务终了时对库存现金进行清点核对,做到日清月结;二是在日清月结的基础上,为加强对出纳工作的监督,由会计机构负责人或会计主管人员定期或不定期对库存现金进行清查盘点,以确保库存现金的安全完整。

在进行专项财产清查时,为了明确经济责任,清查库存现金时,出纳人员必须在场,并由出纳人员经手盘点,清查人员进行监盘。对于库存现金的清查,一方面要对现钞逐张查点,确定账实是否相符,一切借条、白条、收据不允许抵充现金;另一方面要检查现金管理制度的执行情况,如通过审核库存现金收付款凭证和账簿记录,检查经济业务的合理性、合法性以及库存现金是否超过限额,有无坐支现金等问题。

库存现金盘点后,应当根据盘点结果编制"库存现金盘点报告表",由出纳人员、监盘人员以及相关负责人共同签章。"库存现金盘点报告表"既具有实物资产清查的"盘存单"的作用,又具有"实存账存对比表"的作用,是调整库存现金日记账账面余额的原始凭证。"库存现金盘点报告表"的格式,如表 8-1 所示。

表 8-1 库存现金盘点报告表

单位名称: 年 月 日

实存金额	账存金额	实存与账存对比结果		备注
		盘盈(长款)	盘亏(短款)	

出纳员(签章): 监盘人(签章): 负责人(签章):

2. 银行存款的清查

银行存款采用与开户银行核对账目的方法进行清查。通常将登记的"银行存款日记账"与开户银行转来的对账单逐笔核对增减数额和同一日期的余额。通过核对,两个方面的原因会造成双方账目不一致:一是双方账目可能发生的错账、漏账;二是未达账项。

对于错账、漏账,属于企业方面的,经确定后应当立即予以更正;属于银行方面的,应当通知银行予以更正。

未达账项,是指企业与银行之间,对同一项收、付款业务由于凭证传递上的时间差所形成的一方已登记入账而另一方因未收到相关凭证尚未登记入账的事项。未达账项通常有两大类型:

(1)银行已经入账而企业尚未入账的款项。具体可分为两种情况:一是银行已收款入账,企业尚未入账款项。例如,外地某单位将款项通过银行转账给企业,银行收到款项后即登记企业存款的增加,而企业由于尚未收到银行的收款通知单尚未入账。此时对账,就会出现银行已收款入账、企业尚未入账的款项。二是银行已付款入账,企业尚未入账款项。例如,银行按期收取企业借款的利息,银行收取利息后即登记企业存款的减少,而企业由于尚未收到银行计付利息通知单尚未登记银行存款的减少。此时对账,就会出现银行已付款入账,企业尚未入账的款项。

(2)企业已经入账而银行尚未入账的款项。具体又可分为两种情况:一是企业已收款入账,银行尚未入账款项。例如,企业销售产品收到支票,送存银行后即根据银行盖章后返回的"记账单"回单联登记银行存款的增加,而银行则要在款项收妥后再入账。此时对账,就会出现企业已收款入账、银行尚未入账的款项。二是企业已付款入账,银行尚未入账款项。例如,企业开出一张支票支付购料款,企业已根据支票存根登记银行存款的减少,而银行由于尚未收到支付款项的凭证尚未入账。此时对账,就会出现企业已付款入账,银行尚未入账的款项。

为了剔除未达账项的影响,企业应当根据核对后发现的未达账项,编制"银行存款余额调节表",据以检查双方账面余额是否相符。"银行存款余额调节表"是以企业与银行双方账面余额为基础进行调节,调节的公式为:

$$\frac{企业银行存款}{日记账余额}+\frac{银行已收款入账}{企业尚未入账款项}-\frac{银行已付款入账}{企业尚未入账款项}=\frac{银行对账单}{企业存款余额}+\frac{企业已收款入账}{银行尚未入账款项}-\frac{企业已付款入账}{银行尚未入账款项}$$

【例 8-1】　大华公司 20×1 年 12 月 31 日的银行存款日记账余额为 87 400 元,银行对账单 20×1 年 12 月 31 日余额为 96 900 元,经逐笔核对,发现有如下四笔未达账项:

(1)公司委托银行代收外地销货款 32 200 元,银行已入账而公司尚未收到收款通知。

(2)银行代公司支付水电费 4 700 元,公司尚未收到付款通知。

(3)公司收到某企业支付购货款金额 26 300 元转账支票一张,公司已入账而银行尚未入账。

(4)公司支付某企业款项开出金额 8 300 元现金支票一张,收到支票的企业尚未到银行办理转账手续。

根据上述资料,编制"银行存款余额调节表",如表 8-2 所示。

表 8-2

银行存款余额调节表

20×1 年 12 月 31 日

单位:元

银行存款日记账	金额	银行对账单	金额
银行存款日记账余额	87 400	银行对账单余额	96 900
加:银行已收款入账,公司尚未入账项	32 200	加:公司已收款入账,银行尚未入账款项	26 300
减:银行已付款入账,公司尚未入账款项	4 700	减:公司已付款入账,银行尚未入账款项	8 300
调节后的余额	114 900	调节后的余额	114 900

从表 8-2 可以看出,表中左、右两方调节后的金额相等,这说明大华公司的银行存款日记账的记账基本正确。否则,说明记账有错误,应该进一步查明原因,予以更正。经过调节后的余额,既不是本企业的银行存款账面余额,也不是银行的本企业银行存款账面余额,但属于企业可以动用的银行存款实有数。

需要注意的是,编制的"银行存款余额调节表"只起对账的作用,不能以"银行存款余额调节表"作为原始凭证来调整银行存款的账面记录,各项未达账项应当在收到实际收付款原始凭证时入账。

银行存款的清查方法也适用于其他货币资金和银行借款。

二、实物资产的清查

实物资产包括固定资产、原材料、在产品、产成品等,实物资产的清查是对这些实物资产在数量和质量上所进行的清查。对实物资产通常采用的清查方法有以下几种：

（1）实地盘点法。实地盘点法是通过点数、过磅、丈量等来确定实物资产实存数量的一种方法。这种方法适用范围较广，大多数实物资产都可以通过这种方法进行清查。

（2）技术推算法。技术推算法是利用技术推算对实物资产的实存数量进行确定的一种方法。这种方法适用于一些散装、成堆或者点数、过磅有困难的实物资产的清查。

（3）抽查盘点法。抽查盘点法是对包装完整、规格统一、内装量大的材料和标准件等的商品或物资按大件清点、抽查细点来确定实存数量的一种方法。这种方法适用于价值较小、数量较多、规格统一的实物资产的清查。

对实物资产的数量进行清查的同时，还应当对实物资产的质量进行鉴定，根据不同的实物资产采用不同的鉴定方法，如物理法、化学法、直接观测法等。

为了明确经济责任，清查时实物保管或使用人员必须在场，并由实物保管或使用人员经手盘点，清查人员进行监盘。对各项实物资产的盘点结果，应登记在"盘存单"上，由保管或使用人员、监盘人员以及相关负责人共同签章。"盘存单"是实物资产盘点结果的书面证明，也是反映实物资产实存数量的原始证据。"盘存单"的一般格式，如表 8-3 所示。

表 8-3　　　　　　　　　　　　　　盘存单

单位（部门）名称：　　　　　　　　盘点时间：

资产类别：　　　　　　　　　　　　存放地点：　　　　　　　　　　编号：

编号	名称	计量单位	实存数量	单价	金额	备注

保管人（签章）：　　　　　　　　监盘人（签章）：　　　　　　　负责人（签章）：

为了进一步查明盘点结果同账面结存余额是否一致，还应当根据"盘存单"和账簿记录编制"实存账存对比表"。"实存账存对比表"是财产清查的重要报告表，是调整账面记录的原始凭证，也是分析盈亏原因、明确经济责任的重要依据，格式一般如表 8-4 所示。

表 8-4　　　　　　　　　　　　　实存账存对比表

单位（部门）名称：　　　　　　年　　月　　日

编号	类别及名称	计量单位	单价	实存		账存		差异				备注
								盘盈		盘亏		
				数量	金额	数量	金额	数量	金额	数量	金额	
合计												

制表（签章）：　　　　　　　　稽核（签章）：　　　　　　　会计机构负责人（签章）：

三、往来款项的清查

往来款项主要包括应收账款、应付账款、预收账款、预付账款以及其他应收款、其他应付款等款项。往来款项的清查一般采用发函询证的方法与对方的账目进行核对。清查前,应先将本企业往来账目核对清楚,确认准确无误后,再向对方填发对账单。对账单应按明细账逐笔填列,一式两联,其中一联作为回单,对方单位如果核对相符,应在回单上盖章后退回;如果核对不相符,应将不符情况在回单上注明或另填对账单退回,作为进一步核对的依据。

"往来款项对账单"的格式和内容,如图 8-1 所示。

往来款项对账单

_____单位:

　　你单位 20×1 年×月×日购入我公司××产品××台,已付款项××××元,尚有××××元货款未付,请核对后将回单联寄回。

核查单位:(盖章)
20×1 年×月×日

请沿此虚线裁开,将以下回单联寄回。

- -

往来款项对账单(回单联)

_____核查单位:

　　你单位寄来的"往来款项对账单"已经收到,经核对

　　相符□

　　不符□,款项内容和金额应为:_____

　　_____

×××单位(盖章)
20×1 年×月×日

图 8-1　往来款项对账单

清查企业在收到对方单位的回单后,据此填制"往来款项清查表",格式如表 8-5 所示。

表 8-5　　　　　　　　　　往来款项清查表

总分类账户名称：　　　　　　　　20×1年×月×日

明细分类账户		清查结果		核对不符的原因分析			备注
名称	账面余额	核对相符金额	核对不符金额	未达账项金额	有争议款项金额	其他	

制表(签章)：　　　　　　　稽核(签章)：　　　　　会计机构负责人：(签章)：

通过往来款项的清查,要及时催收应收回的款项,偿还应支付的款项,对呆账和有争议的款项应及时进行处理。企业应当加强对往来款项的管理,以减少资金的被占用与坏账损失的发生。

第三节　财产清查结果的处理

对于财产清查的结果,应当按规定及时进行会计处理,保证账实相符。

一、财产清查结果的处理要求

通过财产清查发现的账实不符的各种情况,应当按照国家的法律、法规以及有关会计核算规定进行处理,以保证账实相符。对于财产清查结果处理的具体要求为：

(1)分析产生差异的原因和性质,并提出处理意见。对于财产清查中发现的盘盈、盘亏、毁损和变质等情况,应及时查明原因,明确经济责任,并依据有关规定进行处理。对于一些合理的物资溢耗,如果在规定的标准和范围内,会计人员可按规定及时作出处理;如果超出规定的标准和范围,应及时报请有关部门作出处理。一般而言,个人造成的损失,应由个人赔偿;因管理不善造成的损失,应作为管理费用入账;因自然灾害造成的非常损失,列入营业外支出;如相关财产已经向保险公司投保,还应向保险公司索取赔偿。

(2)积极处理多余积压物资,清理往来款项。对于财产清查中发现的多余、积压物资,应分别不同情况进行处理。属于盲目采购或盲目生产等原因造成的积压,一方面要停止采购或生产;另一方面要积极利用或改造出售。往来款项与对方单位核对确认后,对于超出结算时限的应采取措施予以清理,长期欠账的应由专人重点催收;对于出现争议的账目应尽快查明原因,以减少坏账的发生。

(3)总结经验教训,建立健全各项管理制度。财产清查后,要针对存在的问题和不足,总结经验和教训,建立健全财产物资管理制度,进一步提高财产物资管理水平。

(4)及时调整账簿记录,保证账实相符。对于财产清查中发现的盘盈或盘亏,应当根据清查中取得的原始凭证填制记账凭证,及时调整账面记录,使各种财产物资的账面结存数与实际结存数相一致,并按管理权限报请批准后,在结账前完成对待处理财产损溢的处理。

二、财产清查结果的处理程序

对于财产清查的结果通常应当按如下程序进行处理:

(1) 核实清查结果,查明原因。财产清查的结果通常填列在"库存现金盘点报告表"和"实存账存对比表"等有关清查表中。在进行有关的处理之前,应当对这些原始凭证中所记录的货币资金、实物资产的盈亏数字进行全面的核实,并对各项差异产生的原因进行分析,以明确经济责任。针对不同原因所造成的盈亏结果提出处理意见,并按管理权限呈报有关部门批准。

(2) 调整账簿记录,实现账实相符。在核实结果、查明原因的基础上,根据"库存现金盘点报告表"和"实存账存对比表"等原始凭证填制记账凭证,登记入账,调整各项货币资金、实物资产、往来款项的账面结存数,使之与实际结存数相符。调整的原则是以"实存"为准,当盘盈时,调增账面记录;当盘亏时,调减账面记录。然后将所编制的"库存现金盘点报告表"和"实存账存对比表"以及清查报告按管理权限一并报送有关部门批准。

(3) 报请批准,并对批准结果进行相应的账务处理。所呈报的"库存现金盘点报告表"和"实存账存对比表"以及清查报告获得有关部门审批后,应当按照批复意见填制有关记账凭证,进行批准后的账务处理。

三、财产清查结果的会计处理

1. 账户设置

为了反映财产清查的结果及其处理情况,企业应设置"待处理财产损溢"这一暂记账户(账户结构见图 4-30)。通常,在"待处理财产损溢"总账账户下,设置"待处理流动资产损溢"和"待处理固定资产损溢"两个明细账户,对固定资产和流动资产的盘盈、盘亏或毁损及其处理情况进行明细分类核算。对于财产清查发现的各种财产损溢,应当查明原因,并按管理权限与规定的程序报批后,在期末结账前处理完毕,因此,期末"待处理财产损溢"账户通常无余额。

需要注意的是,清查过程中发现的货币资金、流动资产的盘盈或盘亏以及固定资产盘亏或毁损的结果通过"待处理财产损溢"账户进行暂记核算,发现的固定资产盘盈以及往来款项的清查结果则不通过这一账户核算。

2. 库存现金清查结果的账务处理

库存现金清查中,发现现金盘盈或盘亏时,应当根据"库存现金盘点报告表"及时进行账务处理,调整账簿记录,同时查明盘盈或盘亏的原因,报经批准后按批准的处理意见再进行账务处理。

对于库存现金盘盈，应按盘盈的金额，借记"库存现金"账户，贷记"待处理财产损溢——待处理流动资产损溢"账户。查明原因并报经批准后，按盘盈的金额，借记"待处理财产损溢——待处理流动资产损溢"账户；按需要支付或退还的金额，贷记"其他应付款"账户；按无法查明原因的金额，贷记"营业外收入"账户。

【例 8-2】 大华公司 20×1 年 12 月 31 日在财产清查中盘盈现金 525 元。根据"库存现金盘点报告表"编制如下会计分录：

借：库存现金	525
贷：待处理财产损溢——待处理流动资产损溢	525

经核查，其中 500 元属于应支付给客户单位盛隆公司的押金，剩余盘盈现金无法查明原因应转作营业外收入处理。报经批准后编制如下会计分录：

借：待处理财产损溢——待处理流动资产损溢	525
贷：其他应付款——盛隆公司	500
营业外收入	25

对于库存现金盘亏，应按盘亏的金额，借记"待处理财产损溢——待处理流动资产损溢"账户，贷记"库存现金"账户。查明原因并报经批准后，按可收回的保险赔偿或过失人的金额，借记"其他应收款"；按无法查明原因等管理不善造成的净损失金额，借记"管理费用"账户；按自然灾害等原因造成净损失的金额，借记"营业外支出"账户；按盘亏的金额，贷记"待处理财产损溢——待处理流动资产损溢"账户。

【例 8-3】 蓝天公司 20×2 年 12 月 31 日在财产清查中发现库存现金短缺 150 元。根据"库存现金盘点报告表"编制如下会计分录：

借：待处理财产损溢——待处理流动资产损溢	150
贷：库存现金	150

经核查，短款中 50 元属于出纳员支付过失造成，100 元无法查明原因。报经批准后编制如下会计分录：

借：其他应收款——××出纳员	50
管理费用	100
贷：待处理财产损溢——待处理流动资产损溢	150

3. 存货清查结果的账务处理

存货清查中，发现存货盘盈或盘亏、毁损时，应当根据"实存账存对比表"及时进行账务处理，调整账簿记录，同时查明盘盈或盘亏、毁损的原因，报经批准后按批准的处理意见再进行账务处理。

对于原材料、产成品等存货盘盈，应按盘盈的金额，借记"原材料""库存商品"等账户，贷记"待处理财产损溢——待处理流动资产损溢"账户。查明原因并报经批准后，应按盘盈的金额,借记"待处理财产损溢——待处理流动资产损溢"账户;按计量器具等管理原因造成盘盈的金额,贷记"管理费用"账户;按查不出原因盘盈的金额,贷记"营业外收入"账户。

【例 8-4】 大华公司在 20×1 年年末的财产清查中盘盈 A 材料 80 千克,每千克成本 20 元,共计 1 600 元。根据"实存账存对比表"所确定的盘盈数量及金额,编制如下会计分录:

借:原材料——A 材料 　　　　　　　　　　　　　　　　　　　　　　1 600
　　贷:待处理财产损溢——待处理流动资产损溢 　　　　　　　　　　　　　1 600

经查验属于计量器具原因造成,应冲减管理费用,报经批准后编制如下会计分录:

借:待处理财产损溢——待处理流动资产损溢 　　　　　　　　　　　　　1 600
　　贷:管理费用 　　　　　　　　　　　　　　　　　　　　　　　　　1 600

对于原材料、产成品等存货盘亏、毁损,按盘亏、毁损的金额,借记"待处理财产损溢——待处理流动资产损溢"账户,贷记"原材料""库存商品"等账户。待查明原因并报经批准后,按可收回的保险赔偿或过失人的金额,借记"其他应收款"账户;按定额内的自然损耗或者无法查明原因等管理不善造成的净损失金额,借记"管理费用"账户;按自然灾害等原因造成净损失的金额,借记"营业外支出"账户;按盘亏、毁损的金额,贷记"待处理财产损溢——待处理流动资产损溢"账户。

【例 8-5】 大华公司在 20×1 年年末的财产清查中盘亏 B 种材料 20 千克,每千克成本 100 元,共计 2 000 元。根据"实存账存对比表"所确定的盘亏数量及金额,编制如下会计分录:

借:待处理财产损溢——待处理流动资产损溢 　　　　　　　　　　　　　2 000
　　贷:原材料 　　　　　　　　　　　　　　　　　　　　　　　　　2 000

经核查,盘亏 B 材料中 5 千克属于定额内的自然损耗,15 千克属于保管人员保管不善造成而应追究保管人责任。报经批准后编制如下会计分录:

借:管理费用 　　　　　　　　　　　　　　　　　　　　　　　　　　500
　　其他应收款——××保管员 　　　　　　　　　　　　　　　　　　1 500
　　贷:待处理财产损溢——待处理流动资产损溢 　　　　　　　　　　　　2 000

4. 固定资产清查结果的账务处理

固定资产清查中,发现固定资产盘盈或盘亏、毁损时,应根据"实存账存对比表"及时进行账务处理,调整账簿记录。对于固定资产盘盈,不通过"待处理财产损溢"账户进行处理,并涉及纳税调整;对于固定资产盘亏、毁损,应查明原因,报经批准后按批准的处理意见再进行账务处理。

对于盘盈的固定资产,作为前期差错,通过"以前年度损益调整"账户进行账务处理。"以前年度损益调整"账户用于核算企业本年度发生的调整以前年度损益的事项,以及本年度发现的重要前期差错更正涉及调整以前年度损益的事项。盘盈固定资产时,通常按重置成本作为入账价值,借记"固定资产"账户,贷记"以前年度损益调整"账户。在对盘盈固定资产作为前期差错处理的同时,按应交纳的所得税,借记"以前年度损益调整"账户,贷记"应交税费——应交所得税"账户。将"以前年度损益调整"账户的差额结转到留存收益账户时,借记"以前年度损益调整"账户,贷记"利润分配——未分配利润"账户和"盈余公积"账户。涉及增值税的,还应按相关规定处理。

【例 8-6】 大华公司在 20×1 年年末在财产清查中发现账外设备一台,确定重置成本为 80 000 元。根据"实存账存对比表"所确定的盘盈数量及金额,编制如下会计分录:

借:固定资产	80 000
贷:以前年度损益调整	80 000

假设公司所得税税率为 25%,按净利润的 10% 计提法定公积金,不考虑增值税及其他因素的影响。计算调整应缴纳的所得税,编制如下会计分录:

借:以前年度损益调整	20 000
贷:应交税费——应交所得税	20 000

调整留存收益,编制如下会计分录:

借:以前年度损益调整	60 000
贷:利润分配——未分配利润	54 000
盈余公积	6 000

对于固定资产的盘亏、毁损,按固定资产的账面原始价值,贷记"固定资产"账户,按账面已提折旧,借记"累计折旧"账户,按两者的差额,借记"待处理财产损溢——待处理固定资产损溢"账户。待查明原因并报经批准后,按能够收回的残料或净残值,借记"原材料""银行存款"等账户;按可收回的保险赔偿或过失人的金额,借记"其他应收款"等账户;按自然灾害等原因造成净损失的金额,借记"营业外支出"账户;按实际盘亏、毁损的损失金额,贷记"待处理财产损溢——待处理固定资产损溢"账户。

【例 8-7】 大华公司在 20×1 年年末的财产清查中盘亏便携式电脑一台,账面原值 12 000 元,已提折旧 7 200 元。根据"实存账存对比表"所确定的盘亏数量及金额,编制如下会计分录:

借:待处理财产损溢——待处理固定资产损溢	4 800
累计折旧	7 200
贷:固定资产	12 000

经核查,该便携式电脑是因使用人保管不当而遗失,应由使用人赔偿。报经批准后编制如下会计分录:

借：其他应收款——××使用人员　　　　　　　　　　　　　　　　　　4 800

　　贷：待处理财产损溢——待处理固定资产损溢　　　　　　　　　　　　　4 800

5. 往来款项清查结果的账务处理

财产清查过程中发现的确实无法收回的应收款项,不通过"待处理财产损溢"账户核算,而是在原账面记录的基础上,按规定程序报经批准后直接处理。

无法收回的应收款项称为坏账,由于发生坏账而造成的损失称为坏账损失。对于坏账损失通常采用备抵法核算,根据应收款项的预期信用风险计提坏账准备,借记"信用减值损失"账户,贷记"坏账准备"账户。当实际发生坏账时,借记"坏账准备"账户,贷记"应收账款""其他应收款"等账户。

【例 8-8】　大华公司 20×1 年年末应收账款余额为 1 000 000 元,坏账准备账户无余额,根据应收账款的预期信用风险按应收账款余额的 5‰计提坏账准备;20×2 年发生坏账 4 000 元,年末应收账款余额为 1 100 000 元,根据应收账款的预期信用风险仍按应收账款余额的 5‰计提坏账准备;20×3 年通过银行收回上年已转销的坏账 1 000 元,发生坏账 7 000 元,年末应收账款余额为 1 000 000 元,根据应收账款的预期信用风险依然按应收账款余额的 5‰计提坏账准备。

20×1 年年末计提坏账准备 5 000 元(1 000 000×5‰),编制如下会计分录:

借：信用减值损失——计提的坏账准备　　　　　　　　　　　　　　　　5 000

　　贷：坏账准备　　　　　　　　　　　　　　　　　　　　　　　　　　5 000

计提坏账准备后,"坏账准备"账户年末为贷方余额 5 000 元。

20×2 年发生坏账 4 000 元,编制如下会计分录:

借：坏账准备　　　　　　　　　　　　　　　　　　　　　　　　　　　4 000

　　贷：应收账款　　　　　　　　　　　　　　　　　　　　　　　　　　4 000

发生这笔坏账后,"坏账准备"账户为贷方余额 1 000 元。

20×2 年年末应计提坏账准备 5 500 元(1 100 000×5‰),因计提坏账准备前"坏账准备"账户已有贷方余额 1 000 元,为此,尚需计提坏账准备 4 500 元,编制如下会计分录:

借：信用减值损失——计提的坏账准备　　　　　　　　　　　　　　　　4 500

　　贷：坏账准备　　　　　　　　　　　　　　　　　　　　　　　　　　4 500

计提坏账准备后,"坏账准备"账户年末为贷方余额 5 500 元。

20×3 年收回已转销的坏账 1 000 元,编制如下会计分录:

借：应收账款　　　　　　　　　　　　　　　　　　　　　　　　　　　1 000

　　贷：坏账准备　　　　　　　　　　　　　　　　　　　　　　　　　　1 000

借：银行存款　　　　　　　　　　　　　　　　　　　　　　　　　　　1 000

　　贷：应收账款　　　　　　　　　　　　　　　　　　　　　　　　　　1 000

收回这笔已转销的坏账后,"坏账准备"账户为贷方余额 6 500 元。

20×3 年发生坏账 7 000 元,编制如下会计分录:

借:坏账准备 　　　　　　　　　　　　　　　　　　　　　　　　　7 000

　　贷:应收账款 　　　　　　　　　　　　　　　　　　　　　　　　　7 000

发生这笔坏账后,"坏账准备"账户为借方余额 500 元。

20×3 年年末应计提坏账准备 5 000 元(1 000 000×5‰),因计提坏账准备前"坏账准备"账户为借方余额 500 元,为此,尚需计提坏账准备 5 500 元,编制如下会计分录:

借:信用减值损失——计提的坏账准备 　　　　　　　　　　　　　　5 500

　　贷:坏账准备 　　　　　　　　　　　　　　　　　　　　　　　　　5 500

计提坏账准备后,"坏账准备"账户年末为贷方余额 5 000 元。

对于债权单位撤销等原因造成应付而无法支付的款项,报经批准后应予以转销。无法支付的款项在批准前不作处理,按规定程序报经批准转销,将应付账款直接作为营业外收入处理。

【例 8-9】　大华公司在财产清查中发现,供货单位正达公司已被撤销,应付货款 12 000 元无法支付。报经批准予以转销时,编制如下会计分录:

借:应付账款——正达公司 　　　　　　　　　　　　　　　　　　12 000

　　贷:营业外收入 　　　　　　　　　　　　　　　　　　　　　　　12 000

本章要点概览

1. 财产清查是通过实地盘点、核对或者查询,确定各项货币资金、实物资产、往来款项的实际结存数,并与账面结存数相核对,查明账实不符的原因并将账面结存数调整为实际结存数,以保证账实相符的一种会计核算方法。财产清查不仅是会计核算的专门方法,而且也是会计监督中针对财产物资管理的一项重要监督制度。

2. 财产清查按清查的对象和范围,可分为全面清查与局部清查;按清查的时间,可分为定期清查与不定期清查;按清查的执行系统,可分为内部清查和外部清查。

3. 库存现金采用实地盘点的方法进行清查,银行存款采用与开户银行核对账目的方法进行清查,固定资产、原材料、在产品、产成品等实物资产采用实地盘点、技术推算与抽查盘点等方法进行清查,往来款项采用发函询证与对方的账目进行核对的方法进行清查。

4. 对于财产清查的结果,首先应当核实清查结果,查明原因;然后调整账簿记录,实现账实相符;最后报请批准,并对批准结果进行相应的账务处理。

5. 账簿调整过程通常分两步进行。首先,通过"待处理财产损溢"账户对账存数和实存数之间的差异进行调整,使账实相符;然后,报经批准后,根据差异产生的原因将"待处理财产损溢"所反映的账存数和实存数之间的差异分别转入相应的账户。

主要术语

1. 财产清查
2. 全面清查
3. 局部清查
4. 定期清查
5. 不定期清查
6. 内部清查
7. 外部清查
8. 库存现金盘点报告表
9. 银行存款余额调节表
10. 未达账项
11. 实地盘点法
12. 技术推算法
13. 抽查盘点法
14. 盘存表
15. 实存账存对比表

阅 读 文 献

1. 张捷,刘英明.基础会计(第九章财产清查)[M].北京:中国人民大学出版社,2021.

2. 陈国辉,迟旭升.基础会计(第十章财产清查)[M].大连:东北财经大学出版社,2024.

3. 张蕊.会计学原理(第七章财产清查)[M].北京:中国财政经济出版社,2019.

复 习 思 考 题

1. 什么是财产清查? 进行财产清查有何意义?

2. 在进行财产清查前,应做好哪些准备工作?

3. 针对不同的财产物资,应采用什么样的清查方法?

4. 什么是未达账项? 未达账项有哪几种情况?

5. 如果财产清查的结果是账面结存数与实际结存数有差异,应如何进行账务处理?

练 习 题

一、单项选择题(在每小题的备选答案中,选出一个最为切合题意的答案)

1. 下列各类财产清查中,属于企业合并、撤销、分立、改制或者改变隶属关系时进行的通常是( )。

　　A. 定期清查　　　　　　　　　　　　B. 全面清查

　　C. 外部清查　　　　　　　　　　　　D. 局部清查

2. 下列各类财产清查中,属于上级主管部门、审计机关等对本企业所进行的通常是( )。

　　A. 全面清查　　　　　　　　　　　　B. 定期清查

　　C. 内部清查　　　　　　　　　　　　D. 外部清查

3. 下列各类单表中,属于对现金清查结果及时填列的是( )。

　　A. 盘存单　　　　　　　　　　　　　B. 实存账存对比表

　　C. 库存现金盘点报告表　　　　　　　D. 对账单

4. 下列各项中,属于对银行存款清查采用的方法的是( )。

    A. 日记账与总分类账核对　　　　　　　　B. 日记账与收付款凭证核对

    C. 日记账与银行对账单核对　　　　　　　　D. 银行存款明细账与总账核对

5. 下列各项中,属于在记账无误的情况下造成银行存款日记账和银行对账单不一致的原因的是(　　)。

    A. 应付款项　　　　　　　　　　　　　　　B. 应收款项

    C. 未达账项　　　　　　　　　　　　　　　D. 外埠存款

6. 下列各项中,属于对往来款项清查采用的方法的是(　　)。

    A. 实地盘点法　　　　　　　　　　　　　　B. 发函询证法

    C. 技术推算法　　　　　　　　　　　　　　D. 抽查法

7. "实存账存对比表"是调整账面记录的(　　)。

    A. 记账凭证　　　　　　　　　　　　　　　B. 转账凭证

    C. 原始凭证　　　　　　　　　　　　　　　D. 累计凭证

8. "待处理财产损溢"账户未转销的贷方余额表示(　　)。

    A. 财产物资盘盈数　　　　　　　　　　　　B. 财产物资盘亏数

    C. 转销的财产物资盘亏数　　　　　　　　　D. 转销的财产物资盘盈数

9. 对于原材料、产成品等存货盘亏,属于定额内的自然损耗,报经批准后,应借记(　　)账户,贷记"待处理财产损溢——待处理流动资产损溢"账户。

    A. "其他应收款"　　　　　　　　　　　　　B. "营业外支出"

    C. "管理费用"　　　　　　　　　　　　　　D. "原材料"

10. 对于固定资产的盘亏、毁损,属于自然灾害等原因造成的,报经批准后,应借记(　　)账户,贷记"待处理财产损溢——待处理固定资产损溢"账户。

    A. "其他应收款"　　　　　　　　　　　　　B. "营业外支出"

    C. "管理费用"　　　　　　　　　　　　　　D. "固定资产"

二、多项选择题(在每小题的备选答案中,选出两个或两个以上切合题意的答案)

1. 下列各项中,属于需要进行全面清查的有(　　)。

    A. 年终决算编制年度财务报表前进行的财产清查

    B. 实物负责人、保管员易岗交接时进行的财产清查

    C. 企业主要领导人调离时进行的财产清查

    D. 企业合并、撤销、分立、改制或者改变隶属关系时的财产清查

    E. 企业开展全面的资产评估或者清产核资时的财产清查

2. 下列各项中,属于不定期清查的有(　　)。

    A. 企业更换财产物资保管人员、出纳人员时进行的财产清查

    B. 发生自然灾害或者意外损失时进行的财产清查

    C. 上级主管部门和财政、审计等部门进行会计检查时的财产清查

    D. 年终决算编制年度财务报表前进行的财产清查

    E. 企业合并、撤销、分立、改制或者改变隶属关系时的财产清查

3. 下列各项中,属于财产物资盘存制度的有(　　)。

    A. 收付实现制　　　　　　　　　　B. 权责发生制

    C. 永续盘存制　　　　　　　　　　D. 实地盘存制

    E. 岗位责任制

4. 下列各项中,属于采用实地盘点法进行清查的有( )。

    A. 固定资产　　　　　　　　　　　B. 库存商品

    C. 银行存款　　　　　　　　　　　D. 往来款项

    E. 库存现金

5. 下列各项中,属于适用核对账目方法的有( )。

    A. 固定资产的清查　　　　　　　　B. 库存现金的清查

    C. 银行存款的清查　　　　　　　　D. 短期借款的清查

    E. 预付账款的清查

6. 下列关于"银行存款余额调节表"用途或作用的表述中,正确的有( )。

    A. 调整账簿记录的原始凭证

    B. 盘存单的表现形式

    C. 只起对账作用

    D. 用于检查企业与银行双方银行存款账面余额是否相符

    E. 调整账面记录的记账凭证

7. 下列各项中,属于造成账实不符主要原因的有( )。

    A. 财产物资的自然损耗、收发计量错误　　B. 会计账簿漏记、重记、错记

    C. 财产物资的毁损　　　　　　　　D. 未达账项

    E. 财产物资的被盗

8. 下列表单中,可以作为原始凭证进行账务处理的有( )。

    A. 实存账存对比表　　　　　　　　B. 盘存单

    C. 现金盘点报告表　　　　　　　　D. 银行存款余额调节表

    E. 往来款项清查表

9. 对于盘盈的财产物资,报经批准后进行账务处理,可能涉及的贷方账户有( )。

    A. "管理费用"　　　　　　　　　　B. "营业外支出"

    C. "营业外收入"　　　　　　　　　D. "其他应付款"

    E. "待处理财产损溢"

10. 对于盘亏的财产物资,报经批准后进行账务处理,可能涉及的借方账户有( )。

    A. "管理费用"　　　　　　　　　　B. "营业外支出"

    C. "营业外收入"　　　　　　　　　D. "其他应收款"

    E. "待处理财产损溢"

三、判断题(认为正确的在题目前面括号内打"√",认为错误的在题目前面括号内打"×")

1. ( )财产清查的意义在于保证会计核算资料的真实可靠,保护财产的安全和完整,促进提高资金使用效益。

2. ( )定期清查可以是全面清查,也可以是局部清查。

3. (　　)在企业撤销或合并时,要对企业的部分财产进行重点清查。

4. (　　)现金清查时,出纳人员必须在场。

5. (　　)未达账项是指企业与银行之间由于记账的时间不一致,而发生的一方已登记入账,另一方漏记入账的账目。

6. (　　)银行存款余额调节表既起到对账作用,又可以作为调节银行存款日记账账面余额的凭证。

7. (　　)不论采用何种盘存制度,平时账面上都应当反映存货的增减变动及结存情况。

8. (　　)为了核算在财产清查中发现的盘盈、盘亏或毁损在查明原因之前暂时运用以保证账实相符,在查明原因报经批准后予以转销的事项,企业应设置"待处理财产损溢"账户,这一账户属于负债性质账户。

9. (　　)对于财产清查的结果,报经批准后应当根据"库存现金盘点报告表""实存账存对比表"等原始凭证填制记账凭证,登记入账,调整各项实物资产、货币资金、往来款项的账面结存数,使之与实际结存数相符。

10. (　　)对因债权人特殊原因,确定无法支付的应付账款,应记入"营业外收入"账户。

四、业务题

【业务题一】

目的:练习银行存款余额调节表的编制。

资料:大华公司 20×1 年 9 月 30 日银行存款日记账余额为 124 950 元,银行对账单的余额为 129 880 元。经核对,发现有下列未达账项:

(1)公司销售产品收到某企业开出的一张金额为 11 200 元的转账支票并存入银行,公司已入账,银行尚未入账。

(2)通过银行支付水电费 1 200 元,银行已入账,公司尚未收到银行付款通知单。

(3)公司购买 A 材料向某企业开出一张金额为 9 100 元的转账支票,公司已入账,银行尚未入账。

(4)通过银行代收销售产品货款 7 810 元,银行已入账,公司尚未收到银行收款通知单。

(5)银行支付给公司本月存款利息 420 元,银行已入账,公司尚未收到银行利息收入通知单。

要求:根据以上未达账项,编制公司 20×1 年 9 月 30 日的银行存款余额调节表,并指出公司可动用的银行存款数额为多少。

【业务题二】

目的:练习存货盘存制度的应用。

资料:大华企业 20×1 年 9 月 1 日 A 材料期初结存 800 千克,单价 30 元。本月发生下列材料的收发业务:

(1)3 日,生产甲产品领用 A 材料 600 千克。

(2)5 日,购入 A 材料 1 000 千克,单价 28 元。

(3)10 日,生产甲产品领用 A 材料 1 000 千克。

(4)12 日,购入 A 材料 1 500 千克,单价 26 元。

(5)22 日,生产甲产品领用 A 材料 900 千克。

(6)25 日,购入 A 材料 700 千克,单价 28 元。

(7)30 日,实地盘点甲材料库存 1 480 千克。

要求：

（1）假设该企业采用永续盘存制，并采用先进先出法计价，根据上述资料计算 A 材料的月末账面结存量与结存额，并对实地盘点的结果与账面结存差异作出相应的账务处理。

（2）假设该企业采用实地盘存制，并采用加权平均法计价，根据上述资料计算 A 材料本月的领用量与领用额，对于本月领用 A 材料作出相应的账务处理。

（3）比较两种盘存制度的异同及优缺点。

【业务题三】

目的：练习财产清查的会计处理。

资料：大华企业 20×1 年 12 月 31 日在财产清查中，发现下列情况：

（1）缺失打印复印一体机一台，原价 6 000 元，已提折旧 2 400 元。

（2）M 材料账面结存 300 千克，单价 20 元，实地盘点为 292 千克；N 材料账面结存 450 千克，单价 15 元，实地盘点为 460 千克；库存现金短缺 55 元。

（3）报经批准，上述盘亏的固定资产，列为营业外支出；M 材料盘亏系材料收发过程中计量误差所致，列作管理费用，N 材料盘盈作冲减管理费用处理；短缺现金责成过失人赔偿。

要求：根据以上资料，编制会计分录。

第九章 财务报表

─────学习目的与要求─────

　　本章阐述企业的财务报表,内容主要包括财务报表的构成与列报的基本要求、资产负债表、利润表、现金流量表、所有者权益变动表以及附注。通过本章的学习,应当了解财务报表的构成,明确财务报表列报的基本要求;掌握资产负债表与利润表的作用、结构以及编制方法;掌握现金流量表、所有者权益变动表的作用、结构以及编制原理;熟悉财务报表附注的要求与主要内容。

 **课前预习题**

1. 财务会计信息通过什么方式提供? 有何要求?

2. 通过什么报表可以了解一家企业的财务状况? 这一报表的信息是如何生成的?

3. 通过什么报表可以了解一家企业的经营成果? 这一报表的信息是如何生成的?

4. 企业为什么要编制现金流量表? 这一报表的信息是如何生成的?

5. 企业为什么要编制所有者权益变动表? 这一报表的信息是如何生成的?

6. 财务报表为什么需要附注?

第一节　财务报表的构成与列报要求

财务报表是对企业财务状况、经营成果和现金流量的结构性表述。财务报表以企业日常的会计核算资料为依据进行编制，是企业对外提供会计信息的主要载体。

一、财务报表的构成及种类

财务报表是以企业日常的会计核算资料为依据，以表格及附注形式进行编制，用于反映企业某一特定日期的财务状况和某一会计期间经营成果、现金流量等会计信息。企业对外提供的财务报表至少应当包括资产负债表、利润表、现金流量表、所有者权益（或股东权益）变动表以及附注等组成部分，这些组成部分具有同等的重要程度。

财务报表可以按照不同的标准进行不同的分类。

（1）财务报表按编报的期间，可以分为中期财务报表和年度财务报表。中期财务报表是以短于一个完整会计年度的报告期间为基础编制的财务报表，如月报、季报和半年报等；年度财务报表是以会计年度为基础编制的财务报表。

（2）财务报表按编报的主体，可以分为个别财务报表和合并财务报表。个别财务报表是由企业在自身会计核算基础上对账簿记录进行加工编制的，用以反映企业自身财务状况、经营成果和现金流量的财务报表；合并财务报表是以母公司和子公司组成的企业集团为会计主体，根据母公司和所属子公司的财务报表，由母公司编制的综合反映企业集团财务状况、经营成果以及现金流量的财务报表。

（3）财务报表按反映资金运动的形态，可以分为静态财务报表和动态财务报表。静态财务报表是反映企业资金运动处于某一相对静止状态的财务报表，如反映企业某一特定日期财务状况的资产负债表；动态财务报表是反映企业资金运动状况的财务报表，如反映企业一定期间经营成果的利润表、反映企业一定期间现金流量情况的现金流量表。

（4）财务报表按报表的使用者，可以分为对外财务报表和对内财务报表。对外财务报表是企业根据外部使用者的需要编报的财务报表，如向投资者、债权人、财税以及其他监管部门等报送或者向社会公布的资产负债表、利润表、现金流量表和所有者权益变动表等，一般按统一规定进行编报；对内财务报表是企业根据内部经营管理的需要，供内部管理人员使用而编制的财务报表，如企业编制的成本费用报表等，一般按企业自身的管理需要进行编报。

二、财务报表列报的基本要求

财务报表列报，是指企业发生的交易或者事项在财务报表中的列示和在附注中的披

露。由于企业对外提供的会计信息所具有的公共产品属性,企业对外报送的财务报表的列报也就应当符合如下基本要求:

(1)依据各项会计准则对发生的交易或者事项进行会计确认和计量的结果编制财务报表。企业应当遵循会计准则的规定对实际发生的交易或者事项进行会计确认和计量,并在此基础上编制财务报表。

(2)以持续经营作为列报基础。持续经营是企业会计核算的基本前提,是会计确认、计量以及编制财务报表的基础。在进行财务报表编制的过程中,应当对企业持续经营的能力进行评价。如果企业处于非持续经营状态时,应当采用其他基础编制财务报表。

(3)采用权责发生制会计基础。除现金流量表按照收付实现制编制外,企业应当按照权责发生制编制资产负债表、利润表与所有者权益(或股东权益)变动表。

(4)保持列报的一致性。财务报表项目的列报,包括项目名称、项目的分类与排列顺序等应当在各个会计期间保持一致,不得随意变更。

(5)依据重要性原则单独或汇总列报项目。在进行重要性判断时,应当根据企业所处的具体环境,从项目的性质和金额两方面予以判断。性质或功能不同的项目,一般应当在财务报表中单独列报,但是不具有重要性的项目可以汇总列报;性质或功能类似的项目,一般可以汇总列报,但是对具有重要性的类别应当单独列报;项目单独列报的原则不仅适用于报表,还适用于附注;无论是财务报表列报准则规定单独列报的项目,还是其他会计准则规定单独列报的项目,都应予以单独列报。

(6)财务报表项目之间的金额不得相互抵销。财务报表项目应当以总额列报,资产和负债、收入和费用、直接计入当期利润的利得和损失项目的金额不能相互抵销,即不得以净额列报,但会计准则另有规定的除外。以下三种情况不属于抵销,可以以净额列示:一是一组类似交易形成的利得和损失以净额列示的,但是如果相关利得和损失具有重要性则应当单独列报;二是资产或负债项目按扣除备抵项目后的净额列示的;三是非日常活动产生的利得和损失,以同一交易形成的收益扣减相关费用后的净额列示更能反映交易实质的。

(7)列报比较信息。企业在列报当期财务报表时,至少应当提供所有列报项目上一可比会计期间的比较数据,以及与理解当期财务报表相关的说明。在财务报表项目的列报确需发生变更的情况下,企业应当至少对可比期间的数据按照当期列报要求进行调整,并在附注中披露调整的原因和性质,以及调整的各项目金额。

(8)在财务报表的表头标明报表名称、编报单位等重要信息。财务报表一般分为表头、表体两部分,其中,在表头部分企业应当标明报表的一些基本信息,包括编报企业的名称;对于资产负债表而言的资产负债表日,对于利润表、现金流量表、所有者权益变动表而言的报表涵盖的会计期间;货币名称及其单位。财务报表是合并财务报表的,应当予以标明。

(9)至少按年编制财务报表。企业至少应当编制年度财务报表。在编制年度财务报表时,可能存在年度财务报表涵盖的期间短于1年的情况,如企业在年度中间开始设立等。在这种情况下,企业应当披露年度财务报表的实际涵盖期间及其短于 1 年的原因,并应当说明由此引起财务报表项目与比较数据不具可比性这一事实。

第二节　资产负债表

资产负债表是反映企业在某一特定日期财务状况的财务报表,提供企业在某一特定日期所拥有或者控制的经济资源、所承担的现时义务和所有者对净资产的要求权信息。

一、资产负债表的作用与结构

1. 资产负债表的作用

资产负债表作为反映企业财务状况的财务报表,对于使用者具有如下几个方面的作用:

(1) 提供了企业拥有并可利用的经济资源,即资产总额、资产的结构和分布情况信息,据此可以进一步分析企业资产结构的合理性和资产的流动性。

(2) 提供了企业资产的资金来源,即债权人提供的负债资金、所有者的投资、实现利润所形成的积累情况信息,据此可以进一步分析企业融资结构的合理性和运用财务杠杆的适当性。

(3) 提供了企业所承担的现时义务,即负债总额、负债的结构和分布情况信息,据此可以进一步分析企业负债结构的合理性和清偿债务的时限性。

(4) 提供了企业所有者所拥有的权益及其构成信息,据此可以进一步分析企业所有者投入资本的保值、增值情况以及对负债的保障程度。

此外,资产负债表还提供了进行财务分析或者评价的基本资料。例如,通过流动负债与流动资产或者速动资产的对比,可以评价企业的短期偿债能力;通过负债与资产的对比,可以评价企业的长期偿债能力;通过利润表列报的营业成本与存货的对比,可以评价企业存货的周转速度;通过利润表列报的相关利润与资产的对比,可以评价企业的资产收益水平,等等,有助于报表使用者的决策。

2. 资产负债表的结构

资产负债表由表头与表体两部分组成。表头部分列明报表名称、编制单位名称、资产负债表日、报表编号和计量单位等;表体部分是资产负债表的主体,列示用以说明企业财务状况的各个项目。

资产负债表的表体可以有报告式与账户式两种格式。报告式资产负债表依据"资产-负债=所有者权益"这一会计等式构架,将资产、负债、所有者权益项目自上而下垂直排列,结构如表 9-1 所示。

表 9-1 　　　　　　　　　　资产负债表（报告式）

编制单位：明星公司 　　　　　　20×2 年 12 月 31 日 　　　　　　　　　　单位：元

项目	期末余额	上年年末余额
资产类		
流动资产	2 085 226	1 410 000
非流动资产	720 000	690 000
资产合计	2 805 226	2 100 000
负债类		
流动负债	914 226	485 000
非流动负债	—	—
负债合计	914 226	485 000
所有者权益类		
实收资本（或股本）	1 000 000	1 000 000
资本公积	—	—
其他综合收益	—	—
盈余公积	121 000	81 400
未分配利润	770 000	533 600
所有者权益合计	1 891 000	1 615 000

　　账户式资产负债表是依据"资产＝负债＋所有者权益"这一会计等式构架，以 T 型账户为模型设计，将资产负债表分为左、右两个部分。资产账户的余额在借方，负债和所有者权益账户的余额在贷方，因此，资产项目列示在资产负债表的左方，负债和所有者权益项目列示在资产负债表的右方，左、右两方保持平衡，结构如表 9-2 所示。

　　报告式资产负债表着重通过资产与负债的比较，突出所有者对企业净资产的要求权；账户式资产负债表着重反映企业的全部资产及其资金来源，有利于信息使用者通过左、右两边的对比，直观地了解企业的财务状况。

　　我国一直采用账户式资产负债表。资产类项目按流动性或者按变现能力，分为流动资产和非流动资产两类，并分项列示。排列顺序为流动性大、变现能力强的项目列示在前；反之，列示在后。负债类项目按偿还债务时间的长短，分为流动负债和非流动负债两类，并分项列示。排列顺序为要求清偿时间短的项目列示在前；反之，列示在后。所有者权益类项目按来源划分，依次列示实收资本（或股本）、资本公积、其他综合收益、盈余公积和未分配利润等项目。

　　为了使报表使用者通过比较不同时点的资产、负债和所有者权益情况，判断企业财务状况的变动情况与发展趋势，在资产负债表中不仅需要列报资产、负债、所有者权益各项目的期末余额，而且需要列报各项目的上年年末余额。

　　我国目前规定的企业资产负债表的格式与项目，如表 9-4 所示。

表 9-2　　　　　　　　　　　　　资产负债表(账户式)

编制单位:明星公司　　　　　　　20×2 年 12 月 31 日　　　　　　　　　单位:元

项目	期末余额	上年年末余额	项目	期末余额	上年年末余额
资产类			负债类		
流动资产	2 085 226	1 410 000	流动负债	914 226	485 000
			非流动负债	—	—
			负债合计	914 226	485 000
			所有者权益类		
非流动资产	720 000	690 000	实收资本(或股本)	1 000 000	1 000 000
			资本公积	—	—
			其他综合收益	—	—
			盈余公积	121 000	81 400
			未分配利润	770 000	533 600
			所有者权益合计	1 891 000	1 615 000
资产总计	2 805 226	2 100 000	负债与所有者权益总计	2 805 226	2 100 000

二、资产负债表的填列方法

资产负债表各项目应当按一定的程序与方法进行填列。

1. 试算准备工作

企业在填列资产负债表之前,应当根据总账账户的期初余额、本期发生额与期末余额先编制试算平衡表,对日常账簿记录的正确性进行复核、检查,在试算平衡以后,再根据有关总账账户余额或"总账账户余额试算平衡表"和有关明细账账户余额,填列资产负债表。

2. "期末余额"栏的填列

"期末余额",是指某一会计期末的数额,即月末、季末、半年末或年末的数额。资产负债表主要反映企业在报告期末资产、负债和所有者权益情况,即提供某一时点的静态指标,所以,"期末余额"主要根据总分类账簿或明细分类账簿记录中的期末余额填列。填列时,应当根据规定的格式与项目填列要求进行,具体可以归为如下七类方法进行填列:

(1) 根据总账账户余额直接填列。例如,"短期借款""应付票据"等负债类项目,"实收资本(或股本)""资本公积""其他综合收益""盈余公积"等所有者权益类项目应根据相应的总账账户余额直接填列。

(2) 根据几个总账账户余额合计数填列。例如,"货币资金"项目,应根据"库存现金""银行存款"和"其他货币资金"三个总账账户余额的合计数填列;"其他应付款"项目,应根据"应付利息""应付股利"和"其他应付款"三个总账账户余额的合计数填列。

（3）根据总账账户的相关明细账户的余额分析填列。例如，"交易性金融资产"项目，应根据"交易性金融资产"总账账户的相关明细账户余额分析填列；"开发支出"项目，应根据"研发支出"总账账户所属的"资本化支出"明细账户余额分析填列；"应付职工薪酬"项目，应根据"应付职工薪酬"总账账户的相关明细账户余额分析填列；"未分配利润"项目，应根据"利润分配"总账账户所属的"未分配利润"明细账户余额分析填列，但1～11月月末应根据"利润分配"与"本年利润"总账账户余额相加或相减计算填列。

（4）根据总账账户和所属明细账户余额分析计算填列。例如，"长期待摊费用"项目，应根据"长期待摊费用"总账账户余额扣除所属的明细账户中将于1年内摊销的数额后的金额计算填列；"长期借款"项目，应根据"长期借款"总账账户余额扣除所属的明细账户中将在资产负债表日起1年内到期，且企业不能自主地将清偿义务展期的长期借款后的金额计算填列。

（5）根据几个总账账户的相关明细账户的余额分析计算填列。例如，"应付账款"项目，应根据"应付账款"和"预付账款"两个总账账户所属的明细账户的贷方余额合计数填列；"预收款项"项目，应根据"应收账款"和"预收账款"两个总账账户所属的明细账户的贷方余额合计数填列；"一年内到期的非流动资产"与"一年内到期的非流动负债"项目，应根据有关非流动资产与非流动负债总账账户所属的明细账户余额分析计算填列。

（6）根据有关总账账户余额减去其备抵账户余额后的净额填列。例如，"应收票据"项目，应根据"应收票据"总账账户的余额，减去"坏账准备"总账账户中所属相应明细账户的余额，即已提坏账准备后的净额填列；"长期股权投资"项目，应根据"长期股权投资"总账账户的余额减去相应的备抵账户余额，即已计提减值准备后的净额填列；"无形资产"项目，应根据"无形资产"总账账户的余额减去"累计摊销"和"无形资产减值准备"两个备抵账户余额后的净额填列。

（7）综合运用上述填列方法分析填列。例如，"应收账款"项目，应根据"应收账款"和"预收账款"两个总账账户所属明细账户的借方余额合计数，减去"坏账准备"总账账户所属相应明细账户的余额，即已计提坏账准备后的净额填列；"预付款项"项目，应根据"预付账款"和"应付账款"两个总账账户所属的明细账户的借方余额合计数，减去"坏账准备"总账账户所属相应明细账户的余额，即已计提坏账准备后的净额填列；"其他应收款"项目，应根据"应收利息""应收股利"和"其他应收款"总账账户的余额合计数，减去"坏账准备"总账账户所属相应明细账户的余额，即已计提坏账准备后的净额填列；"存货"项目，应根据"在途物资""原材料""库存商品"和"生产成本"等总账账户的余额合计数，减去"存货跌价准备"总账账户余额后的净额填列；"固定资产"项目，应根据"固定资产"和"固定资产清理"两个总账账户余额的合计数，减去"累计折旧"和"固定资产减值准备"两个备抵账户余额后的净额填列；"在建工程"项目，应根据"在建工程"和"工程物资"两个总账账户余额的合计数,减去"在建工程减值准备"和"工程物资减值准备"两个备抵账户余额后的净额填列。

3."上年年末余额"栏的填列

资产负债表"上年年末余额"栏通常根据上年年末有关项目的期末余额填列,且与上年年末资产负债表"期末余额"栏相一致。如果企业发生了会计政策变更、前期差错更正,应当对"上年年末余额"栏中的有关项目进行相应调整。如果企业上年度资产负债表规定的项目名称和内容与本年度不一致,应当对上年年末资产负债表相关项目的名称和数字按照本年度的规定进行调整,填入"上年年末余额"栏。

三、资产负债表的填列举例

【例 9-1】　20×1 年汇联公司投资 100 万元成立明星公司。明星公司设置若干个管理部门和一个生产车间。明星公司生产甲、乙两种产品,耗用 A、B 两种材料。假设明星公司为增值税一般纳税人,增值税税率为 13%,所得税税率为 25%,20×1 年 12 月 31 日资产负债表"期末余额"如表 9-4 所示的 20×2 年 12 月 31 日资产负债表"上年年末余额",20×2 年发生下列经济业务:

(1) 购入不需要安装的生产型设备一台,取得的增值税专用发票注明的价款为 95 000 元,增值税税额为 12 350 元。另外支付包装费和运杂费等支出 5 000 元(假设不考虑增值税)。全部支出通过银行付讫。

(2) 从银行借入期限为 1 年(20×2 年 7 月 1 日~20×3 年 7 月 1 日)的借款 200 000 元,借款年利率为 6%,每半年计提利息一次,到期还本付息。款项已转入公司银行账户。

(3) 通过银行支付职工薪酬 250 000 元。

(4) 通过银行缴纳各项税费 135 000 元。

(5) 通过银行向投资者支付现金股利 100 000 元。

(6) 从华东公司购入 A、B 两种材料。A 材料 3 000 千克,单价 81 元;B 材料 1 100 千克,单价 100 元,取得的增值税专用发票注明的价款为 353 000 元,增值税税额为 45 890 元。款项已通过银行付讫。

(7) 根据购货合同,通过银行向华西公司预付购买 B 材料款 160 000 元。

(8) 华西公司向本公司发出 B 材料 1 400 千克,单价 100 元,取得的增值税专用发票注明的价款为 140 000 元,增值税税额为 18 200 元。公司已通过银行向华西公司预付款项 160 000 元。

(9) 通过银行支付上述业务(6)与(8)购入 A、B 材料的运杂费 22 000 元(假设不考虑增值税),按材料重量分配运杂费。

(10) 上述业务(6)与(8)购入的材料运达验收入库,计算并结转验收入库材料的实际采购成本。

（11）从华东公司购入 B 材料 1 000 千克，单价 100 元，取得的增值税专用发票注明的价款为 100 000 元，增值税税额为 13 000 元。款项尚未支付。

（12）通过银行支付办公用品费 12 000 元，其中，车间负担 4 000 元，管理部门负担 8 000 元。

（13）通过银行支付水电费 16 000，其中，车间负担 12 000 元，管理部门负担 4 000 元。

（14）通过银行支付业务招待费 13 000 元。

（15）通过银行支付广告费 13 734 元。

（16）向华北公司销售甲产品 150 件，单价 4 000 元；销售乙产品 100 件，单价 3 000 元，开具的增值税专用发票注明的价款为 900 000 元，增值税税额为 117 000 元。货已发出，款项已通过银行收讫。

（17）向华南公司销售乙产品 50 件，单价 3 000 元，开具的增值税专用发票注明的价款为 150 000 元，增值税税额为 19 500 元。款项尚未收到。

（18）根据销货合同，通过银行预收华北公司购买甲产品货款 180 000 元。

（19）向华北公司发运甲产品 40 件，单价 4 000 元，开具的增值税专用发票注明的价款为 160 000 元，增值税税额为 20 800 元。公司已向华北公司预收款项 18 000 元。

（20）向华中公司出售不需用的 B 材料 500 千克，单价 120 元，开具的增值税专用发票注明的价款为 60 000 元，增值税税额为 7 800 元。款项尚未收到。

（21）通过银行支付应由本公司负担销售产品的运杂费 26 000 元。

（22）通过银行支付公益性捐赠款 5 000 元。

（23）通过银行收到华天公司的违约金罚款收入 3 300 元。

（24）计提应由本年度负担的短期借款利息 6 000 元。

（25）根据"发料凭证汇总表"，结转发出材料的成本。发出材料种类及用途如下：A 材料 200 000 元，其中，甲产品耗用 120 000 元，乙产品耗用 80 000 元；B 材料 158 000 元，其中，甲产品耗用 76 800 元，乙产品耗用 51 200 元，车间一般耗用 30 000 元。

（26）根据"职工薪酬结算汇总表"，分配职工薪酬，应付职工薪酬总额为 260 000 元，其中，甲产品生产工人的薪酬 120 000 元，乙产品生产工人的薪酬 80 000 元，车间管理人员的薪酬 20 000 元，公司管理人员的薪酬 40 000 元。

（27）根据"固定资产折旧计算表"，计提固定资产折旧 70 000 元，其中，车间折旧费 56 000 元，管理部门折旧费 14 000 元。

（28）按生产工人薪酬比例分配并结转制造费用至"生产成本"账户。

（29）计算并结转已完工验收入库产品的生产成本。甲、乙两种产品均在本年开始制造。甲产品本年完工 200 件，年末在产品 80 件，在产品成本 10 000 元；乙产品 200 件全部完工。

（30）期末计算并结转已销售产品的生产成本。产品销售资料见业务（16）（17）（19），完工产品成本资料见业务(29)。

(31) 结转业务(20)所售材料的实际成本,B 材料单位成本 104 元。

(32) 计算并结转应交的城市维护建设税和教育费附加(分别按照应交增值税 75 660 元的 7%和 3%计算)。

(33) 结转本期各损益类账户(除"所得税费用"账户)。

(34) 计算本年所得税费用(假设无纳税调整项目)。

(35) 结转所得税费用。

(36) 按本年净利润的 10%提取盈余公积。

(37) 经股东大会决议,公告向投资者分配现金股利 120 000 元。

(38) 年末,结转本年实现的净利润 396 000 元。

(39) 结转利润分配各明细账账户。

根据上述经济业务,进行账务处理①后,编制各总账账户试算平衡表,如表 9-3 所示。

表 9-3 总账账户试算平衡表

20×2 年 1~12 月 单位:元

会计科目	年初余额		本期发生额		期末余额	
	借方	贷方	借方	贷方	借方一	贷方
库存现金	1 000				1 000	
银行存款	900 000		1 400 300	1 263 974	1 036 326	
应收账款			237 300		237 300	
预付账款			160 000	158 200	1 800	
在途物资			615 000	515 000	100 000	
原材料	189 000		515 000	410 000	294 000	
库存商品	320 000		640 000	556 000	404 000	
固定资产	750 000		100 000		850 000	
累计折旧		60 000		70 000		130 000
短期借款				200 000		200 000
应付账款				113 000		113 000
预收账款			180 800	180 000	800	
应付职工薪酬		250 000	250 000	260 000		260 000
应交税费		135 000	224 440	304 666		215 226
应付利息				6 000		6 000

① 根据经济业务填制记账凭证(简化格式)见表 7-35 至表 7-37。

（续表）

会计科目	年初余额		本期发生额		期末余额	
	借方	贷方	借方	贷方	借方	贷方
应付股利		100 000	100 000	120 000		120 000
实收资本		1 000 000				1 000 000
盈余公积		81 400		39 600		121 000
本年利润			1 273 300	1 273 300		
利润分配		533 600	159 600	396 000		770 000
生产成本			650 000	640 000	10 000	
制造费用			122 000	122 000		
主营业务收入			1 210 000	1 210 000		
其他业务收入			60 000	60 000		
营业外收入			3 300	3 300		
主营业务成本			556 000	556 000		
其他业务成本			52 000	52 000		
税金及附加			7 566	7 566		
销售费用			39 734	39 734		
管理费用			79 000	79 000		
财务费用			6 000	6 000		
营业外支出			5 000	5 000		
所得税费用			132 000	132 000		
合计	2 160 000	2 160 000	8 778 340	8 778 340	2 935 226	2 935 226

年末部分明细账户资料如下：

（1）"应收账款——华南公司"明细账期末借方余额为 169 500 元；"应收账款——华中公司"明细账期末借方余额为 67 800 元。

（2）"预收账款——华北公司"明细账期末借方余额为 800 元。

（3）"应付账款——华东公司"明细账期末贷方余额为 113 000 元。

（4）"预付账款——华西公司"明细账期末借方余额为 1 800 元。

（5）"利润分配——提取盈余公积"明细账借方发生额为 39 600 元，"利润分配——应付现金股利"明细账借方发生额为 120 000 元；"利润分配——未分配利润"明细账借方、贷方发生额分别为 159 600 元和 396 000 元，期末贷方余额为 770 000 元。

根据表 9-3 总账科目本期发生额及期末余额、明细账资料填列资产负债表"期末余额"

栏,如表 9-4 所示。

表 9-4　　　　　　　　　　　　　　　资产负债表　　　　　　　　　　　会企 01 表

编制单位:明星公司　　　　　　　　　　20×2 年 12 月 31 日　　　　　　　　　单位:元

资产	期末余额	上年年末余额	负债和所有者权益（或股东权益）	期末余额	上年年末余额
流动资产:			流动负债:		
货币资金	1 037 326	901 000	短期借款	200 000	
交易性金融资产			交易性金融负债		
衍生金融资产			衍生金融负债		
应收票据			应付票据		
应收账款	238 100		应付账款	113 000	
应收账款融资			预收款项		
预付款项	1 800		合同负债		
其他应收款			应付职工薪酬	260 000	250 000
存货	808 000	509 000	应交税费	215 226	135 000
合同资产			其他应付款	126 000	100 000
持有待售资产			持有待售负债		
一年内到期的非流动资产			一年内到期的非流动负债		
其他流动资产			其他流动负债		
流动资产合计	2 085 226	1 410 000	流动负债合计	914 226	485 000
非流动资产:			非流动负债:		
债权投资			长期借款		
其他债权投资			应付债券		
长期应收款			其中:优先股		
长期股权投资			永续债		
其他权益工具投资			租赁负债		
其他非流动金融资产			长期应付款		
投资性房地产			预计负债		
固定资产	720 000	690 000	递延收益		
在建工程			递延所得税负债		
生产性生物资产			其他非流动负债		
油气资产			非流动负债合计		

（续表）

资产	期末余额	上年年末余额	负债和所有者权益（或股东权益）	期末余额	上年年末余额
使用权资产			负债合计	914 226	485 000
无形资产			所有者权益（或股东权益）：		
开发支出			实收资本（或股本）	1 000 000	1 000 000
商誉			其他权益工具		
长期待摊费用			其中：优先股		
递延所得税资产			永续债		
其他非流动资产			资本公积		
非流动资产合计	720 000	690 000	减：库存股		
			其他综合收益		
			专项储备		
			盈余公积	121 000	81 400
			未分配利润	770 000	533 600
			所有者权益（或股东权益）合计	1 891 000	1 615 000
资产总计	2 805 226	2 100 000	负债和所有者权益（或股东权益）总计	2 805 226	2 100 000

表 9-4 有关项目"期末余额"的填列方法为：

（1）"货币资金"项目，应根据"库存现金""银行存款""其他货币资金"三个总账账户余额的合计数填列。本例仅涉及"库存现金""银行存款"两个账户，为此，货币资金＝1 000＋1 036 326＝1 037 326 元。

（2）"应收账款"项目，应根据"应收账款"和"预收账款"两个总账账户所属的明细账户的借方余额合计数，减去"坏账准备"总账账户所属相应明细账户的余额填列。本例未计提坏账准备，为此，应收账款＝169 500＋67 800＋800＝238 100 元。

（3）"预付款项"项目，应根据"预付账款"和"应付账款"两个总账账户所属的明细账户的借方余额合计数，减去"坏账准备"总账账户所属相应明细账户的余额填列。本例"应付账款"总账账户所属的明细账户借方无余额，且未计提坏账准备，为此，预付款项＝1 800 元。

（4）"存货"项目，应根据"在途物资""原材料""库存商品"和"生产成本"等总账账户的余额合计数，减去"存货跌价准备"总账账户余额后的净额填列。本例未计提存货跌价准备，为此，存货＝100 000＋294 000＋404 000＋10 000＝808 000 元。

（5）"固定资产"项目，应根据"固定资产"和"固定资产清理"两个总账账户余额的合计数，减去"累计折旧"和"固定资产减值准备"两个备抵账户余额后的净额填列。本例未涉及固定资产清理,也未计提固定资产减值准备,为此,固定资产＝850 000－130 000＝720 000 元。

(6)"应付账款"项目,应根据"应付账款"和"预付账款"两个总账账户所属的明细账户的贷方余额合计数填列。本例"预付账款"总账账户所属的明细账户贷方无余额,为此,应付账款＝113 000 元。

(7)"其他应付款"项目,应根据"应付利息""应付股利"和"其他应付款"三个总账账户余额的合计数填列。本例仅涉及"应付利息""应付股利"两个账户,为此,其他应付款＝6 000＋120 000＝126 000 元。

(8)"未分配利润"项目,应根据"利润分配"总账账户所属的"未分配利润"明细账户余额分析填列。本例中,"利润分配——未分配利润"期末有贷方余额 770 000 元,为此,未分配利润＝770 000 元。

(9)报表中涉及的其他项目直接根据总账账户余额填列。

第三节　利润表

利润表是反映企业在一定会计期间经营成果的财务报表,提供企业在一定会计期间经营业绩的主要来源和构成信息。

一、利润表的作用与结构

1. 利润表的作用

利润表作为反映企业经营成果的财务报表,对于使用者具有如下几个方面的作用:

(1)提供了企业在一定会计期间的收入实现情况,如实现的营业收入、其他收益、投资收益、公允价值变动收益、资产处置收益以及营业外收入等信息,据此可以进一步分析企业经营业绩来源结构的合理性和可持续性。

(2)提供了企业在一定会计期间的费用耗费情况,如耗费的营业成本、税金及附加、销售费用、管理费用、研发费用、财务费用、信用减值损失、资产减值损失以及营业外支出、所得税费用等信息,据此可以进一步分析企业的费用耗费结构及其耗费水平。

(3)提供了企业在一定会计期间生产经营活动的最终成果,即净利润的实现情况信息,据此可以进一步分析企业的盈利能力与资本保值、增值能力。

此外,利润表还提供了进行财务分析或者评价的基本资料。例如,通过营业收入与营业成本的对比,可以评价企业生产经营业务的投入产出水平;通过营业成本与资产负债表列报的存货对比,可以评价企业存货的周转速度;通过相关利润与资产负债表列报的资产对比,可以评价企业的资产收益水平;通过现金流量表列报的经营活动产生的现金流量净额与营业利润的对比,可以评价企业营业利润的质量,等等,有助于报表使用者的决策。

2. 利润表的结构

利润表由表头与表体两部分组成。表头部分列明报表名称、编制单位名称、报表涵盖的会计期间、报表编号和计量单位等；表体部分是利润表的主体，列示了形成经营成果的各个项目和计算过程。

利润表的表体一般有单步式与多步式两种格式，依据"利润＝收入－费用"这一会计等式进行构架。单步式利润表是将本期实现的所有收入加总，把本期发生的所有费用加总，然后将两者相减，通过一次计算得出当期净利润，其简化格式，如表 9-5 所示。

表 9-5 **利润表**

编制单位：明星公司 20×2 年年度 单位：元

项目	本期金额	上期金额（略）
一、收入	1 273 300	
营业收入	1 270 000	
其他收益	—	
投资收益	—	
公允价值变动收益	—	
资产处置收益	—	
营业外收入	3 300	
二、减：费用	877 300	
营业成本	608 000	
税金及附加	7 566	
销售费用	39 734	
管理费用	79 000	
研发费用	—	
财务费用	6 000	
信用减值损失	—	
资产减值损失	—	
营业外支出	5 000	
所得税费用	132 000	
三、净利润	396 000	

单步式利润表的优点是简单易懂，但所提供的信息较少，不便于对企业经营成果构成情况的全面反映，也不便于报表使用者对企业持续盈利能力的判断。

多步式利润表通过多步计算得出不同层次的利润指标。多步式利润表中各项利润指标的排列突出了收入和费用配比的层次,便于对企业经营成果构成情况的全面反映,有助于报表使用者对企业持续盈利能力的判断。我国目前采用多步式利润表,引入综合收益观进行列报。综合收益,是指企业在某一期间除与所有者以其所有者身份进行的交易之外的其他交易或者事项引起的所有者权益变动。

为了便于报表使用者通过比较不同期间利润的实现情况,判断企业经营成果的变动情况与发展趋势,在利润表中不仅需要列报各项目的本期金额,而且需要列报各项目的上期金额。

我国目前规定的企业利润表的格式与项目,如表 9-6 所示。

二、利润表的填列方法

利润表各项目应当按一定的程序与方法进行填列。

1. "本期金额"栏的填列

利润表"本期金额"栏一般应当根据损益类账户和所有者权益类账户的本期发生额填列,或者根据表中相关项目计算填列。填列时,应根据规定的格式与项目填列要求进行,具体可以归为如下五类方法进行填列:

(1) 根据两个总账账户发生额合并计算填列。例如,"营业收入"项目,应根据"主营业务收入"和"其他业务收入"两个总账账户贷方发生额合并计算填列;"营业成本"项目,应根据"主营业务成本"和"其他业务成本"两个总账账户借方发生额合并计算填列。

(2) 根据相应总账账户发生额分析填列。例如,"税金及附加""销售费用""财务费用""其他收益""投资收益""公允价值变动收益""信用减值损失""资产减值损失""资产处置收益""营业外收入""营业外支出"和"所得税费用"等项目,应根据相应总账账户发生额分析填列。

(3) 根据有关总账账户所属的相关明细账户的发生额分析填列。例如,"管理费用""研发费用""利息费用""利息收入"等项目,应根据"管理费用"和"财务费用"等总账账户所属的相关明细账户的发生额分析填列。

(4) 根据表中相关项目计算填列。例如,"营业利润""利润总额""净利润""综合收益总额"项目,应根据利润表中相关项目计算填列。

(5) 根据有关企业会计准则的规定填列。例如,"持续经营净利润""终止经营净利润"以及"每股收益"项目,应根据相关企业会计准则的规定填列。

2. "上期金额"栏的填列

利润表"上期金额"栏应当根据上年同期利润表"本期金额"栏内所列数字填列。如果上年同期利润表规定的项目名称和内容与本期不一致,应当对上年同期利润表各项目的名称和金额按照本期的规定进行调整,填入"上期金额"栏。

三、利润表的填列举例

【例 9-2】　承[例 9-1]资料,编制明星公司 20×2 年度利润表。

根据表 9-3 所示的总账账户本期发生额及相关账户所属的明细分类账户发生额,编制的 20×2 年度利润表,如表 9-6 所示。

表 9-6　　　　　　　　　　　　　　**利润表**　　　　　　　　　　　　会企 02 表

编制单位:明星公司　　　　　　　　　　20×2 年度　　　　　　　　　　　　单位:元

项目	本期金额	上期金额(略)
一、营业收入	1 270 000	
减:营业成本	608 000	
税金及附加	7 566	
销售费用	39 734	
管理费用	79 000	
研发费用		
财务费用	6 000	
其中:利息费用	6 000	
利息收入		
加:其他收益		
投资收益(损失以"－"号填列)		
其中:对联营企业和合营企业的投资收益		
以摊余成本计量的金融资产终止确认收益(损失以"－"号填列)		
净敞口套期收益(损失以"－"号填列)		
公允价值变动收益(损失以"－"号填列)		
信用减值损失(损失以"－"号填列)		
资产减值损失(损失以"－"号填列)		
资产处置收益(损失以"－"号填列)		
二、营业利润(亏损以"－"号填列)	529 700	
加:营业外收入	3 300	
减:营业外支出	5 000	
三、利润总额(亏损总额以"－"号填列)	528 000	
减:所得税费用	132 000	
四、净利润(净亏损以"－"号填列)	396 000	
(一)持续经营净利润(净亏损以"－"号填列)		
(二)终止经营净利润(净亏损以"－"号填列)		
五、其他综合收益的税后净额		

（续表）

项目	本期金额	上期金额（略）
（一）不能重分类进损益的其他综合收益		
1. 重新计量设定收益计划变动额		
2. 权益法下不能转损益的其他综合收益		
3. 其他权益工具投资公允价值变动		
4. 企业自身信用风险公允价值变动		
……		
（二）将重分类进损益的其他综合收益		
1. 权益法下可转损益的其他综合收益		
2. 其他债权投资公允价值变动		
3. 金融资产重分类计入其他综合收益的金额		
4. 其他债权投资信用减值准备		
5. 现金流量套期储备		
6. 外币财务报表折算差额		
……		
六、综合收益总额	396 000	
七、每股收益		
（一）基本每股收益		
（二）稀释每股收益		

表 9-6 中有关项目"本期金额"的填列方法为：

（1）"营业收入"项目，根据"主营业务收入"和"其他业务收入"两个总账账户贷方发生额合并计算填列，营业收入＝1 210 000＋60 000＝1 270 000 元。

（2）"营业成本"项目，根据"主营业务成本"和"其他业务成本"两个总账账户借方发生额合并计算填列，营业成本＝556 000＋52 000＝608 000 元。

（3）"营业利润"项目，根据利润表内"营业收入""营业成本""税金及附加""销售费用""管理费用""财务费用"项目计算填列，营业利润＝1 270 000－608 000－7 566－39 734－79 000－6 000＝529 700 元。

（4）"利润总额"项目，根据利润表内"营业利润""营业外收入""营业外支出"项目计算填列，利润总额＝529 700＋3 300－5 000＝528 000 元。

（5）"净利润"项目，根据利润表内"利润总额""所得税费用"项目计算填列，净利润＝528 000－132 000＝396 000 元。

（6）其他项目根据相应账户本期发生额直接分析填列。

第四节 现金流量表

现金流量表是反映企业在一定会计期间现金和现金等价物流入和流出的财务报表,提供企业在一定会计期间现金的来源、现金的运用以及现金余额变化信息。

一、现金流量表的作用与结构

1. 现金流量表的作用

现金流量表按照收付实现制基础列报,将权责发生制下的盈利信息调整为收付实现制下的现金流量信息,以弥补按权责发生制基础编制的资产负债表和利润表提供信息的不足。

现金流量表中的现金,是指企业库存现金以及可以随时用于支付的存款,包括库存现金、银行存款和其他货币资金;现金等价物,是指企业持有的期限短、流动性强、易于转换为已知金额现金、价值变动风险很小的投资。

现金流量表作为反映企业现金和现金等价物流入和流出的财务报表,对于使用者具有如下几个方面的作用:

(1) 提供了企业全部现金流量的信息,据此可以进一步分析企业的支付能力、偿债能力以及对外部资金的需求程度。

(2) 提供了企业经营活动产生的现金流量,即企业通过运用拥有或者控制的资产所创造的现金流量信息,据此可以进一步分析企业产生现金的持续性以及利润的质量。

(3) 提供了企业投资活动产生的现金流量,即企业投资活动对企业现金流量带来的影响信息,据此可以进一步分析企业投资安排的合理性以及投资获取现金流量的能力。

(4) 提供了企业筹资活动产生的现金流量,即企业筹资活动对企业现金流量带来的影响信息,据此可以进一步分析企业筹资安排的合理性以及企业筹资的能力。

此外,现金流量表还提供了进行财务分析的基本资料。例如,通过经营活动产生的现金流量净额与全部现金流量净额对比,可以评价企业财务基础的稳定性;通过现金流量净额与资产负债表提供的流动负债对比,可以评价企业的支付能力与偿债能力;通过经营活动现金流量净额与利润表提供的营业利润对比,可以评价企业营业利润的质量,等等,有助于报表使用者的决策。

2. 现金流量表的结构

现金流量表采用报告式结构,分类反映经营活动现金流量、投资活动现金流量和筹资活动现金流量,同时反映汇率变动对现金和现金等价物的影响以及汇总反映企业一定期间现金和现金等价物的净增加额。

为了充分反映企业的现金流量信息,企业应当在附注即现金流量表补充资料中披露将净利润调节为经营活动现金流量、不涉及现金收支的重大投资和筹资活动、现金及现金等价物净变动情况等信息。

为了便于报表使用者通过比较不同期间现金流量情况,判断企业现金流量的变动情况与发展趋势,在现金流量表中不仅需要列报各项目的本期金额,而且需要列报各项目的上期金额。

我国目前规定的企业现金流量表的格式与项目,如表 9-8 所示;现金流量表补充资料的格式与项目,如表 9-9 所示。

二、现金流量表的填列方法

现金流量表各项目应当按一定的程序与方法进行填列,正确填列的关键是区分业务活动的性质及其对现金流量产生的影响。

1. 经营活动产生的现金流量

经营活动,是指企业投资活动和筹资活动以外的所有交易和事项。各类企业由于行业性质不同,对经营活动的认定存在一定差异。对于工商企业而言,经营活动主要包括销售商品、提供劳务、购买商品、接受劳务、支付职工薪酬、支付税费等。

企业经营活动产生的现金流量的填列有直接法与间接法两种方法。在直接法下,一般是以利润表中的营业收入为起算点,调节与经营活动有关的项目的增减变动,然后计算出经营活动产生的现金流量。在间接法下,以净利润为起算点,调整不涉及现金的收入、费用、营业外收支等有关项目,剔除投资活动、筹资活动对现金流量的影响,据此计算出经营活动产生的现金流量。采用直接法填列的现金流量表,便于分析企业经营活动产生的现金流量的来源和用途,判断企业现金流量的未来前景;采用间接法填列的现金流量表,便于将净利润与经营活动产生的现金流量净额进行比较,了解净利润与经营活动产生的现金流量差异的原因,从现金流量的角度分析净利润的质量。为此,我国企业会计准则规定企业应当采用直接法填列现金流量表,同时要求在附注中提供以净利润为基础调节到经营活动现金流量的信息。

企业经营活动产生的现金流量采用直接法填列,也即通过现金收入和现金支出的主要类别填列经营活动的现金流量。经营活动产生的现金流入项目包括销售商品、提供劳务收到的现金,收到的税费返还,收到其他与经营活动有关的现金;经营活动产生的现金流出项目包括购买商品、接受劳务支付的现金,支付给职工以及为职工支付的现金,支付的各项税费,支付其他与经营活动有关的现金。经营活动产生的现金流入减去现金流出,即经营活动产生的现金流量净额。

2. 投资活动产生的现金流量

投资活动,是指企业长期资产的购建和不包括在现金等价物范围内的投资及其处置活动。长期资产,是指固定资产、无形资产、在建工程、其他资产等持有期限在 1 年或一个营业周期以上的资产。投资活动既包括实物资产投资,也包括金融资产投资。由于已经将包括在现金等价物范围内的投资视同现金,为此,将包括在现金等价物范围内的投资排除在外。不同企业由于行业性质不同,对投资活动的认定也存在差异。例如,交易性金融资产所产生的现金流量,对于工商企业而言,属于投资活动现金流量;对于证券公司而言,则属于经营活动现金流量。

投资活动产生的现金流入项目包括收回投资收到的现金,取得投资收益收到的现金,处置固定资产、无形资产和其他长期资产收回的现金净额,处置子公司及其他营业单位收到的现金净额,收到其他与投资活动有关的现金;投资活动产生的现金流出项目包括购建固定资产、无形资产和其他长期资产支付的现金,投资支付的现金,取得子公司及其他营业单位支付的现金净额,支付其他与投资活动有关的现金。投资活动产生的现金流入减去现金流出,即为投资活动产生的现金流量净额。

3. 筹资活动产生的现金流量

筹资活动,是指导致企业资本及债务规模和构成发生变化的活动。这里所述的资本既包括实收资本(或股本),也包括资本溢价(或股本溢价);这里所述的债务,是指对外举债,包括向银行借款、发行债券以及偿还债务等。通常情况下,应付账款、应付票据等商业应付款等属于经营活动,不属于筹资活动。

筹资活动产生的现金流入项目包括吸收投资收到的现金,取得借款收到的现金,收到其他与筹资活动有关的现金;筹资活动产生的现金流出项目包括偿还债务支付的现金,分配股利、利润和偿付利息支付的现金,支付其他与筹资活动有关的现金。筹资活动产生的现金流入减去现金流出,即为筹资活动产生的现金流量净额。

此外,对于企业日常活动之外的、不经常发生的自然灾害损失、保险赔款、捐赠等特殊项目,应当归并到相关类别中,并单独反映。例如,对于自然灾害损失和保险赔款,如果能够确定属于流动资产损失,应当列入经营活动产生的现金流量;属于固定资产损失,应当列入投资活动产生的现金流量。

4. 汇率变动对现金及现金等价物的影响

汇率变动对现金及现金等价物的影响,是指企业外币现金流量及境外子公司的现金流量折算成记账本位币时,所采用的是现金流量发生日的即期汇率或者按照系统合理的方法确定的、与现金流量发生日即期汇率近似的汇率,而现金流量表"现金及现金等价物净增加额"项目中外币现金净增加额是按资产负债表日的即期汇率折算的,这两者的差额即汇率变动对现金的影响。

在填列现金流量表时,对当期发生的外币业务也可不必逐笔计算汇率变动对现金及现金等价物的影响,可以通过现金流量表补充资料中"现金及现金等价物净增加额"与现金流量表中"经营活动产生的现金流量净额""投资活动产生的现金流量净额""筹资活动产生的现金流量净额"三项之和比较,其差额即"汇率变动对现金及现金等价物的影响"。

5. 现金流量表补充资料

现金流量表补充资料要求提供将净利润调节为经营活动现金流量、不涉及现金收支的重大投资和筹资活动、现金及现金等价物净变动情况三个方面的信息。

现金流量表补充资料采用间接法填列经营活动产生的现金流量,以对现金流量表中采用直接法填列的经营活动现金流量进行核对和补充说明。采用间接法,将净利润调节为经营活动现金流量净额的实质,就是将按权责发生制会计基础确定的净利润调整为现金净流入,并剔除投资活动和筹资活动对现金流量的影响。具体填列时,通常在净利润的基础上,对实际没有支付现金的费用、实际没有收到现金的收益、不属于经营活动的损益、经营性应收应付项目的增减变动四类项目进行调整。

不涉及现金收支的重大投资和筹资活动,反映企业一定期间内影响资产或者负债但不形成该期现金收支的所有投资和筹资活动的信息。这些投资和筹资活动虽然不涉及现金收支,但对以后各期的现金流量会产生重大影响。例如,企业融资租入设备,将形成的负债记入"长期应付款"账户,当期并不支付设备款及租金,但以后各期必须为此支付现金,从而在一定期间内形成了一项固定的现金支出。不涉及当期现金收支,但影响企业财务状况或在未来可能影响企业现金流量的重大投资和筹资活动主要包括债务转为资本,反映企业本期转为资本的债务金额;一年内到期的可转换公司债券,反映企业1年内到期的可转换公司债券的本息;融资租入固定资产,反映企业本期融资租入的固定资产。

现金及现金等价物净变动情况,反映现金及现金等价物净变动中现金的变动额与现金等价物的变动额。

三、现金流量表的填列举例

【例 9-3】 承[例 9-1]资料,填列明星公司 20×2 年度现金流量表。

将[例 9-1]中的经济业务按照是否涉及现金流量和现金流量的类型分类,如表 9-7 所示;根据交易或者事项直接填列现金流量表,如表 9-8 所示;现金流量表补充资料,如表 9-9 所示。

表 9-7　　　　　　　　　　　　**明星公司 20×2 年交易或者事项分类**

项目		业务序号
涉及现金流量的 交易或者事项	经营活动	(3)(4)(6)(7)(9)(12)~(16)(18)(21)~(23)
	投资活动	(1)
	筹资活动	(2)(5)
不涉及现金流量的 交易或者事项		(8)(10)(11)(17)(19)(20)(24)~(39)

表 9-8   现金流量表   会企 03 表

编制单位:明星公司   20×2 年度   单位:元

项目	本期金额	上期金额（略）
一、经营活动产生的现金流量:		
销售商品、提供劳务收到的现金	1 197 000	
收到的税费返还		
收到其他与经营活动有关的现金	3 300	
经营活动现金流入小计	1 200 300	
购买商品、接受劳务支付的现金	596 890	
支付给职工以及为职工支付的现金	250 000	
支付的各项税费	147 350	
支付其他与经营活动有关的现金	69 734	
经营活动现金流出小计	1 063 974	
经营活动产生的现金流量净额	136 326	
二、投资活动产生的现金流量:		
收回投资收到的现金		
取得投资收益收到的现金		
处置固定资产、无形资产和其他长期资产收回的现金净额		
处置子公司及其他营业单位收到的现金净额		
收到其他与投资活动有关的现金		
投资活动现金流入小计		
购建固定资产、无形资产和其他长期资产支付的现金	100 000	
投资支付的现金		
取得子公司及其他营业单位支付的现金净额		
支付其他与投资活动有关的现金		
投资活动现金流出小计	100 000	
投资活动产生的现金流量净额	−100 000	
三、筹资活动产生的现金流量:		
吸收投资收到的现金		
取得借款收到的现金	200 000	
收到其他与筹资活动有关的现金		

（续表）

项目	本期金额	上期金额（略）
筹资活动现金流入小计	200 000	
偿还债务支付的现金		
分配股利、利润或偿付利息支付的现金	100 000	
支付其他与筹资活动有关的现金		
筹资活动现金流出小计	100 000	
筹资活动产生的现金流量净额	100 000	
四、汇率变动对现金及现金等价物的影响		
五、现金及现金等价物净增加额	136 326	
加:期初现金及现金等价物余额	901 000	
六、期末现金及现金等价物余额	1 037 326	

表 9-8 有关项目"本期金额"的填列方法为：

（1）销售商品、提供劳务收到的现金＝业务（16）900 000＋业务（16）117 000＋业务（18）180 000＝1 197 000 元。

（2）收到其他与经营活动有关的现金＝业务（23）3 300 元。

（3）购买商品、接受劳务支付的现金＝业务（6）353 000＋业务（6）45 890＋业务（7）160 000＋业务（9）22 000＋业务（12）4 000＋业务（13）12 000＝596 890 元。

（4）支付给职工以及为职工支付的现金＝业务（3）250 000 元。

（5）支付的各项税费＝业务（1）12 350＋业务（4）135 000＝147 350 元。

（6）支付的其他与经营活动有关的现金＝业务（12）8 000＋业务（13）4 000＋业务（14）13 000＋业务（15）13 734＋业务（21）26 000＋业务（22）5 000＝69 734 元。

（7）购建固定资产、无形资产和其他长期资产支付的现金＝业务（1）100 000 元。

（8）取得借款收到的现金＝业务（2）200 000 元。

（9）分配股利、利润或偿付利息支付的现金＝业务（5）100 000 元。

关于购买生产型设备的增值税,本例题将其列示在"支付的各项税费"项目中。

表 9-9　　　　　　　　　　　现金流量表补充资料

补充资料	本期金额	上期金额（略）
1. 将净利润调节为经营活动现金流量：		
净利润	396 000	
加:资产减值准备		
信用损失准备		

（续表）

补充资料	本期金额	上期金额（略）
固定资产折旧、投资性房地产折旧、油气资产折耗、生产性生物资产折旧	70 000	
使用权资产折旧		
无形资产摊销		
长期待摊费用摊销		
处置固定资产、无形资产和其他长期资产的损失（收益以"—"号填列）		
固定资产报废损失（收益以"—"号填列）		
净敞口套期损失（收益以"—"号填列）		
公允价值变动损失（收益以"—"号填列）		
财务费用（收益以"—"号填列）	6 000	
投资损失（收益以"—"号填列）		
递延所得税资产减少（增加以"—"号填列）		
递延所得税负债增加（减少以"—"号填列）		
存货的减少（增加以"—"号填列）	−299 000	
经营性应收项目的减少（增加以"—"号填列）	−239 900	
经营性应付项目的增加（减少以"—"号填列）	203 226	
其他		
经营活动产生的现金流量净额	136 326	
2. 不涉及现金收支的重大投资和筹资活动：		
债务转为资本		
一年内到期的可转换公司债券		
新增的使用权资产		
3. 现金及现金等价物净变动情况：		
现金的期末余额	1 037 326	
减：现金的期初余额	901 000	
加：现金等价物的期末余额		
减：现金等价物的期初余额		
现金及现金等价物净增加额	136 326	

表 9-9 有关项目"本期金额"的填列方法为：

（1）净利润＝业务（38）或利润表净利润项目 396 000 元。

（2）固定资产折旧、油气资产折耗、生产性生物资产折旧＝业务(27)70 000 元。

（3）财务费用＝业务(24)6 000 元。

（4）存货的减少＝资产负债表存货项目上年年末余额－资产负债表存货项目期末余额＝509 000－808 000＝－299 000 元。

（5）经营性应收项目①的减少＝(资产负债表应收账款项目上年年末余额－资产负债表应收账款项目期末余额)＋(资产负债表预付款项项目上年年末余额－资产负债表预付款项项目期末余额)＝(0－238 100)＋(0－1 800)＝－239 900 元。

（6）经营性应付项目②的增加＝(资产负债表应付账款项目期末余额－资产负债表应付账款项目上年年末余额)＋(资产负债表应付职工薪酬项目期末余额－资产负债表应付职工薪酬项目上年年末余额)＋(资产负债表应交税费项目期末余额－资产负债表应交税费项目上年年末余额)＝(113 000－0)＋(260 000－250 000)＋(215 226－135 000)＝203 226 元。

第五节　所有者权益变动表

所有者权益变动表是反映企业构成所有者权益各组成部分当期增减变动情况的财务报表,提供企业在一定会计期间所有者权益及其各组成部分的增减变动原因与结果信息。

一、所有者权益变动表的作用与结构

1. 所有者权益变动表的作用

所有者权益变动表作为反映企业所有者权益变动情况的财务报表,对于使用者具有如下几个方面的作用:

（1）提供了企业在一定会计期间所有者权益变动全貌及其各组成部分变动原因与结果的信息,据此可以进一步分析企业资产负债表和利润表之间的勾稽关系。

（2）提供了企业在一定会计期间实现的综合收益对所有者权益的影响信息,据此可以进一步分析企业所有者权益的保值增值情况。

（3）提供了企业在一定会计期间利润分配情况与结果信息,据此可以进一步分析企业的利润分配政策。

（4）提供了企业在一定会计期间所有者权益内部结转情况与结果信息,据此可以进一步分析企业的所有者权益各组成部分结构的合理性。

此外,所有者权益变动表还提供了进行财务分析的基本资料。例如,通过对本年综合

---

① 经营性应收项目包括应收票据、应收账款、预付账款、其他应收款等中与经营活动有关的部分。

② 经营性应付项目包括应付票据、应付账款、预收账款、应付职工薪酬、应交税费、其他应付款等中与经营活动有关的部分。

收益与所有者权益增减变动额的对比,可以评价企业本年实现的收益对所有者权益变动的贡献程度;通过对本年所有者(或股东)的利润分配与综合收益的对比,可以评价企业本年实现净利润的分配水平,等等,有助于报表使用者的决策。

2. 所有者权益变动表的结构

为清楚地表明构成所有者权益各组成部分当期的增减变动情况,所有者权益变动表采用矩阵格式。横向列示所有者权益及其各构成项目,包括实收资本(或股本)、资本公积、库存股、其他综合收益、盈余公积、未分配利润及其总额等;纵向列示所有者权益及其各构成项目的上年年末余额、本年年初余额、本年增减变动金额以及本年年末余额,其中,逐项列示了导致所有者权益及其各构成项目变动的交易或者事项,包括会计政策变更和前期差错更正、综合收益增减变动、所有者投入和减少资本、利润分配、所有者权益内部结转等交易或者事项。这种矩阵格式的所有者权益变动表不仅反映了所有者权益总量的增减变动情况,还反映了所有者权益增减变动的结构性信息,有利于报表使用者全面了解所有者权益增减变动的原因。

为了便于报表使用者通过比较不同期间所有者权益情况,判断企业所有者权益的变动情况与发展趋势,所有者权益变动表的横向各项目再分为"本年金额"和"上年金额"两栏分别填列。

我国目前规定的企业所有者权益变动表的格式与项目,如表9-10所示。

二、所有者权益变动表的填列方法

所有者权益变动表各项目应当按一定的程序与方法进行填列。

1. "本年金额"栏的填列

所有者权益变动表"本年金额"栏内各项数字,一般应当根据"实收资本(或股本)""资本公积""盈余公积""其他综合收益""利润分配""库存股"和"以前年度损益调整"等总账账户及其明细账户的发生额分析填列。

2. "上年金额"栏的填列

所有者权益变动表"上年金额"栏内各项数字,应当根据上年度所有者权益变动表"本年金额"栏内所列数字填列。如果上年度所有者权益变动表规定的项目的名称和内容与本年度不相一致,应当对上年度所有者权益变动表各项目的名称和数字按照本年度的规定进行调整,填入所有者权益变动表"上年金额"栏内。

三、所有者权益变动表的填列举例

【例9-4】 承[例9-1]资料,编制明星公司20×2年度的所有者权益变动表,如表9-10所示。

表9-10有关项目"本年金额"的填列方法为:

所有者权益变动表

表 9-10

编制单位:明星公司 20×2 年度

会企 04 表　单位:元

项目	本年金额											上年金额(略)										
	实收资本(或股本)	其他权益工具			资本公积	减:库存股	其他综合收益	专项储备	盈余公积	未分配利润	所有者权益合计	实收资本(或股本)	其他权益工具			资本公积	减:库存股	其他综合收益	专项储备	盈余公积	未分配利润	所有者权益合计
		优先股	永续债	其他									优先股	永续债	其他							
一、上年末余额	1 000 000								81 400	533 600	1 615 000											
加:会计政策变更																						
前期差错更正																						
其他																						
二、本年初余额	1 000 000								81 400	533 600	1 615 000											
三、本年增减变动金额(减少以"-"号填列)									39 600	236 400	276 000											
(一)综合收益总额										396 000	396 000											
(二)所有者投入和减少资本																						
1. 所有者投入的普通股																						
2. 其他权益工具持有者投入资本																						
3. 股份支付计入所有者权益的金额																						
4. 其他																						
(三)利润分配									39 600	−120 000	0											
1. 提取盈余公积									39 600	−39 600	0											
2. 对所有者(或股东)的分配										−120 000	−120 000											
3. 其他																						
(四)所有者权益内部结转																						
1. 资本公积转增资本(或股本)																						
2. 盈余公积转增资本(或股本)																						
3. 盈余公积弥补亏损																						
4. 设定受益计划变动额结转留存收益																						
5. 其他综合收益结转留存收益																						
6. 其他																						
(五)专项储备																						
1. 本期提取																						
2. 本期使用																						
四、本年末余额	1 000 000								121 000	770 000	1 891 000											

（1）综合收益总额影响未分配利润增加 396 000 元，根据表 9-3"利润分配——未分配利润"明细账户贷方发生额填列。

（2）提取盈余公积影响盈余公积增加 39 600 元，根据表 9-3"盈余公积"总账账户贷方发生额填列。

（3）提取盈余公积影响未分配利润减少 39 600 元，根据表 9-3"利润分配——提取盈余公积"明细账户借方发生额填列。

（4）对所有者（或股东）的分配影响未分配利润减少 120 000 元，根据表 9-3"利润分配——应付现金股利"明细账户借方发生额填列。

第六节　财务报表附注

附注是财务报表的重要组成部分，是对资产负债表、利润表、现金流量表和所有者权益变动表等报表中列示项目所作的进一步解释，以及对未能在这些报表中列示项目的说明等。

一、附注的作用与要求

在企业提供的会计信息中，附注具有特定的作用，同时附注必须遵循规定的要求。

1. 附注的作用

附注对于财务报表使用者具有如下作用：

（1）对资产负债表、利润表、现金流量表和所有者权益变动表列示项目含义进行补充解释，以帮助财务报表使用者更准确地把握其含义。例如，通过阅读附注中披露的固定资产折旧政策的解释，使用者可以掌握列报企业与其他企业在固定资产折旧政策上的异同，以便进行有意义的比较。

（2）提供了对资产负债表、利润表、现金流量表和所有者权益变动表中未列示项目的详细或明细解释。例如，通过阅读附注中披露的各类存货增减变动情况，使用者可以了解资产负债表中未单列的存货分类及其变动信息。

（3）通过附注与资产负债表、利润表、现金流量表和所有者权益变动表列示项目的相互参照关系，以及未能在财务报表中列示项目的说明，可以使财务报表使用者更全面地了解企业的财务状况、经营成果和现金流量以及所有者权益的情况。

2. 附注的总体要求

财务报表附注应当遵循下列总体要求：

（1）附注披露的信息应当是定量和定性信息的结合，从而能从量和质两方面对企业发生的交易或者事项进行完整的揭示，满足使用者的决策需求。

（2）附注应当按照一定的结构进行系统合理的排列和分类，有序地进行信息披露。附注的内容繁多，因此应当合理安排组织结构并按逻辑顺序排列、分类披露，以便于使用者的理解和掌握，提高财务报表的有用性。

（3）附注相关信息应当与资产负债表、利润表、现金流量表和所有者权益变动表等报表列示的项目相互参照，从而有助于使用者从整体上更好地理解财务报表。

二、附注的主要内容

附注应当根据规定按顺序至少披露如下内容：

（1）企业的基本情况。应当披露的企业基本情况包括企业注册地、组织形式和总部地址；企业的业务性质和主要经营活动；母公司以及集团最终母公司的名称；财务报告的批准报出者和批准报出日；营业期限有限的企业的营业期限。

（2）财务报表的编制基础。企业应当根据企业会计准则的规定判断企业是否持续经营，并披露财务报表是否以持续经营为基础编制。

（3）遵循企业会计准则的声明。企业应当声明编制的财务报表符合企业会计准则的要求，真实、完整地反映了企业的财务状况、经营成果和现金流量等有关信息，以此明确企业编制财务报表所依据的制度基础。

（4）重要会计政策和会计估计。企业应当披露采用的重要会计政策和会计估计。在披露重要会计政策和会计估计时，企业应当披露重要会计政策的确定依据和财务报表项目的计量基础，以及会计估计中所采用的关键假设和不确定因素。

（5）会计政策和会计估计变更以及差错更正的说明。企业应当按照会计政策、会计估计变更和差错更正会计准则的规定，披露会计政策和会计估计变更以及差错更正的有关情况。

（6）报表重要项目的说明。企业应当按照资产负债表、利润表、现金流量表、所有者权益变动表及其项目列示的顺序，采用文字和数字描述相结合的方式，尽可能以列表形式披露重要报表项目的构成或者当期增减变动情况，并且报表重要项目的明细金额合计应与相关报表项目金额相衔接。

（7）其他需要说明的重要事项。其他需要说明的重要事项主要包括或有和承诺事项、资产负债表日后非调整事项、关联方关系及其交易等需要说明的事项，以及有助于财务报表使用者评价企业管理资本的目标、政策及程序的信息。

本章要点概览

1. 财务报表是对企业财务状况、经营成果和现金流量的结构性表述。企业对外提供的财务报表至少应当包括资产负债表、利润表、现金流量表、所有者权益（或股东权益）变动表以及附注等组成部分，财务报表的列报应当符合企业会计准则规定的要求。

2. 资产负债表是反映企业在某一特定日期财务状况的财务报表,提供企业在某一特定日期所拥有或者控制的经济资源、所承担的现时义务和所有者对净资产的要求权信息。我国目前的资产负债表依据"资产＝负债＋所有者权益"这一会计等式构架,采用账户式格式。资产类项目按其流动性的大小或者按其变现能力的强弱,分为流动资产和非流动资产两类,并分项列示;负债类项目按其偿还债务时间的长短,分为流动负债和非流动负债两类,并分项列示;所有者权益类项目按其来源分项列示。

3. 利润表是反映企业在一定会计期间经营成果的财务报表,提供企业在一定会计期间经营业绩的主要来源和构成信息。我国目前的利润表依据"利润＝收入－费用"这一会计等式构架,引入综合收益观进行列报,采用多步式格式,依次反映营业收入、营业利润、利润总额、净利润、其他综合收益的税后净额、综合收益总额、每股收益等内容。

4. 现金流量表是反映企业在一定会计期间现金和现金等价物流入和流出的财务报表,提供企业在一定会计期间现金的来源、现金的运用以及现金余额变化信息。现金流量表按照收付实现制基础列报,采用报告式格式,分类反映经营活动现金流量、投资活动现金流量和筹资活动现金流量,同时,反映汇率变动对现金和现金等价物的影响以及汇总反映企业一定期间现金和现金等价物的净增加额。

5. 所有者权益变动表是反映企业构成所有者权益各组成部分当期增减变动情况的财务报表,提供企业在一定会计期间所有者权益及其各组成部分的增减变动原因与结果信息。所有者权益变动表采用矩阵格式,分别列示会计政策变更和前期差错更正、综合收益增减变动、所有者投入和减少资本、利润分配、所有者权益内部结转等交易或者事项对所有者权益及其各构成项目变动的影响及其结果。

6. 附注是财务报表的重要组成部分,是对资产负债表、利润表、现金流量表和所有者权益变动表等报表中列示项目所作的进一步解释,以及对未能在这些报表中列示项目的说明等。附注应当根据规定按顺序披露企业的基本情况、财务报表的编制基础、遵循企业会计准则的声明、重要会计政策和会计估计、会计政策和会计估计变更以及差错更正的说明、报表重要项目的说明、其他需要说明的重要事项等内容。

 主要术语

1. 财务报表
2. 中期财务报表
3. 年度财务报表
4. 财务报表列报
5. 资产负债表
6. 利润表
7. 现金流量表
8. 现金等价物
9. 现金流量
10. 经营活动产生的现金流量
11. 投资活动产生的现金流量
12. 筹资活动产生的现金流量
13. 所有者权益变动表
14. 财务报表附注

阅 读 文 献

1. 财政部会计司.企业会计准则第 30 号——财务报表列报[M].北京:中国财政经济出版社,2014.

2. 张捷,刘英明.基础会计(第十章财务报告)[M].北京:中国人民大学出版社,2021.

3. 陈国辉,迟旭升.基础会计(第十一章财务报告)[M].大连:东北财经大学出版社,2024.

4. 唐国平.会计学原理(第八章会计报告)[M].北京:中国财政经济出版社,2020.

5. 张蕊.会计学原理(第八章财务报表)[M].北京:中国财政经济出版社,2019.

复 习 思 考 题

1. 什么是财务报表? 财务报表包括哪些种类? 财务报表的列报应当符合哪些要求?

2. 资产负债表的作用是什么? 结构和内容如何? 如何编制资产负债表?

3. 利润表的作用是什么? 结构和内容如何? 如何编制利润表?

4. 现金流量表的作用是什么? 采用什么会计基础进行编制? 结构和内容如何?

5. 所有者权益变动表的作用是什么? 结构和内容如何?

6. 财务报表附注起什么作用? 包括哪些主要内容?

练 习 题

一、单项选择题(在每小题的备选答案中,选出一个最为切合题意的答案)

1. 下列项目中,属于企业资产负债表反映的内容是( )。

 A. 财务状况   B. 经营成果

 C. 现金流量   D. 所有者权益增减变动

2. 下列项目中,属于我国企业会计准则规定的资产负债表所采用的格式是( )。

 A. 单步式   B. 多步式

 C. 账户式   D. 报告式

3. 下列项目中,属于资产负债表中的流动资产项目的是( )项目。

 A. "货币资金"   B. "固定资产"

 C. "短期借款"   D. "实收资本"

4. 下列项目中,属于资产负债表中的流动负债项目的是( )项目。

 A. "应收票据"   B. "应付账款"

 C. "预付款项"   D. "存货"

5. 下列项目中,属于资产负债表中的所有者权益项目的是( )项目。

 A. "货币资金"   B. "存货"

 C. "固定资产"   D. "未分配利润"

6. 下列资产负债表项目中,可以根据总账账户期末余额直接填列的是( )。

A. "货币资金"　　　　　　　　　　　B. "存货"

C. "短期借款"　　　　　　　　　　　D. "未分配利润"

7. 下列报表中,反映企业某一期间经营成果的财务报表是(　　　)。

A. 资产负债表　　　　　　　　　　　B. 利润表

C. 现金流量表　　　　　　　　　　　D. 所有者权益变动表

8. 下列利润表项目中,属于影响营业利润的是(　　　)。

A. "主营业务收入"　　　　　　　　　B. "营业外收入"

C. "营业外支出"　　　　　　　　　　D. "所得税费用"

9. 下列报表中,属于以收付实现制为基础编制的财务报表是(　　　)。

A. 资产负债表　　　　　　　　　　　B. 利润表

C. 现金流量表　　　　　　　　　　　D. 所有者权益变动表

10. 下列各项中,属于财务报表编制的直接依据是(　　　)。

A. 原始凭证　　　　　　　　　　　　B. 记账凭证

C. 科目汇总表　　　　　　　　　　　D. 账簿记录

二、多项选择题(在每小题的备选答案中,选出两个或两个以上切合题意的答案)

1. 下列各项中,属于企业对外提供的财务报表组成部分的有(　　　)。

A. 资产负债表　　　　　　　　　　　B. 利润表

C. 现金流量表　　　　　　　　　　　D. 所有者权益变动表

E. 附注

2. 下列各项中,体现财务报表编制基本要求的有(　　　)。

A. 以持续经营为基础编制财务报表

B. 按权责发生制编制财务报表

C. 财务报表项目的列报应当在各个会计期间保持一致,不得随意变更

D. 重要性是判断财务报表项目是否单独列报的重要标准

E. 企业在列报当期财务报表时,至少应当提供所有列报项目上一个可比会计期间的比较数据

3. 下列资产负债表项目中,属于根据总账账户余额直接填列的有(　　　)。

A. "短期借款"　　　　　　　　　　　B. "应付票据"

C. "应收票据"　　　　　　　　　　　D. "资本公积"

E. "盈余公积"

4. 资产负债表中的"货币资金"项目,应根据(　　　)总账账户余额的合计数填列。

A. "库存现金"　　　　　　　　　　　B. "银行存款"

C. "其他货币资金"　　　　　　　　　D. "应收账款"

E. "预收账款"

5. 资产负债表中的"存货"项目,应根据(　　　)等总账账户的余额合计数,减去"存货跌价准备"总账账户余额后的净额填列。

A. "在途物资"　　　　　　　　　　　B. "原材料"

C. "生产成本"　　　　　　　　　　　D. "库存商品"

E."固定资产"

6. 资产负债表中的"预收款项"项目,应根据( )合计数填列。

   A."应收账款"明细账户借方余额   B."应收账款"明细账户贷方余额

   C."预收账款"明细账户借方余额   D."预收账款"明细账户贷方余额

   E."应收票据"明细账户贷方余额

7. 资产负债表中的"应收账款"项目,应根据( )合计数,减去"坏账准备"总账账户所属相应明细账户的余额,即已计提坏账准备后的净额填列。

   A."应收账款"明细账户借方余额   B."应收账款"明细账户贷方余额

   C."预收账款"明细账户借方余额   D."预收账款"明细账户贷方余额

   E."应收票据"明细账户贷方余额

8. 下列利润表项目中,影响利润总额的有( )。

   A."营业收入"   B."营业成本"

   C."营业外收入"   D."营业外支出"

   E."所得税费用"

9. 下列利润表项目中,属于根据利润表中相关项目计算填列的有( )。

   A."营业收入"   B."营业成本"

   C."营业利润"   D."利润总额"

   E."净利润"

10. 下列项目中,属于现金流量表经营活动现金流量的项目有( )。

   A. 销售商品、提供劳务收到的现金

   B. 购买商品、接受劳务支付的现金

   C. 支付给职工以及为职工支付的现金

   D. 购建固定资产、无形资产和其他长期资产支付的现金

   E. 因生产经营所需取得借款收到的现金

三、判断题(认为正确的在题目前面括号内打"√",认为错误的在题目前面括号内打"×")

1. ( )财务报表是以企业日常的会计核算资料为依据,以表格及附注形式进行编制的,表格中列示的内容比附注形式列示的内容更为重要。

2. ( )财务报表按财务报表编报期间的不同,可以分为中期财务报表和年度财务报表,中期财务报表是指半年度财务报表。

3. ( )我国的资产负债表是根据"资产=负债+所有者权益"这一会计等式为依据编制的。

4. ( )资产负债表中的"应收账款""预付款项""应付账款"和"预收款项"项目填列的金额不会出现负数。

5. ( )企业资产负债表中"未分配利润"项目填列的金额等于"利润分配"账户的期末贷方余额。

6. ( )我国利润表格式为账户式,这种格式有利于判断企业未来的盈利能力。

7. ( )资产负债表是反映企业在某一特定日期财务状况的财务报表,通常根据有关账户的期末余额直接、分析计算填列;而利润表是反映企业在一定会计期间经营成果的财务报表,通常根据有关账户的本期发生额(净额)直接、分析计算填列。

8. (　　)通过利润表可以看出,假定其他条件不变,企业当期发生的营业外支出越多,当期的营业利润就越低。

9. (　　)企业的会计处理基础是权责发生制,财务报表也都是以权责发生制为基础编制的。

10. (　　)现金流量表中的现金及现金等价物净增加额与资产负债表中货币资金的增加额可能不相等。

四、业务题

【业务题一】

目的:练习资产负债表的编制。

资料:长风公司20×1年12月31日各总账账户余额,如表9-11所示;有关明细账账户的余额,如表9-12所示。

表 9-11　　　　　　长风公司20×1年12月31日各总账账户余额

单位:元

账户名称	借方余额	账户名称	贷方余额
库存现金	3 000	短期借款	100 000
银行存款	260 000	应付账款	26 000
应收账款	64 000	预收账款	18 000
预付账款	42 000	应付职工薪酬	57 000
应收利息	2 000	应交税费	8 000
应收股利	18 000	应付利息	6 000
其他应收款	2 000	应付股利	10 000
原材料	69 000	长期借款	100 000
生产成本	7 000	实收资本	800 000
库存商品	38 000	盈余公积	60 000
固定资产	800 000	利润分配	90 000
无形资产	30 000	累计折旧	60 000
合计	1 335 000	合计	1 335 000

表 9-12　　　　　　长风公司20×1年12月31日有关明细账账户余额

单位:元

账户名称	借方余额	账户名称	贷方余额
预付账款——A公司	53 000	预付账款——B公司	11 000
预收账款——C公司	6 000	预收账款——D公司	28 000
预收账款——E公司	4 000	应付账款——F公司	14 000
应收账款——G公司	20 000	应付账款——H公司	12 000

（续表）

账户名称	借方余额	账户名称	贷方余额
应收账款——I公司	14 000	长期借款——工商银行（在未来6个月内到期）	20 000
应收账款——J公司	30 000	利润分配——未分配利润	90 000

要求：

（1）根据上述资料编制长风公司20×1年12月31日的资产负债表。

（2）列示资产负债表项目填报的计算过程。

【业务题二】

目的：练习利润表的编制。

资料：长风公司20×1年各损益类账户的本期发生额（净额），如表9-13所示。

表9-13　　　　长风公司20×1年各损益类账户的本期发生额

单位：元

账户名称	借方发生额（净额）	账户名称	贷方发生额（净额）
主营业务成本	3 200 000	主营业务收入	5 600 000
其他业务成本	320 000	其他业务收入	690 000
税金及附加	280 000	营业外收入	70 000
销售费用	720 000		
管理费用	860 000		
财务费用	360 000		
营业外支出	60 000		
所得税费用	140 000		

要求：根据上述资料编制长风公司20×1年利润表。

【业务题三】

目的：练习财务报表的编制。

资料：20×1年11月30日，北方公司成立，并收到投资者投入的厂房一栋，价值3 000 000元；机器设备，价值2 000 000元；货币资金200 000元，已转入公司银行账户。假设北方公司为增值税一般纳税人，20×1年12月发生下列经济业务：

（1）月初，从工商银行取得期限为3个月的借款100 000元，年利率12%，到期一次还本付息。

（2）采购材料一批，取得的增值税专用发票注明的价款为90 000元，增值税税额为11 700元，材料已验收入库，货款尚未支付。

（3）公司生产加工产品发生下列生产费用：生产产品领用材料60 000元，生产产品工人薪酬为36 000元，车间管理人员薪酬20 000元，计提车间折旧费4 000元。产品已完工，结转完工产品1 200件产品的生产成本。

（4）公司发生下列期间费用：行政管理人员薪酬 28 240 元，计提行政管理部门折旧费 6 000 元；通过银行支付广告费、宣传费共计 13 330 元；计提应由本月负担的月初从工商银行借入的短期借款利息。

（5）销售产品 1 000 件，单价 200 元，开具的增值税专用发票注明的价款为 200 000 元，增值税税额为 26 000 元，货款尚未收到。结转已销售产品的生产成本。计算应负担的城市维护建设税和教育费附加为 1 430 元。

（6）计算本年所得税费用（所得税税率为 25%），并结转损益类账户。

（7）按净利润 10% 提取盈余公积。

（8）结转全年累计实现的净利润。

要求：

（1）根据上述经济业务编制北方公司 20×1 年 12 月 31 日的资产负债表。

（2）根据上述经济业务编制北方公司 20×1 年度的利润表。

【业务题四】

目的：练习财务报表的编制。

资料：20×1 年汇联公司投资 100 万元成立明星公司。明星公司设置若干个管理部门和一个生产车间。明星公司生产甲、乙两种产品，耗用 A、B 两种材料。假设明星公司为增值税一般纳税人，增值税税率为 13%，所得税税率为 25%。20×2 年资料见［例 9-1］。20×3 年发生下列经济业务：

（1）明星公司增加产能扩大规模，新增注册资本 1 000 000 元，由中证公司出资 1 200 000 元，享有全部注册资本的 50% 份额，款项已转入明星公司银行账户。

（2）通过银行支付上年购买 B 材料所欠华东公司的货款 113 000 元。

（3）通过银行支付职工薪酬 260 000 元。

（4）通过银行缴纳税费 215 226 元。

（5）通过银行向投资者支付现金股利 120 000 元。

（6）购入不需要安装的生产型设备一台，取得的增值税专用发票注明的价款为 146 000 元，增值税税额为 18 980 元，另外支付包装费和运杂费等各项支出 4 000 元（假设不考虑增值税）。全部款项已用银行存款支付。

（7）从华东公司购入 A、B 两种材料。A 材料 5 000 千克，单价 82 元；B 材料 2 000 千克，单价 101.50 元。取得的增值税专用发票注明的价款为 613 000 元，增值税税额为 79 690 元，款项已通过银行付讫。

（8）根据购货合同，通过银行向华西公司预付 100 000 元购买 B 材料。

（9）从华东公司购入 B 材料 1 000 千克，单价 101 元，取得的增值税专用发票注明的价款为 101 000 元，增值税税额为 13 130 元，货款尚未支付。

（10）通过银行支付上述业务（7）购买 A、B 材料和［例 9-1］业务（11）上年购买 B 材料的运杂费 24 000 元（假设不考虑增值税），运杂费按材料重量在 A、B 材料之间进行分配。

（11）上述业务（7）与［例 9-1］业务（11）从东华公司购入的材料运达并验收入库，计算并结转已验收入库材料的实际采购成本。

（12）通过银行支付办公用品费 16 000 元，其中，车间负担 6 000 元，公司管理部门负担 10 000 元。

（13）通过银行支付水电费 20 000 元，其中，车间负担 14 000 元，公司管理部门负担 6 000 元。

（14）通过银行支付业务招待费 22 000 元。

（15）通过银行支付广告费 38 000 元。

（16）向华北公司销售甲产品 300 件，单价 4 000 元；销售乙产品 200 件，单价 3 000 元，开具的增值税专用发票注明的价款为 1 800 000 元，增值税税额为 234 000 元。产品已发出，款项已通过银行转账收讫。

（17）向华南公司销售乙产品 100 件，单价 3 000 元，开具的增值税专用发票注明的价款为 300 000 元，增值税税额为 39 000 元，款项尚未收到。

（18）根据销货合同，通过银行向华北公司预收产品货款 160 000 元。

（19）通过银行收到华南公司上年所欠货款 169 500 元。

（20）通过银行收到华中公司 20×2 年所欠材料款 67 800 元。

（21）通过银行支付应由本公司负担的销售产品运杂费 35 080 元。

（22）由于暴雨导致 B 材料毁损 200 千克，单位成本 104 元。

（23）通过银行收到公益性捐赠 10 000 元。

（24）计提 20×2 年借入的短期借款的利息 6 000 元，见［例 9-1］业务（2）。

（25）偿还 20×2 年借入的短期借款本金 200 000 元及利息 12 000 元，见［例 9-1］业务（2）。

（26）根据本月"发料凭证汇总表"，结转发出材料的成本。发出材料类别及用途如下：A 材料 400 000 元，其中，甲产品耗用 240 000 元，乙产品耗用 160 000 元；B 材料 280 000 元，其中，甲产品耗用 132 000 元，乙产品耗用 108 000 元，车间一般耗用 40 000 元。

（27）根据"职工薪酬结算汇总表"，分配职工薪酬 560 000 元，其中，甲产品生产工人的薪酬 270 000 元，乙产品生产工人的薪酬 180 000 元，车间管理人员的薪酬 50 000 元，公司管理人员的薪酬 60 000 元。

（28）根据"固定资产折旧计算表"，计提固定资产折旧 90 000 元，其中，车间折旧费 70 000 元，管理部门折旧费 20 000 元。

（29）按生产工人的薪酬比例分配并结转制造费用至"生产成本"账户。

（30）计算并结转已完工验收入库产成品的生产成本。假设甲产品、乙产品各 400 件，均全部完工；期初在产品生产成本资料见［例 9-1］业务（29）。

（31）期末计算并结转本月已销产品的生产成本。销售数量资料见业务（16）与业务（17），完工产品成本资料见业务（30）。

（32）结转业务（22）报经批准毁损的 B 材料损失。

（33）计算并结转应交的城市维护建设税和教育费附加（分别按照应交增值税 161 200 元的 7% 和 3% 计算交纳）。

（34）期末，结转本期各损益类账户（除"所得税费用"账户）的余额。结转前各损益类账户发生额分别为：主营业务收入 2 100 000 元、营业外收入 10 000 元、主营业务成本 960 000 元、税金及附加 16 120 元、销售费用 73 080 元、管理费用 118 000 元、财务费用 6 000 元和营业外支出 20 800 元。

（35）假设无纳税调整项目，计算本月所得税费用。

（36）结转所得税费用。

（37）按本年净利润的 10% 提取盈余公积。

（38）经股东大会决议，公告向投资者分配现金股利 200 000 元。

（39）年末,结转本年实现的净利润 687 000 元(916 000－229 000)。

（40）结转利润分配各明细账户。

要求：

（1）根据上述经济业务编制明星公司 20×3 年 12 月 31 日资产负债表。

（2）根据上述经济业务编制明星公司 20×3 年度利润表。

（3）根据上述经济业务编制明星公司 20×3 年度现金流量表。

（4）根据上述经济业务编制明星公司 20×3 年度所有者权益变动表。

第十章 会计规范

────── 学习目的与要求 ──────

　　本章阐述会计的规范,内容包括会计规范的作用、会计规范体系的构成及其主要内容。通过本章的学习,应当明确会计规范的作用,了解我国会计规范体系的构成;掌握我国会计法律规范的基本内容;了解我国会计机构与会计岗位设置的基本要求,掌握会计人员的基本要求与职责,熟悉会计档案管理的基本规定;了解会计准则的制定动因,掌握我国企业会计准则体系的构成;明确内部控制的意义,了解我国企业内部控制规范体系的构成,掌握内部控制基本规范的主要内容;明确会计职业道德规范的意义,掌握会计职业道德规范的基本内容。

 课前预习题

1. 会计工作为什么需要有系统完整的会计规范?

2. 我国的会计法律规范体系是如何构成的?

3. 会计工作组织与管理规范主要包括哪些内容?

4. 我国的企业会计准则体系是如何构成的?

5. 为什么要建立健全并有效实施内部控制制度?

6. 从事会计职业或者进行会计工作为什么要受会计职业道德规范的约束?

第一节 会计规范的作用与构成

会计,特别是财务会计所提供的会计信息,不仅对于会计信息使用者的决策,而且对于调整利益关系、维护社会经济秩序具有重要的影响。会计信息的公共产品特性及其产生的经济后果,必然要求进行会计工作必须遵循一定的规范。

一、会计规范的作用

规范,是指明文规定或者约定俗成的标准,是从事一种职业或者进行一项工作所依据的准则。会计规范是以会计为对象的明文规定或者约定俗成的标准,是从事会计职业或者进行会计工作所应当遵循的约束性或者指导性的行为准则。

会计规范对于会计职能的发挥具有十分重要的作用,具体表现在以下三个方面:

(1) 会计规范为会计工作的有序进行,保证会计信息的质量提供了依据。不同企业或者同一企业不同时期的会计核算,包括会计核算的内容、程序、方法以及结果,只有按照规范进行才具有统一性,提供的会计信息才具有可比性,会计信息的使用者才能据以作出正确的决策。

(2) 会计规范为检查、揭示并且约束会计工作中可能存在的不当行为提供了依据。在会计实际工作中,尽管要求以会计规范为依据来进行会计核算,但由于各种原因,会计的核算及其结果仍会出现偏差,依然需要根据会计规范来进行检查与揭示,并予以纠正,使会计工作始终处于规范状态。

(3) 会计规范为会计人员履行会计职责提供了保证。会计规范的建立,明确了会计人员的基本要求与职责,有利于强化企业的内部管理,保证经济活动和相关会计核算的真实性、完整性、合法性和合理性,促进会计信息质量的提高。

二、会计规范体系的构成

会计规范发展至今已经形成一个具有不同层次结构的完整体系,其中的各种规范相互联系、相互补充、相互影响,对会计运行过程及其结果起着约束作用。

会计规范从具体内容看,可以分为会计工作组织与管理规范、会计核算技术规范与会计监督规范三类。会计工作组织与管理规范,主要对会计工作机构及其岗位设置、对会计人员的要求与职责、对会计档案的管理等予以约束;会计核算技术规范,主要对会计信息生成与提供的原则、程序、方法等予以约束,如会计准则制度;会计监督规范,主要对经济活动和相关会计核算的真实性、完整性、合法性和合理性进行审查并实施控制予以约束,如内部控制规范。在这三类规范中,会计工作组织与管理规范是保证会计工作达到预期目标的前提,会计核算技术规范是会计信息的生成与提供的直接依据,会计监督规范则是对会计工作的有序进行与会计信息的质量提供保证。

会计规范从实际作用看,可以分为会计法律规范、会计职业道德规范两类。会计法律规范是国家政权以法律法规形式制定的调整会计关系的行为规范,是一种以法律力量保证施行的强制型会计规范。通常,企业在遵守会计法律规范的前提下,再结合自身的具体情况来制定本企业的会计规范,以保证国家会计法律规范的有效实施。会计职业道德规范是由会计职业界自发形成的调整会计关系的行为规范,是一种以道德力量引导执行的舆论约束型会计规范。会计职业道德规范与会计法律规范具有密切的联系,会计职业道德规范的一些内容通过提炼被会计法律规范所吸收,从而成为会计法律规范的组成部分。

从会计实际工作中所依据的会计规范出发,以下各节主要从会计法律规范、会计工作组织与管理规范、会计核算规范、内部控制规范与会计职业道德规范五个方面论述会计规范的主要内容。

第二节 会计法律规范

鉴于我国的经济管理体制与管理惯例,会计法律规范在规范会计行为过程中发挥着极其重要的作用。

一、我国会计法律规范概况

我国的会计法律规范是以《中华人民共和国会计法》(以下简称《会计法》)为中心,由会计法律、会计行政法规、会计部门规章与地方性会计法规四个层次构成的相对完整的法律规范体系。

会计法律,是指由全国人民代表大会及其常务委员会经过一定立法程序制定的有关会计工作的法律,属于会计法律规范体系中层次最高的规范,是制定其他会计法规的依据,也是指导会计工作的最高准则,如《会计法》与《中华人民共和国注册会计师法》(以下简称《注册会计师法》)等。

会计行政法规,是指根据会计法律,由国务院制定并发布,或者由国务院有关部门拟定并经国务院批准发布,调整经济活动中某些方面会计关系的会计法律规范,如《财务会计报告条例》与《总会计师条例》等。

会计部门规章,是指根据会计法律、会计行政法规,由国家主管会计工作的行政部门即财政部以及其他相关部委,为调整会计工作中某些方面内容制定发布的在全国具有法律效力的会计准则制度和规范性文件,如《会计基础工作规范》《会计档案管理办法》《企业会计准则》《政府会计准则》《企业内部控制基本规范》《行政事业单位内部控制规范(试行)》等。

地方性会计法规,是指由省、自治区、直辖市人民代表大会及其常务委员会依据会计法律、会计行政法规以及会计部门规章,结合地方管理的实际需要制定发布,仅在本行政区域内具有法律效力的有关会计核算、会计监督、会计机构和会计人员以及会计工作管理的规范性文件。

二、《会计法》

《会计法》在会计法律规范体系构成中居于最高层次的中心地位,对其他会计法律、会计行政法规以及会计部门规章等起着统驭的作用。我国现行的《会计法》由"总则""会计核算""会计监督""会计机构和会计人员""法律责任"与"附则"等6章53条构成。

《会计法》的立法宗旨是为了规范会计行为,保证会计资料真实、完整,加强经济管理和财务管理,提高经济效益,维护社会主义市场经济秩序。《会计法》强调,会计工作应当贯彻落实党和国家路线方针政策、决策部署,维护社会公共利益,为国民经济和社会发展服务。

《会计法》规定了会计责任的主体与会计机构、会计人员的法定职责。企业必须依法设置会计账簿,并保证其真实、完整,企业负责人对本企业的会计工作和会计资料的真实性、完整性负责,会计机构、会计人员依照《会计法》的规定进行会计核算,实行会计监督。

《会计法》规定了会计工作的管理体制,并明确国家实行统一的会计制度。国务院财政部门主管全国的会计工作,县级以上地方各级人民政府财政部门管理本行政区域内的会计工作。国家实行统一的会计制度,国家统一的会计制度由国务院财政部门根据《会计法》制定并公布。国家加强会计信息化建设,鼓励依法采用现代信息技术开展会计工作。

《会计法》规定了会计核算必须遵循的基本规范、会计核算的具体内容与会计核算的一些通用规则。各企业必须根据实际发生的经济业务事项进行会计核算,填制会计凭证,登记会计账簿,编制财务会计报告。任何企业不得以虚假的经济业务事项或者资料进行会计核算。会计核算的具体内容包括:资产的增减和使用;负债的增减;所有者权益的增减;收入、支出、费用、成本的增减;财务成果的计算和处理;需要办理会计手续、进行会计核算的其他事项。会计年度自公历1月1日起至12月31日止。会计核算以人民币为记账本位币。《会计法》对于会计核算中会计凭证填制与审核、会计账簿的登记与核对、财务会计报告的编制以及档案管理等作出了规定,并且强调各企业进行会计核算不得有下列行为:随意改变资产、负债、所有者权益的确认标准或者计量方法,虚列、多列、不列或者少列资产、负债、所有者权益;虚列或者隐瞒收入,推迟或者提前确认收入;随意改变费用、成本的确认标准或者计量方法,虚列、多列、不列或者少列费用、成本;随意调整利润的计算、分配方法,编造虚假利润或者隐瞒利润;违反国家统一的会计制度规定的其他行为。

《会计法》规定了会计监督的内容与要求。各企业应当建立、健全本企业内部会计监督制度,并纳入本企业内部控制管理制度,企业负责人在内部会计监督中承担保证责任。会计机构、会计人员对违反本法和国家统一的会计制度规定的会计事项,有权拒绝办理或者按照职权予以纠正。任何企业和个人对违反本法和国家统一的会计制度规定的行为,有权检举。按规定须经注册会计师进行审计的企业,应当向受委托的会计师事务所如实提供会计凭证、会计账簿、财务会计报告和其他会计资料以及有关情况。任何企业或者个人不得以任何方式要求或者示意注册会计师及其所在的会计师事务所出具不实或者不当的审计报告。财政部门有权对会计师事务所出具审计报告的程序和内容进行监督。财政部门对各企业是否依法设置会计账簿,会计凭证、会计账簿、财务会计报告和其他会计资料是否真实、完整,会计核算是否符合本法和国家统一的会计制度的规定以及从事会计工作的人员是否具备专业能力、遵守职业道德情况实施监督。财政、审计、税务、金融管理等部门应当依照有关法律、行政法规规定的职责,对有关企业的会计资料实施监督检查。

《会计法》规定了会计机构的设置要求和对会计人员的基本要求。各企业应当根据会计业务的需要,依法采取规定的一种方式组织本企业的会计工作,会计机构内部应当建立稽核制度。会计人员应当具备从事会计工作所需要的专业能力。担任企业会计机构负责人或者会计主管人员的,应当具备会计师以上专业技术职务资格或者从事会计工作3年以上经历。会计人员应当遵守职业道德,提高业务素质,严格遵守国家有关保密规定。《会计法》也对会计人员作出了禁止的规定。

《会计法》规定了违反《会计法》应当承担行政和刑事两种法律责任,其中,行政责任又包括行政处罚和行政处分两种形式。对违反会计核算、会计监督等规定的违法行为及法律责任,伪造、变造会计资料、隐匿或者故意销毁会计资料的法律责任,授意、指使、强令会计机构、会计人员及其他人员伪造、变造会计资料或者隐匿、故意销毁会计资料的法律责任,单位负责人对依法履行职责、抵制违反本法规定行为的会计人员打击报复的法律责任,从事会计代理记账业务的中介机构及其工作人员违反本法行为的法律责任,财政部门及有关行政部门的工作人员在实施监督管理中的法律责任,违反为检举人保密义务的法律责任等违反《会计法》有关规定的法律责任作出了具体规定。《会计法》明确,因违反本法规定受到处罚的,按照国家有关规定记入信用记录,并向社会公示。

三、《注册会计师法》

《注册会计师法》是规范我国注册会计师及其行业行为的一部单行法。我国现行的《注册会计师法》由"总则""考试和注册""业务范围和规则""会计师事务所""注册会计师协会""法律责任"与"附则"等7章46条构成。

《注册会计师法》的立法宗旨是为了发挥注册会计师在社会经济活动中的鉴证和服务作用,加强对注册会计师的管理,维护社会公共利益和投资者的合法权益,促进市场经济的健康发展。

《注册会计师法》明确,注册会计师是依法取得注册会计师证书并接受委托从事审计和会计咨询、会计服务业务的执业人员,会计师事务所是依法设立并承办注册会计师业务的机构。注册会计师执行业务,应当加入会计师事务所。

《注册会计师法》规定,国家实行注册会计师全国统一考试制度,参加注册会计师全国统一考试成绩合格,并从事审计业务工作2年以上的,可以向省、自治区、直辖市注册会计师协会申请注册。准予注册的申请人,由注册会计师协会发给国务院财政部门统一制定的注册会计师证书。

《注册会计师法》规定,注册会计师从事的审计业务包括:审查企业财务报表,出具审计报告;验证企业资本,出具验资报告;办理企业合并、分立、清算事宜中的审计业务,出具有关报告;法律行政法规规定的其他审计业务。注册会计师依法执行审计业务出具的报告具有证明效力。注册会计师可以承办会计咨询、会计服务业务。注册会计师从事审计业务必须保持高度的独立性,注册会计师如果与委托人存在利害关系必须实行回避。注册会计师执行审计业务,必须按照执业准则、规则确定的工作程序出具报告。

《注册会计师法》规定,会计师事务所可以有合伙会计师事务所和负有限责任的会计师事务所两种方式。设立会计师事务所,由省、自治区、直辖市人民政府财政部门批准,并报国务院财政部门备案。会计师事务所设立分支机构,须经分支机构所在地的省、自治区、直辖市人民政府财政部门批准。会计师事务所受理业务,除非法律、行政法规另有规定,不受行政区域、行业的限制。会计师事务所依法纳税,按照国务院财政部门的规定建立职业风险基金,办理职业保险。

《注册会计师法》规定,注册会计师协会是由注册会计师组成的社会团体,中国注册会计师协会是注册会计师的全国组织,省、自治区、直辖市注册会计师协会是注册会计师的地方组织,注册会计师应当加入注册会计师协会。中国注册会计师协会依法拟订注册会计师执业准则、规则,报国务院财政部门批准后施行。注册会计师协会应当支持注册会计师依法执行业务,维护其合法权益,向有关方面反映其意见和建议。注册会计师协会应当对注册会计师的任职资格和执业情况进行年度检查。

《注册会计师法》规定,注册会计师、会计师事务所负有行政、民事和刑事三种法律责任。承担行政责任将受到省级以上人民政府财政部门给予警告、罚款、暂停执行业务、撤销会计师事务所或者吊销注册会计师证书等处罚。民事责任是注册会计师、会计师事务所给委托人、其他利害关系人造成损失的应依法予以经济赔偿。会计师事务所、注册会计师故意出具虚假的审计报告、验资报告构成犯罪的,将追究其刑事责任。

除了《会计法》与《注册会计师法》,《中华人民共和国公司法》《中华人民共和国证券法》对于公司的会计核算要求与相关法律责任作出了规定。

第三节　会计工作组织与管理规范

会计工作是一项综合性的管理工作,企业发生的各项经济业务,都要通过会计加以反映和监督；会计工作也是一项政策性很强的工作，必须按照有关会计法律、会计行政法规以及会计部门规章的规定办理业务；会计工作还是一项严谨的技术性工作，会计信息的生成与披露需要经过会计确认、计量与报告的规定程序。会计工作组织与管理规范是从会计工作的综合性、政策性、严谨性特点出发，对会计机构与会计工作岗位设置、会计人员管理、会计档案管理等所作出的规定，以保证会计工作的有序有效进行。

一、会计机构设置

会计机构，是指企业办理会计事务的职能部门。建立和健全会计机构，是加强会计工作、保证会计工作顺利进行的重要条件。我国《会计法》与《会计基础工作规范》等法律法规都对会计机构的设置作出了明确的规定。

企业应当根据会计业务的需要依法采取一定的方式组织会计工作。生产经营达到一定规模的企业应当设置会计机构，并配备会计机构负责人。不具备单独设置会计机构条件的，应当在有关机构中设置会计岗位并指定会计主管人员。没有在有关机构中设置会计岗位并指定会计主管人员的，应当根据《代理记账管理办法》的规定委托经批准设立从事会计代理记账业务的中介机构代理记账。

国有的和国有资本占控股地位或者主导地位的大、中型企业必须设置总会计师，总会计师应当由具有会计师以上专业技术资格的人员担任。

会计机构负责人、会计主管人员的任免，应当符合《会计法》和其他有关法规的规定。会计机构负责人、会计主管人员应当具备的基本条件包括：坚持原则，廉洁奉公；具备会计师以上专业技术职务资格或者从事会计工作3年以上经历；熟悉国家财经法律、法规、规章和方针、政策，掌握本行业业务管理的有关知识；有较强的组织能力；身体状况能够适应本职工作的要求。

会计机构内部应当建立稽核制度。出纳人员不得兼任稽核、会计档案保管和收入、支出、费用、债权债务账目的登记工作。

二、会计工作岗位设置

会计工作岗位，是指企业会计机构内部根据业务分工而设置的职能岗位。企业会计机构内部科学合理地设置会计工作岗位，有利于明确会计人员的业务分工和职责，建立岗位责任制；有利于强化会计核算与会计控制职能，提高会计工作的效率和质量；同时，也是配备会计人员的客观依据之一。

企业应当有关规定的要求设置会计工作岗位。一是应根据本企业会计业务的需要设置会计工作岗位，即会计工作岗位的设置应与业务活动规模、特点和管理要求相适应，保证会计工作的有序进行以及会计信息的真实、完整与及时提供。二是会计工作岗位的设置应该符合内部控制制度的要求，即按照不相容职务相分离原则进行会计工作岗位设置。三是对会计人员要有计划地进行轮岗,即通过定期或不定期地轮换会计人员的工作岗位,以促进会计人员全面熟悉会计业务,并强化会计监督。四是要建立岗位责任制,即明确各项会计工作的职责范围、具体内容和要求,并落实到每个会计工作岗位。

会计工作岗位一般可分为会计机构负责人或会计主管人员、出纳、财产物资核算、职工薪酬核算、成本费用核算、财务成果核算、资金核算、往来结算、总账报表、稽核、档案管理等。企业或单位根据会计信息化与管理会计的需要可以设置相应的工作岗位,也可以与其他工作岗位相结合。会计岗位,可以一人一岗、一人多岗或者一岗多人,但出纳不得兼任稽核、会计档案保管和收入、支出、费用、债权债务账目的登记工作。

企业应当建立会计人员工作交接制度,会计人员工作调动或者离职,必须根据制度规定与接管人员办清交接手续。一般会计人员办理交接手续,由会计机构负责人或会计主管人员监交;会计机构负责人或会计主管人员办理交接手续,由企业负责人监交,必要时主管单位可以派人会同监交。

三、会计人员管理

合理地配备能够胜任一定岗位的会计人员,是企业做好会计工作的关键因素。《会计法》《会计基础工作规范》《会计人员管理办法》等相关法律法规对于会计人员及其要求与职责作出了明确的规定。

1. 会计人员及其要求

会计人员,是指根据《会计法》的规定,在企业中从事会计核算、实行会计监督等会计工作的人员。会计人员包括从事出纳,稽核,资产、负债和所有者权益的核算,收入、费用的核算,财务成果的核算,财务会计报告编制,会计监督,会计机构内会计档案管理以及其他具体会计工作的人员。担任企业会计机构负责人或会计主管人员、总会计师的人员,属于会计人员。

会计人员从事会计工作,应当符合的要求包括:遵守《会计法》和国家统一的会计制度等法律法规;具备良好的职业道德;按照国家有关规定参加继续教育;具备从事会计工作所需要的专业能力。具备从事会计工作所需要的专业能力,要求会计人员具有会计类专业知识,基本掌握会计基础知识和业务技能,能够独立处理基本会计业务。

为了规范会计专业技术人员继续教育,保障会计专业技术人员合法权益,不断提高会计专业技术人员素质,我国专门制定了《会计专业技术人员继续教育规定》,规定了会计专业技术人员继续教育的管理体制、内容与形式、学分管理、机构管理以及考核与评价等。

企业应当根据《会计法》等法律法规和有关规定,结合会计工作需要,自主任用(聘用)会计人员,并对任用(聘用)的会计人员及其从业行为加强监督和管理。因发生与会计职务有关的违法行为被依法追究刑事责任的人员,企业不得任用(聘用)其从事会计工作。因违反《会计法》有关规定受到行政处罚5年内不得从事会计工作的人员,处罚期届满前,企业不得任用(聘用)其从事会计工作。

2. 会计人员的职称及其评价标准

会计人员的职称是区别会计人员业务技能的技术等级。目前,我国对于会计人员的初级、中级、副高级和正高级职称依次确定为助理会计师、会计师、高级会计师和正高级会计师。

对于会计人员职称评价的基本标准条件包括:遵守《会计法》和国家统一的会计制度等法律法规;具备良好的职业道德,无严重违反财经纪律的行为;热爱会计工作,具备相应的会计专业知识和业务技能;按照要求参加继续教育;会计人员参加各层级会计人员职称评价,除必须达到上述标准条件外,还应分别具备与助理会计师、会计师、高级会计师和正高级会计师相应的标准条件。

3. 会计人员的职责

会计人员的职责就是勤勉尽职地履行会计的职能,为此,可以把会计人员的职责归纳为进行会计核算、实行会计监督以及实施其他的会计管理。

(1) 进行会计核算。会计人员要以实际发生的经济业务为依据填制与审核会计凭证、登记账簿、进行成本计算与财产清查、编制财务报表,及时提供真实、完整的会计信息,如实反映企业的财务状况、经营成果和现金流量情况,满足会计信息使用者对会计信息的需要。

(2) 实行会计监督。会计人员应对本企业的各项经济业务和会计手续的合法性、合规性和合理性进行事前、事中、事后的检查和控制。对不真实、不合法的原始凭证不予受理;对记载不准确、不完整的不合规原始凭证予以退回,要求按规定更正补充;发现账簿记录与实物、款项不符时,应当按照有关规定进行处理;对于违反《会计法》和国家统一的会计制度规定的会计事项,拒绝办理或者按照职权予以纠正。

(3) 实施其他的会计管理。其他会计管理工作内容包括拟定本企业办理会计事务的具体规章制度,参与制定预算、经济计划或业务计划,参与对预算或计划执行情况的分析与考核,办理其他相关的会计事务。

四、会计档案管理

会计档案是记录和反映企业经济业务的重要史料和证据。财政部、国家档案局发布的《会计档案管理办法》对会计档案的立卷、归档、保管、调阅和销毁作出了规定。

1. 会计档案的范围

会计档案,是指企业在进行会计核算等过程中接收或形成的,记录和反映企业经济业务事项的,具有保存价值的文字、图表等各种形式的会计资料,包括通过计算机等电子设备形成、传输和存储的电子会计档案。

企业应当进行归档的会计资料包括:会计凭证,包括原始凭证、记账凭证;会计账簿,包括总账、明细账、日记账、固定资产卡片及其他辅助性账簿;财务会计报告,包括月度、季度、半年度、年度财务会计报告;其他会计资料,包括银行存款余额调节表、银行对账单、纳税申报表、会计档案移交清册、会计档案保管清册、会计档案销毁清册、会计档案鉴定意见书及其他具有保存价值的会计资料。

2. 会计档案的整理

企业每年形成的会计档案,应当由会计机构按照归档要求负责整理立卷,装订成册,编制会计档案保管清册。

对于会计凭证,会计机构在记账之后,应定期(每天、每旬或每月)进行分类整理,将各种记账凭证按照编号顺序,连同所附的原始凭证或原始凭证汇总表加具封面和封底,装订成册,并在装订线上加贴封签,防止抽换凭证。会计凭证封面上应注明单位名称、年度、月份和起讫日期、凭证种类、起讫号码、会计机构负责人或会计主管人员和装订人员。会计机构负责人或会计主管人员和装订人员应在装订线封签外签名或盖章。对于数量过多的原始凭证,可以单独装订保管,在封面上注明记账凭证日期、编号、种类,同时在记账凭证上注明"附件另订"和原始凭证名称及编号。各种经济合同、存出保证金收据以及涉外文件等重要原始凭证,应当另编目录,单独登记保管,并在有关的记账凭证和原始凭证上相互注明日期和编号。各类会计凭证定期装订成册后归档保管。

对于会计账簿,会计机构在年度终了,应将已更换的各种活页账簿、卡片账簿以及必要的备查账簿连同账簿使用登记表装订成册,加上封面,统一编号,由会计机构负责人或会计主管人员和装订人员签名或盖章后与订本账簿一起归档保管。

对于财务会计报告,会计机构在年度终了,应将全年编制的财务会计报告按时间先后顺序整理,装订成册并加上封面,由会计机构负责人或会计主管人员和装订人员签名或盖章后归档保管。

对于全年接收或形成的银行存款余额调节表、银行对账单、纳税申报表等其他有关会计资料,会计机构一般在年度终了,按类别并按时间先后顺序整理,装订成册并加上封面,由会计机构负责人或会计主管人员和装订人员签名或盖章后归档保管。

3. 会计档案的造册归档

企业会计机构应该按照会计档案的归档范围和归档要求,定期将应当归档的会计资料整理立卷,编制会计档案保管清册。当年形成的会计档案,在会计年度终了后,可由会计机构临时保管1年,再移交档案管理机构保管。因工作需要确需推迟移交的,应当经档案管理机构同意。会计机构临时保管会计档案最长不超过3年。临时保管期间,会计档案的保管应当符合国家档案管理的有关规定,且出纳人员不得兼管会计档案。

企业会计机构在办理会计档案移交时,应当编制会计档案移交清册,并按规定办理移交手续。移交的会计档案为纸质的,应当保持原卷的封装;移交的会计档案为电子的,应当将电子会计档案及其元数据一并移交,且文件格式应当符合国家有关规定。特殊格式的电子会计档案应当与其读取平台一并移交。

4. 电子会计档案的管理

企业可以利用计算机、网络通信等现代信息技术手段管理会计档案。企业内部形成的属于归档范围的电子会计资料,同时满足规定条件的,可仅以电子形式归档保存,条件包括:形成的电子会计资料来源真实有效,由计算机等电子设备形成和传输;使用的会计核算系统能够准确、完整、有效接收和读取电子会计资料,能够输出符合国家标准归档格式的会计凭证、会计账簿、财务会计报表等会计资料,设定了经办、审核、审批等必要的审签程序;使用的电子档案管理系统能够有效接收、管理、利用电子会计档案,符合电子档案的长期保管要求,并建立了电子会计档案与相关联的其他纸质会计档案的检索关系;采取有效措施,防止电子会计档案被篡改;建立电子会计档案备份制度,能够有效防范自然灾害、意外事故和人为破坏的影响;形成的电子会计资料不属于具有永久保存价值或者其他重要保存价值的会计档案。企业从外部接收的原始凭证,附有符合《中华人民共和国电子签名法》规定的电子签名,且同时满足上述规定条件的,可仅以电子形式归档保存。

5. 会计档案的使用及借阅

企业对会计档案必须进行科学管理,做到妥善保管、有序存放、方便查找,并积极为本企业的使用提供便利。企业应当设置"会计档案查阅、复制、借出登记簿"详细登记查阅、复制、借出的日期、人员、理由、批准人等,在进行会计档案查阅、复制、借出时履行登记手续,严禁篡改和损坏。本企业人员查阅会计档案,须经主管会计工作负责人同意。外企业或单位人员查阅会计档案,要有正式介绍信,并经企业负责人批准。保存的会计档案一般不得对外借出,确因工作需要且根据国家有关规定必须借出的,应当严格按照规定办理相关手续。需要影印复制会计档案的,必须经过本企业负责人批准,并在"会计档案调阅登记簿"上详细记录会计档案影印复制的情况。

6. 会计档案的保管期限与期满销毁

会计档案的保管期限分为永久、定期两类,其中,定期保管期限一般分为 10 年和 30 年两种。会计档案的保管期限,从会计年度终了后的第一天算起。根据规定,企业和其他组织会计档案保管期限,如表 10-1 所示。

表 10-1 企业和其他组织会计档案保管期限表

档案类别	序号	档案名称	保管期限	备注
一、会计凭证	1	原始凭证	30 年	
	2	记账凭证	30 年	
二、会计账簿	3	总账	30 年	
	4	明细账	30 年	
	5	日记账	30 年	
	6	固定资产卡片		固定资产报废清理后保管 5 年
	7	其他辅助性账簿	30 年	

（续表）

档案类别	序号	档案名称	保管期限	备注
三、财务会计报告	8	月度、季度、半年度财务会计报告	10 年	
	9	年度财务会计报告	永久	
四、其他会计资料	10	银行存款余额调节表	10 年	
	11	银行对账单	10 年	
	12	纳税申报表	10 年	
	13	会计档案移交清册	30 年	
	14	会计档案保管清册	永久	
	15	会计档案销毁清册	永久	
	16	会计档案鉴定意见书	永久	

企业应当定期对已到保管期限的会计档案进行鉴定，经鉴定，仍需继续保存的会计档案，应当重新划定保管期限；对保管期满，确无保存价值的会计档案，可以根据规定按如下程序进行销毁：

（1）由本企业档案管理部门会同会计机构提出销毁意见，编制会计档案销毁清册，列明拟销毁会计档案的名称、卷号、册数、起止年度、档案编号、应保管期限、已保管期限和销毁时间等内容。

（2）企业负责人、档案管理部门负责人、会计机构负责人、档案管理部门经办人、会计机构经办人在会计档案销毁清册上签署意见。

（3）企业档案管理机构负责组织会计档案销毁工作，并与会计管理机构共同派员监销。电子会计档案销毁时，还应当符合国家有关电子档案的规定，由单位档案管理机构、会计机构和信息系统管理机构共同派员监销。监销人在会计档案销毁前，应当按照会计档案销毁清册所列内容进行清点核对；在会计档案销毁后，应当在会计档案销毁清册上签名或盖章。

保管期满但未结清的债权债务会计凭证和涉及其他未了事项的会计凭证不得销毁，纸质会计档案应当单独抽出立卷，电子会计档案单独转存，保管到未了事项完结时为止。单独抽出立卷或转存的会计档案，应当在会计档案鉴定意见书、会计档案销毁清册和会计档案保管清册中列明。正在项目建设期间的建设单位，其保管期满的会计档案不得销毁。

第四节　会计核算规范——会计准则

会计核算规范是会计信息生成与提供的技术标准，是进行会计确认、计量与报告的依据。在国际上，会计核算规范尽管在内容上各国之间存在一定的差异，但在形式上通常都采用会计准则的形式。

一、制定会计准则的动因

会计准则是就企业发生的经济业务的会计处理方法作出规定,为企业的会计核算提供技术标准。

会计准则的产生与完善是社会经济环境变化的结果。以会计准则作为企业会计信息生成与提供的技术标准始于英国、美国等西方国家。20世纪初,股份公司在西方国家已经成为普遍的企业组织形式,企业的所有权与经营权发生分离,形成了股东、债权人、企业管理当局、政府财政税务机关等各种与企业有利益关系的相关群体。为了维护各自的利益,都要求企业通过财务报表定期提供可据以作出决策的会计信息,这在客观上提出了会计信息标准化的要求,会计准则由此而产生。

由于政治、经济、法律和文化等环境的不同,导致了各个国家或地区的会计准则之间的差异,影响了分布于世界各国的不同利益相关者对会计信息的理解和据以作出决策。在此背景下,建立一套国际通用的会计标准对促进资本的国际流动和全球经济一体化的必要性受到了广泛认同。1973年6月,有关国家发起成立了以建立统一会计准则为目标的国际会计准则委员会(IASC),并发布了一系列的"国际会计准则"(IASs)和"解释公告"①。国际会计准则委员会于2001年被国际会计准则理事会(IASB)所取代,由国际会计准则理事会发布的会计准则被称为国际财务报告准则(IFRSs)。

从世界各国的会计准则制定情况来看,会计准则或者由国家权力机关制定,或者由权威性的会计职业团体制定。由国家权力机关制定的会计准则,属于国家的法律规范,其施行具有强制性;由权威性的会计职业团体制定的会计准则,其施行虽不具有强制性,但仍具有普遍的指导意义和约束力。

二、我国企业会计准则的形成

在实行企业会计准则之前,与计划经济管理体制相适应,我国企业一直实行部门会计制度。会计制度形式的会计核算规范,主要是对所发生的交易或者事项如何设置账户以及如何在账户中进行登记、财务报表如何进行编制等作出规定。随着经济体制的改革,我国会计的社会经济环境发生了重大的变化,对会计工作提出了新的要求,原有的会计制度形式的会计核算规范越来越不适应,局限性越来越大。在20世纪80年代后期,我国开始探索并着手制定企业会计准则,于1992年11月30日财政部颁布了《企业会计准则(基本准则)》,随后陆续制定发布了有关的具体会计准则,试图通过建立会计准则体系来替代原来

---

① 国际会计准则(IASs)从1973年到2000年由国际会计准则委员会(IASC)发布。国际会计准则委员会于2001年被国际会计准则理事会(IASB)所取代,由国际会计准则理事会发布的会计准则被称为国际财务报告准则(IFRSs)。

的会计制度。但会计准则体系的建立与完善需要有一个过程,在国家实施《企业会计准则(基本准则)》的同时,颁布了分行业的企业会计制度,作为企业会计准则体系尚未建立与完善之前的过渡。由于当时我国对于外商投资企业、股份制企业制定有专门的会计制度,为此事实上形成了不同行业、不同所有制的企业实行不同会计制度的局面。这一局面不利于我国企业之间会计信息的可比性,也不适应我国加入世界贸易组织(WTO)后的经济环境,于是在 2000 年 12 月 29 日财政部发布《企业会计制度》,逐步取代分所有制、分行业的会计制度,形成了企业会计制度与会计准则并存的格局。

在经济全面融入全球经济的背景下,我国加速了企业会计准则的制定工作,对企业会计准则进行了系统的设计与全面的完善,于 2006 年 2 月 15 日正式颁布了由 1 项基本准则与若干项具体准则构成的新企业会计准则体系。这一企业会计准则体系从 2007 年 1 月 1 日起由上市公司率先施行,其他企业陆续施行,并在施行中根据经济环境的变化,对一些具体准则进行了修订,并出台了一些新的具体准则。随着新企业会计准则体系的实施与《企业会计制度》退出我国企业会计核算的历史舞台,我国企业进入了会计准则形式的会计核算规范时代。

三、我国企业会计准则的体系构成

我国现行的企业会计准则体系是一个与我国国情相适应、与国际财务报告准则相趋同、涵盖各类企业各项经济业务、独立实施的会计核算规范体系。我国企业会计准则体系由基本准则、具体准则及其应用指南、准则解释公告所构成,体系结构如图 10-1 所示。

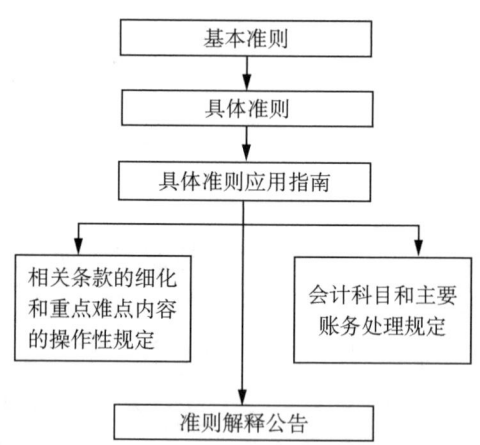

图 10-1 我国企业会计准则体系结构

基本准则在企业会计准则体系中属于第一层次,内容主要包括财务会计的基本目标、会计假设与会计基础、会计信息质量要求、会计要素及其确认与计量原则以及财务会计报告的基本规范等。基本准则在整个企业会计准则体系中具有两个方面的作用。一是统驭具体准则的制定。基本准则确立了会计确认、计量和报告的原则与要求,是准则的准则,对各项具体准则的制定起着统驭作用,可以确保各项具体准则内容的内在一致性。二是为会计实务中出现的、具体准则尚未规范的新问题提供会计处理导向。在会计实务中,由于新的交易或者事项的不断出现,具体准则的制定会滞后,这些新的交易或者事项在具体准则中尚未规范但又应予以处理,这时,企业应当按照基本准则确立的原则与要求,尤其是基本准则明确的会计要素定义及其确认与计量等方面的原则进行处理。

具体准则处于会计准则体系中的第二层次,是根据基本准则确立的原则与要求,对各项经济业务的会计处理原则、程序和方法作出具体规定。具体准则可以分为三大类。第一类是用于规范各类企业共同性业务会计确认、计量和披露的准则,如《企业会计准则第1号——存货》《企业会计准则第2号——长期股权投资》《企业会计准则第4号——固定资产》《企业会计准则第6号——无形资产》《企业会计准则第9号——职工薪酬》等准则;第二类是用于规范特殊业务会计确认、计量和披露的准则,其中既有用于规范各类企业特殊业务会计确认、计量和披露的准则,如《企业会计准则第3号——投资性房地产》《企业会计准则第10号——企业年金基金》《企业会计准则第11号——股份支付》《企业会计准则第16号——政府补助》《企业会计准则第19号——外币折算》等准则,又有用于规范特定行业特殊业务的会计确认、计量和披露的准则,如《企业会计准则第5号——生物资产》《企业会计准则第25号——原保险合同》《企业会计准则第26号——再保险合同》《企业会计准则第27号——石油天然气开采》等准则;第三类是用于规范财务报告的准则,如《企业会计准则第28号——会计政策、会计估计变更和差错更正》《企业会计准则第29号——资产负债表日后事项》《企业会计准则第30号——财务报表列报》《企业会计准则第31号——现金流量表》《企业会计准则第32号——中期财务报告》等准则。

应用指南处于会计准则体系中的第三层次,由两部分组成。第一部分是对具体准则相关条款的细化和重点难点内容的操作性规定,如对一些具体准则中的有关概念给予界定,对一些重点、难点和关键性问题作出解释,详细阐述有关复杂业务的具体操作方法等。第二部分是会计科目和主要账务处理,主要根据具体准则中涉及确认和计量的要求,规定了会计科目及其主要账务处理,基本涵盖了所有企业的各类交易或者事项。

会计准则解释公告处于会计准则体系中的第四层次,主要是对企业会计准则实施中遇到的问题作出解释与操作规定。

第五节　内部控制规范

内部控制是会计监督的重要组成部分,是企业加强内部管理、防范风险的一种重要措施,对于内部控制规范的科学制定与有效实施,目前在国内外受到了普遍关注与重视。

一、内部控制的意义

从经济学的角度看,经济人的逐利本性和有限理性往往会使管理人员的行为偏离企业的目标,为此,事先的制度安排至关重要。内部控制是企业为实现控制目标,通过制定制度、实施措施和执行程序,对经济活动的风险进行防范和管控。

内部控制是企业内部的一种管理制度,但又不是一般的管理制度。一般管理制度通常是以某项经济活动为对象的一种管理制度,而内部控制则是以所有经济活动为对象,采取一系列专门的方法、措施和程序对风险实施控制的一种特殊管理制度。内部控制是个过程,是对所要实现目标的过程管控,涉及企业的决策、执行和监督全过程;内部控制是由目标、对象与要素构成的三位一体控制体系,是一项全面的风险管理活动;内部控制的主体是全体员工,上至董事会、管理层,下至普通员工,各岗位各员工都是实施内部控制的主体;内部控制的目标不仅仅是预防差错和舞弊,而是围绕控制目标进行的全面风险管理活动;内部控制所提供的是一种合理保证,而非绝对保证,因为难以对未来的不确定性和风险事件进行绝对准确的预测。

内部控制作为一种必要的内部管理制度已被企业普遍采用,并发挥着越来越重要的作用。企业内部控制制度的完善与否,执行的好坏,直接关系到企业的兴衰成败。企业建立完善的内部控制制度,有利于建立现代企业制度与完善公司治理结构,有利于保证财产物资的安全完整,有利于会计信息质量的提高,有利于建立岗位责任制,有利于企业部门经营管理决策的有效执行和信息的沟通,有利于形成良好的工作环境和秩序,有利于充分发挥员工的积极性和创造力,有利于工作效率与经济效益的提高。

二、我国内部控制规范的体系构成

在国际上,内部控制从产生到发展已经经历了内部牵制、内部控制制度、内部控制结构、内部控制整体框架和企业整体风险管理框架五个阶段。在我国,内部控制随着经济体制的改革与现代企业制度的建立而逐渐受到重视。为规范各企业的内部控制制度,财政部于2000年开始着手内部控制规范的制定,2006年我国新企业会计准则发布后,对企业内部控制规范进行了重新定位、范围拓展与系统制定。我国构建的企业内部控制规范体系是由基本规范与配套指引所构成,配套指引又由应用指引、评价指引和审计指引组成,体系结构如图10-2所示。

基本规范明确企业内部控制的基本目标、基本要素、基本原则和总体要求,是制定配套指引的依据;应用指引是对企业按照内部控制原则和内部控制"五要素"建立健全本企业内部控制所提供的指引,在配套指引乃至整个内部控制规范体系中占据主体地位;评价指引是为企业管理层对本企业内部控制有效性进行自我评价提供指引;审计指引是为注册会计师和会计师事务所执行内部控制审计业务提供指引。应用指引、评价指引与审计指引三者之间既相互独立,又相互联系,形成一个有机整体。

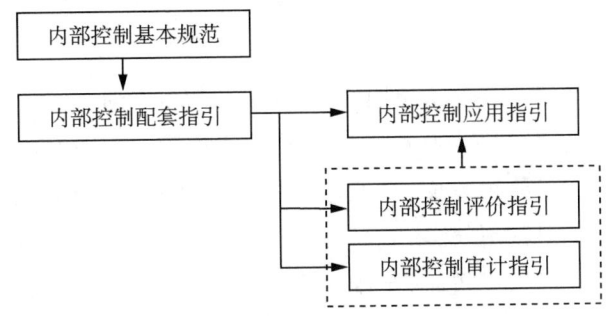

图 10-2　我国企业内部控制规范体系结构

为了进一步提高行政事业单位内部管理水平,规范内部控制,加强廉政风险防控机制建设,我国又制定发布了《行政事业单位内部控制规范(试行)》。

三、企业内部控制的基本规范

我国的《企业内部控制基本规范》由总则、内部环境、风险评估、控制活动、信息与沟通、内部监督和附则七个部分的内容构成,是企业制定和实施内部控制制度的基本依据。

(一) 内部控制的目标与原则

企业内部控制的目标是合理保证企业经营管理合法合规,维护资产安全,保证财务会计报告及相关信息真实完整,提高经营效率和效果,促进企业实现发展战略。

企业建立与实施内部控制,应当遵循五项原则:

(1) 全面性原则。内部控制应当贯穿决策、执行和监督全过程,覆盖企业及其所属单位的各种业务和事项。

(2) 重要性原则。内部控制应当在全面控制的基础上,关注重要业务事项和高风险领域。

(3) 制衡性原则。内部控制应当在治理结构、机构设置及权责分配、业务流程等方面形成相互制约、相互监督,同时兼顾运营效率。

(4) 适应性原则,内部控制应当与企业经营规模、业务范围、竞争状况和风险水平等相适应,并随着情况的变化及时加以调整。

(5) 成本效益原则,内部控制应当权衡实施成本与预期效益,以适当的成本实现有效控制。

(二) 内部控制的要素

企业建立与实施有效的内部控制,应当考虑内部环境、风险评估、控制活动、信息与沟通以及内部监督五个方面的要素。

1. 内部环境

内部环境是影响、制约企业内部控制建立与实施的各种内部因素的总称。内部环境是企业实施内部控制的基础,包括治理结构、机构设置及权责分配、内部审计、人力资源政策、企业文化等内容。

在治理结构方面,企业应当根据国家有关法律法规和企业章程,建立规范的公司治理结构和议事规则,明确决策、执行、监督等方面的职责权限,形成科学有效的职责分工和制衡机制;在机构设置及权责分配方面,企业应当结合业务特点和内部控制要求设置内部机构,明确职责权限,将权利与责任落实到各责任部门;在内部审计方面,企业应当加强内部审计工作,保证内部审计机构设置、人员配备和工作的独立性;在人力资源政策方面,企业应当制定和实施有利于企业可持续发展的人力资源政策,将职业道德修养和专业胜任能力作为选拔和聘用员工的重要标准,切实加强员工培训和继续教育,不断提升员工素质;在企业文化方面,企业应当加强文化建设,培育积极向上的价值观和社会责任感,倡导诚实守信、爱岗敬业、开拓创新和团队协作精神,树立现代管理理念,强化风险意识。

2. 风险评估

企业应当根据设定的控制目标,全面、系统、持续地收集相关信息,及时识别、系统分析经营活动中与实现内部控制目标相关的内部风险和外部风险,合理确定风险应对策略。

企业识别内部风险,应关注的因素包括董事、监事、经理及其他高级管理人员的职业操守、员工专业胜任能力等人力资源因素;组织机构、经营方式、资产管理、业务流程等管理因素;研究开发、技术投入、信息技术运用等自主创新因素;财务状况、经营成果、现金流量等财务因素;营运安全、员工健康、环境保护等安全环保因素;其他有关内部风险因素。

企业识别外部风险,应关注的因素包括经济形势、产业政策、融资环境、市场竞争、资源供给等经济因素;法律法规、监管要求等法律因素;安全稳定、文化传统、社会信用、教育水平、消费者行为等社会因素;技术进步、工艺改进等科学技术因素;自然灾害、环境状况等自然环境因素;其他有关外部风险因素。

企业应当采用定性与定量相结合的方法,按照风险发生的可能性及其影响程度等,对识别的风险进行分析和排序,确定关注重点和优先控制的风险;根据风险分析的结果,结合风险承受度,权衡风险与收益,确定风险应对策略;综合运用风险规避、风险降低、风险分担和风险承受等风险应对策略,实现对风险的有效控制;结合不同发展阶段和业务拓展情况,持续收集与风险变化相关的信息,进行风险识别和风险分析,及时调整风险应对策略。

3. 控制活动

企业应当结合风险评估结果,通过手工控制与自动控制、预防性控制与发现性控制相结合的方法,运用相应的控制措施,将风险控制在可承受度之内。控制措施包括:

(1)不相容职务分离控制。企业应当全面、系统地分析和梳理业务流程中所涉及的不相容职务,实施相应的分离措施,形成各司其职、各负其责、相互制约的工作机制。

(2)授权审批控制。企业应当根据常规授权和特别授权的规定,明确各岗位办理业务和事项的权限范围、审批程序和相应责任。

（3）会计系统控制。企业应当严格执行国家统一的会计准则或规范，加强会计基础工作，明确会计凭证、会计账簿和财务会计报告的处理程序，保证会计资料真实完整。

（4）财产保护控制。企业应当建立财产日常管理制度和定期清查制度，采取财产记录、实物保管、定期盘点、账实核对等措施，确保财产安全。

（5）预算控制。企业应当实施全面预算管理制度，明确各责任部门或单位在预算管理中的职责权限，规范预算的编制、审定、下达和执行程序，强化预算约束。

（6）运营分析控制。企业应当建立运营情况分析制度，经理层应当综合运用生产、购销、投资、筹资、财务等方面的信息，通过因素分析、对比分析、趋势分析等方法，定期开展运营情况分析，发现存在的问题，及时查明原因并加以改进。

（7）绩效考评控制。企业应当建立和实施绩效考评制度，科学设置考核指标体系，对企业内部各责任部门或单位和全体员工的业绩进行定期考核和客观评价，将考评结果作为确定员工薪酬以及职务晋升、评优、降级、调岗、辞退等的依据。

4. 信息与沟通

企业应当建立信息与沟通制度，明确内部控制相关信息的收集、处理和传递程序，确保信息及时沟通，促进内部控制有效运行。对收集的各种内部信息和外部信息进行合理筛选、核对、整合，提高信息的有用性。将内部控制相关信息在企业内部各管理级次、责任部门或单位、业务环节之间，以及企业与外部投资者、债权人、客户、供应商、中介机构和监管部门等有关方面之间进行沟通和反馈。信息沟通过程中发现的问题，及时报告并加以解决。企业应当利用信息技术促进信息的集成与共享，充分发挥信息技术在信息与沟通中的作用。建立反舞弊机制，坚持惩防并举、重在预防的原则，明确反舞弊工作的重点领域、关键环节和有关机构在反舞弊工作中的职责权限，规范舞弊案件的举报、调查、处理、报告和补救程序。建立举报投诉制度和举报人保护制度，设置举报专线，明确举报投诉处理程序、办理时限和办结要求，确保举报、投诉成为企业有效掌握信息的重要途径。

5. 内部监督

企业应当根据《企业内部控制基本规范》及其配套指引，制定内部控制监督制度，明确内部审计机构或者经授权的其他监督机构和其他内部机构在内部监督中的职责权限，规范内部监督的程序、方法和要求。要制定内部控制缺陷认定标准，对监督过程中发现的内部控制缺陷，应当分析缺陷的性质和产生的原因，提出整改方案，采取适当的形式及时向董事会、监事会或者经理层报告。要结合内部监督情况，定期对内部控制的有效性进行自我评价，出具内部控制自我评价报告。应当以书面或者其他适当的形式，妥善保存内部控制建立与实施过程中的相关记录或资料，确保内部控制建立与实施过程的可验证性。

第六节 会计职业道德规范

由于会计职业的特殊性,会计职业道德规范对于会计工作的有序进行与保证会计信息的质量具有突出的作用。

一、会计职业道德规范的意义

道德作为一种社会意识形态,是在一定的经济基础上形成的,以善恶、是非、诚伪等为评价标准,借助社会舆论、传统习俗和内心信念的约束力量实现调整人与人之间以及个人与社会之间关系的行为规范的总和。通常将人类生活分为公共生活、家庭生活和职业生活,道德也就相应地分为社会公德、家庭美德和职业道德。职业道德是随着生产的发展,社会分工和社会职业的出现而形成和发展起来的。职业道德规范是人们在相同的职业活动中,在共同的职业兴趣、爱好、习惯、心理的基础上形成的一定关系用于规范职业活动的准则。职业道德规范约束着相同职业人员从事本职工作的行为,体现了一种职业对社会所负的道德责任与义务。会计职业道德规范是一般职业道德规范在会计职业行为活动中的体现,由会计职业活动的具体内容、方式、所涉及的权责利关系等所决定。对内而言,构成引导、制约、调节会计行为的道德准则;对外而言,代表着整个会计职业界对社会所承担的道德责任和义务。因此,会计职业道德规范是会计人员在会计工作中应当自觉遵守的、与会计职业活动相适应的行为规范,也是会计人员在会计工作中形成的正确处理会计事务和调整会计人员职权和职责之间关系的行为规范。

在已经建立起法治网络的现代社会,仍然需要会计职业道德规范的原因在于两个方面。一方面,相比会计法律规范,会计职业道德规范具有独特的优势,会计的法律规范通常只限定会计行为应当遵守的下限,而会计职业道德规范却能从信念、品行、能力等更为本质和更深层次来影响并提高会计行为水准。另一方面,在职业分工背景下,良好的会计职业道德规范不仅有利于塑造会计从业人员的优良品格,增进会计职业内部的团队效率,而且所倡导的正直、公允、客观等道德行为观念也有助于在与职业外部集团的合作与交往中减少推诿、猜疑与设防,降低谈判、签约、审计等交易成本。

会计职业道德规范主要受两个方面因素的影响。一是社会道德文化传统。任何一项职业道德规范既有超越国别色彩的职业共性特征,又深深地根植于特定的国别文化土壤中。一国的社会道德文化传统不仅是各种职业道德规范裂变或演化的母体,有些还直接构成其内容元素。会计职业道德规范也不例外,不同的文明体系、社会传统、伦理价值观念等都直接影响并决定着其相应的内容。二是会计职业特性。作为一种专门的职业道德规范,会计道德规范不仅反映一个国家社会道德的基本要求,而且反映会计职业道德的特殊要求;它不仅是在一般意义上的社会实践、伦理道德基础上形成的,而且更是在会计这个特定的职业实践基础上形成的。会计职业特性在一定程度上决定了会计职业道德规范的有关内容。例如,会计的经济后果观念表明会计行为将涉及方方面面的经济利益,并且与其他职业行为不同,会计人员获取报酬的方向与其所应持的职业立场往往并不一致。一方面,会计人员从属于企业内部、受雇于经营者,但又必须选择超脱企业的公允立场,甚至部分地担当起监督经营者的职责,即他们并不完全遵循为付酬者服务的原则,因此常常处于不断的利益冲突之中;另一方面,会计人员还需在坚持会计准则与满足利益相关集团的要求的双重压力下决定所作出的行为是否正确或者是否符合道德标准。这种利益冲突与道德困境是会计职业行为关系的最重要特征,也是会计职业道德规范需要着重研究与解决的一项重大课题。

还需指出,会计与社会经济的密切相关性,决定了会计职业道德与现实社会经济的密切相关性,社会经济中的商业伦理状况将直接影响会计职业道德规范的建设取向,构成其最直接依存的外部环境。因此,会计职业道德规范的水准受制于现实社会经济道德与商业伦理环境。

二、会计职业道德规范的基本内容

从会计职业道德规范的形成来看,会计在其活动产生伊始就有与之相关的伦理道德要求,只不过早期是自发的、以非成文的方式存在着,依靠传统或者习惯的力量承袭,并自然地演进和积累。伴随现代会计职业的蓬勃发展,会计职业团体的产生、成熟、壮大以及职业竞争的加剧,制定成文的会计职业道德规范已成为各国会计职业组织自我约束和发展的一项自觉要求。例如,国际会计师联合会(IFAC)成立的"职业道德委员会"制定的"会计从业人员职业道德准则",从正直、客观、独立、保密、技术标准、工作胜任、道德自律七个方面对会计职业道德作出规定;美国注册会计师协会(AICPA)颁布的"职业品行规范"由职业道德原则、行为规则、行为规则解释和道德裁决四部分组成,其中的职业道德原则对注册会计师应当具备的品质作出了一般性规定,包括责任、公众利益、正直、客观和独立、应有的谨慎、服务的范围和性质。我国的一些会计法律规范中,也包含了会计职业道德规范的一些要求。例如,《会计法》要求会计人员应当遵守职业道德,提高业务素质,严格遵守国家有关保密规定,具备从事会计工作所需要的专业能力。《中国注册会计师职业道德守则》从诚信、客观公正、独立性、专业胜任能力和勤勉尽责、保密、良好职业行为六个方面对注册会计师应当遵循的职业道德基本原则进行了规定。

会计职业道德规范包含的内容比较广泛,具体内容也因社会经济的环境不同而有所差别。我国《会计人员职业道德规范》从对会计人员的自律要求、履职要求与发展要求三个方面提出了"三坚三守"会计职业道德规范的基本内容:

(1) 坚持诚信,守法奉公。牢固树立诚信理念,以诚立身、以信立业,严于律己、心存敬畏。学法知法守法,公私分明、克己奉公,树立良好职业形象,维护会计行业声誉。

(2)坚持准则,守责敬业。严格执行准则制度,保证会计信息真实完整。勤勉尽责、爱岗敬业,忠于职守、敢于斗争,自觉抵制会计造假行为,维护国家财经纪律和经济秩序。

(3)坚持学习,守正创新。始终秉持专业精神,勤于学习、锐意进取,持续提升会计专业能力。不断适应新形势新要求,与时俱进、开拓创新,努力推动会计事业高质量发展。

三、会计职业道德规范的施行机制

会计职业道德规范的作用发挥有赖于与之相适应的一整套施行机制来保证其贯彻、推行,这一机制包括会计职业道德的教育、评价与督行等在内的完整体系。

1. 会计职业道德的教育

会计职业道德的教育是提高会计人员职业道德水准和道德决策能力的重要途径。会计教育不仅要传授知识和技能,还应灌输道德标准和敬业精神。对会计职业道德教育应通过多渠道进行,并形成长效机制。一是专业成才教育,即在会计专业教育体系中安排有关职业道德的内容;二是在职继续教育,即在由广大从业人员参加的后续教育中突出职业道德教育内容;三是社会教育,即通过广泛的社会舆论宣传、树立正反典型,在更大的社会人际氛围内激发会计从业人员的羞耻心和道德责任感,从而自觉地提高自身的职业道德修养。

2. 会计职业道德的评价

会计职业道德的评价是会计组织或者社会其他组织和个人,根据会计道德规范,对会计职业人员的职业行为进行道德或不道德的价值判断,以达到褒正贬邪、抑恶扬善的目的。职业道德评价是会计道德规范这种软约束付诸实施的必要方式,借助于道德评价,道德规范才能发挥潜在的裁判和激励效力。会计职业道德评价的方法一般包括自我评价和社会评价,社会评价又可分为本企业内部评价、用户评价、同行业评价及社会公众评价等。评价的结果或者借助于行律行规和企业组织的奖惩,或者借助于社会舆论、大众传媒的宣扬、谴责,以及会计人员内心的道德自省,以起到道德示范、激励和制裁的作用。

3. 会计职业道德的督行

会计职业道德的督行包括了对职业道德规范的制定、颁布、实施及其后果评测各个环节的管制与督导。由于职业道德规范主要依靠传统、习俗及内心信念的力量来维系,这种非刚性特征决定了在督行机制上应采取以行业自律为主、政府介入为辅的原则,即督行主体主要为各种会计专业团体,而政府主要是通过相关的立法,如《会计法》等加大对非规范的,并造成严重后果的执业行为的惩罚力度,以进一步增强专业团体自律的压力,从而推动更高要求的职业道德规范的遵行。显然,一国会计职业的成熟程度与发展水平,特别是专业团体的力量和影响力,直接影响会计职业道德规范的施行状况,因此,发展成熟、强大的会计专业组织是保证会计职业道德规范有效施行的一个重要方面。

诚信是职业道德的一个重要方面,为加强会计诚信建设,我国专门制定发布了《关于加强会计人员诚信建设的指导意见》,要求增强会计人员诚信意识,通过建立严重失信会计人员"黑名单"制度、会计人员信用信息管理制度与完善会计人员信用信息管理系统,加强会计人员信用档案建设,健全会计人员守信联合激励和失信联合惩戒机制。随着会计人员诚信建设的强化,必将有效地提升我国会计职业道德规范的建设水平。

本章要点概览

1. 会计规范是从事会计职业或者进行会计工作所应当遵循的约束性或者指导性的行为准则。我国的会计规范体系是由会计法律规范、会计工作组织与管理规范、会计核算规范、内部控制规范以及会计职业道德规范等构成,各类会计规范相互联系、相互补充、相互影响,约束着会计的运行过程及其结果。

2. 会计法律规范是一种以法律力量保证施行的强制型会计规范。我国的会计法律规范是以《会计法》为中心,由会计法律、会计行政法规、会计部门规章与地方性会计法规四个层次构成的相对完整的法律规范体系。

3. 会计工作组织与管理规范是从会计工作的综合性、政策性、严谨性特点出发,对会计机构与会计工作岗位设置、会计人员管理、会计档案管理等所作出的规定。

4. 会计核算规范是会计信息生成与提供的技术标准,在国际上通常采用会计准则形式的会计核算规范。我国企业会计准则体系由基本准则、具体准则、应用指南与解释公告所构成,是一个与我国国情相适应、与国际财务报告准则相趋同、涵盖各类企业各项经济业务、独立实施的会计核算规范体系。

5. 内部控制是会计监督的重要组成部分,是企业为实现控制目标,通过制定制度、实施措施和执行程序,对经济活动的风险进行防范和管控。我国企业内部控制规范体系是由基本规范与包括应用指引、评价指引和审计指引在内的配套指引所构成。企业建立与实施有效的内部控制,应当考虑内部环境、风险评估、控制活动、信息与沟通以及内部监督五个方面的要素,并应当采取不相容职务分离控制、授权审批控制、会计系统控制、财产保护控制、预算控制、运营分析控制与绩效考评控制等措施。

6. 会计职业道德规范是一种以道德力量引导执行的舆论约束型会计规范。我国会计职业道德规范的基本内容是坚持诚信,守法奉公;坚持准则,守责敬业;坚持学习,守正创新。

主要术语

1. 会计规范

2. 会计法律规范

3. 会计职业道德规范

4. 会计法律

5. 会计行政法规

6. 会计部门规章

7. 地方性会计法规　　　　　　　8. 会计机构

9. 会计岗位　　　　　　　　　　10. 会计人员

11. 会计档案　　　　　　　　　　12. 会计准则

13. 基本准则　　　　　　　　　　14. 具体准则

15. 会计准则应用指南　　　　　　16. 会计准则解释公告

17. 内部控制　　　　　　　　　　18. 不相容职务分离控制

19. 企业内部控制基本规范　　　　20. 企业内部控制配套指引

21. "三坚三守"会计职业道德规范

阅 读 文 献

1. 法律出版社法规中心. 中华人民共和国会计法注释本[M]. 北京:法律出版社,2024.

2. 唐国平. 会计学原理(第十章会计规范)[M]. 北京:中国财政经济出版社,2020.

3. 陈国辉,迟旭升. 基础会计(第十四章会计工作组织)[M]. 大连:东北财经大学出版社,2024.

4. 张蕊. 会计学原理(第十章会计工作组织与管理)[M]. 北京:中国财政经济出版社,2019.

复 习 思 考 题

1. 什么是会计规范? 为什么要建立会计规范?

2. 我国《会计法》包括哪些主要内容?

3. 会计人员从事会计工作应当符合哪些要求? 会计人员有哪些职责?

4. 我国对会计档案的保管期限与期满销毁是如何规定的?

5. 会计准则的制定动因是什么? 我国的企业会计准则体系是如何构成的?

6. 什么是内部控制? 我国的企业内部控制规范体系是如何构成的?

7. 会计职业道德规范包含哪些内容?

练 习 题

一、单项选择题(在每小题的备选答案中,选出一个最为切合题意的答案)

1. 下列各项中,正确的是( )。

 A. 会计规范是一种强制型的规范

 B. 会计规范是一种舆论约束型的规范

 C. 会计规范既不是强制型的,也不是舆论约束型的

 D. 会计法律规范是强制型的规范,会计职业道德规范是舆论约束型的规范

2. 下列各项中,正确的是( )。

 A. 我国的会计法律规范体系是以《会计法》为中心构建的

 B. 我国的会计法律规范体系是以《企业财务会计报告条例》为中心构建的

C. 我国的会计法律规范体系是以《注册会计师法》为中心构建的

D. 我国的会计法律规范体系是以《企业会计准则》为中心构建的

3. 下列各项中,正确的是( )。

A. 《企业财务会计报告条例》属于会计部门规章

B. 《企业财务会计报告条例》属于会计行政法规

C. 《企业财务会计报告条例》属于地方性会计法规

D. 《企业财务会计报告条例》属于会计法律

4. 根据我国《会计法》的规定,担任会计机构负责人或会计主管人员应当具备会计师以上专业技术职务资格或者从事会计工作不少于( )年以上经历。

A. 2　　　　　　　　　　　　　　　B. 3

C. 4　　　　　　　　　　　　　　　D. 5

5. 注册会计师从事( )必须保持高度的独立性,注册会计师如果与委托人存在利害关系必须实行回避。

A. 咨询业务　　　　　　　　　　　B. 审计业务

C. 培训业务　　　　　　　　　　　D. 会计制度设计业务

6. 下列关于保管期满但未结清的债权、债务会计凭证和涉及其他未了事项的会计凭证的销毁的表述,正确的是( )。

A. 与其他会计凭证一样,保存 30 年后可以销毁

B. 与年度财务报告一样,应永久保存

C. 与银行对账单一样,保存 10 年后可以销毁

D. 不得销毁,应当单独抽出立卷,保管至未了事项完结时为止

7. 下列各项中,正确的是( )。

A. 我国企业的具体会计准则仅包含财务报告准则

B. 我国企业的具体会计准则仅包含共同业务会计准则

C. 我国企业的具体会计准则既包含共同业务会计准则,又包含财务报告两类准则

D. 我国企业的具体会计准则包含了共同业务会计准则、特殊业务会计准则与财务报告三类准则

8. 下列各项关于内部控制制度的表述中,正确的是( )。

A. 内部控制制度是企业内部的一般管理制度

B. 内部控制制度是企业对风险实施控制的一种特殊管理制度。

C. 内部控制制度是企业内部的会计核算制度

D. 内部控制制度是企业内部的会计信息管理制度

9. ( )要求企业根据职责分工,明确各部门、各岗位办理经济业务与事项的权限范围、审批程序和相应责任等内容。

A. 审核批准控制　　　　　　　　　B. 职责分工控制

C. 授权审批控制　　　　　　　　　D. 绩效考评控制

10. 在已经建立起法制网络的现代社会,仍然需要会计职业道德规范的主要原因之一是( )。

A. 会计的法律规范通常只限定会计行为应遵守的下限

B. 会计的法律规范得不到执行

C. 各国的会计法律规范不同

D. 会计人员的职业态度存在着差别

二、多项选择题（在每小题的备选答案中，选出两个或两个以上切合题意的答案）

1. 下列各项中，属于我国会计法律规范体系构成部分的有（   ）。

　　A. 地方性会计法规　　　　　　　B. 会计行政法规

　　C. 会计部门规章　　　　　　　　D. 内部控制规范

　　E. 会计法律

2. 下列各项中，属于违反《会计法》应承担的法律责任有（   ）。

　　A. 行政责任　　　　　　　　　　B. 民事责任

　　C. 违规责任　　　　　　　　　　D. 刑事责任

　　E. 违宪责任

3. 下列各项中，属于企业设置会计工作岗位应当符合的要求有（   ）。

　　A. 内部控制制度的要求

　　B. 本企业或单位会计业务的需要

　　C. 会计人员技术职务的需要

　　D. 建立岗位责任制的需要

　　E. 对会计人员有计划地进行轮岗的需要

4. 下列各项中，不正确的有（   ）。

　　A. 会计机构内部应当建立稽核制度，出纳人员不得兼任稽核、会计档案保管和收入、支出、费用、债权债务账目的登记工作

　　B. 会计机构内部应当建立稽核制度，出纳人员可以兼任稽核、会计档案保管和收入、支出、费用、债权债务账目的登记工作

　　C. 会计机构内部应当建立稽核制度，出纳人员不得兼任稽核和收入、支出、费用、债权债务账目的登记工作，但可以兼任会计档案保管工作

　　D. 会计机构内部应当建立稽核制度，出纳人员不得兼任稽核、会计档案保管工作，但可以兼任收入、支出、费用、债权债务账目的登记工作

　　E. 会计机构内部应当建立稽核制度，出纳人员不得兼任稽核、会计档案保管和收入、支出、费用的登记工作，但可以兼任债权债务账目的登记工作

5. 下列关于会计人员在会计监督中采取的处理方法中，正确的有（   ）。

　　A. 对不真实、不合法的原始凭证不予受理

　　B. 对记载不准确、不完整的不合规原始凭证予以退回，要求按规定更正补充

　　C. 发现账簿记录与实物、款项不符时，按照有关规定进行处理

　　D. 对于违反《会计法》和国家统一的会计制度规定的会计事项，拒绝办理或者按照职权予以纠正

　　E. 对尽管不合规，但合理的会计事项征得领导同意后予以办理

6. 下列各项中，属于按规定企业和其他组织保管期限为30年的会计档案有（   ）。

　　A. 原始凭证　　　　　　　　　　B. 记账凭证

C. 总账

D. 明细账

E. 年度财务会计报告

7. 下列各项中,属于我国企业会计准则体系构成部分的有(　　)。

A. 基本准则

B. 准则应用指南

C. 准则解释公告

D. 具体准则

E. 内部控制准则

8. 下列各项中,属于我国企业内部控制规范体系中配套指引构成部分的有(　　)。

A. 风险评估指引

B. 实施指引

C. 应用指引

D. 评价指引

E. 审计指引

9. 下列各项中,属于企业建立与实施有效的内部控制应当考虑的要素有(　　)。

A. 内部监督

B. 控制活动

C. 信息与沟通

D. 风险评估

E. 内部环境

10. 下列各项中,属于会计职业道德规范基本内容的有(　　)。

A. 坚持诚信,守法奉公

B. 坚持创新,服从领导

C. 坚持准则,守责敬业

D. 坚持学习,守岗创效

E. 坚持学习,守正创新

三、判断题(认为正确的在题目前面括号内打"√",认为错误的在题目前面括号内打"×")

1. (　　)应由总会计师而不是企业或者单位负责人对本企业的会计工作和会计资料的真实性、完整性负责。

2. (　　)对违反《会计法》和国家统一的会计制度规定的会计事项,会计人员由于受企业负责人或者总会计师的领导,无权拒绝办理。

3. (　　)注册会计师是依法取得注册会计师证书并接受委托从事审计和会计咨询、会计服务业务的执业人员,其执行业务,应当加入会计师事务所。

4. (　　)企业都必须设置专门的会计机构。

5. (　　)因发生与会计职务有关的违法行为被依法追究刑事责任的人员,企业不得任用(聘用)其从事会计工作。

6. (　　)企业内部形成的属于归档范围的电子会计资料,不允许仅以电子形式归档保存。

7. (　　)各种会计档案的保管期限,根据其特点分为定期与永久两类,其中定期保管期限又分为10年与30年两类。

8. (　　)在国际上,会计准则的制定、发布和施行都是通过国家权力机关进行的,所以具有权威性。

9. (　　)企业在确定岗位及其职责分工过程中,应当充分考虑不相容职务相互分离的制衡要求。

10. (　　)如果法制完善了,会计职业道德规范也就没有作用了。